战略管理

新思维、新架构、新方法

第2版

姚建明 ◎ 著

清华大学出版社
北京

内容简介

本书针对管理者在学习、理解及运用战略管理上的误区,结合数字经济时代的重要特征,从新的理念思维、体系架构及方法工具等方面重新梳理了战略管理的本质内涵,提出"七个问题一张图"的思想精髓,使管理者突破认知束缚,在实践中得心应手。

本书首次提出并分析了企业文化的核心作用、系统战略框架、重要循环分析法、供应链系统观、C-C 模型、L-C 矩阵、价值三要素(三大法宝)、三链一流、价值链定量分析法、关系处理的"三个要点"、战略关系思维导图、S-I 矩阵、大规模定制战略、生态战略以及与企业数字化转型有关的新理念和实用性较强的分析工具(如转型整体框架、"三维驱动-五位赋能"模型、"互联网+"思维、商业模式创新要点,组织设计 8S 方法、超柔性组织架构、全域驱动力理论等)。

本书可用作高等院校 MBA、EMBA 及其他层次学生的战略管理教材,也可供广大企业管理者参考。

本书封面贴有清华大学出版社防伪标签,无标签者不得销售。
版权所有,侵权必究。举报:010-62782989,beiqinquan@tup.tsinghua.edu.cn。

图书在版编目(CIP)数据

战略管理:新思维、新架构、新方法 / 姚建明著. —2 版. —北京:清华大学出版社,2022.7
(2025.5重印)
ISBN 978-7-302-61023-6

Ⅰ. ①战… Ⅱ. ①姚… Ⅲ. ①企业管理—战略管理—研究 Ⅳ. ①F272.1

中国版本图书馆 CIP 数据核字(2022)第 095396 号

责任编辑:	王　青
封面设计:	汉风唐韵
责任校对:	王荣静
责任印制:	宋　林

出版发行:清华大学出版社
网　　址:https://www.tup.com.cn,https://www.wqxuetang.com
地　　址:北京清华大学学研大厦 A 座　　邮　编:100084
社 总 机:010-83470000　　邮　购:010-62786544
投稿与读者服务:010-62776969,c-service@tup.tsinghua.edu.cn
质量反馈:010-62772015,zhiliang@tup.tsinghua.edu.cn

印 装 者:大厂回族自治县彩虹印刷有限公司
经　　销:全国新华书店
开　　本:170mm×240mm　　印　张:21.25　　字　数:380 千字
版　　次:2019 年 3 月第 1 版　2022 年 7 月第 2 版　　印　次:2025 年 5 月第 4 次印刷
定　　价:79.00 元

产品编号:093490-02

前　言

在企业管理实践中,战略管理发挥着重要的导向作用。通过全面、合理、精准的企业内外部环境分析,在对预期收益和风险进行合理权衡的基础上,为企业厘清未来的发展思路,辨析可行的战略定位,明晰发展方向和目标,使企业沿着"基业长青"的轨迹发展下去是企业战略的本质要求和核心内涵。

千百年来,因为好的战略引领而发展成功的企业数不胜数,而因战略制定不合理导致失败的案例也比比皆是。特别是20世纪90年代以来的这段时间,是世界环境风云突变、竞争日益白热化的特殊历史时期。以信息技术为主导的人类历史上的第四次巨大变革给企业的内外部环境带来深刻的变化,互联网、物联网、云计算、大数据、人工智能、区块链等新的数字技术理念应运而生,数字经济时代的到来驱动和倒逼各行各业中的企业进行适应新的科技革命的战略转型与经营理念的升级。这无疑对企业经营管理者的战略管理能力提出了新的挑战。

企业战略管理是传统工商管理学科中的一门核心课程,国内外有关战略管理的教材、书籍不胜枚举,战略管理领域的研究也是百花齐放。目前,供高等院校各层次学生(如本科生、研究生、EMBA、MBA、DBA、EDP等),以及企业管理实践中各层次的管理者使用的企业战略管理教材及相关参考书籍多以理论阐述为主,辅之以案例分析,但是对如何整体性掌握和运用企业战略管理理论与方法着墨较少,容易表现出只见树木不见森林的"碎片化知识"特征。而现如今,时代的发展呼唤对创新型、全能型人才培养的诉求,战略管理的教学也应该以培养适应我国新时代中国特色社会主义思想指导下的经济和社会发展特色的竞争性、挑战性的决策型、应用型人才为目标。显然,战略管理的教材应该更加注重培养学生理论联系实际的能力及对战略管理系统进行思考和创新运用的能力。

笔者在近年来广泛的教学和企事业单位的培训工作中,了解到来自各地区、各行业不同层次管理人员(如EMBA、MBA、EDP、职业经理人、总裁班、企业内训和短期培训学员等)对于学习、理解及运用战略管理中的一些心得与诉求,逐渐总结出一些重要内容与结论。

首先，不论从理论发展还是实践成果来看，战略管理对企业而言都非常重要，在企业管理中发挥着先导性和全局性的重要作用，学员也普遍接受和认同这样的观点。但为什么重要？其重要性体现在什么地方？学员对于企业战略管理与管理学的继承性关系、企业战略管理与其他课程体系之间的关系等问题并不是十分清楚，这是很多学员和实践者感到困惑的地方。

其次，人们普遍认为，企业战略是企业对未来发展的一种整体谋划，决定着企业的发展方向，涉及企业与环境的关系、企业使命的确定、企业目标的建立、基本发展方针和竞争战略的制定等。一个好的管理者应该思索战略的根基何在，如何制定战略从而引领企业走向成功，如何稳步推进战略并根据内部资源和外部环境变化进行战略调整，才能塑造企业的核心竞争力，占据竞争优势。但现实是，很多管理者对企业战略管理缺乏系统性和全局性的认识与考量，缺乏对企业战略相关理论和方法的本质性认知与把握，同时，由于对如何更好地将企业战略与企业实际经营情况相结合缺少深刻分析，在很多情况下，所谓的战略制定不过是空喊口号，难以落地实施。

再次，学以致用，理论联系实际是学习战略管理的根本目的，但一直以来战略管理教科书和培训课程中所涉及的理论性内容较多，知识点复杂分散，缺乏系统性的知识索引和问题导向，导致学员在学习过程中难以形成全局思维，无法把握战略管理的核心价值，在实践中应用也不能得心应手。正如学员们所反馈的："这些零散的非系统化的战略管理知识很难把握和运用，往往让我们顾此失彼。"这种以偏概全的认知方式使人们对战略管理的认识产生了偏差，很难较好地将其运用于企业管理实践。甚至在当前，有些论调试图抹杀战略对企业的指导作用，认为战略应该退出历史舞台。

最后，随着数字经济时代的到来，数字化转型逐渐受到企业的普遍关注。但如何从战略的高度理解数字经济与企业数字化转型的本质？如何做好企业数字化转型？企业数字化转型与战略管理以及其他管理类课程之间的关系如何？……这些问题不搞清楚，很容易导致企业在推进数字化转型时陷入"迷茫"。

作为管理知识的传播者，我们不得不正视上述现象与问题。通过分析这些问题背后的原因，基于对新时代环境下企业战略管理思想的再思考，同时基于大量培训经验的总结及学员的学习反馈，笔者重新梳理和设计了企业战略管理的核心内容框架，引导管理者或学习者从"认知管理"到"认知战略"到"把握战略本质"再到"做好战略管理"这一密切相关的若干环节来深刻理解和把握做好企业战略管理的问题。同时，将数字经济环境下的新特征引入战略管理，为读者呈现了清晰、全面的企业数字化转型思路。

撰写本书主要有如下三个目的。

第一，如果把企业比作一艘航船，那么企业的战略就是船上的指南针，指明企业行动的方向，使企业这艘航船在市场大海的惊涛骇浪中准确快速地到达目的地，不致迷失航向。真正做好一个企业首先要明确自己的"航向"，有了前进方向，企业才会比较平稳地运行，辨析机遇与挑战，有的放矢，把握机遇和抵御各类风险的能力也就会比较强。

本书结合战略管理在新时期的重要价值及对大量国内外案例的深刻剖析，从新的理念思维、新的体系架构、新的方法和工具等角度重新梳理了企业战略管理的本质内涵，提出"七个问题一张图"的企业战略管理精髓。在此基础上，从七个核心问题入手，向读者介绍企业战略管理的体系架构、思维逻辑以及理论、工具与方法，引领读者突破传统认知观点的束缚，重新构建战略管理的知识体系。同时，从企业管理各层次的内在联系中探讨理论与方法的运用问题，便于读者对其进行深刻理解、辩证思考、全面掌握和灵活运用。

第二，企业的战略在企业管理中占据先导性和全局性的地位，企业的各项经营管理活动都是在战略的指导下完成和实现的。揭示这些活动与战略管理之间的内在关系是撰写本书的另一个目的。相信读者在阅读完本书以后，对"企业战略管理到底应该做什么？应该如何做？"会有一个非常清晰的思路，进而做到心中无疑惑、入手不迷茫、实践运用中得心应手，这是我们学习企业战略管理的核心目的。

第三，随着企业管理学科的不断发展，围绕企业战略的相关理论与方法也越来越多，令人应接不暇。但不难发现，有些方法的理论基础是完全相同的。因此，如何从中甄别出特别有价值，值得去学习、创新与运用的理论和方法是学习企业战略管理的过程中必须重视的环节。本书除了运用新的思路诠释了若干战略管理经典理论与方法并进行了有效改进之外，还根据新时代企业面临的新环境（特别是数字经济环境）和新特点，有针对性地开发了若干新颖的战略管理工具与方法。

例如，本书第 1 版首次提出了企业文化的两大核心作用、系统战略框架、重要循环分析法、战略的供应链系统观、C-C 综合分析模型、综合 L-C 战略选择矩阵、价值三要素（三大法宝）、价值链定量分析法、全面分析企业管理问题的"三链一流"、M-SWOT 分析法、公司层和业务层战略关系思维导图、综合 S-I 选择矩阵、处理好关系的"三个要点"以及大规模定制战略、生态战略等新理念和实用性较强的管理分析工具，使理论的指导价值及方法的实用价值得到进一步提升。

同时，本书第 2 版增加了数字经济环境下的战略变革部分，对数字经济进行了解读,并针对企业数字化转型提出和总结了"转型整体框架"、"三维驱动-五位赋能(3D5E)"模型、"互联网＋"与"智能＋"思维、企业数字化转型的商业模式创新要点、企业数字化转型的组织架构设计 8S 方法、超柔性组织架构、全域驱动力理论(GDFT)等重要的新理念和实用分析工具。

基于此,本书内容将通过如下相互关联、逻辑递进的六篇进行系统阐述,而本书所提出的"七个问题一张图"的精髓也集中反映和体现在其中。

第 1 篇:管理的战略视角——追本溯源、登高望远(提出第 1～5 个问题)

第 2 篇:做好战略的根基——壮志凌云、天下为公(提出第 6～7 个问题,引出一张图)

第 3 篇:如何做好战略分析——明察秋毫、审时度势

第 4 篇:如何做好战略制定——未雨绸缪、运筹帷幄

第 5 篇:如何做好战略实施——稳步推进、随机应变

第 6 篇:如何做好战略变革——数字创新、引领未来

本书涉及战略管理的三个重要部分:战略管理的基础、战略的合理分析与制定、战略的有效实施与执行。第 1～2 篇构成本书的基础,介绍战略管理的核心理念和做好战略的根基;第 3～4 篇介绍如何对企业所处的环境进行全面、深入、系统、精准的分析,从而制定合理、可行的战略方案,这是本书最为重要的、实操性最强的部分;第 5 篇主要探讨如何将战略方案落地的问题,即如何在企业中稳步推进战略的实施,从而构建企业的核心竞争力、获取竞争优势;第 6 篇针对数字经济环境下企业的战略变革进行讨论,同时探讨企业数字化转型的若干重要问题。

企业战略管理的"七个问题"主要在第 1～2 篇阐述和探讨;"一张图"则是对"战略分析(第 3 篇)、战略制定(第 4 篇)和战略实施(第 5 篇)"过程的全面概括和逻辑梳理,总结和涵盖了第 3～5 篇的核心内容。

我们始终认为,一本管理类的书的功效不在于能够向学习者介绍或罗列多少成熟的知识点,而在于如何引领学习者系统地把握分析和解决问题的思路。学好管理,不等于准确记忆了很多国际公认的管理理论,也不等于了解了很多成熟的管理方法,关键在于能否充满自信地告诉自己,在企业经营管理过程中的每一个环节,我们应该如何做,为什么要这样做。

同时,为了更好地引导读者学习、思考和运用本书提出的核心思想及新的理论、方法与工具,除了在每章的论述中结合了大量的鲜活事例与实例之外,还在每章的结尾部分精选了一个或多个与内容高度相关的典型案例供读者参阅(书中称为"案例研讨"),并在每个案例后设计了若干"研讨问题"供读者思考。

本书共 6 篇 13 章，书中涉及的企业及案例超过 70 个，如第 1 章的共享经济、生物医药、电商企业、美团、凯叔讲故事；第 2 章的奔驰、三星、华为、定制玩具、菜鸟物流、叮咚买菜；第 3 章的联想、京东、永辉、麦当劳、微软、索尼、腾讯、中移动、松下、伊利；第 4 章的快递公司、海尔；第 5 章的盒马鲜生、麦当劳、肯德基、石油公司、TCL、摩托罗拉、每日优鲜；第 6 章的连锁餐饮公司、奔驰、特斯拉、肯德基、蒙牛、武钢、戴尔、宏碁、海底捞、亲橙里购物中心；第 7 章的小米；第 8 章的京瓷公司、汾酒集团；第 9 章的海尔、老干妈、京东、通用电气、TCL、蒙牛、盛大、新浪、摩托罗拉、宝洁、沃尔玛、怡亚通、小米、乐视、便利蜂、谷歌、苹果、阿里巴巴、华为、丰田、小牛、字节跳动、格力；第 10 章的 HTC、Yellow Tail 葡萄酒、共享单车、戴尔、柯达、宝洁、ZARA、优衣库、红领集团；第 11 章的 ZARA、优衣库、苹果、华为；第 12 章的美的；第 13 章的盒马鲜生、海尔、四大会计事务所、淘宝 C2M、百信银行、酷特智能等。

在本书第 2 版的写作过程中，中国人民大学商学院曾就读或在读的博士李民、吴阳、锁立赛、王墨竹、杨扬、刘畅、史贺赟、许灵靖元、单子郁等参与了文字润色和案例整理工作，在此表示感谢。

在本书的出版过程中，清华大学出版社的相关人员给予了大力支持与帮助，在此表示衷心感谢。

希望本书的出版能够帮助读者从新的视角重新认识与把握企业战略管理的本质和核心内涵，在明白如何做好企业战略管理的同时，让本书真正成为我们认识企业管理本质、明晰企业管理过程、提升企业管理绩效、促进企业良好发展、实现基业长青的重要参考。

姚建明
中国人民大学商学院
中国人民大学中国企业创新发展研究中心
2022 年 4 月

七个问题一张图

问题1:为什么要学习管理?

——为了"正确地做正确的事"。

问题2:为什么管理有助于我们"正确地做正确的事"?

——因为我们学习和理解了管理的"四大职能(计划、组织、领导和控制)"。

问题3:为什么要学习企业战略管理?

——为了让企业做"正确的事"。

问题4:为什么战略有助于企业更好地"做正确的事"?

——因为战略具有前瞻性和系统性两大特征。

问题5:什么是企业战略?

——企业战略是从前瞻性和系统性的角度对企业未来资源配置和利用制订的计划。

问题6:如何让企业自认为正确的事得到社会的认可?

——发挥企业文化对企业战略的核心指导作用。

问题7:如何做好企业战略管理?

——分阶段、分步骤(战略分析、战略制定、战略实施)进行,引出"一张图":

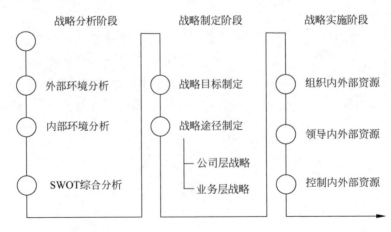

目录

第1篇 管理的战略视角——追本溯源、登高望远

第1章 从战略视角看管理——5个核心问题 2
1.1 (问题1)为什么要学习管理 2
1.2 (问题2)为什么管理有助于我们"正确地做正确的事" 6
1.3 (问题3)为什么要学习企业战略管理 8
1.4 (问题4)为什么战略管理有助于企业更好地"做正确的事" 16
1.5 (问题5)什么是企业战略 19
1.6 企业管理决策中的核心问题 20
案例研讨1-1 美团的战略变迁 21
案例研讨1-2 凯叔讲故事的模式创新 24

第2章 追本溯源看战略——战略思维变革 26
2.1 管理思想演进的启示 26
2.2 战略是历史的选择 27
2.3 世纪之交的管理思维变革 27
2.4 培养学习型思维 28
2.5 培养供应链思维 29
2.6 供应链的本质特征 30
2.7 战略的供应链系统观 34
2.8 数字经济环境下的战略变革 35
案例研讨2-1 菜鸟智慧物流供应链系统 36
案例研讨2-2 叮咚买菜的运营模式创新 39

第2篇 做好战略的根基——壮志凌云、天下为公

第3章 文化先行是做好战略的根基 …… 44
3.1 企业如何判定正确的事 …… 44
3.2 （问题6）如何让企业自认为正确的事得到社会的认可 …… 46
3.3 文化是企业的灵魂 …… 47
3.4 企业的使命、愿景和价值观 …… 47
3.5 企业的利益相关者 …… 48
3.6 使命与愿景的区别 …… 49
3.7 如何确定企业的使命和愿景 …… 49
3.8 发挥文化对企业的核心作用 …… 50
案例研讨 3-1 松下的文化和战略变革 …… 52
案例研讨 3-2 伊利集团践行员工价值领先 …… 54

第4章 企业战略管理的系统框架 …… 57
4.1 （问题7）如何做好企业战略管理 …… 57
4.2 系统战略框架的搭建（一张图） …… 57
4.3 企业成长的一个重要循环 …… 60
案例研讨 4-1 互联网时代海尔的转型变革 …… 64

第3篇 如何做好战略分析——明察秋毫、审时度势

第5章 如何进行企业外部环境分析 …… 70
5.1 如何识别企业的环境 …… 70
5.2 为什么要进行外部环境分析 …… 70
5.3 如何分析外部宏观环境 …… 72
5.4 经典分析法——PEST …… 74
5.5 把握环境分析的前提——"三链一流" …… 75
5.6 如何分析外部微观环境 …… 79
5.7 经典分析法——五力模型 …… 80
5.8 竞争-合作综合分析模型（C-C模型） …… 90

5.9 战略群分析法 ·· 91
5.10 竞争对手分析法 ··· 93
案例研讨 5-1 麦当劳和肯德基的战略对决 ····················· 94
案例研讨 5-2 每日优鲜的战略布局 ······························· 98

第 6 章 如何进行企业内部环境分析 ······························ 102

6.1 为什么要进行内部环境分析 ··································· 102
6.2 如何分析内部环境 ··· 103
6.3 价值分析决策方法 ··· 105
6.4 经典静态分析法——价值链 ··································· 109
6.5 企业经营管理的"三大法宝"——价值三要素 ············· 111
6.6 基于价值链的流程优化 ·· 112
6.7 业务流程再造（BPR） ··· 118
6.8 利润池与微笑曲线 ··· 122
6.9 经典动态分析法——平衡计分卡 ······························ 124
6.10 打造企业的核心能力 ·· 127
案例研讨 6-1 海底捞的价值链管理 ······························ 128
案例研讨 6-2 亲橙里购物中心的数字化探索 ···················· 133

第 7 章 如何进行企业内外部环境综合分析 ······················ 136

7.1 为什么要进行综合分析 ·· 136
7.2 经典分析方法——SWOT ······································ 136
7.3 M-SWOT 分析法 ·· 137
7.4 综合分析的战略选择 ··· 138
案例研讨 7-1 小米的新零售模式 ································· 139

第 4 篇 如何做好战略制定——未雨绸缪、运筹帷幄

第 8 章 如何制定战略目标 ·· 146

8.1 如何把握和制定企业的战略目标 ······························ 146
8.2 战略目标的定量化 ··· 146
8.3 企业战略的层次划分 ··· 147
8.4 企业扁平化后是否还存在战略层次 ···························· 149

8.5 战略目标的层次与分解 ·· 151
8.6 如何将平衡计分卡思想引入战略目标 ································ 151
8.7 职能层战略目标制定的前提 ·· 152
8.8 企业战略制定的边界 ·· 153
案例研讨 8-1 汾酒集团的战略目标 ·· 154

第 9 章 如何制定公司层战略 ·· 159
9.1 制定战略为什么要分层 ·· 159
9.2 公司层战略的主体架构 ·· 161
9.3 公司层基本战略的选择（发展、稳定、紧缩）······················· 164
9.4 单一经营战略与多元化战略 ··· 166
9.5 经典综合分析法——BCG 矩阵 ······································· 169
9.6 经典综合分析法——通用矩阵（GE 矩阵）························· 173
9.7 业务的自我发展与资源整合战略 ····································· 175
9.8 并购战略 ·· 176
9.9 联盟战略 ·· 181
9.10 处理好关系的"三个要点" ·· 183
9.11 外包战略 ·· 186
9.12 国际化与全球化战略 ·· 188
9.13 经典方法——钻石模型 ··· 190
9.14 生态战略（多元化生态战略）······································· 191
案例研讨 9-1 丰田质量事件 ·· 198
案例研讨 9-2 小牛电动的发展瓶颈 ·· 200
案例研讨 9-3 字节跳动收购 Pico 的战略布局 ··························· 203
案例研讨 9-4 格力的国际化战略 ··· 205

第 10 章 如何制定业务层战略 ·· 207
10.1 业务层战略的主体架构 ··· 207
10.2 业务层基本竞争战略 ·· 209
10.3 基本竞争战略的深度解析 ·· 211
10.4 蓝海战略 ·· 216
10.5 战略布局图的运用 ·· 219
10.6 业务层战略的实施——价值链的构建与运作 ···················· 222

- 10.7 定制战略与大规模定制战略 223
- 10.8 竞争手段的合理选择 226
- 10.9 新兴行业中企业的战略制定 228
- 10.10 高动荡行业中企业的战略制定 231
- 10.11 成熟行业中企业的战略制定 232
- 10.12 衰退行业中企业的战略制定 234
- 10.13 分散行业中企业的战略制定 238
- 10.14 综合 L-C 战略选择矩阵 238
- 10.15 动态竞争战略 241
- 案例研讨 10-1 ZARA 的竞争战略 242
- 案例研讨 10-2 优衣库的蓝海战略 244
- 案例研讨 10-3 红领的大规模定制（MC）战略 248

第 5 篇 如何做好战略实施——稳步推进、随机应变

第 11 章 如何进行战略的实施与落地 254

- 11.1 战略决策中的收益和风险衡量 254
- 11.2 战略实施的基本原则 255
- 11.3 战略实施的基本思路 256
- 11.4 运营系统（供应链）构建的核心思路 260
- 11.5 战略与企业内部组织的匹配和协调 264
- 11.6 战略与领导方式的匹配和协调 266
- 11.7 战略与控制的匹配和协调 267
- 案例研讨 11-1 苹果的"简洁管理" 269
- 案例研讨 11-2 华为的超级流动性组织 272

第 6 篇 如何做好战略变革——数字创新、引领未来

第 12 章 数字经济环境下的战略变革 278

- 12.1 数字经济及其本质 279
- 12.2 数字经济发展的重要性和紧迫性 281

12.3 数字经济环境下的战略变革 …… 283
案例研讨 12-1 美的的数字化战略变革 …… 285

第13章 如何做好企业数字化转型 …… 289

13.1 企业数字化转型中的主要问题 …… 289
13.2 全面理解企业数字化转型的本质 …… 291
13.3 企业数字化转型的整体框架 …… 292
13.4 做好企业数字化转型的关键问题 …… 294
13.5 三维驱动-五位赋能(3D5E)模型 …… 294
13.6 "互联网＋"和"智能＋"思维 …… 300
13.7 企业数字化转型中的商业模式创新 …… 303
13.8 企业数字化转型中的组织架构变革与设计 …… 305
13.9 企业数字化转型的全域驱动力理论(GDFT) …… 310
13.10 打造数字经济产业生态 …… 313
案例研讨 13-1 酷特智能(红领)的"互联网＋"模式变革 …… 314
案例研讨 13-2 海尔的数字化转型 …… 320

参考文献 …… 324

第1篇

管理的战略视角
——追本溯源、登高望远

第 1 章

从战略视角看管理——5个核心问题

战略管理是管理学科中一门非常重要的课程。深入理解企业战略管理在企业的生存、发展及生产经营管理活动中的重要作用,是我们学好和用好企业战略管理知识的前提。要深刻理解和把握企业战略管理的重要作用与价值,需要从管理的战略视角谈起。其中,我们首先需要把握如下几个方面的核心问题。

1.1 (问题1)为什么要学习管理

众所周知,管理学科(管理学)与文科(历史学、社会学、哲学等)、工科(工学)、理科(理学)、医科(医学)等其他学科有着本质的区别。然而,我们为什么要学习管理(或者,我们为什么要学习管理学科)?学习管理的目的是什么?学习管理后会在什么场合下运用?运用我们所学到的管理知识到底要解决什么问题?能解决什么问题?这一系列的问题是我们在学习管理之前必须搞清楚的核心问题。为了明确这些问题,下面引入几个事例加以阐述。

例如,2022年10月,世界银行报告显示:2013—2021年中国对世界经济增长的平均贡献率达到38.6%,这一数字超过七国集团(G7)各国贡献率的总和。作为世界经济增长的重要引擎,中国经济充满韧性和活力,备受世界瞩目。最新出炉的数据显示,中国在2022年第三季度经济同比增长3.9%,增速明显快于第二季度。当前,新型冠状病毒感染带来的影响延宕反复,地缘冲突持续,全球通货膨胀攀升,美联储激进加息冲击全球,世界经济下行压力明显加大。在此背景下,中国经济稳住了自身发展势头,不断向世界经济输送宝贵的增长动能,续写世界经济发展史上的中国奇迹。党的二十大报告为中国的未来擘画了发展蓝图,让全球经济界人士继续看好中国经济的光明前景。中国经济总量从2012年的53.9万亿元跃升到2021年的114.4万亿元,目前稳居世界第二。2013—2021年中国经济的年均增长率达到6.6%。这一数字大大高于2.6%的同期世界平均增速,也高于3.7%的发展中经济体平均增速。一个个亮眼数据,勾勒出中国经济的奋进十年。①

又如,2020年新春伊始,突如其来的新冠肺炎疫情牵动着无数人的心,也给我国经济,特别是企业的发展带来了巨大的压力和挑战。疫情影响下,中国大部分企业面临营收减少、成本上升、融资困难等难题。根据企查查的数据,2020年1—11月,我国共吊销注销个体户、个转企等主体301万家,传统线下经济受阻较大。但是危机中往往孕育着新的生机,面对疫情,一些企业发挥创新引领性作用,基于抗疫新场景进行研发创新,推出新产品,提供新服务,优化商业模式,比如短视频、在线教育、线上办公、网络游戏等行业都在新需求促进下发展势头迅猛。

再如,2017年,在创业圈最火的词应该就是"共享经济"。据品途商业评论统计,2016年中国的共享经济市场规模接近4万亿元,项目从单车、充电宝、手机,到睡眠舱、汽车、雨伞、服装、马扎等,可谓五花八门、层出不穷。在历经一年多爆发式增长后,"共享们"猛然刹车,沦为死亡重灾区。一年间,共有19家投身共享经济的企业宣告倒闭或终止服务,其中包括7家共享单车企业、2家共享汽车企业、7家共享充电宝企业、1家共享租衣企业、1家共享雨伞企业和1家共享睡眠舱企业。②

可以看出,随着全球政治、经济、社会、技术、生态及军事等环境的风云突变,企业的竞争日趋激烈,很多企业面临前所未有的生存和发展压力。在这样一个特殊的历史环境下,很多即便是具有百年历史的知名企业也避免不了倒闭破产、陷入困境或业务萎缩的境地,如早些年的通用汽车、柯达、索尼、诺基亚、摩托罗拉,近些年的IBM、惠普、戴尔、沃尔玛、家乐福等。显然,我国的企业也面临同样的境遇和问题。普华永道发布的《中国企业长期激励调研报告》指出:"中国中小企业平均寿命仅为2.5年,集团企业平均寿命仅为7~8年,与欧美企业平均寿命40年相比相距甚远。中国企业数量众多,但普遍生命周期短,重复走着'一年发家,二年发财,三年倒闭'之路,能做强做大的企业更是寥寥无几。"

通过对若干国内、外企业经营管理实践的全面总结分析,可以得出一般性结论,即企业经营管理中的任何方面存在问题都有可能导致企业陷入经营困境或者倒闭破产的境地,如表1-1所示。

---

① 资料来源:http://www.gov.cn/xinwen/2022-11/28/content_5729266.htm。
② 资料来源:http://news.youth.cn/sh/201712/t20171218_11163451.htm。

表 1-1 导致企业陷入经营困境或倒闭破产的原因举例

导致企业陷入经营困境或倒闭破产的原因	原因的层次划分
宏观政策、经济环境、社会因素、技术变革、行业环境、市场竞争、战略定位、发展目标、企业文化、社会责任、国际化……	战略层 主要围绕企业的方向
组织架构、公司治理、领导力、人力资源、公司管控、流程制度、供应链成员管理、客户关系、信息化管理、合同、技术创新……	组织层 主要围绕企业的资源
资金链、研发、采购、生产、产品质量、营销、售后、库存、运输、配送、财务、会计、信息处理……	运作层 主要围绕企业的业务

通过对表 1-1 中所列举的各方面原因进行深入分析发现，导致企业经营不善或倒闭的原因大致可以划分为以下三个层面：

（1）最高层面，即企业战略层面的原因，如市场定位不准、战略目标不明确、没有长远规划、不能从企业全局把握问题、企业信仰和文化缺失、重大决策失误、对环境的发展趋势把握欠妥等，战略层面的原因主要是围绕企业的发展方向展开的。

（2）中间层面，即企业组织层面的原因，如企业人才缺乏、组织架构不合理、领导能力不足、管控方式不合理、公司治理结构和关系不健全、业务和管理流程与机制不健全、创新能力不足等。组织层面的原因主要是围绕企业的资源管理展开的，是企业战略层面目标实现的基本支撑。

（3）底层层面，即企业运作层面的原因，也就是企业日常生产经营管理活动方面的原因，如资金短缺、产品质量不过关、成本居高不下、作业流程不合理等。运作层面的原因主要是围绕企业的业务活动及其他经营管理活动展开的，是企业资源的具体运用。

通过上述原因的分层，我们用一句话加以总结可以得出结论：造成企业经营不善或倒闭的原因有可能来自企业经营管理各个层面的各个方面。

显然，要想保持企业的良性发展，实现"基业长青"的目标，关键是要把企业各个层面的各个方面都做好。这显然是所有企业管理人员梦寐以求的事情。

以下我们就从管理的本质入手来探讨如何实现这一目的。

"管理"的适用场合和对象

我们先来思考几个问题：我们学习"管理"只是为了用在企业的经营管理过程中吗？"管理"只是用来管人的吗？只有由多个人形成"组织"后才需要"管理"吗？显然，这些答案都是否定的，因此我们需要探究"管理"的适用场合和对象究竟是什么。

实际上，"管理"的适用场合是社会上的任何"活动"，而任何"活动"都是由"资源"支撑起来的,因此管理的对象是"资源"。例如,上到国家与国家之间的交往、贸易和战争,下到我们日常举办的各种聚会、生日晚宴、婚礼、春游、会议等,再到我们日常的吃饭、逛街、购物等,甚至我们的任何一个动作(如生理的和心理的)都可称为活动。**本质上,只要"资源"一动,"活动"便会产生。**当然,资源一般包括有形资源和无形资源,如人、财、物等属于有形资源,而语言、知识、技能、技术、品牌、声誉、信息、数据等则属于无形资源。

社会上的这些"活动"之所以需要管理,是因为"活动"的开展是需要耗费资源的。因此,我们总是希望每个活动都能够开展得非常"好",与我们的预期一致或者超出我们的预期。活动开展的"好"与"不好",有两个基本的衡量方面,即"效果"和"效率",如图 1-1 所示。一个开展得"好"的活动,是既有"效果"又有"效率"的活动。

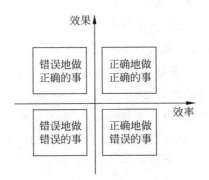

图 1-1　管理的基本问题

想让活动有"效果",我们必须做"正确的事"("事"就是活动);想让活动有"效率",我们必须"正确地做"。因此,只有"正确地做正确的事",才能使我们所做的社会上的任何"活动"不仅有效果,而且有效率。可以说,"效果"与"效率"的关系问题是管理(管理学科)中首先要探讨的一个基本问题。

此时,我们可以得出如下第一个问题加以总结:

问题 1:为什么要学习管理?
答案:为了"正确地做正确的事"。
解读:我们学管理是为了开展任何活动的时候,都能够做到既有"效率"又有"效果"。

1.2 (问题2)为什么管理有助于我们"正确地做正确的事"

上一节指出,我们学习管理的目的是"正确地做正确的事",即开展任何活动的时候都能够既有"效率(正确地做)"又有"效果(做正确的事)"。这里首先需要明确的是,为什么"管理"有助于我们实现上述目的,即为什么"管理"有助于我们更好地开展任何活动。

为了直观地阐明这一机理,本节以一个生日晚宴活动为例进行分析。

某同学本周六过生日,他想在周六晚上举办一场生日晚宴。基于以往的经验,要想让生日晚宴举办成功,他首先拟订了举办生日晚宴的计划。计划的目标就是要举办一场让所有人都满意的晚宴。同时,在计划中拟订了晚宴的具体时间、举办的地点、出席人员名单及活动的具体流程等内容。

计划做完之后,他开始为活动准备必要的人、财、物等各种资源,如发出请帖邀请出席者,租赁活动场地,准备活动所需要的各种物品,寻找活动的主持人等。在准备人、财、物等各种资源的同时,他还考虑了各种资源之间的匹配关系。例如,计划邀请8个人参加生日晚宴,因此没有必要预定太大的包间,能够容纳10个人左右即可,准备的物品也不宜过多,否则会造成不必要的浪费。

随着准备工作的推进,到了周六晚上7点,晚宴需要的场地、物资等全部准备完毕,邀请的宾客也都到来了。这时,他邀请的一位晚宴活动的主持人全程引导和带领大家开展了生日庆祝活动。

在晚宴的推进过程中,考虑到可能有意外情况发生(如宾客饮酒过量导致晚宴活动出现意外事故或者影响晚宴活动的气氛等),他还采取了必要的控制手段,如提前约定每桌摆放酒品的种类和数量,提前约定活动的结束时间等。

通过上述例子可以看出,我们在开展任何"活动"的时候都需要考虑如下四个基本步骤。

第一步,我们在开展任何活动之前,首先需要制订一个"计划"。制订计划要做好两件事:一件是明确未来我们要"做什么",即明确活动的目标;另一件是明确未来我们要"怎么做",即通过什么样的途径实现既定的目标。概括起来就是我们常说的未来要"干什么"和"怎么干"。

第二步,制订好计划之后,接下来就要考虑如何实施计划。由于任何活动都是由各种资源支撑起来的,因此实施计划的第一步必然是需要获取各种各样的必要的资源。同时,我们还需要理顺各种资源之间的关系,否则资源的配置和利用就会缺乏协调性,进而有可能导致资源利用效率的降低和效果的不理想。获取资源,同时理顺它们之间关系的过程就是"组织"过程。

第三步,当我们获取了开展活动所需的各种资源之后,紧接着需要考虑的问题就是如何让这些资源动起来,进而形成活动,而且要让资源动得合理、高效。这时,就需要引入"领导"职能。"领导"的本质是要带领各种资源"动"起来,进而形成活动。但在带领之前,必须先协调好资源之间的关系,带领过程才能更有效。否则,关系不协调的资源有可能并不会跟随带领的指令去行动,这样就会造成活动效率的下降和效果的不理想。

第四步,有了计划、组织、领导等职能,就能保证活动开展得非常顺利吗?答案显然是否定的。因为在领导过程的驱动下,资源运动起来形成了活动,但并不能保证所有的资源都会动得非常合理、高效,并且始终沿着有利于实现我们既定目标的轨迹去行动。这时,就需要对资源的行动加上"控制"职能。做好控制工作一般需要做好三件事:首先,拟订控制的标准,即必须明确在活动中,各个资源如何"动"是合理的;其次,找出与拟订的标准有偏差的资源,同时分析偏差了多少;最后,纠正偏差,使资源"动"得合理、合规,进而提高活动的效果和效率。

上述针对任何活动的计划、组织、领导和控制等四个基本操作,常被称作管理的"四大基本职能",也就是管理好任何"活动"时都必须做好的基本内容。

需要强调的是,因为社会上的任何活动都是由资源支撑起来的,因此四个基本职能的作用点最终也都会落到资源上。管理的核心在于如何通过对资源的合理利用与配置来开展活动,从而让活动既有效果又有效率,实现正确地做正确的事。

因此,我们可以引出第二个问题加以总结:

问题2: 为什么管理有助于我们"正确地做正确的事"?

答案: 因为我们学习和理解了管理的四大基本职能(计划、组织、领导和控制)。

解读: 学习和理解了管理的四大基本职能——"计划、组织、领导和控制",我们在开展任何活动的时候,都可以用其加以指导,从而使活动既有效果又有效率,实现"正确地做正确的事"。

在上述四个职能中,"正确的事"需要由计划来确定,"正确地做"则需要通过组织、领导、控制来实现,如图1-2所示。

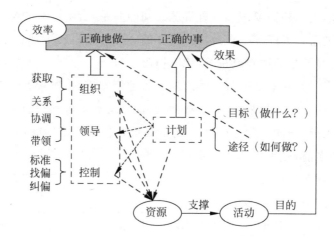

图 1-2　管理的四大职能与"正确地做正确的事"之间的关系

1.3　(问题3)为什么要学习企业战略管理

企业是社会的经济单元,企业的经营管理活动也需要实现"正确地做正确的事"。上一节指出,"正确的事"是由管理的四大职能中的"计划"职能确定的,因为对于任何组织和个人而言,与目标一致的事情就是正确的事,而目标是由计划制订出来的。企业的"战略"本质上探讨的就是未来企业"做什么"和"怎么做"的问题,因此战略的本质就是计划。

因此,我们可以引出第三个问题加以总结:

问题3:为什么要学习企业战略管理?

答案:为了让企业做"正确的事"。

解读:当我们把管理的一般原理(四大职能)放到企业活动中考察时,因为企业也需要"正确地做(效率)正确的事(效果)",因此企业的计划职能决定了正确的事(效果),而给企业制订计划是企业战略管理的本质体现。

企业战略管理解决了企业做"正确的事(效果)"的问题,但企业"正确地做(效率)"又将如何实现呢?

要明确这一问题,我们需要先引出一个关键的内容,即企业的"战略定位"。

企业的战略定位

企业是经济组织,对于任何性质和行业属性的企业而言,业务永远是其核心。企业的业务活动是围绕企业的产品(包括生产型产品和服务型产品)展开的。简单来讲,企业的核心问题是要提供什么样的产品、在什么样的市场上销售,进而赚钱的问题。无论当前企业的商业模式多么复杂,其本质仍然是靠提供产品进行交易的行为(本质上讲,租赁也是出售的一种形式)。因此,企业的战略定位最终可以体现在其产品和市场的定位上,如图 1-3 所示。

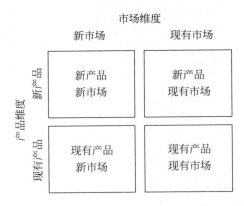

图 1-3 企业战略定位的集中体现

简单来讲,企业的战略定位就是未来要提供什么产品给什么市场的问题。显然,未来的产品类型只有两种:一种是与当前产品一样的现有产品;另一种是新产品。市场也有两类:一类是现有市场;另一类是新市场。

我们可以用战略定位来反映企业的"正确的事",即"正确的事"必然会体现在企业未来要"提供什么产品给什么市场"的问题上,而"正确地做"则将体现在企业如何实现这一目的的问题上,也就是如何把这个产品提供出来,并在市场上出售。

显然,按照前述管理四大职能的关系,企业必然要通过对内、外部的各种资源进行组织、领导和控制的过程才能实现这一目的。由此,我们必须引出企业的"供应链"网络进行阐述。

企业的供应链网络

众所周知,任何企业提供任何产品给对应的市场,都不是其自己一家企业能够独立完成的(无论该企业的实力有多强、规模有多大),而是由包括其上、下游以及横向合作的若干行业内外部的企业共同完成的,这就构成了企业的供应链网络,如

图 1-4 所示。

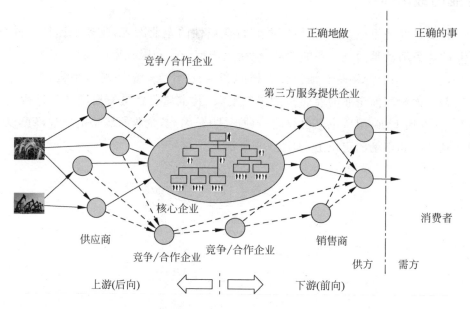

图 1-4　企业的供应链网络示意

供应链的概念产生于 20 世纪末期,尽管国内外关于供应链的认识有很多不同的版本,但都指出了供应链是一个网络,这个网络与企业经营的过程是息息相关的。关于供应链的详细阐述,可参见本书第 2 章。可以说,由企业与其上、下游以及横向合作的其他企业(或经营单位或其他组织)形成的网络系统就是供应链网络。显然,对企业的内、外部供应链网络进行搭建、管控和运作的过程,也就是企业对内、外部资源进行组织、领导和控制的过程。从这个角度讲,没有供应链网络,企业就不可能将产品提供到对应的市场上,因而也就无法实现"正确地做"。

因此,我们可以得出下面的结论:

为什么学习"供应链管理"? 为了让企业"正确地做"。

可以看出,战略管理和供应链管理在实现企业"正确地做正确的事"这一问题上,各占一半,缺一不可。战略管理负责让企业做"正确的事",供应链管理负责让企业"正确地做"。

供应链中的四大流

明确了什么是供应链之后,我们需要知道的是"什么对象"将在供应链网络中流动,最终实现产品的产出和在市场中的交易。一般而言,供应链网络(包括企业内、外部的两个供应链网络)中流动着的是我们常说的四大流:物资流(包括人员流)、资金流、信息流和商流。其中,对于以人员为主要业务资源的企业而言,人员流也可以纳入物资流中,如提供劳务服务的公司。

四大流中的流动对象主要包括物资、人员、资金和信息(包括数据)等。在企业的四大流中,商流是商品所有权转移形成的流。例如,某消费者在网上购物,当在线支付以后,供需双方交易的合约就已经形成了。此时,其所购买商品的所有权(商流)已经转到消费者处。可以看出,商流往往伴随资金流和信息流而流动,而支付后所购买的商品并没有马上到达消费者手中,还在物资流通道中运送。因此,在企业的经营管理活动中,这四大流往往不是始终结合在一起的,什么时候应该结合在一起,什么时候又应该分开是需要认真研究的。有关这一问题在供应链管理相关书籍中均有分析和论述。

上述供应链中的"四大流"也被统称为"物流"。当前对"物流"的理解已经远不是20世纪人们所认识的,仅局限于物资流这一单一对象,而是包括四大流在内的综合体系,而"物流管理"也由单一对物资流的管理活动转变为对"四大流"的综合管理活动。

供应链管理的系统架构

上述阐释解释了供应链管理在实现企业"正确地做"方面的重要作用,也指出了供应链网络中运行的四大流。然而,还有一个重要的问题是如何理解供应链管理的架构。因为一直以来,很多关于供应链管理的书籍的章节安排都是围绕供应链管理的局部内容展开的,如供应链的构建与优化、生产计划、库存管理、采购管理、客户订单处理、供应商管理等,这样的编排方式容易造成供应链管理系统性和整体性的缺失,也容易让读者对供应链管理、物流管理及运营管理等内容的区别分辨不清。更为严重的是,在碎片化的局部知识指导下,我们在给企业做供应链管理时往往无从下手。例如,我们在给某个企业做供应链管理时,是从库存管理还是采购管理入手? 是先做供应链的设计还是管理供应商? 因此,需要一个系统的整体架构来梳理供应链管理中的相关内容,同时区别于物流管理和运营管理(因为从传统书籍的编排方式、从局部的章节内容来看,供应链管理、物流管理及运营管理中的某些内容是重复的,如库存管理、采购管理等)。

为了解决上述供应链管理整体系统架构不清晰的问题,同时有效地将供应链管理与物流管理区分开来,进而更好地指导企业管理实践,本书的姊妹书籍(《战略供应链管理》和《运营与供应链管理(第二版)》,中国人民大学出版社)首次提出了供应链管理的系统架构,即企业的供应链管理应该包括"建网、管网、用网"三个层面,并明确指出了物流管理(包括对四大流的管理)是供应链管理第三层面——用网层面探讨的范畴,如图1-5所示。图1-5中同时展示了供应链管理、物流管理与企业战略管理及管理四大职能之间的对应关系。

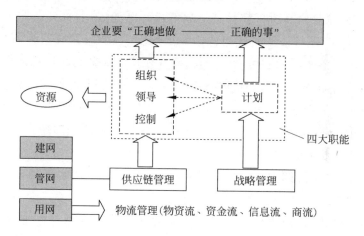

图1-5 供应链管理、物流管理、战略管理关系示意

企业的运营

上述分析解释了供应链管理在实现企业"正确地做"方面的重要作用,也指出了供应链管理的系统架构以及供应链管理、物流管理与战略管理之间的内在关系。

从运营的角度来看,我们也可以概括性地得出结论:企业能否做"正确的事"靠战略;而企业能否"正确地做"则要靠"运营"。

一般来讲,"运营"在本质上是把输入转换为输出的过程。运营的实现需要两个基本要素:一个是运营系统,即将输入转换为输出的主体;另一个是运营过程,即输入在运营系统中转换为输出的过程,如图1-6所示。

图1-6 运营系统与运营过程

企业的"运营管理"是对企业的运营系统和运营过程的管理。从大的范畴来看,运营系统既包括企业外部的运营系统又包括企业内部的运营系统,运营过程也是一样。通过对比图1-4与图1-6可以发现,对企业而言,运营系统就是企业的供

应链网络,而运营过程描述的是物流(包括四大流)如何在供应链网络中流动,因此可以建立如下两个对照关系。

第一个关系:企业的内部和外部运营系统等同于企业内部和外部的供应链网络,也等同于企业内部和外部的组织架构。

第二个关系:企业内部和外部的运营过程等同于企业内部和外部的物流(包括物资流、资金流、信息流和商流),也等同于企业内部和外部的流程。

企业战略定位与运营的关系

通过前述分析可知,企业战略最终会反映到产品和市场的定位上,如果企业制定的战略无法使其产品满足市场的需求,那么战略就是不成功的。任何企业都有自己的产品,企业要想实现自己的战略目标必须保证其产品能够在市场上销售出去,这是一个基本原则。因此,我们最终必须围绕产品和市场的定位来探讨企业的战略,同时通过构建合理的运营系统(供应链)并高效地管理运营过程(物流)来实施战略。企业战略定位与运营的关系如图1-7所示。

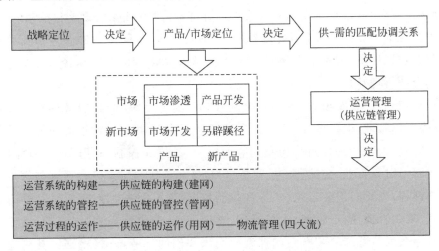

图1-7 企业战略定位与运营的关系

显然,企业的运营管理包括对运营系统的管理(等同于供应链管理)和对运营过程的管理(等同于物流管理)。对运营系统的管理,首先是运营系统如何设计、构建的问题(相当于供应链管理中的建网),对企业而言就是应该建立什么样的内外部运营系统(内外部供应链网络/组织架构)。其次是运营系统如何管控的问题(相当于供应链管理中的管网),对企业而言就是运营系统建好后,如何对其进行管理(如关系协调、绩效考评、激励与奖惩等)和控制等一系列问题。

对运营过程的管理考虑的主要是物资流、资金流、信息流及商流等在运营系统中如何流动。同时，还要考虑四大流在运营系统中的什么环节应该分离、什么环节应该结合起来等问题。以生产企业为例，对其运营过程的管理必然涉及物资流中的采购、加工、装配、库存、发货等活动的管理，也会涉及资金流中的贷款、支付、收款、投融资、财会等活动的管理，还会涉及信息流中的信息获取、传输、储存、处理、计算等一系列信息管理的活动。而以服务企业为例时，其四大流中的活动与生产企业有一定的差异，但整体逻辑不变。

企业战略管理与其他企业管理类课程的关系

通过上述分析，我们对企业的管理有了整体性和系统性的认识，也对企业战略管理、供应链管理、物流管理及运营管理等有了清晰的了解。

尽管我们说，企业战略管理决定了企业能否"做正确的事"，而供应链管理和运营管理（包括物流管理）决定了企业能否"正确地做"，但真正想要做好企业的供应链管理和运营管理（包括物流管理）并不容易。这是因为供应链管理和运营管理（包括物流管理）的过程本质上是对企业内外部资源进行组织、领导和控制的过程，而企业内外部的资源种类繁多、关系复杂，不同性质、不同行业的企业所需要的资源种类、数量、性质、关系都不相同。因此，需要采取不同的管理途径和方法才能将不同的资源管理好。

例如，当我们想要组织、领导和控制好"人"这一资源时，我们必须学习公司治理、人力资源管理、组织设计、组织行为学、领导力以及相关的制度和机制设计等一系列与管理"人"有关的课程；当我们想要组织、领导和控制好"财"这一资源时，我们必须学习财务管理、会计、金融、投资、财税及相关法律法规等一系列与管理"财"有关的课程；当我们想要组织、领导和控制好"物"这一资源时，我们必须学习供应商管理、采购管理、生产管理、库存管理、仓储管理、营销管理、品牌管理、运输配送管理等一系列与管理"物"有关的课程。而当我们的企业跨国经营时，其构建的供应链网络（运营系统）必然要涉及多个国家不同的资源，管理起来更加复杂，涉外法律、跨国商务谈判、跨境贸易、国际物流等都需要与企业实现"正确地做"紧密关联。

因此，除了企业战略管理之外，学习任何一门与企业管理相关的其他课程，其目的都是围绕如何"正确地做"展开的，即围绕如何做好供应链管理和运营管理（包括物流管理）中的建网、管网和用网三个层面展开的，参考图1-5和图1-7。具体包括如何构建企业内外部的供应链网络（运营系统），如何管控好企业内外部的供应链网络（运营系统）以及用好该供应链网络（运营系统）来完成企业内外部的物流管理(四大流)活动(运营过程)。

例如,我们学习企业组织管理学是为了研究企业组织结构中各个单元(部门、岗位等)之间的关系,研究组织中岗位的设计、人员的安排等,从而构建一个合理的企业内部供应链网络(运营系统),使四大流在企业内部合理流动与顺畅衔接;我们学习涉外法律是为了使企业外部的跨国界物资流动更加合理;我们学习供应商管理、商务谈判、合同管理是为了更加合理地构建一个企业外部的供应链网络(运营系统)。

通过上述分析可以得出结论:企业管理的直接目的是让企业"正确地做正确的事"。在工商管理(主要面向企业管理)的课程体系中,企业战略管理负责的是如何让企业"做正确的事",而其他课程负责的是如何让企业"正确地做"。这就是企业战略管理与其他管理类课程之间的重要关系。

该逻辑关系如图1-8所示。

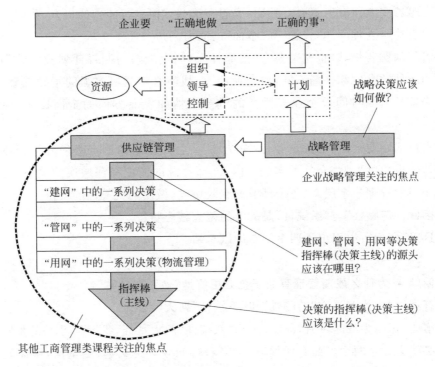

图1-8　企业战略管理与其他工商管理类课程之间的关系逻辑示意

返回到我们在1.1节探讨的企业经营不善和倒闭的原因上,可以看出表1-1中所列举的三个层面(战略层、组织层、运作层)的原因与这里探讨的逻辑是非常吻合的。也就是说，我们学习企业战略管理的目的体现在如何让企业"做正确的事"上，它要解决的是表1-1中第一个层面中的问题；而学习其他课程的目的则体现在如何让企业"正确地做"的问题上，要解决的是表1-1中组织层面和运作层面的问题，而其中任何一个原因都是一门课程探讨的范畴。因此，企业的经营管理人员只有将与企业管理相关的各门课程都学习好，并且系统性地全面把握和融会贯通，才能在企业的经营管理过程中更好地"正确地做正确的事"。

1.4 （问题4）为什么战略管理有助于企业更好地"做正确的事"

作为一门重要的工商管理类课程，企业战略管理有助于我们更好地让企业"做正确的事"，但其前提是，通过战略管理课程的学习，我们应该在战略洞察力和战略执行力等若干方面有所提升。然而，要想在这些方面进行能力的提升，我们必须不断培养看待与处理问题"长远"和"全面"的能力。

看待问题要长远，也就是要有"前瞻性"。制定战略与制订计划最大的不同在于它们所处的高度和格局不同，对企业而言，战略必然具有更强的指导性意义，是对未来较长一段时间里企业需要做的重要事情和发展方向的全面梳理、规划和决定。

看待问题要全面，也就是要有"系统性"。企业战略的制定必须是从企业整体的经营管理角度出发，充分考虑企业内、外部资源的内在和深层次的关系，充分考虑企业经营管理各个层面、各个环节的有效协同，做出的统筹性的安排。

因此，"前瞻性"与"系统性"是战略的两大核心特征。

这里，我们可以引出第四个问题加以总结：

问题4：为什么战略管理有助于企业更好地"做正确的事"？

答案：因为战略具有"前瞻性"和"系统性"两大特征。

解读：正因为战略具有"前瞻性"和"系统性"两大特征，我们学习了企业战略管理后必然会在这两个方面有所提升，将来看待问题会更长远、更全面，从而能够更好地给企业制定合适的战略，让企业做"正确的事"。

一般来讲，看问题"长远"也就是前瞻性，较为容易理解，而看问题"全面"则需要认真阐释。只有深刻理解了系统性原理，看问题才能更为全面。

系统性原理

系统性原理指出,"系统"有三个特点:①系统是由各个要素组成的;②各个要素之间具有相互联系、相互影响和相互制约的关系;③系统与外界环境之间也有关系,一种是开放式系统(系统与外界之间具有交换关系),另一种是封闭式系统(系统与外界之间没有交换关系)。

在上述三个特点中,第二个特点"关系"最为重要。人们常说,人与人之间的思维能力及解决问题能力的差异体现在什么地方?实际上就体现在对"关系"的把握和处理上。谁能把关系处理好,谁的能力就强。

可以说,看问题全面,并不只是看到系统中的要素就可以,而是要把各个要素之间的"关系"看清楚并加以利用。

系统性原理在企业管理中有着重要的地位与价值,下面我们以企业中常见的部门冲突为例进行阐述。

部门冲突问题

系统性原理在企业中运用的一个典型例子就是分析部门之间的冲突问题。该问题常表现在两个方面:绩效冲突(有功大家抢)和责任冲突(有过大家推)。造成该冲突问题的原因就在于没有处理好部门之间的关系。

某公司是生物工程和制药行业自动化系统整体解决方案的供应商,其产品涉及生物工程和制药行业所需的计算机自动控制系统及多种专业自控仪表(如补料控制器、研磨控制器、过滤控制器、温度控制器、pH 控制器等)。该公司的项目部门与生产、采购部门之间的协调问题比较严重。项目部门主要负责产品的市场、设计、安装、调试、售后;生产部门负责控制系统所需零部件(既生产所有控制系统通用的零部件,又按照客户的具体要求生产定制零部件)的生产、装配;采购部门负责外协件的采购和库存管理工作。在激烈的行业竞争中,为了尽快占领市场,该公司实质上实行的是"以销定产"的联动模式,只要是项目部签回的订单就要想方设法尽量满足。然而,一直以来该公司却存在这样的问题:一方面,项目部签回的订单由于生产部门的产能不足屡屡延迟交货;另一方面,采购部门为了降低采购成本而大批量采购,导致大量库存积压。为了解决这一问题,公司经常召集各部门领导开会,但仍然没有效果。

实际上,上例中问题的关键在于企业内部各部门不合理的绩效目标。例如,采购部门的目标是降低采购成本，但大批量采购却导致了库存积压；生产部门以产能利用最大化为目标，生产出的某些产品库存积压，某些产品却产能不足；项目部门在企业里具有优先权，以签单量为目标，却没有考虑如何与生产及采购部门衔接和协调。部门之间的目标不一致，直接导致部门之间的关系不协调，从而难免产生冲突。

那么，部门之间的关系主要是通过什么反映出来的？答案是通过流程（企业内外部的流程实际上包括前文中讨论的四大流）。通过贯穿各部门的流程把部门联结在一起，形成企业内部的供应链网络（组织架构）。企业流程存在的终极目的是通过产品或服务的提供给供需双方以及社会带来价值。因此，部门之间的冲突必然会导致部门之间在流程上存在问题。

我们运用系统性原理来分析这一问题。首先，界定由采购、生产、项目部门三个要素组成的系统。其次，要解决冲突问题，关键是理顺这三个要素（部门）之间的关系，而只有具有系统的全局把控能力的人（如上一层的管理者）出面才能完成这样的任务。再次，有时候我们还会发现，由这三个部门组成的系统与该系统之外的其他要素（如人事、财务等部门）之间也可能产生问题，这是由系统的外部因素导致的。比如，某些外部因素导致部门资源分配的不均衡也将造成部门之间的矛盾。最后，寻找和探寻合适的途径或方法理顺要素（部门）之间的关系及其与外界其他要素之间的关系。

当然，在现实中要处理企业内部各部门之间的冲突，通常需要把握如下两点。第一，经常把隐藏在各部门背后的流程拿出来公开讨论和梳理，理顺它们之间的关系。当然，理顺关系时肯定要产生利益冲突，现实中如何解决部门利益冲突对企业而言至关重要，也是一个较为棘手的问题。因此，解决利益冲突的原则之一是需要把握时机，这是需要把握的第二点。例如，相比成熟阶段而言，在企业的发展阶段更容易解决利益冲突；在企业面临危机时比没有面临危机时更容易解决利益冲突，因为危机到来之后各部门才能认识到整体利益大于局部利益的必要性，才能将自身的全局观和系统观放大，认识到冲突是首先需要解决的，否则企业将无法良好地发展。这些时机的把握需要企业管理人员在日常工作中不断加以探索和总结。

当然，有关企业内部各部门之间的冲突问题，在具体操作上可能还需要从对部门的绩效考核角度入手来分析，其解决思路将在本书后文中阐述。

运用系统性原理分析问题的步骤

运用系统性原理分析和解决企业管理问题可以按照如下四个步骤进行。

第一,明确问题。企业出现了什么问题,首先要把问题弄清楚。

第二,挖掘要素。导致问题的相关要素到底有哪些,比如在上例中挖掘了三个要素(部门)。挖掘要素时要注意系统的边界,要素不宜过多或过少,应该挖掘关键要素。要素太多,容易造成要素间的关系复杂,难以分析;要素太少,不易反映问题的全貌。

第三,分析要素之间的相互关系。这是最重要的一点,特别要把隐藏在要素背后的隐性关系分析清楚。

第四,理顺关系。理顺关系时要充分发挥创新思维,不断开拓新的方法与途径,不能拘泥于经验与过去,更不能约束于教条。同时,对于不好处理的关系,还要考虑创造条件和把握时机。

企业管理中的协同效应

基于系统性原理的思考,这里再来探讨企业管理中的一个重要问题——协同效应。协同效应是描述"一加一大于二"(1+1>2)的效应,通过将不同的主体(如不同企业、不同部门、不同岗位、不同资源等)关联到一起,进而发挥大于每个主体自身效应简单叠加的综合效应。

在企业管理中,协同效应具有重要的意义与价值。很多企业管理理念的核心目的都是希望发挥协同效应,如并购战略、联盟战略等。近些年企业关注的数字化转型,其本质特征也是希望通过数字技术(一般包括数据技术、网络技术和计算技术等)的支撑,更好地发挥资源之间的协同效应,进而创造出更大的价值。我们常说的数字经济环境下企业经营管理中体现出来的"跨界、融合、共享、生态及(客户)深度参与"等新特征,都是建立在协同效应基础之上的。

显然,协同效应(1+1>2)实现的关键在于处理好两个"1"之间的"关系",也就是需要处理好各参与"主体"之间的关系。

1.5 (问题5)什么是企业战略

在分析上述四个问题的基础上,我们可以给企业战略下一个定义,以便更好地理解企业战略的本质。

下面我们采用"剥洋葱式"的下定义方法进行归纳。

第一层内涵,本质上讲,企业战略就是企业的计划。

第二层内涵,因为战略具有"前瞻性"和"系统性"两大核心特征,所以企业战略是从"前瞻性"和"系统性"角度给企业制订的计划。

第三层内涵,与组织、领导和控制一样,战略的指向对象也是企业的资源。因此,企业战略是企业对未来一段时间内资源的合理配置和利用所做的计划。

对资源的配置也就是组织资源的过程,对资源的利用也就是领导和控制资源的过程。

通过上述分析,我们可以引出第五个问题加以总结。

问题 5:什么是企业战略?

答案:企业战略是从前瞻性和系统性的角度,对企业未来资源配置和利用制订的计划。

有了上述五个问题的界定,我们已经对两个重要问题有了明确的认识:一方面,我们了解了战略对企业的重要作用,因为它的目的是让企业做"正确的事",非常重要;另一方面,我们对企业战略有了深刻的认识和理解,企业战略是从前瞻性和系统性的角度对企业未来资源配置和利用所做的计划。接下来要研究的显然应该是如何给企业做好战略的问题。上述逻辑也遵循我们学习任何知识的三个基本阶段——"为什么""是什么"和"怎么做"。

1.6　企业管理决策中的核心问题

众所周知,任何企业经营管理活动的开展都需要通过"管理决策"(决策一般是指在若干个方案中选择合适的方案)进行推进。比如,战略层面中选择哪些环境因素进行分析、企业文化如何拟定、企业战略方案如何选择等,组织层面中的组织架构如何构建、人员如何安排、岗位如何设计、绩效如何评估等,运作层面的库存如何确定、采购物资如何分类、配送路径如何规划、机器设备如何调整、账款如何核算等都属于管理决策活动。

根据前述企业要"正确地做正确的事"这一总目标,企业必须一方面把"战略决策"做好,另一方面把"建网、管网、用网中的相关决策"(其他课程的相关决策)做好。

其中,有如下几个需要探讨的核心问题:

第一,如何做好企业的战略决策,实现做"正确的事"。

第二,如何做好企业的供应链(运营)管理决策,实现"正确地做"。

显然，在供应链（运营）管理的建网、管网和用网的一系列决策过程中，要想让每一个方面的决策都能科学和合理，必须有一个统一的"指挥棒"贯穿其中（如图1-8所示）。也可以将该"指挥棒"称为决策的"主线"。

第三，对于该"指挥棒"（决策主线）而言，我们需要明确的问题是：

(1) 该"指挥棒"（决策主线）的逻辑起点应该在哪里？

(2) 该"指挥棒"（决策主线）应该由什么来担当？

上述关键问题的内在逻辑如图1-8所示。这些问题是任何企业在进行系统化管理时必须思考和解决的。后文中，我们将逐渐给出这些问题的答案。在数字经济环境下，这些也是企业数字化转型时需要探讨的重要问题，我们将在本书第13章中进行分析。

案例研讨 1-1

美团的战略变迁[①]

2010年成立至今，美团经历了创业初期团购网的"千团大战"，也赶上了互联网ToB业务的繁华。如今，美团点评已经围绕"吃"这一主题，对其业务进行了多品类的布局，包括餐饮类的垂直品类，出行、票务等其他品类，构建了一条完整的生态产业链。

2018年，美团上市。在围绕"吃"的吃喝玩乐业务之外，美团将业务扩展到更大的范围，提出"美食＋平台"战略，要建设一个"本地生活服务"的O2O超级平台，基于生活服务平台的架构，为商家和客户持续提供高效的服务，并以技术为核心推进智能配送、智能硬件、物联网等前沿技术探索与应用。

2005年，王兴放弃了在美国的博士学业，在对社交网络服务（social networking service, SNS）领域的脸书（Facebook）进行了一番细致研究后，创立了"校内网"（"人人网"的前身）。之后，王兴于2006年将校内网以200万美元的价格卖给了陈一舟。随后，王兴继续借鉴推特（Twitter）成立了"饭否"，又遭遇创业的失败。2010年，他又萌发了创建类似于美国高朋（Groupon）这样的团购网站的念头，这便是美团网的雏形。2010年3月4日，美团网正式上线，一个价值50元的梵雅葡萄酒品尝套餐是美团网的第一个产品。

同样在2010年，"千团大战"拉开了帷幕，窝窝团、拉手、糯米、F团等团购网站

[①] 资料来源：根据网络公开资料整理。

相继上线，大大小小的团购网站如雨后春笋般涌现。在这样的高竞争态势下，美团没有像其他竞争者一样，第一时间进入北、上、广、深超一线城市抢占流量，而是深耕省会及二线城市，坚持"直营模式"，以此来控制团购品质。此外，美团坚持每天只上一单，将所有的流量都导入一个商家。在这样的模式下，单个商家在美团网的流量和业务量都是其他团购网站的数倍，与美团进一步合作的意愿得到更大的增强。而且，在营销和广告方面的节流措施也让美团有足够的资金补贴用户，相比竞争对手更有价格优势。其他公司先后耗尽了资金，而美团从"千团大战"中存活下来，用户逐日积累。正处于发展中的美团先后得到了红杉资本、阿里巴巴、北极光、华登国际等多轮融资。

2011年3月4日，美团有了自己的客户端。在前端产品上，美团并没有做任何更新迭代，技术部花费大量精力研发后台IT系统，使美团整体运营效率提升数倍。2011年年底，原阿里巴巴副总裁干嘉伟加盟，在业务方面有了新的策略。他将美团的"战略执行"定义为"聚焦供给，先有再好"，将"战术执行"定义为"狂拜访、狂上单"。作为一个平台，到底是先抓住用户还是先抓住商家？美团的回答是：商家越多，上单量越多，销量就越高。美团集中了越来越多的商家，用户想要优质的商家，也只能去美团。美团把70多个城市分成了七大类，把行业分了15类，各自设置不同的毛利率要求，推广最优的销售地推模式，出色地完成了业务指标。在2011—2012年宝贵的创业初期，美团打出了一套优质的"战略＋战术"组合。

2011年，美团推出了电影票线上预定服务"猫眼"，电影团购、订票和评价等服务一条龙上线。此后，旅游、酒店、出行等也被纳入了美团的业务版图，O2O的发展格局成为美团的重点方向。在业务的早期发展阶段，美团几乎没有任何原创的业务，都是市场上出现了新商业模式，过了一段时间后，美团模仿、改进、壮大了这些商业模式。但美团的优势在于强大的精细化运营能力和灵活的学习能力。此外，凭借强大的地推铁军，美团能够占有更多优质的商家资源，并对商家业务能力进行培训、诚信监督等，以此构筑了行业内竞争的高进入壁垒。

"吃"是美团的核心业务。2012年美团在餐饮业务领域继续深化拓展，选择了"外卖"。美团不再只将自己定位为餐饮信息和交易平台，而是为商家提供更多的全流程解决方案。创业初期，将大量资金投入技术研发的做法，让美团在餐饮外卖方面有了极大的技术优势。面对商户，美团推出餐饮开放平台，提供ERP服务、聚合支付解决方案和供应链解决方案。仅外卖配送网络调度的平台研发就有超过1 000名工程师，他们负责维系平台稳定、数据搜集处理、规划最优路线和人员调度。

美团选择外卖的逻辑在于：在解决配送问题的前提下，外卖的上游供给更稳定、更标准。根据当前美团手中几百万优质商家的供给，美团决定把这些上游供给资源有效利用起来。美团单独成立了配送事业部，推出一条独特的口号"多快好省"。有了更多的配送人员，就能有更多的好商家作为供给；有了更多的好商家，就能更个性化地满足需求，能以更有竞争力的价格参与市场竞争。在开发新的餐饮外卖市场时，美团将原有团购人员进行分配转岗担任地区总负责人，组建外卖地推团队，并采取基于效果付费的模式，只在商家有销售的时候，平台才能分得利润。通过这种方式，美团拿下了很多城市商家的独家代理权。

在餐饮外卖取得成功后，美团业务逐渐涵盖了生鲜超市、生鲜外卖及非食物类产品配送等。2017年，美团开设了第一家线下生鲜超市"小象生鲜"；2018年，美团上线了"美团闪购"以对标城市便利店的多品类产品业务；2019年，美团闪购推出"无人微仓"为商户提供包括拣选和打包服务在内的24小时自动销售服务，覆盖从商家到用户全流程的新零售服务链。

对于用户和商家来说，配送服务是否高效是衡量外卖平台的首要标准。美团配送将自己定位为"最大的即时配送平台"。一开始美团的"智能调度"只是派单系统，替代线下几千个站长的人工派单工作。之后，配送AI技术为整个配送系统赋能，逐步由"智能调度＋ETA""智能定价＋智能规划""智能助手＋IoT硬件"升级为"智能感知＋配送地图"，有了更精确的室内外定位、POI＋AOI画像、骑行路线和骑手高履约效率。智能调度经历了5次大版本迭代，从1.0抢派结合、2.0单人多点、3.0多人多点、4.0动态决策，发展到最新的5.0全域柔性，成为现在的"美团超脑"配送系统。

2017年，美团曾宣布要聚焦"到店、到家、旅行、出行"四大LBS（基于位置服务）场景。如今，美团依然在积极拓展自己的业务版图。看似无边界的扩张下，美团已形成了以"吃"为核心的全生态产业链，并在外卖餐饮、酒旅、出行、团购领域等方面分别具有难以替代的系统化平台优势。

2018年9月20日，美团点评（03690.HK）登陆港交所，在当日以4 038亿港元的市值成为中国第四大互联网企业。年末，王兴给公司全员发送的邮件中提到："2018年在香港主板成功挂牌上市，成为一家公众公司。这意味着更大的责任，更多的耐心，更长的道路。这一年，围绕公司使命'帮大家吃得更好，生活更好'，我们战略聚焦Food＋Platform，完成新阶段的组织升级。这一年，约4亿消费者，超过550万商家，270万骑手选择将他们的信任托付给我们。"

研讨问题：

(1) 美团的经营管理中涉及哪些层面、哪些方面的管理问题？
(2) 美团是如何实现"正确地做正确的事"的？
(3) 通过美团的战略变迁历程,分析影响其战略变迁的因素有哪些。
(4) 对影响美团战略变迁因素的关系进行分析,并对其重要性进行判定。

案例研讨 1-2

凯叔讲故事的模式创新[①]

凯叔讲故事是偶然之得,就是每天我闺女守着我这么一个会讲故事的爸爸,一天到晚缠着我讲故事。我给她讲的故事,是我经过了一次筛选,到底什么样的故事适合她这个年龄听。我在给她讲故事的时候,我能够体会到她的呼吸,是不是在跟着我故事的节奏走。哪个故事让她悲伤了,哪个故事让她快乐了,哪个故事她再也不想听了,转过头来,我把我认为这一天中讲得最好的故事放在网络上,放在微博上分享。

故事放在微博上分享之后,很多妈妈就迅速聚集在一起,觉得这个东西好。因为不像其他讲故事的节目,还弄着很噪的音乐,我的故事完全是一个父亲面对孩子的口吻,宝贝怎么样今天讲一个故事。

后来我觉得这个事比较有意思,然后就把故事放到微信上,想把它做成一个产品。在这个过程中,我不断地与用户互动。我觉得这就是互联网精神:怎么能够让你的产品不断进步,越来越贴近你的用户。比如说,好多家长说,凯叔你的故事是好,但是有一个问题,我们给孩子讲故事,是晚上睡前讲,是要有助眠功能的。可孩子听完你的故事,越来越兴奋,就是特别高兴,还要再听一遍,还要新的,我们怎么办？白天我们又没有时间,孩子在学校、在幼儿园。

我当时就在想,我要把孩子讲睡着了,这是对我的一种侮辱。怎么办？我就想了一个办法,每次讲完故事之后,我就会说宝贝现在把眼睛闭上,听凯叔给你读一首诗。肯定读的不是你们能教孩子的"白日依山尽"那种孩子会背的诗,不是,稍微深一点的,每天连读五遍,每一遍比上一遍声音要弱一点。

一个星期这首诗不换,故事换。当我们第一天做这个实验的时候,微信后台爆棚了！所有的家长都知道你在干什么,都知道你想干什么。一周之后,有很多家长

[①] 资料来源:https://baike.baidu.com/item/凯叔讲故事。

在后台说,凯叔我真的没想到,我不知道孩子在认真听,他是听着就睡着了,但是一个星期之后,这首诗他会背了。一年52首诗对于孩子来说一点儿问题都没有,这就是定制。

举一个例子,我要做广告。首先我现在没有接商业广告,但是我必须通过我的这个节目告诉孩子们怎么加我们的微信,把我们的听众、把我们的粉丝变成我们的用户。尤其是与视频网站合作之后,光看这个视频不知道在哪儿找我,要有广告。但是这个广告凯子日在优酷播,我们看那个集中的拖拽点都是在广告上。我告诉大家怎么加凯子日的微信,我怎么能让孩子们不反感,让孩子能听进去,而且一开始就愿意听这个广告。

我又做了一个尝试,我自己不说广告,让孩子们替我说。我现在找凯叔讲故事的魅力小主播,请他把有多爱听凯书讲故事,然后怎么听凯书讲故事,怎么到微信里找凯叔这个话录出来,录出来之后把我和他的对话剪下来放在前面去播。这个报名早就截止了,到现在每天还在收到孩子们的这些广告的录音。那你说这个孩子录完了以后,我每天换一个孩子播我的广告,那孩子说完这个广告之后,只是说完了吗?家长都会拿着这一期节目四处去传播,每一个小主播、每一个孩子就是我的一颗金种子,这个就是互助定制。而且让客户、让用户帮助你完善,我觉得这就是互联网精神。

研讨问题:

(1)凯叔讲故事的模式形成过程中,为了实现"正确地做正确的事",关键是要解决什么问题?

(2)运用系统性原理分析问题的思路,探讨在凯叔讲故事的模式形成过程中,是如何解决参与主体之间的矛盾的。

(3)分析和总结"互联网精神"的核心是什么。

第 2 章

追本溯源看战略——战略思维变革

2.1 管理思想演进的启示

企业战略管理是管理学科中的重要领域,也是管理学思想发展历史中的一部分。本章通过回顾管理学的发展历史,深度挖掘战略管理的历史背景和后续演化,帮助读者进一步领会战略管理思想的精髓和内涵。

当前,我们学习的工商管理的相关理论大多是西方管理学思想。纵观西方管理学思想演进的一个多世纪的历程,可以看出这样一个基本规律:每一个时期管理思想的产生都是由各自时期企业面临的环境特点决定的,因而在不同历史时期出现了不同的适合企业发展的相关理论。

20 世纪初,伴随机器大工业的发展产生了古典管理理论,如泰勒的"科学管理",其实际上是把员工当成机器看待,奉行的是"胡萝卜加大棒"的政策。由于该管理过程中很少考虑员工的社会性,在这样的管理方式下,员工很难得到组织的关怀和温暖,容易产生精神上的问题,进而有可能导致工作效率的下降。因此,到了 20 世纪二三十年代,人们逐渐认识到社会关怀和组织温暖在提高组织效率方面的重要性,在组织行为、人力资源管理、领导力等领域的研究中,逐步开始考虑关注人的"社会性"的问题。

20 世纪 40 年代,为满足"二战"军事后勤中物资运输与调配管理等方面的要求,以优化为核心内容的定量的管理方法逐步得到发展。到了 20 世纪 50 年代,由于"二战"结束后的环境相对趋稳,每个企业都在探索适合自己发展的管理理论,因而出现了管理丛林时期。其中,两个一般化的理论逐渐受到人们的关注,即系统性思想和权变理论。权变理论是放之四海皆准的思想,其本质是告诉企业根据所遇到的环境选择适合自己的管理模式,又称为权宜变通理论。

2.2　战略是历史的选择

20世纪六七十年代,企业面临的环境进一步趋稳。一方面企业对资源的争夺更加激烈;另一方面,随着社会经济发展和人们生活水平的提高,传统供不应求的供需状况逐渐向供大于求转变,迫使企业逐步思考如何更好地满足消费者的需求。显然,要想满足消费者的需求,企业的资源必须得到保障。此时,企业需要思考的一个核心问题是,如何在激烈的竞争中获取更有效的资源。为了解决这一问题,企业需要长远和全面地看待资源管理的问题,需要从前瞻性和系统性的角度把握未来若干年甚至更长一段时间内如何更好地获取与利用资源的问题,企业战略管理的思想由此而生。

到了20世纪80年代,以客户需求为中心的经营理念逐渐被企业接受。这是因为随着市场从供不应求向供大于求的进一步转变,客户对产品和服务的要求更加苛刻,客户的需求更加多样化,这就要求企业必须以客户需求为导向,否则就会在激烈的市场竞争中失去优势。

例如,20世纪末期,奔驰汽车公司发现其产品的市场占有率和竞争力逐年下降,对此疑惑不解。后来,麦肯锡咨询公司为其做了市场调研,发现由于奔驰公司一直自诩为汽车业的鼻祖(奔驰最早发明了三轮汽车),认为只要是自己开发的产品,就一定会有消费者买账,因此当时的产品开发和设计没有以客户需求为导向,导致了市场占有率的下降。

从奔驰的案例可以看出,在以客户需求为导向的理念中,核心是要对产品的质量进行把控和管理,这一要求推动了全面质量管理思想的产生。但是,真正要想做好产品或服务质量的管理,不能仅靠单一的质量检测或控制环节,而是要从战略层、组织层再到运作层面(参见表1-1),全方位做好企业管理。这往往需要企业各个层面各个岗位的员工都有做好产品质量的意识,真正做到"全员参与"和全流程管控,这就是全面质量管理的核心思想和内涵。

2.3　世纪之交的管理思维变革

20世纪90年代,管理思想发展到了变革时期。这是因为随着社会的发展,企业面临更加特殊的环境:一方面,企业之间的竞争,即对市场和资源的争夺更加激烈;另一方面,客户的多样化、个性化需求更加强烈。企业要想生产出个性化、多样化的产品,必须拥有多样化的资源。然而,一个企业的能力再强也不可能把所需要的资源都通过兼并、收购等方式整合进来。因此,在这个时期,企业的生产经营活动必须具有一个重要的特征:灵活性(flexibility),或称为柔性。

一个人的灵活性要想得到提高,必然体现在两个方面:一是头脑要灵活,能够对外界环境的变化快速做出反应;二是肢体要灵活,能够方便地获取和利用各种内外部的资源。

企业也具有同样的特点。企业的灵活性也主要体现在两个方面:一是要灵活地适应外界环境的变化,这往往需要企业具有较为灵活的企业文化,要懂得变通和持续改进;二是要灵活地获取和利用资源,提供满足客户需要的产品或服务,这就要求企业具有灵活的组织架构。

为了适应企业对灵活性的要求,20世纪末产生了两个重要的管理理论,一个是学习型组织,另一个就是供应链管理。

2.4 培养学习型思维

学习型组织是20世纪末产生的重要管理思想。随着外界环境的不断变化,企业只有不断地学习和更新知识才能适应环境变化的要求,才有可能持续发展。可以说,企业不断学习的过程是保证文化灵活、提升员工思维敏捷性的关键。

如何才能将企业打造成一个学习型组织呢?关键是要把握学习型组织的三大特点:第一,学习型组织应该能够更好地获取知识;第二,在获取知识的基础上要进行分析、研讨和学习;第三,要在学习的基础上加以运用和不断创新。此外,学习型组织还要求全员参与学习过程,全员参与变革和创新。将一个组织转变成能够更好地获取知识、不断学习和创新的组织,就是构建学习型组织的过程。

例如,三星集团向学习型组织转变的过程中,采取的方法很简单却非常有效:通过调整作息时间,把以前的"朝九晚六"改成"朝七晚四"。以前是下午6点下班,下班后员工们搭帮结伙去吃饭喝酒,回家就睡觉了,根本没时间学习。改成"朝七晚四"后,下午4点下班,由于时间太早不可能去吃饭喝酒,所以只能回家。回家后有了充裕的学习时间,员工获取知识的机会及时间大大增加。获取知识后,员工必然会在一定的时间和合适的场所进行交流、讨论和相互学习。一段时间后,学习的效果就显现出来了,员工的整体素质和创新能力得到了有效的提高。

通过构建学习型组织，三星员工的整体素质得到了很大的提升，在思想上也逐渐达成了"三星要成为世界一流企业而不是二流企业"的认识。这为三星的战略变革奠定了很好的文化基础，保证了变革的顺利进行。

可以看出，企业变革的难点在于文化的重塑，要让企业全体员工的知识水平上升到一定高度，才能保证变革的顺利进行。学习型组织的构建是三星变革的第一步。通过简单的作息时间调整，三星就获得了很好的效果。

又如，"人力资本增值的目标优先于财务资本增值的目标"明确写进了《华为基本法》。这也成为华为培训人才的宗旨和目标。任正非说："在华为，人力资本的增长要大于财务资本的增长。追求人才更甚于追求资本，有了人才就能创造价值，就能带动资本的迅速增长。"而让人力资本增值的一条途径就是培训，华为的培训体系经过多年的积累已经自成一派，其本质不只是让员工通过培训而具备某种技能，而是培养他们具备自我学习的能力。除此之外，华为还推行任职资格制度，并进行严格的考核，形成有效的激励机制，从而让员工主动学习、提高自己。

华为创始人任正非倡导：必须建立一个学习型的组织，让每一个人成为一个学习型的工作者，只有如此，企业才能具备无比强大的竞争力。为了实现这一目标，华为从整体系统的观念上去思考组织的学习行为，从个体学习到组织学习，对学习动力、学习环境、学习资源等方面进行全盘考虑，从而解决传统组织学习无效率的问题。通过在内部建立一套良性的学习型组织系统，华为最终成为引领行业发展的排头兵。

2.5　培养供应链思维

20世纪90年代以前，由于是卖方市场所主导，多数企业面临的情况是产品需求的规模大，产品品种相对较少，生产批量大，生产方式以推动式（计划式生产）为主，其目的是适应卖方市场竞争的低成本要求。因而，企业在内部组织模式及管理方式选择上更偏向于采取管理宽度小、纵向层次多的等级制组织结构及追求控制的集权式管理（因为这样的组织设计更有利于专业化分工和降低成本）。

与此同时，在外部资源方面，企业也在不断试图采取一体化的方式扩大自己的市场份额、增强竞争实力。一体化模式是通过资产纽带（如兼并、收购等）的方式形成的一种企业与企业之间的关系。企业为了壮大自己的实力，可以在横向上（如兼并、收购与自己业务相同的其他企业的业务）及纵向上（如兼并、收购与自己业务存在上、下游关系的其他企业的业务)分别获取相应的资源。显然,一体化模式最大的优点是可以有效降低企业之间的交易成本,有利于进行低成本生产,增强企业抵御上、下游市场波动带来的风险的能力,但最大的缺点是灵活性差——船大难掉头。

随着社会的不断发展,特别是 20 世纪 90 年代以后,客户需求的多样化、个性化要求逐渐增强,以创新价值体验为主导的需求观念的产生,使市场的供需关系逐渐由原来的卖方市场关系向买方市场关系转化。在买方市场上,供大于求的局面主导着供需关系,客户选择产品或服务的余地加大了,导致企业之间的竞争日益激烈,产品的生命周期也越来越短,这就要求企业不断地进行产品的更新和迭代。

显然,企业要面对多样化、个性化及不断创新和迭代的产品生产要求,就需要动态地获取不同的资源,进一步提升生产方式的灵活性,而传统企业追求的以规模生产为基础的一体化模式在灵活性方面并无太多优势。试想,即便是企业的实力再强,也不可能通过一体化的方式将全球的可利用资源全部囊括其中,更何况企业拥有的直接资源太多也会导致船大掉头难的风险。在这样的前提下,企业必须明确什么是自己应该做的,什么资源是自己应该拥有并不断提升价值的,什么任务是应该外包给其他企业完成的等现实问题。同时,20 世纪末现代通信(特别是互联网)及交通系统的出现,也为企业及时有效地获取全球多样化资源提供了便利。

因此,为了增强灵活性、获取更多的外部资源,企业更趋向于通过外包的方式来分散任务及通过合同(契约)的方式来整合外部资源。建立在合同基础上的协作关系可以灵活调节企业与企业之间的关系。例如,企业之间签订长期定额合同的灵活性就差一些,签订短期非定额合同的灵活性就强一些,等等。通过合同的不同组合方式可以很好地调节灵活性,这也就是供应链网络之间协作关系的基础——契约关系。供应链管理正是建立在这一新的契约关系基础上的新型管理理论。

2.6　供应链的本质特征

既然供应链是建立在合同(契约)关系基础上的企业与企业之间形成的网络系统,那么这种合同关系与 20 世纪 90 年代以前企业之间建立的合同关系有什么区别？实际上自从有了企业之间的商品交换关系,合同就存在了,为什么 20 世纪 90 年代以后的关系才被称为供应链网络关系？

为了清楚阐述这一问题,首先需要理解供应链的五大特征,即核心企业(Core enterprise)、外包(Outsourcing)、契约(合同)(Contract)、动态性(Dynamics)和战略性(Strategic)。

核心企业、外包和契约(合同)

供应链的第一个特征是核心企业。核心企业是只专注自己的核心业务,而把非核心业务通过外包的方式交由其他企业完成的企业。因此,外包是供应链的第二个特征。供应链的第三个特征是合同(契约),也就是说,核心企业的业务外包是通过合同的方式实现的,这就充分保证了业务外包的灵活性和契约性。

这里需要思考的一个问题是:是否只有实力强的企业才能成为核心企业?答案显然是否定的。判断核心企业的标准不在于企业实力的强弱,而在于如何看待什么是企业的核心业务。

很明显,企业的核心业务是由企业自己决定的,而不是由其他企业通过若干经济指标的衡量决定的。换句话说,企业把自己认为不重要的业务外包,这个重要与否,是企业自己衡量的结果。所以,任何企业都能成为核心企业,只要把非核心业务外包出去就可以,与企业规模的大小与实力的强弱并无太大关系。

除了经营自己的核心业务以外,核心企业还有什么特点呢?实际上,核心企业可以对供应链网络中的其他企业进行计划、组织、领导、控制,以及资源和业务的调配、调度等一系列操作。那么,实力弱小的企业为什么也会对强大的企业行使这些权利呢?这是由合同(契约)关系决定的。企业之间只要签订了合同,不管实力大小都有相互控制权,因为合同在法律面前具有平等性。

我们已经明确了两点:一是什么样的企业能成为核心企业;二是核心企业可以对其他企业进行控制。相应地,其他企业也可以对核心企业进行控制。

还有一个问题是:一个供应链网络中有几个核心企业?答案是一个。因为供应链网络是站在核心企业的角度看待的,实际上是核心企业的供应链网络。如果我们从供应链网络中其他成员的视角来看,这个成员就变成了核心企业,但它的供应链网络与前述的供应链网络是不同的。所以,一个供应链网络中只可能有一个核心企业,而一个核心企业也必然有它独特的供应链网络相对应。

动态性

动态性是供应链网络的又一特征。为了深入阐述这一特征,下面举例分析。

某智能玩具生产企业 A 生产的玩具外表具有仿真动物毛皮材质,毛皮内部是机械架构和运动、控制等部件,如图 2-1 所示。

A 公司只负责产品的开发设计、总装和销售,而把所有生产过程全部外包。按照其零部件、半成品关系画出的供应链网络如图 2-2 所示。

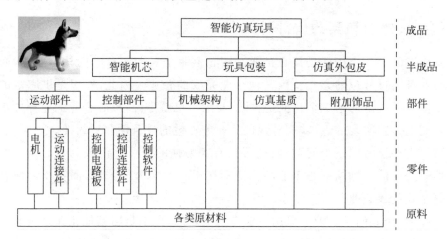

图 2-1　智能仿真玩具产品组成结构

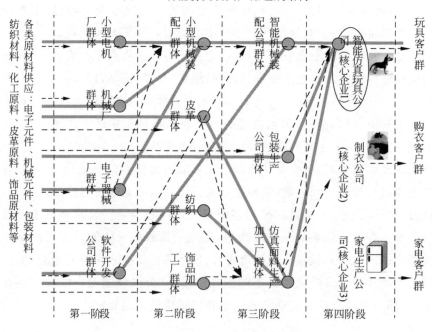

图 2-2　智能仿真玩具产品的供应链

还有一家制衣公司 B 的主要产品是冬季的儿童帽，在帽子的生产过程中，B 也想在如图 2-2 所示的各成员中寻找一些供应商，我们也将其供应链画出，如图 2-3 所示。

将这两个供应链网络绘制在一张图上，可以发现有很多企业是同时服务于这两个核心企业的，如图 2-4 圆圈中的成员所示。

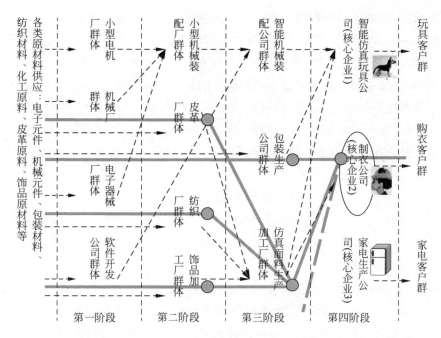

图 2-3 制衣公司产品的供应链

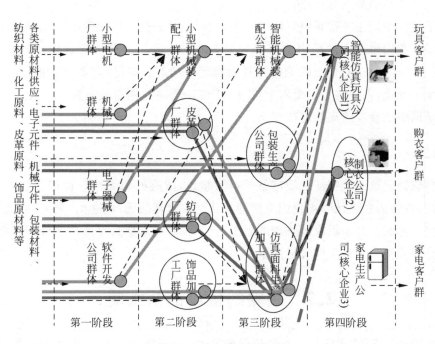

图 2-4 供应链重叠关系

在这里，如果我们想要画出皮革厂的供应链网络会是什么样的？

换句话说，如果我们去给任意一家企业做供应链诊断，首先需要将该企业的供应链网络找出来，看看它是否合理，然后再进行改进。那么到底应从哪里入手找出并画出企业的供应链网络呢？这是研究任何企业的供应链时必须首先解决的基本问题。

在思考这个问题之前，需要判断"找出一个企业的供应链网络"这一说法是否合适。显然，这一说法不太妥当，应该是找出这个企业中什么产品的供应链。这是因为供应链的存在是为了将产品提供给消费者，如果一个企业有多个不同的产品业务，其供应链网络显然是不同的。

这就决定了寻找企业中供应链的方法应该是从企业的某个产品或服务（业务）入手。必须明确产品或服务的起点在哪、终点在哪，二者之间形成的网络系统是怎样的，这也就是供应链的定义——供应链是由若干成员组成的，从产品的起点到消费终点合理运营的网络系统。

显然，企业的不同产品或服务有着不同的供应链，如一个企业既经营房地产，又生产家电，它有两条不同的供应链，这两条供应链并不是重合在一起的。因此，在图2-4所给出的现有信息中，很难明确地找出皮革厂的供应链网络，因为我们无法界定其产品的起点与终点。

上述关系描述的就是供应链的第四个特征：动态性。供应链实际上是动态的，而不是像我们想象中的稳定状态。如果企业的产品生产和销售过程相对较为稳定，其上、下游合作的企业就能保持较为稳定的状态。但是，只要企业的产品或服务发生了变化，供应链肯定要跟着变化，哪怕是产品的销售地点发生了变化，它的供应链网络也会自然而然地改变。

战略性

供应链的第五大特征是战略性。前文指出，战略的两大核心特征是前瞻性和系统性，战略的系统性要求我们全面地看待企业管理问题，但这个"全面"的范畴应该如何界定呢？有了供应链管理的思想以后，我们再来全面看待企业管理问题时，应该把眼光扩大到整个供应链网络的范畴。

2.7 战略的供应链系统观

如图2-5所示，传统的战略管理思想关注的系统范畴局限于本企业内部，崇尚本企业与其他企业之间的竞争关系。而现代战略管理关注的系统范畴应该是整个供应链网络,要求供应链中的核心企业除了考虑自己的收益与风险,还要考虑上、下游及横向合作的其他企业的收益与风险,也就是要实现"双赢"或"多赢"。

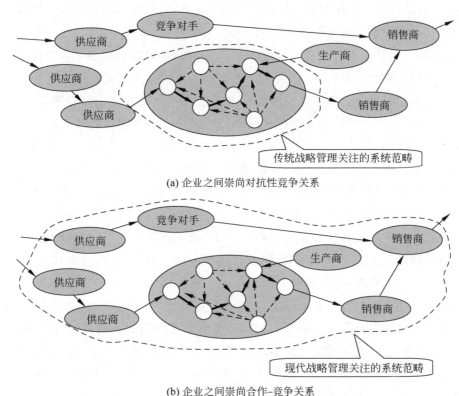

图 2-5　企业战略管理所关注的系统边界的变化

总之,基于上述五大特征,供应链思想与传统的只是建立在合同基础上的企业之间的协作关系具有本质性的区别。正是这种本质性的区别,使供应链管理思想成为 20 世纪 90 年代后的重要管理思想,并在企业管理实践中发挥着重要的作用。

2.8　数字经济环境下的战略变革

21 世纪以来,国际环境发生了复杂而深刻的变化,一场始于数字化信息科技革命的时代变革正在从技术领域拓展到经济、社会、文化等领域,成为重塑经济模式、社会治理模式甚至国际竞争格局的重要结构性力量。这一力量引导着世界进入以数字信息技术为主导的经济发展时期,数字经济逐渐成为全球经济发展中必不可少的助推力和新引擎。

当前,数字技术革命以前所未有的速度和规模改变了我们的生产、生活方式和社会形态,给社会各主体带来了巨大的发展机遇,同时也使其面临严峻的挑战。目前虽然仍存在发展不均衡的现象,但数字经济的发展趋势已不可阻挡。

联合国《数字经济报告》指出,在过去十多年里,世界各地出现了大量使用数据驱动商业模式的数字平台,并且大多使用基于平台的商业模式。这类平台可分为交易平台和创新平台。从全球范围来看,数字技术的发展将影响所有国家、部门和利益相关方。当今世界,数字化进展缓慢的国家与高度数字化的国家之间的差距越来越大。例如,在最不发达国家,只有1/5的人使用互联网,而在发达国家,4/5的人使用互联网。在其他利用数字数据和前沿技术的能力领域,其差距还要大得多。例如,非洲和拉丁美洲合起来拥有的主机代管数据中心占全球总数的不到5%。从近年来的全球发展来看,数字经济一直由美国和中国共同领导。例如,这两个国家占了区块链技术相关专利的75%、全球物联网支出的50%,以及全球公共云计算市场的75%以上。可以说,在许多数字技术发展方面,世界其他地区,尤其是非洲和拉丁美洲,远落后于美国和中国。新技术,特别是人工智能,将不可避免地导致劳动力市场发生重大转变,如某些行业领域的一些工作将消失,而在另一些行业领域将创造出大量的机会。数字经济将需要一系列新的技能、新一代的社会保障政策以及工作和休闲之间的新关系。同时,《数字经济报告》也指出,数字经济带来机遇的同时也带来了新的风险,从网络安全漏洞到便利非法经济活动和挑战隐私概念等。社会各界必须共同努力进行研判并寻找新的解决途径。

可以看出,21世纪数字经济时代的到来,给管理理论的发展带来了新的机遇与挑战,我们需要通过包括战略管理在内的企业管理理念、理论和方法的不断变革和创新,来应对数字经济发展的浪潮,进而创造出更大的价值,做出更大的贡献。

为了应对这一新的环境变化和趋势,本书第6篇针对数字经济环境下的企业管理变革与创新进行了阐述。

案例研讨 2-1

菜鸟智慧物流供应链系统[①]

菜鸟物流是由阿里巴巴集团和银泰集团牵头,携手顺丰、圆通、中通、申通和韵

[①] 资料来源:央视财经频道《中国财经报道》,有删改。

达，以中国人寿集团和中信银行作为资金支持，于2013年共同搭建的平台。菜鸟物流并非自建物流，而是为电子商务企业、物流企业、仓储企业和信息技术企业等搭建共同协作的平台，也就是第四方物流（4PL）。随着信息技术的不断发展，技术不断改变着我们的生活，2016年"双十一"一天产生的包裹数量达6.57亿，第1亿个包裹送到买家手中的时间——2013年用了9天，2014年用了6天，2015年用了4天，2016年用了3.5天。物流的飞速进步与菜鸟物流背后的智能制造系统、大数据平台和卓越的算法能力有着密切的联系。

2016年"双十一"当天，菜鸟网络建在广东增城的物流园区迎来了一年中压力最大的时刻。2017年"双十一"，在这里等待出库的商品达到千万量级。网上超市货物繁杂，每个订单可能包括品种不同的多个商品，如何加快拣货速度、降低员工拣货出错率成为解决"双十一"爆仓问题的关键。

2016年"双十一"之前，菜鸟仓的一线工作人员一直是推着手推车一样一样地四处寻找货品，但是现在菜鸟启用了智慧货物分拣系统，把快递箱贴上包含订单信息和路径信息的条码，当每一个箱子来到面前时，流水线上的扫描仪自动扫描箱子上的条码，货架上的提示灯就会亮起，工作人员只需按照提示把货物装进箱子，一个任务便完成了。这个系统解放了无数仓库工人，把一个个快递箱变成了拣货机器人，让汗水物流变成了智慧物流。

虽然菜鸟网络智能仓库下的160多个仓库是由心怡、科捷、普罗格等合作伙伴负责仓内的运营，但是智能化的设计与升级却一直是由菜鸟在推进。菜鸟物流智能化之后，管理的难度和强度也大大降低了，一线人员减少了30%，组织变得简单、扁平化。所有的人员都是按部就班的，不太需要做一些专业性的培训。

当区域内出现了某种爆款的SKU（商品品类）时，就会出现小范围的爆仓现象。每年"双十一"都会有一些商品因为打折造成发货量激增，如何布局货品摆放区域，防止爆款拥堵，也是菜鸟物流亟待解决的问题。仓库中作业任务不均衡，商品在布局上不太理想，有些区域非常忙碌，有些区域却没有拣货的需求，这种商品摆放的不均衡很影响工作效率。

商超类仓库在设计之初都会基于大数据分析进行商品分类，最畅销的A品区在最容易拣货的最外面，次畅销的B品区在中间，不畅销的C品区在仓库的最里面，而且大多会采用人工拣货。拥堵大多发生在A品区，一旦再出现爆款，积压是必然的。"双十一"是物流业压力最大，也是最容易暴露痛点的时刻。这里出现的各种问题可以为其他的菜鸟仓库提供参考。在新的仓库规划中，菜鸟物流工程师已经尝试将B品和A品交叉布置，从而让作业再分配的时候有更好的均衡性。

为了进一步提高拣货效率和物流智能化水平，菜鸟物流AR（增强现实技术）团队也来到了仓库。他们通过AR眼镜上的摄像头把整个仓库的空间采集进来，然后对空间进行绘制，把一些虚拟的点摆到关键的位置上，并与货架的高度、格子、层数匹配起来。他们利用增强现实技术，帮助拣货员快速识别货物所在区域。当拣货员戴着AR眼镜走过指定商品时，商品的标签就会亮起来，拣货员不需要思考，直接就可以拿走。

　　增强现实技术不但可以帮助一线工人快速拣货，还可以在智能工厂规划和管理中解决各类问题。利用新技术解决物流行业的各种痛点、提高行业整体效率，是菜鸟黑科技成立的初衷，也是菜鸟真正想做的事情。

　　马云曾经在"双十一"数据大屏上表示，非常感动菜鸟有这样一群优秀的物流算法工程师，为了研究零库存和看不见的成本绞尽脑汁。朱礼君就是马云口中研究零库存的工程师，他研究了独特的仓内算法，利用大数据分析产品的历史数据及活动规划、季节因素、购买因素等综合指标，系统计算出销售规划。这套算法为企业生产计划和供应链管理提供了非常有效的数据支撑。通过朱礼君等人的算法能够分析出来，对于每一个商家，在全国应该选择哪几个仓库，仓库应该负责哪几个区域才能达到全国各地备货的平衡。这种把物流与工厂生产紧密联结，也完成了厂商供应链的深度优化。朱礼君还会为看不见的成本绞尽脑汁。他正在研究一个算法模型，根据物品的尺寸数据，研究如何摆放商品使空间的利用率最高，这样可以节省约5%的包装成本。

　　阿里巴巴集团合伙人，菜鸟网络CEO童文红说，中国现在的物流问题是一个全局问题，所谓的爆仓问题只是冰山一角，最大的问题是信息化水平落后。

　　每天在中国的物流行业有10万亿条数据生成，接收物流详情8亿条，累计运输里程500亿千米，覆盖全国2 800个区县，快递人员有200万人。如果将数据整合在一个数据平台，则可以服务整个电商生态圈内的所有企业，提高中国物流的整体信息化水平。中国物流将会有更广阔的天地，而这一切都离不开大数据和算法，这是智能物流和仓储最核心的技术。

　　数据驱动让不同物流企业在各个环节上无缝对接，资源共享是未来物流业发展的愿景，如今摆在中国物流业面前的是数据信息化标准一致性的问题。如果每家公司各自为政，那么就会形成一个个信息孤岛。目前中国物流需要建立的标准太多了，如数据标准、托盘标准、甩挂标准等。搭建平台是政府倡导的，是推进物流信息化的重要途径。菜鸟网络充分利用社会资源，智能分仓，就近配送，这样越来越自如的调配能力正是来自开放共享的平台意识，货物的流动需要互联互通的渠道,打通数据壁垒才能让智能化的数据有更多的用武之地。

研讨问题:
(1) 新技术的不断发展,会对企业运营效率的提升产生何种影响?
(2) 为什么说"标准"的建立,是提升菜鸟供应链网络效率的关键?
(3) 结合自己的企业管理实践,探索打通供应链成员之间"数据壁垒"的途径。

案例研讨 2-2

叮咚买菜的运营模式创新[①]

成功运营丫丫网(妈妈帮)7年的梁昌霖心怀"让人们生活更便利"的信念,于2014年从母婴市场转战至社区场景,创立了一款为日常的小区生活提供便利的软件——叮咚小区App,但是由于商业模式无法持续而退出市场,此后叮咚团队一直在寻找目标市场。

中国生鲜电商市场历经14~15年的高速发展,在2017年迎来洗牌期:一方面,一大批中小型生鲜电商企业或倒闭或被并购;另一方面,巨头入局,不断加码冷链物流和生鲜供应链投资,拥有全产业链资源和全渠道资源的企业将愈发具有优势。这引发了一系列商业模式的创新,使生鲜电商市场重振活力。与传统生鲜经营模式相比,生鲜电商在商品质量和运营成本上均有一定优势:一方面,顾客对于服务便利性和多样性的需求能够得到满足;另一方面,生鲜电商能够显著减少店面成本,提高经营效率,高效利用资源。在需求端和供给端双重拉动下,2012—2016年,生鲜电商市场规模从40亿元猛增至950亿元,年复合增长率超过100%。

生鲜电商的商业模式启发了叮咚团队,给叮咚转型提供了新的目标市场群和商业模式雏形。面对如此巨大的发展潜力和优越的市场机遇,梁昌霖毅然决定进入生鲜电商市场,专注生鲜零售,打造叮咚生态圈,于2017年4月更名为"叮咚买菜",开始在生鲜零售市场打造属于自己的商业模式。

在对市场进行仔细的研究和分析后,叮咚买菜决定深耕垂直领域,主打家庭吃菜,紧密围绕用户一日三餐的一站式购物需求,为其提供以蔬菜为主,以鱼肉蛋禽、水果、各种调味品为辅的食材供应。同时,梁昌霖还发现,朝九晚五的上班族经常面对下班晚而菜场关门的尴尬局面以及超市里好的菜品被挑光的难题,因此对于都市里的白领阶层来说,对新鲜蔬菜是极其渴求的。于是,叮咚买菜将"最快29分

---

① 资料来源:https://www.163.com/dy/article/F8Q9LBMJ0511805E.html。

钟,鲜到鲜得"作为自己的口号,在成立之后不断加大社区周边前置仓的数量,拓宽原有线下服务站,解决社区居民在买菜时的痛点和难点。这种服务于"小"市场,进行垂直化经营的方式,为叮咚带来了一定量的用户消费群,在成立一年之际,叮咚买菜的服务已经辐射上海近3 000个社区,下单量突破3万。

在消费者需求不断驱动的生鲜市场,纯B2C生鲜电商模式已经跟不上市场发展的步伐,为了与传统生鲜电商有所差异,叮咚买菜采用了前置仓模式。与传统供应链运转模式不同,前置仓模式会将作为商品的仓储地域选择在靠近居民区的位置,借此完成"最后一公里"的配送,其总部中央大仓只需要给这些"前置仓"供货,优势就是没有中间环节,能够降低存储损耗,传统生鲜电商终端损耗大概超过10%,而叮咚买菜只有2%左右。

为了维持高频、高时效性的配送服务,叮咚买菜建立了高密度的前置仓。截至2021年第四季度,叮咚买菜共拥有约60个城市分选中心和约1 400个前置仓,前置仓面积达50万平方米。消费者下单后由自建物流团队29分钟内配送到家,且当单仓的日订单超过1 500单时裂变成两个仓,保证高效配送,"0配送费+0起送",更好地满足即时消费需求。

一直以来,前置仓都是消费者比较满意的模式。据前瞻产业研究院数据显示,2021年生鲜到家用户体验NPS(净推荐值)排行分别为:平台型到家>前置仓型到家>"到家+到店"电商平台>"到家+到店"商超连锁。

为使产业链高效优质,叮咚买菜利用大数据技术贯穿产业链,采购前进行订单的预测,配送前通过用户画像、智能调度、路径优化等,提高配送的效率和准确度,同时利用智能售后服务,提升用户体验。叮咚买菜将大数据运用到从采购到配送的整个环节,在采购前,通过"订单预测"精准预测用户订单情况,并根据预测结果进行采购;在销售端,通过用户画像及智能推荐,精准向目标客户推荐相关产品,并通过自建物流配送体系智能调度和规划最优配送路径,将产品快速送到客户手中。叮咚的数据团队还运用商务智能"BI"(Business Intelligence)技术在仓储、物流数据等方面进行了深入研发,使其日滞销损耗平均低于3%,物流损耗平均为0.3%,充分整合资源,节约运营成本,给用户带来更好的购物体验。

在传统零售中,商品自采比例一直在50%左右,而生鲜电商比例超过90%。供应商的对接、后端的数据化及自动化决策对选品、产品损耗和成本控制起到了至关重要的作用。叮咚成立了700人的技术团队,利用大数据挖掘分析对商品及物流做出数据化优化,有效控制库存、损耗等核心运营指标。据招股书显示,叮咚买菜总SKU为12 500,85%为场地直购,直供产地有350个,供应商超过600家。在供应链战略布局上，叮咚投建了多个合作种植基地，投资鲜食、预制品食品工厂。依靠预制食品的高毛利，拉高整体盈利水平，且目前华东区域渗透率已接近30%。

尽管生鲜是当前电商市场的一个重要风口，但是该类商品的特点也使在这一细分领域实现盈利困难重重。生鲜产品保质期短、配送成本高、储藏要求多等诸多问题导致了生鲜电商在运营过程中的高额成本和损耗，无论是上游供应链、冷链物流、仓储，还是配送、获客营销等，想要持续运作，生鲜电商的每个环节都需要大量资金支撑，这也意味着想在生鲜行业获得高利润十分困难。叮咚买菜的前置仓模式尽管在提高配送效率、提高议价能力、简化供应链等方面为其带来了竞争优势，但是同时这对叮咚买菜的运营资金也提出了更高的要求。数据显示，截至2021年5月12日，叮咚买菜已经完成了10次融资，但这种高频次融资仍然无法支持其扩张速度，叮咚买菜至今仍然摆脱不了"烧钱魔咒"。

同时，不同于多多买菜、盒马、美团优选等对手有巨大流量来源，叮咚买菜是单独的App，没有自己私域流量的叮咚买菜只能依靠线下及其他渠道引流。当前叮咚买菜的主要获客方式是地推和补贴促销，随着竞争对手的不断加码，叮咚买菜的获客成本越发高昂。而在消费习惯上，普通家庭对蔬菜这一生活必需品追求高品质、低价格，又对价格变化极为敏感和挑剔，短期来看虽然有着较高的复购率和流量红利，但是却不一定能形成固定、持续的购买力，用补贴培养用户习惯需要持续投入资本，如果断了外部输血、补贴中止，就会造成大量用户流失。烧钱的模式、费钱的流量、低毛利的农产品，三道难题相互交织，给叮咚买菜的资金支持和运营模式提出了巨大的挑战。

生鲜电商行业已经过了野蛮生长的时代，叮咚买菜的未来面临更多的机遇与挑战，想要在瞬息万变的商业环境中屹立不倒，叮咚买菜还需要更优质的产品及更高效的运营。

研讨问题：

(1) 全面总结叮咚买菜的供应链管理(运营管理)模式。

(2) 数字技术的不断发展，会对企业的供应链管理产生何种影响？

(3) 讨论如何应对和解决当前生鲜电商发展中的困境。

第 2 篇

做好战略的根基
——壮志凌云、天下为公

第 3 章

文化先行是做好战略的根基

3.1 企业如何判定正确的事

通过前述章节分析可知，任何企业经营管理的目的都是实现"正确地做正确的事"，而做好战略管理的目的是"让企业做正确的事"，确保企业朝着正确的方向发展。因此，企业在做战略之前必须先明确一个基本问题——到底什么是正确的事，衡量和评价"正确的事"的依据和标准到底是什么。在不能明确什么是"正确的事"的前提下贸然地做战略，可能会导致企业面临一些新的问题，使经营陷入混乱。

那么，什么是正确的事？正确的事是由企业之外的第三方用客观经济指标（如市场占有率、收入、利润等）衡量出来的还是企业自己决定的？先来看联想的案例。

联想集团 2004 年 12 月 8 日与美国 IBM 公司正式签约，联想以总计 12.5 亿美元收购 IBM 全球的台式、笔记本电脑及其研发、采购业务，IBM 公司将拥有 18.5% 左右的股份。联想集团在 5 年内有权根据有关协议使用 IBM 的品牌，并完全获得商标及相关技术。随后，联想借助渠道优势发展成为全球 PC 市场的老大。2014 年联想在全球 PC 市场的占有率高达 21%。PC 业务成为联想在市场中亮丽的风景。

10 年后的 2014 年 1 月 30 日，联想集团以 29 亿美元的价格从谷歌手中收购了摩托罗拉移动业务。摩托罗拉移动在全球的品牌和商标组合，以及 MotoX 和 MotoG 等智能手机产品组合、3 500 名员工、2 000 项专利资产、摩托罗拉移动和全球 50 多家运营商的合作关系将归入联想。但谷歌将继续持有摩托罗拉移动的大部分专利组合，包括现有专利申请及发明。

2015 年联想财报显示，2015 财年联想营收下滑 3% 至 449.12 亿美元，净利润由 2014 财年的盈利 8.29 亿美元至亏损 1.28 亿美元，这是联想自金融危机后 6 年来的首次亏损。联想方面坦言，上一财年的亏损主要与个人电脑市场的疲软，以及整合摩托罗拉手机业务的成本有关。联想的管理层也承认,低估了整合摩托罗拉移动业务的困难。

通过上例我们很容易得出这样的结论:联想收购IBM(PC)业务的战略是成功的,而收购摩托罗拉移动的战略是失败的。然而,当时间退回到2014年之前,我们能否确切地知道联想收购摩托罗拉手机业务的战略一定会失败呢?显然,答案是否定的,因为战略是企业未来的事情。

2017年,永辉超市在福州开启第一家门店,开始采用"超级物种"这一新业务形态。彼时,新零售概念被资本市场广泛看好,作为新零售的代表业态之一,超级物种在2017年将永辉的市值推向巅峰。永辉超市的股价不断上涨,从2017年到2018年,市值翻了2.5倍,成为当年的现象级股票之一。为促进超级物种业态的发展,永辉超市也投入了大量的资源。而2017—2021年的短短4年间,随着新零售光环的褪去,超级物种的业绩却逐渐下滑,开始不断收缩关店。2021年4月20日,永辉相关负责人表示超级物种已经不再继续作为集团的核心业务。

可以看出,在2017年,超级物种业态作为新零售的标杆业态曾经被寄予厚望。当时的永辉超市显然未能预见超级物种业态会失败。①

在企业的经营管理中,当我们衡量企业的战略正确与否时,有这样一个结论:"当企业没有失败的时候,我们永远不能确定其战略是成功的;但当企业失败的时候,我们可以说其战略是失败的。"这句看似简单的话,却蕴含着一个极其深奥的哲理。

这是因为,企业永远处于动态发展的过程之中,战略的正确与否用客观经济指标往往是没有办法衡量的。

对京东而言,90%的中高端消费者在京东购物,京东能带给消费者的价值是品质保证、送货快及价格便宜,这是众所周知的。京东的战略与当当、阿里等传统电商企业集中于做轻资产的互联网模式不同,它选择了自建物流的重资产模式。

中国社会化物流总费用在GDP中所占的比重约为17%,几乎是欧美、日本等发达国家的2~3倍。京东构建遍布全国的物流基础设施,提升了用户的购物体验的同时降低了物流成本,使物流效率提高了2倍以上。

但自建物流也带来了运行的高成本,在京东的十多万名员工中,如果把仓储和客服算上去,京东员工70%来自物流业务,快递就占了50%。2015年,京东有将近

---

① 资料来源:https://36kr.com/p/1241138431616641。

8亿元的亏损。

从上述京东的例子可以看出,如果单纯用利润等经济指标来衡量京东的经营业绩,显然其自建物流的战略在当时的特定时期也许是"错误"的。但我们是否可以下这样的结论呢?显然不能。因为从长远的发展角度讲,京东自建物流体系解决的不只是简单的商品配送的效率问题,而是京东一体化供应链服务体系建立的基础,也是实现京东多板块(如电商、物流、金融、健康、工业品等)生态商业模式运行的基础性和平台性支撑。

因此,我们可以得出这样的结论:所谓"正确的事"是由企业自己决定的,而不是由企业之外的第三方通过主、客观经济指标或其他指标衡量出来的。换句话说,"企业想做的事情就是正确的事",而不以其他主体的意志为转移。

其实,在管理学的基本理论中,对"正确的事"也有明确的界定,即"与组织目标一致的事就是正确的事"。而组织的目标显然是组织自己确定的,这与我们上面的结论是一致的。

3.2 (问题6)如何让企业自认为正确的事得到社会的认可

通过上述分析可知,既然"正确的事"是由企业自己决定的,那么是不是企业想做任何事都可以呢?显然不是。如果这样,社会就真的混乱了。比如说,某乳品企业自认为"在奶源中加入三聚氰胺会降低产品的生产成本"是正确的事,但如果这样做了,必然会损害社会的利益;某企业在没有取得知识产权许可的情况下山寨其他企业的产品或技术,也必然会损害他人的正当利益。因此,企业去做其自认为正确的事,必须是有前提的,即不能损害社会的利益。这也就是我们在这里必须探讨的第六个核心问题:如何让企业自认为正确的事得到社会的认可?

只有满足这一前提,才能保证企业要做的事不仅是其自认为正确的,也是社会公认正确的。

为了解决这一问题,我们接下来将引出企业战略管理中非常重要的内容:企业的灵魂——"企业文化"。

换句话说,具有不同文化背景支撑的企业,看待事物的标准往往不同,做出的事情也不一样。就像一个拥有高尚道德文化底蕴的人和一个被邪恶的文化理念驱使的人,做出的事情肯定是有差异的。一般情况下,前者比后者做出违背社会基本道德规范准则的事情的概率要小得多。

因此,要想让企业自认为正确的事得到社会的认可,前提是企业必须先构建和培育符合社会基本道德准则的企业文化,并将其作为每一次战略制定和行动的基本指南与基础。

我们可以引出如下问题加以总结。

问题6:如何让企业自认为正确的事得到社会的认可?
答案:发挥企业文化对企业战略的核心指导作用。

3.3　文化是企业的灵魂

一般来讲,企业文化(Enterprise Culture)是在一定的时空环境下,在企业的生产经营和管理活动中塑造出来的具有该企业特色的精神财富与物质形态的核心和本质的体现,是企业价值理念的集中体现。企业文化大致包括文化观念、使命愿景、价值观念、企业精神、道德规范、行为准则、历史传统、企业制度、文化环境、产品和服务特征等。其中价值观念是企业文化的核心。

企业文化是企业的灵魂,是推动企业发展的不竭动力。它包含非常丰富的内容,其核心是企业的精神和价值理念。在企业价值理念的形成和塑造过程中,企业的使命、愿景及价值观的塑造起着重要的作用。

企业文化对整个企业的行为具有核心指导作用,是企业行动的指南,也是企业经营管理活动中需要考虑的最高层面的东西。

我们常说的企业使命、愿景和价值观是企业文化的重要组成部分,企业文化是做好企业战略的根基。

3.4　企业的使命、愿景和价值观

使命、愿景和价值观是企业文化的重要组成部分。为了更好地理解它们对企业生存与发展的重要作用,我们必须先明确什么是使命、愿景和价值观。

一般来讲,可以这样理解和简单概括:

使命——企业之所以存在的基本理由,是企业价值、责任与义务的集中体现。

一句话简单概括,**使命是企业存在的理由**。

愿景——企业的核心信仰和未来前景,是企业长远发展的目标,是企业追求的未来方向。

一句话简单概括，愿景是企业长远发展的目标。

价值观——企业看待及处理事物的衡量标准，是企业判断一切行为的准则，是企业经营理念和哲学的集中体现。

一句话简单概括，价值观是企业的行事准则。

在企业文化的这三个核心要素中，愿景与价值观的含义比较直观，较容易理解，而对使命的把握则需要深刻体会。因为使命研究的是企业为什么要存在的问题，要回答这一问题，必然要上升到哲学的层面进行探讨。

3.5 企业的利益相关者

要深刻理解企业使命，首先需要回答一个问题，即企业为什么要存在？这个问题并不太好回答，因为这是一个哲学层面的问题。

在经济学中，企业的行为往往可以用个人的行为做类比来进行研究。在这里，我们也可以进行如下类比分析。

首先，探究企业为什么要存在的问题，可以类比于探究人为什么要活着的问题。人为什么要活着？人活着是为了他人还是为了自己？或许很多读者看到这些问题时会觉得有些浅显，但仔细想想，这些问题并不太好回答。"人活着是为了自己"，好像有时候并非如此，很简单的道理就是实际上我们喜、怒、哀、乐的前提往往是建立在他人喜、怒、哀、乐基础之上的。而很多时候，我们如果能够为他人多做一些贡献，就会感到很欣慰。

所以，从某种意义上说，社会上的人在很大程度上是为了他人而活着。企业作为社会中的经济单元也具有同样的特点。企业为什么要存在于社会？在某种程度上，也是为了企业的"他人"而存在的，是要为"他人"做贡献的。对于企业而言，企业及与其息息相关的"他人"就构成了企业的"利益相关者"。

企业的利益相关者是指与企业的利益息息相关的各个方面，如企业的股东、员工、客户、供应商和社会等。可以看出，如果将社会放到企业利益相关者的范畴中，一个企业的行为甚至会对全社会造成影响。这种例子在现实中也是很常见的，如某个企业的环保没有处理好，其对环境的影响有可能会影响社会上所有人的健康。

这里强调的利益相关者思想包含两层含义：第一层含义是企业的利益相关者包含社会中的各个方面，而不只是企业的股东和员工；第二层含义是企业不应该只关注自身的利益，而应该兼顾利益相关者各方面的利益。

3.6　使命与愿景的区别

在企业管理实践中，由于多种原因导致管理者对企业文化的认识存在误区。管理者往往认为企业文化是企业管理中"软"性的东西，不能有效促进企业的经营绩效，因此对企业文化的关注程度有些弱化，不能清晰地认识企业的使命、愿景和价值观，一个直接的表现就是管理者在认识使命和愿景的时候容易混淆。

针对这一问题，可以从企业利益相关者的角度，对企业的使命和愿景进行鉴别。

使命具体表述的是企业在社会中的经济身份或角色，如企业在社会领域里是做什么的、在哪些经济领域为社会做贡献、如何做贡献、服务的对象是谁，等等。因此，这就决定了企业在社会上哪些事情是可以做的，哪些是不可以做的。从利益相关者的角度讲，使命可以用来约束利益相关者。

与企业使命不同的是，愿景是企业长远的发展方向和目标，在愿景里往往涵盖了企业为自己设定的社会责任和义务，明确地界定了企业在未来社会里是什么样的状态。这为企业的利益相关者描绘了发展的蓝图，因此愿景往往可以用来激励企业的利益相关者。

以下是部分企业使命、愿景和价值观的陈述。

麦当劳的使命（愿景）：麦当劳是一家现代化、锐意进取的汉堡公司，致力于成为顾客最喜爱的用餐场所及用餐方式。

麦当劳的价值观：回馈社会、顾客至上、业务增长、诚信经营、不断更新、以人为本、坚信系统。

微软的使命（价值观）：赋能全球每一人、每一组织，成就不凡。

索尼的使命：激发并满足人们的好奇心。

腾讯的使命（愿景）：用户为本，科技向善。

中国移动的使命：创无限通信世界，做信息社会栋梁。

中国移动的愿景：成为卓越品质的创造者。

中国移动的价值观：正德厚生，臻于至善。

3.7　如何确定企业的使命和愿景

对企业的使命和愿景进行合理、明确的界定与陈述，一方面可以使包括企业管理者和基层员工在内的利益相关者更好地了解企业的本质定位，明确自己与企业关联的责任与义务;另一方面,也是做好企业形象(Corporate Identity,CI)策划工作的重要环节。因此,我们需要对企业的使命和愿景陈述进行一般性思路的探讨。

一般来讲,企业进行使命和愿景陈述时,应该从拟定使命开始。在使命的陈述中,主要应该体现如下三点:企业从事哪些业务活动;企业做哪些贡献;为谁做贡献。使命确定后,愿景的陈述应该以使命陈述为起点,明确企业未来的发展前景、责任与义务,如图3-1所示。

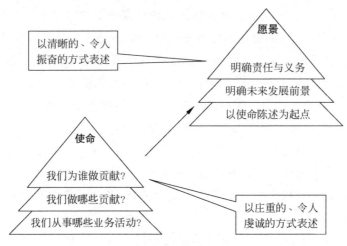

图3-1 使命和愿景陈述建议

同时,由于使命和愿景对企业利益相关者的作用是不同的,因此在表述方式上应该体现二者作用上的差异。对于使命,应以庄重的、令人虔诚的方式表述,以更好地约束利益相关者;对于愿景,则应以清晰的、令人振奋的方式表述,以更好地激励利益相关者。

3.8 发挥文化对企业的核心作用

使命、愿景和价值观是企业文化的重要组成部分。企业文化对企业有着非常重要的、难以替代的作用。其作用可以概括为两个方面(两类作用):一类是企业文化对企业战略具有核心指导作用;另一类则是企业文化的若干其他作用,主要目的是引导和制约全体员工的行为,将企业的使命、愿景和价值观等核心理念贯彻和传承下去,形成企业整体发展的精神支柱和合力(如某些企业崇尚的狼性文化、江湖文化、武林文化、同学文化等)。该作用中往往包括读者熟知的提升企业凝聚力、树立企业品牌形象、应对各种危机、抵御道德风险等各方面的作用。

一般来讲,现实中的情况是较多企业关注了企业文化的第二类作用,但对第一类作用的认识、理解和运用还有待进一步提升,而恰恰第一类作用是企业文化最核心的作用,也是我们解决本章中所提出的第 6 个问题的关键。

针对企业文化的第一类作用——对战略的核心指导作用而言,如果企业制定的文化是以进取、积极、创新、公平和尊重等符合社会公认的道德准则作为基础的,在某种程度上就可以保证每次制定战略时不会损害社会上其他人的利益,这就是企业文化对战略的核心指导作用的体现。

从后文案例研讨 3-1 的松下案例中,我们可以清晰地得出这样的结论:企业文化对企业发展具有重要的作用。同时,企业文化对战略的指导具有双向的作用。当企业文化与环境发展相适应时,它是促进企业战略发展和变革的,进而可以很好地促进企业的发展;当企业文化与环境发展不相适应的时候,它将阻碍企业战略的调整与变革,进而会明显阻碍企业的发展。例如,松下早期(20 世纪初期)的"自来水哲学"文化是适应环境发展的,在它的指导下,松下为了生产出让穷人也能用得起的物美价廉的小电器,采用低成本的业务层战略是非常适宜的;但到 20 世纪 90 年代以后,松下的"自来水哲学"却已经难以适应当时环境的发展,而在它的指导下,松下仍然采用低成本的业务层战略,其可行性就值得思考和探究了。

企业文化的两类作用对企业的指导最终会通过不同的路径与方式贯穿和体现在企业的管理过程中,如图 3-2 所示。

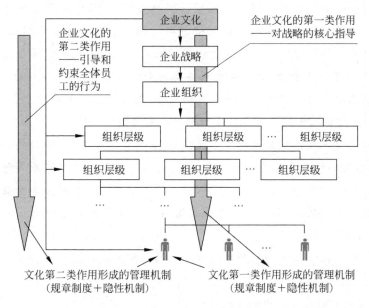

图 3-2　企业文化的两类作用示意

企业文化的第一类作用是通过指导企业的战略,再通过战略目标和途径的进一步分解,贯彻到组织架构中的各层岗位上的;企业文化的第二类作用则是直接将企业的核心理念和价值观念贯彻到组织架构中的各层岗位上的。这两类作用最终都将在不同的岗位上形成对应的"管理机制"。

需要注意的是,这里的"管理机制"可能是全面系统的规范化的规章制度,也可能是一些不成文的隐性机制,在潜移默化中对员工形成影响和制约,或者是规章制度和隐性机制的融合。以某企业采购部门某采购岗位为例,企业文化的第一类作用通过企业战略的分解落实到了该岗位上,明确要求该岗位员工在日常工作中厉行节约成本;而企业文化的第二类作用到了该岗位上则明确指出采购时要杜绝"贪腐"行为的发生。

案例研讨 3-1

松下的文化和战略变革[①]

日本松下电器成立于 20 世纪初,公司成立后得到了较快的发展,很快发展成为一个拥有两百多名员工的中型企业。从 1918 年成立到日本经济危机之后,松下相继生产了 200 多种电器产品,如干电池、电熨斗、收音机、电灯等。

然而,就在松下不断发展的时候,公司的创始人松下幸之助却越来越感到迷茫。当一家小企业过渡到具有一定规模的企业的时候,后面的路应该怎么走?企业的使命究竟是什么?这些都是困扰松下幸之助的事情。他每天都在思索:自己经营企业到底是为什么?只是为了赚钱吗?未必。他找不到自己存在的价值了。

1932 年的员工大会上,松下幸之助突然向全体员工宣布,从今往后 5 月 5 日定为松下的创业纪念日。这出乎所有员工的意料,因为松下公司成立于 1918 年 3 月 7 日。为什么创始人会把 5 月 5 日定为创业纪念日呢?

这是因为有一天松下幸之助去寺院散心,当他走进寺院时,眼前的一幕使他感到震撼:寺庙里的僧众都在忘我地工作,非常虔诚。他就在思索到底是什么在支撑着这些人的行动。两个字,信仰!这时,松下幸之助突然意识到如果企业经营也能用信仰来凝聚人心的话,那么一样可以具备强大的生产力和生命力。一连很多天的思索,终于有了答案。

寺院一行为松下幸之助打开了心结。他领悟到企业存在的价值是消除世界贫

[①] 资料来源:央视财经频道《商道》节目,有删改。

因,企业的责任就是让世界物质资源丰富,以消除一切的不方便。就像自来水一样,再普通不过的东西却价值非凡,谁都缺不了它。没有水就没有生命。企业的经营就应该像自来水一样,这就是著名的"自来水哲学"。

在松下幸之助眼里,水管里的水固然是有价值的,但是你喝路边的自来水没人管你要钱,你可以不受责备,为什么?因为水资源相当丰富。认识到这一点之后,松下幸之助很兴奋,他仿佛看到了自己企业未来的发展方向,于是把悟道的这一天5月5日定为创业纪念日。

自来水哲学绝不是松下幸之助凭空想象出来的,应该说是松下公司此前经验积累的升华,如松下生产的电熨斗就是第一次运用自来水哲学的典范。

1927年,松下首次成立电热部,计划生产这种电熨斗。当时全日本的电熨斗因为价格较贵(每个电熨斗卖4~5美元),年销量不超过10万个。松下幸之助觉得这个产品方便,可以提升生活品质,但是太贵了。要想让电熨斗像自来水一样廉价,必须扩大生产规模来降低成本。因此,松下每个月生产1万个电熨斗,价格自然就降到了3.2美元。这样,消费者也感觉物美价廉,于是电熨斗的销量大增。

电熨斗的成功让松下幸之助更加坚定自己的想法,后来他把这个模式批量复制,很多电器的价格大幅下降。购买的人多了,松下电器也随之飞速发展。如果说美国的穷人可以开上小汽车要归功于当年的福特,那么在日本,当时的乞丐可以用到小电器则要归功于松下幸之助。

回顾松下幸之助从创业之初一直到执掌已经开发出两三百种电器的中型企业,一路走来跌跌撞撞。直到1932年5月5日这一天,松下幸之助才悟出了为商之道,他突然感觉到了一种重生的喜悦。

信仰有了,可通过什么方法去实现自己的追求呢?随着新工厂的不断建立,新品种越来越多,松下幸之助越来越感觉自己分身乏术,顾前顾不了后,没法像以前那样统筹全盘。想个什么办法?这时,松下幸之助开始了一次内部组织结构的重大改革,全面推行事业部制。

事业部制就是按产品划分类别,一个类别就是一个事业单位,可以独立经营,各部采用独立核算,绝不用盈利的事业部去弥补亏损的事业部。听起来挺残酷,实际上就是要各事业部必须使出看家本领,完全靠自身的力量提高利润。这次改革的意义相当深远。这让松下的各个产品能够迅速与市场结合,出击更为主动,企业也就更有活力。

松下集团在松下幸之助的带领下,终于成为全日本首屈一指的企业。松下幸之助在企业界德高望重,被很多企业家当成偶像,有人说他是经营之神。然而,不知道松下幸之助是太相信自己的智慧了，还是真的把自己当成神了，他竟然给自己的企业制订了一个250年的发展规划。他觉得今后的继任者只要按照这个250年的规划，一步步往前走，松下就可以高枕无忧。

1989年松下幸之助辞世。在他辞世之后的10年，松下就危机四伏了，市场份额出现萎缩，产品销售额虽在上升，但是利润逐年下降，从1989年的18.2亿美元一直降到2000年的约3.4亿美元。管理层对此束手无策，失去了前进的方向。

究其原因，明显在于到了20世纪90年代以后，新兴市场经济国家在小电器的生产方面更具价格优势。而随着消费方式的不断转变，松下应该以差异化战略作为主要竞争手段，不断开发吸引消费者的创新性产品。但正因为企业的创始人松下幸之助制订了250年的发展规划，使后继者很难改变"自来水哲学"对企业经营管理的核心指导作用。

研讨问题：

（1）通过松下案例，如何深刻理解企业文化对企业战略的核心指导作用？

（2）结合自己熟知的企业，分析其文化、战略、组织、人力、领导方式等是否相互匹配。

（3）借鉴松下的经验，如何破局企业文化对企业战略转型的影响？

案例研讨 3-2

伊利集团践行员工价值领先[①]

2022年3月30日，伊利集团董事长兼总裁潘刚签发第11个"春雨计划"，并宣布继续给伊利员工涨薪，这是伊利第17年为员工涨薪。

潘刚说："企业能够快速发展，员工是最大的功臣。各级管理人员一定要时刻把员工放在心上，感恩和善待我们的员工，全力推动'春雨计划'落地，让所有伊利人在春雨滋润下，工作更有劲头，生活更有奔头！"

在潘刚"凝聚人、发展人、成就人"的人才理念指引下，伊利不断升级"春雨计划"，为员工提供全方位的温暖关爱：持续为员工涨薪，共享发展成果；为员工打造开放、创新、尊重的工作环境；强化培训，打开晋升通道……各项关爱员工举措践行着伊利"员工价值领先"目标，这让每一个为追求卓越而奋斗的伊利人都能感受到踏实和温暖。

---

① 资料来源：https://www.yili.com/cms/index。

打造员工快速成长的平台

目前,伊利员工的平均年龄不到30岁,是一支有活力、有激情、朝气蓬勃的队伍。

通过阳光100、梧桐树培养计划、鸿雁计划、太行人才计划等各项多领域差异化的员工培养项目,伊利人不断提升着自己的工作能力和专业技能。

在潘刚的推动下,伊利持续完善人才选拔机制与人才发展通道,让每一位为伊利创造卓越价值的人才都能顺畅发展。

近些年来,伊利不断涌现出全国劳动模范、行业顶尖专业人才、国际化管理人才……他们不仅在平凡的岗位上创造出不凡的价值,也为中国乳业的发展做出了卓越贡献。

2021年年底,中国首家"乳业职业培训与认证中心"在伊利落成,该中心将在未来为中国奶业振兴积蓄"人才力量",带动产业链上下游共同发展。

让员工感受春雨般的滋润

在潘刚的关注和推动下,伊利不仅为员工提供快速成长的平台,还不断升级员工关怀体系,让员工没有后顾之忧。

2022年,伊利推出的"春雨计划"已经持续升级11年,从员工发展、绩效管理、身心健康等方面为员工提供全方位保障。

此外,《伊利集团爱心基金实施办法》确保在第一时间为有困难的员工送去温暖,其中重大疾病救助、金秋助学等爱心项目已帮助许多困难员工和家庭渡过难关。2021年,伊利爱心基金已累计救助290人次,发放爱心救助款1 276.8万元。

伊利努力推动员工共富,高度尊重员工的劳动,提供有竞争力的薪酬。伊利的福利待遇达40余项,其中法定福利项目占15%,非法定福利项目占85%。

2020年,伊利在面临疫情造成更大经营压力的情况下,逆势为员工继续涨薪。2022年,伊利已经第17年为员工涨薪,在就业压力不断升级、裁员潮不断涌现的当下,持续涨薪让每一位奋斗拼搏着的伊利人更有动力。

全方位的员工关怀

在企业发展中,伊利还致力于为员工提供全方位的关爱,让伊利人充满幸福感、获得感、安全感。

伊利将员工健康安全放到各项工作的首位,针对作业场所的职业危害因素,采取有效的控制措施,通过隔音降噪、控制人员作业现场温度、改进人机环境等举措,让员工始终处在良好的工作环境中。

面对新冠肺炎疫情,伊利不仅为所有员工投保"新冠肺炎意外伤害险",还特别成立"伊心关爱"项目,在疫情期间为全员开通"伊心关爱"热线帮助员工建立阳光心态,全方位保护员工的身心安全和健康。

在员工平等雇佣和权益保护方面,伊利也积极担当,如在关怀女员工方面,伊利在2021年为1 200多名员工及家属预约接种HPV疫苗,将健康关怀落到实处。

功以才成,业由才广。从中国乳业第一,到亚洲乳业第一、全球乳业五强,再到未来"全球乳业第一,健康食品五强",无论过去还是将来,人才始终是伊利发展历程中最宝贵的财富。

"员工价值领先"不是一句简单的口号,伊利尊重、理解、信任和关爱着每一位进取者。在奔赴全球健康食品行业新格局的征途中,伊利将继续坚持与员工彼此信任、互相成就、共享成功。

研讨问题:

(1) 如何全面理解"员工价值领先"?

(2) 通过伊利案例,如何深刻理解企业文化对企业内部管理的作用?

(3) "人才"是企业发展的根本。探讨和总结如何管理好企业的人才。

第 4 章

企业战略管理的系统框架

4.1 （问题7）如何做好企业战略管理

通过第3章的分析可知，由于包括使命、愿景、价值观等在内的企业文化对企业战略的制定具有核心指导作用，因此如果企业的文化符合社会的基本道德准则，就可以在一定程度上保证文化指导下的战略也是符合社会基本道德准则的。这就可以在某种程度上保证企业的"战略"得到社会的认可，也就是在一定程度上保证企业自认为"正确的事"得到社会的认可。这是解决第3章问题6的核心思想。在此基础上，企业就可以放心大胆地考虑如何做好战略管理的问题了，因而引出了本书中的第七个核心问题——如何做好企业战略管理。

问题7：如何做好企业战略管理？
答案：做好企业战略管理需要分阶段、分步骤（战略分析、战略制定、战略实施）进行。

显然，给企业做好战略是一件非常复杂的事情，涉及的影响因素多、关系复杂，而且需要对未来具有预见力。因此，给企业做好战略管理，不是一蹴而就的事情，需要分阶段、分步骤进行。如何才能做好企业战略管理呢？基本上需要划分为三个阶段：首先进行战略分析，然后进行战略制定，最后进行战略实施。这三个阶段也是整个战略管理体系的核心内容。

4.2 系统战略框架的搭建（一张图）

为了清晰梳理上述三个阶段所涉及的基本内容及其相互之间的关系，本书构架了一张战略系统框架图进行整体说明,如图 4-1 所示。

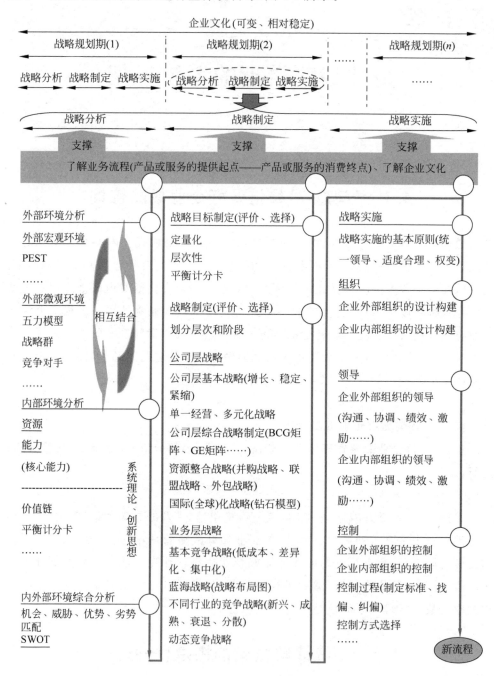

图 4-1 企业战略管理框架

图 4-1 中，最上部是描述任一企业生命周期的时间轴。在任何一个企业从起步、成长到成熟、衰退的生命进程之中，背后都应该有企业文化（企业的灵魂）作为核心的指导。从第 3 章分析的松下的"自来水哲学"案例中可以看出，企业的文化是可变的，而且应该是可变的，但是相较企业的战略而言，文化具有相对的稳定性。

在图 4-1 中，将企业生命进程中任意一段时间抽取出来，这段时间是从战略调整开始，到战略实施结束的时间段。显然，应该将这段时间划分为三个阶段，即战略分析、战略制定与战略实施。如果这段时间是预先规划好的，也可以称之为一个战略规划期，如企业未来的三年规划、五年规划、十年规划等。

在图 4-1 的下部，用三列分别详细梳理了企业在战略分析、战略制定及战略实施过程中需要考虑的核心内容，这些内容构成了企业战略管理的基本体系框架。在图 4-1 中，除了将企业战略管理基本体系框架中需要考虑的内容、理论与方法进行系统性展示以外，还明确梳理了它们之间的逻辑关系，这对于更好地理解企业战略管理的框架体系，更好地运用相关理论与方法给企业做一个"好"的战略奠定了必要的基础。

企业在制定一个合理的战略之前，需要先进行战略分析。

在战略分析阶段，需要全面分析未来一段时间内，对企业的发展产生影响的各种因素。显然，这些因素只可能存在于企业的外部与内部。因此，所谓企业的外部环境，可以理解为可能对企业产生影响的各种外部因素的集合；而企业的内部环境，则可以理解为可能对企业产生影响的各种内部因素的集合。

在外部环境中，对企业未来发展起促进作用的因素即为企业面临的机会（Opportunities，O），起阻碍作用的因素即为企业面临的威胁（Threats，T）；在内部环境中，对企业未来发展起促进作用的因素即为企业拥有的优势（Strengths，S），起阻碍作用的因素即为劣势（Weaknesses，W）。当然，优势与劣势是同其他企业的对应因素比较而言的。

因此，在图 4-1 第一列的战略分析阶段，需要通过分析企业的外部和内部环境，找出企业面临的机会、威胁及企业所拥有的优势和劣势。

根据企业外部环境的特点，外部环境可以进一步划分为两个层面，即外部宏观环境和外部微观环境。外部宏观环境常指企业所处的社会大环境，一般包括政治（Politics，P）、经济（Economy，E）、社会（Society，S）、科技（Technology，T）等可能对企业及其所在行业产生影响的各方面的因素，简称 PEST。外部微观环境是企业所处行业的竞争环境，决定了企业在其所在行业中的竞争地位与状况。一般而言，企业在其所在行业中的竞争地位与状况可能受五个方面的因素的影响，即企业上游的供应商、企业下游的购买者、潜在进入该行业进行竞争的企业、替代产品的提供企业、当前在行业中竞争的企业等。这五个方面因素的影响往往可以运用迈克尔·波特(Michael Porter)提出的五种竞争力量模型(Five Forces Model)进行分析。这五种力量是指上游供应商的议价能力、下游购买者的议价能力、行业潜在进入者的竞争能力、替代品的威胁能力、行业中现有竞争者的竞争能力。

企业的内部环境分析主要涉及两个方面，即企业的资源与能力。资源是可以拿来加以利用的一切要素，如人、财、物等有形资源及知识、技术、品牌等无形资源。拥有同样资源的企业，其发展速度和取得的成就并不一定相同，这是因为企业能力上的差异导致了资源利用的效果和效率存在差异。显然，优于竞争企业的资源与能力形成了企业的内部优势，弱势的资源与能力则成为企业的内部劣势。

企业明确了自己的外部机会与威胁及内部优势与劣势之后，就可以进行机会、威胁、优势和劣势之间的综合匹配分析。一般来讲，可以运用 SWOT 分析法进行综合分析，进而为制定合理的战略打下基础。

在图 4-1 第二列的战略制定阶段，需要明确两个内容：一是战略目标；二是实现战略目标的途径，即具体战略。具体战略主要包括公司层战略和业务层战略两个层面。

战略制定后进入图 4-1 第三列的战略实施阶段。显然，无论制定的战略多么完美，如果无法实施，都将是一纸空谈。由于战略的本质是计划，因此战略的实施需要依靠企业组织、领导和控制内、外部的资源。

在战略实施阶段，首先需要考虑如何构建企业的内、外部组织架构(供应链/运营系统)，然后考虑如何对内、外部组织架构(供应链/运营系统)中的资源进行合理的领导、管控和运作，也就是我们在第 1 章中指出的建网、管网和用网的过程。这样才能把战略变为现实。

通过上述阐述并结合第 1 章中关于企业战略管理与其他企业管理类课程之间的关系描述可以看出，在战略系统框架中，**战略分析和战略制定阶段的内容**(图 4-1 中前两列)是企业战略管理课程探讨的核心问题，而战略实施阶段的内容(图 4-1 中第三列)实际上是其他企业管理类课程探讨的核心问题。

4.3 企业成长的一个重要循环

在任何一个企业的成长过程中，其战略都是需要随着内、外部环境的变化进行调整的，这样才能使企业不断地适应所处的环境状况，进而保持战略定位的持续合理性，实现基业长青。但是，企业是否应该在发生任何环境变化时都对自己的战略进行调整呢？下面通过一个快递公司的例子进行深入分析。

某快递公司的传统业务是把包裹送到客户手中,如图4-2中的原流程所示。通过一段时间的观察,快递公司发现客户的需求发生了变化:客户如果能够在接到包裹的时候得到一支免费的鲜花,其满意度将大大提升,进而可以增加快递业务的市场占有率,如图4-2中的新流程所示。显然,快递公司需要考虑的是,是否应该进行战略调整,即通过免费送花的方式扩大市场占有率。

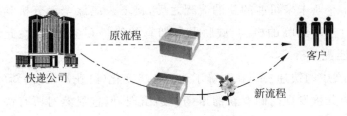

图4-2 快递公司的业务流程

我们应该如何分析和解决企业面临的这种问题?

上述问题也可以换一种提法:企业在面临一个新的环境机会时,是否应该调整自己的战略去适应?

面对这一问题,企业既不应当简单地模仿和照搬其他企业的做法,即"你做什么我也做什么,你怎么做我也怎么做",也不应该简单地适应环境的变化,这样很容易失去自身的特色。就上例而言,快递公司到底应不应该进行"送花"这样的战略调整,显然应该通过完整的战略分析过程,明确外部环境中的机会、威胁及自身的优势和劣势并进行匹配分析之后再决定。

为了指导企业进行更全面的环境分析,本书作者在《战略供应链管理》(2014)一书中提出"基于流程的企业管理全面分析方法",即为了全面把握企业面临的机会、威胁及优势和劣势,在进行战略分析之前,企业应首先将自己要分析的业务流程摸清楚。基于这一思想,上述快递公司在应对环境变化(本例中为市场需求变化)时,往往需要进行如下操作。

第一步:厘清适应环境变化的新流程

战略考虑的问题是企业未来"做什么"与"怎么做"的问题,战略是面向未来的。根据前面的分析可知,任何企业的战略定位最终都必然要体现在其业务上。因此,任何企业未来所面临的机会、威胁及所拥有优势和劣势也必然都要落到其业务流程上。所以在进行战略分析之前,企业必须明确:如果要进行适应环境变化的战略调整(如本例中的送花),需要将原有的业务流程改变成一个什么样的新流程。显然,这个新流程是一个假想的流程,因为送花的过程还没有真正实现。

如果我们不能明确快递公司战略调整后新的业务流程是什么，就不会明确地知道将来快递公司的优势、劣势及机会与威胁到底在什么地方，也就无法进行SWOT匹配分析。其实在现实中，人们对企业环境进行分析时，已经把假想的新的流程描绘在心里了，只是没有写在纸面上而已。

第二步：分析企业是否应该进行战略调整

在明确了企业未来可能的新的流程之后，接下来应该全面分析和把握在这一新的流程中企业所面临的机会、威胁及所拥有的优势和劣势，并在此基础上进行SWOT综合匹配分析。

比如，上文中的快递公司在明确了适应环境变化（鲜花需求）的新的流程以后，通过外部环境分析发现的确有新的市场机遇出现，但这显然对所有快递公司而言是一个共同的机会，是否应该进行战略调整还要衡量其内部环境中的优势与劣势。

假设该快递公司通过内部环境分析发现，以前曾和一个鲜花供应商有过接触，而且建立了良好的信任关系，能够在同等的条件下采购到质量更好、价格更合理、供货更及时的鲜花。显然，与其竞争对手相比，快递公司在这个假设的新流程中的采购环节是具有优势的。在这种情况下，可以考虑采用SWOT分析中的SO匹配（优势匹配机会），进而调整自身的战略，实现这一假设的新的送花流程。

当然，从现实情况来看，即便企业发现了机会及与之匹配的优势，也不见得一定要调整自己的战略。这是因为企业战略是否需要调整是由企业内、外部多种因素和条件共同作用的结果，这些因素和条件可能包括企业的文化特征（如使命、愿景、价值观）、经营理念、风险偏好、品牌定位与历史传统、组织架构与治理结构、人员结构、领导风格、管理方式、人员素质及企业当时的资金状况等，而企业领导者的战略格局与商业直觉也是影响战略调整的重要方面。

第三步：进行企业内外部的组织调整

一旦企业的战略发生了变动或调整，其外部与内部的组织架构（供应链/运营系统）都要发生相应的变化。

针对上例，首先分析快递公司的外部组织结构（也就是外部的供应链网络结构）是否发生了变化。显然，快递公司如果进行了战略的调整，想要送花给消费者，必然需要将鲜花供应商加入原有的供应链网络，使其成为供应链中的新成员。因此，供应链网络中的节点数量和节点之间的关系都会发生变化，如图4-3所示。

其次，快递公司的内部组织结构是否也发生了变化？答案也是肯定的。一般来讲，做好企业的"组织"工作，需要从四个方面着手，即职位设计、部门划分、职权配置和人员安排。这四个方面中的任何一个方面发生变化，都意味着企业的组织

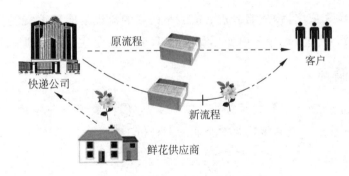

图 4-3 快递公司的外部组织结构变化

发生了变化。

如果快递公司调整了战略方案,必将面对若干与鲜花处理有关的新任务。如何组织企业内部人员来完成这些任务,对组织提出了新的要求。例如,应该招聘新的员工来负责鲜花的采购、修剪、分配、捆绑等一系列工作,还是由现有的企业内部采购人员或快递人员来完成？是在企业内部新设立鲜花处理岗位,还是新组建一个鲜花采购与管理部门,抑或是把这一系列任务归属到以前的采购部门中？所有这些问题都是快递公司在战略实施之前需要考虑清楚的,而要解决这些问题也就意味着快递公司内部的组织结构要发生变化。

可以认为,只要企业想实现不同于原先的产品或服务流程,企业的外部和内部组织结构(供应链/运营系统)就都要发生相应的变化。只有组织结构发生了变化,才能实施新的战略。

第四步：对组织进行新的管理控制活动

在新战略的实施过程中,对于变化了的企业内、外部组织架构,需要采用新的领导、管理和控制方式使其合理地运行,这也就是前文提到的管网和用网的过程。先看企业内部,仍以快递公司为例。假设快递公司新招聘了一名鲜花处理人员,应该如何对他进行管理？其岗位应如何设置？他的绩效考核指标应如何设定？他与其他部门及其他人员之间的关系应如何协调？……所有这些问题都有待企业用新的管理和控制方式、方法来实现。

再来看企业外部。这时快递公司必然也要面对诸多如何管理和控制鲜花供应商的问题。例如,是和它建立短期的供应关系,还是建立长期的稳定关系,或者建立战略合作伙伴关系？和它签订什么样的合同最合适？对这个供应商应该如何进行绩效考评？如何进行激励？……这些问题也都将反映在企业对外部组织(外部供应链网络)的管理及控制的变化上。

上述步骤完成之后，战略分析之前假想的新的流程就能真正实现了。这时，已经实现的新流程才是适应环境变化要求的，反映了企业战略调整的完成。

一个重要循环

上述四个步骤之间的关系如图 4-4 所示，它们构成了一个非常重要的循环关系，该循环关系是一个非常重要的企业管理分析工具。

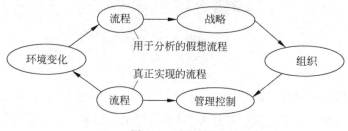

图 4-4　重要循环

该循环可以总结为：根据企业的环境变化（不管是企业外部环境变化，还是内部环境变化），首先需要将适应环境变化要求的新的业务流程（假想的流程）描绘出来；在此基础上，再研究企业的战略、组织、领导、控制等方面应该如何变化和调整的问题。当所有的步骤完成后，企业才能真正实现这个假想的流程，而这个流程才是企业适应环境变化要求的新的流程。

在企业发展的过程中，上述循环是随时发生、不断往复的。企业成长的过程也就是企业为了适应环境变化，不断调整自身战略、组织、领导（管理）、控制活动的过程，也就是不断调整自身经营活动流程的过程。

案例研讨 4-1

互联网时代海尔的转型变革[①]

张瑞敏在美国管理学年会演讲中指出：企业，特别是传统企业，在互联网时代应该用什么模式来发展？互联网时代要从大规模制造向大规模定制转变，满足用户个性化需求是非常大的挑战，传统管理理论也将被颠覆。

事实上，全世界还没有一个现成的模式可学。海尔在这方面探索了很多年，也总结出一套互联网时代企业管理的新模式，即"人单合一双赢模式"，体现在三个方

---

① 资料来源：改编自 http://finance.sina.com.cn/leadership/msypl/20131015/161916998630.shtml。

面:传统的企业战略和组织架构为什么要调整;海尔是怎么做的;海尔追求的三个"无"目标。

首先,传统的企业战略和组织架构将被颠覆。

传统企业战略和组织架构的理论基础,是亚当·斯密1776年在《国富论》中提出的分工理论,并体现在制造和组织这两点上。

在制造方面的体现就是流水线。有人说,第一次工业革命是工厂式的,第二次工业革命是福特的流水线。福特的目标是通过流水线使汽车成本降到500美元以下,最后降到了370美元。流水线直到今天仍然是企业提高效率的主要工具。

在组织方面的体现就是科层制,层级非常多,到今天仍在沿用。过去大家学习日本的企业管理,丰田之所以做得比通用好,是因为通用的架构有14级,而丰田只有5级。但到今天,不管多少级都有问题。

在互联网时代,很多传统管理理论都要被颠覆。美国企业史学家钱德勒把现代工业资本主义的原动力归结为规模和范围,中国企业也正在追求规模经济和范围经济,要做大做强,要进入更多产业。

但在信息技术时代,原动力并不是规模和范围,而是平台。实体店要达到淘宝交易额的规模不知道要多少年,淘宝短时间就做到了,靠的就是做平台。有人给平台下的定义很恰当:平台就是快速汇集资源的生态圈。用最快的速度把各种资源汇集到一起,只有互联网时代才能做到这一点。

其次,海尔对战略和组织架构的创新探索。

战略好比人的头脑,组织架构好比人的身体,二者必须相辅相成,协调一致。对海尔来讲,战略就是"人单合一双赢模式"。"人"就是员工;"单"不是狭义的订单,而是用户;"合一"是让每个员工和他自己的用户结合到一起;"双赢"是让员工在为用户创造价值的过程中实现自身价值。

这一模式几乎把海尔的整个组织全部颠覆了。海尔原来是"正三角"式组织,后来变成"倒三角",员工在最上面,最高领导在最下面。但倒三角站不住,如果要让它站住就必须不停转动。海尔又从倒三角变成现在的网状组织,完全扁平了。

举个例子,过去海尔的营销结构,从上到下分别是管全国营销的、管各省营销的、管各市营销的、管各县营销的。现在这些层级都没有了,负责一个县所有业务的就是一个7人团队,他们有决策权、分配权、用人权,完全像一个小微公司,整个县的业务由他们自主管理,然后形成平台组织下的自主经营体并联平台的生态圈。

原来企业是串联的流程,研发完了去制造,制造完了去营销,一环一环下来。现在变成并联的流程,各个节点都在一起面对用户需求。从产品最初设计开始,用户就参与,一直到最后销售结束。这样,生态圈就不只是企业内部的,而是整个社会资源形成的生态圈。

将企业负责的大单解构为每个员工负责的单,这是"人单合一双赢模式"的基础。把企业总的用户资源转化为每个员工负责的用户资源,把企业资产变为每个员工的负债,员工从无偿占有资产变成有偿负债驱动增值。

可以这样理解,假如你需要卖掉100万元的货,这100万元就是你的负债,如果将来降价卖不出去,所有问题都由你来负责,你对这部分资产要负完全责任。和原来完全不一样,它驱动每个人对资产认真负责。包括费用,过去没人管,现在费用到了个人。以前住什么宾馆,能报多少费用,企业都有规定,现在怎么花都由员工自己决定,然后计入他的报表中,如果最后是亏损,员工就要负全责。这样一来,出差也可能花很多钱,也可能很多差不出了,通过电话或视频解决,总体减少出差费用。大企业很少像海尔这么做。

过去所有用户由企业负责,现在海尔变成了全员契约,每个用户都要具体到每个员工身上,员工所负责的社区、全县的用户,包括网上用户需求,都由员工自己来创造。满足用户需求之后产生的价值,达到企业平均利润之后,高出的那块利润,员工可以和企业分利。这种机制驱动每个员工全力以赴去创造更高的利润。

这在海尔独创的战略损益表中体现了出来。与传统损益表完全不同,海尔的战略损益表包括四个象限。第一象限是交互用户和引领的竞争力。海尔现在从设计阶段开始就有用户参与,网上交互,交互用户变成全流程的用户体验,最终变成消费者。用户成为企业的一部分。海尔有一个考核指标:衡量生产线上的产品,最后直接到用户手里的有多少,现在基本可以做到生产线上近20%的产品知道是给哪个用户的。

第二象限是人力资源,海尔内部叫自主经营体。海尔有8万多名员工,分成2 000多个自主经营体,他们要承接第一象限所说的交互用户,实现引领的目标。

第三象限是预实零差。海尔有一个日清体系,即每天的工作必须当天到位,依据"三个零"原则:"零库存",所有产品用户一旦要就必须马上提供;"零签字",我认为大企业最头疼的就是签字;"零冗员",也就是所有人都要有自己的用户,没有用户就没有在组织中存在的意义。

第四象限是人单自推动,即让更有能力的人来产生更高的单,创造更高的用户价值;高的用户价值再吸引来更优秀的人。

最后,海尔追求三个"无"目标。

企业无边界。也就是不要光盯着企业内部的资源,而是要看到外部的资源。

互联网时代,已经出现了一些无边界的模式。例如,沃尔玛的众包模式:顾客在购物回去的路上,可以顺路给沿线的顾客捎货,沃尔玛给捎货的顾客一定费用。又如,宝洁的研发模式,其设计不一定依靠企业内部的设计研发人员,而是整合外部的更多设计资源。

海尔探索的也正是按单聚散的人力资源平台,找最聪明的人为我们工作。以海尔的家电研发为例,原来的研发人现在变为接口人,对接外部资源。海尔有研发接口人1 150多名,接口全球5万多个研发资源。海尔美国研发接口人韦恩说,美国最不缺的就是技术人员,缺的是怎么把他们整合过来。他转型为接口人后,整合了很多美国的研发资源。将来,资源接口人发展的方向是创建小微公司,可以独立创业。

管理无领导。过去的领导就是马克斯·韦伯的科层制产生的,如今的互联网时代,用户决定企业,而不是企业决定用户。所以海尔探索的是自治的小微公司,中层消失,管理变得扁平化。

管理无领导本质是目标的问题。海尔现在做的是用户360度考核,如海尔物流限时达,不用分层分级计算打分,只要用户评价,很简单。海尔对用户承诺按时送达,超时免单。到现在为止,海尔赔了不少。但这对海尔的体系是一种倒逼,赔了不是公司拿钱,而是谁的责任谁拿钱。这样一来,体系中的所有环节都动起来了,共同努力来满足用户。直接由用户考核比公司收集用户意见,再来上下级协调要好得多。

供应链无尺度。过去是大规模制造,现在互联网时代是个性化定制,不仅要按需制造、按需配送,还要按需设计,全流程按需满足用户的个性化需求。

在海尔有句话叫"没有成功的企业,只有时代的企业"。摩托罗拉曾经是手机行业的老大,它代表的是模拟时代。但到了数码时代,摩托罗拉没有跟上,被诺基亚取代。但诺基亚也没坐稳,就被苹果取代了,因为苹果是互联网时代的企业,它把手机变成云计算的终端,而不再是一个通信工具。

海尔通过自主变革和创新,取得了一些阶段性成果。白电是一个充分竞争的行业,海尔保持良好利润的原因,主要在于推进了自主经营体,让每个人的薪酬和他的业绩紧密挂在一起。营运资金周转天数上,海尔做得也不错,但在互联网时代,海尔这样的传统企业还要不断摸索前行。

海尔经验可以概括为9个字:企业即人,管理即借力。"企业即人",意思是企业的好坏不在于它有多么好的资产,资产再优秀,设备再好都不能增值,要增值必须靠人。优秀的人可以让同样的资产增值,差的人也可能使企业破产。"管理即借力",是说管理不是靠自己的能力,而是靠整合到资源。你能整合多少资源,就会取得多大成功。

研讨问题:

(1) 海尔为什么要进行战略和组织的变革?

(2) 探讨海尔是如何运用"一个重要循环"思路进行变革的。

(3) 为什么海尔不仅要盯着企业内部的资源,还要看到外部的资源?

(4) 探讨在数字经济环境下,传统企业如何做好转型。

第3篇

如何做好战略分析
——明察秋毫、审时度势

第 5 章

如何进行企业外部环境分析

5.1 如何识别企业的环境

前述章节指出,制定战略之前首先需要进行战略分析。战略分析的对象主要是企业的环境。环境是由各种因素组成的集合,这些因素将来要对企业的发展产生影响。企业的环境是相互依存、相互制约、不断变化的各种因素组成的系统,是影响企业管理决策和生产经营活动的各种因素的集合。由上述分析可知,企业的生存发展离不开企业环境,企业环境对企业的生存发展有重要影响。因此,在战略分析阶段,我们有必要先对影响企业的环境进行识别。那么,如何识别企业的环境呢?我们可以对影响企业生产经营活动的外部和内部环境进行考察,分析影响企业生产经营活动的内外部因素。

企业环境可以分为外部环境和内部环境两大类。企业外部环境是影响企业生存和发展的各种外部因素的总和。具体而言,企业的外部环境包括企业所处的外部宏观环境和微观环境。企业的外部宏观环境包括影响企业生存发展的政治、经济、社会、技术等各方面的因素;企业的外部微观环境即企业所处的行业环境,包括影响和决定企业在行业中的竞争地位和状况的若干方面的因素,重点包括企业上游的供应商、下游的购买者、潜在的进入者、替代品的生产企业、现有竞争者五个方面的因素。企业的内部环境又称为企业的内部条件,是企业内部资源和能力因素的总和,如企业的人力、财务、技术、采购、生产、销售、商誉等资源及各种资源对应的能力。

5.2 为什么要进行外部环境分析

可以看出,在未来一段时间内,影响企业发展的因素存在于两个范畴:一部分因素存在于企业外部,它们构成了企业的外部环境;另一部分因素存在于企业内部,它们构成了企业的内部环境。在企业的外部环境中,必然存在有利于企业发展的因素和不利于企业发展的因素。显然,有利于企业发展的因素也就是企业面临的"机会",而不利于企业发展的因素也就是企业面临的"威胁"。因此,进行企业的外部环境分析,实际上是要找出企业未来一段时间内面临的"机会"或"威胁",从而采取一定的措施加以利用和应对。

企业的外部环境包括企业所处的外部宏观环境和微观环境,如图5-1所示。

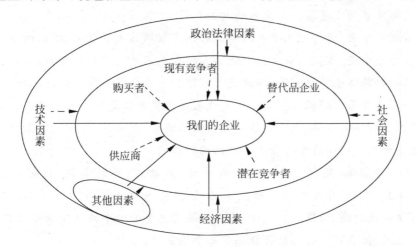

图5-1 企业所处的外部环境

企业的外部宏观环境包括影响企业甚至整个行业生存与发展的政治、经济、社会、技术等各方面的因素,又称为企业所处的社会大环境;企业的外部微观环境即企业所处的行业环境,包括影响和决定企业在行业中的竞争地位与状况的若干方面的因素,如企业上游的供应商、下游的购买者、潜在的进入者、替代品的生产企业及现有竞争者五个方面的因素。这五个方面力量的强弱,直接影响企业在行业中的竞争地位与状况,进而影响企业在行业中可能面临的机会与威胁。因此,企业进行外部环境分析的目的,就是要找出企业面临的"机会"与"威胁"。

例如,盒马鲜生(简称盒马)是阿里巴巴对线下超市完全重构的新零售业态。盒马是超市、是餐饮店,也是菜市场,但这样的描述似乎又都不准确。消费者可以到店购买,也可以在盒马App下单。而盒马最大的特点之一就是快速配送:门店附近3千米范围内,30分钟送货上门。

盒马鲜生多开在居民聚集区,下单购物需要下载盒马App,只支持支付宝付款,不接受现金、银行卡等其他支付方式。

实际上,在强推支付宝支付背后,是盒马未来将对用户消费行为大数据进行挖掘的野心。阿里巴巴为盒马的消费者提供会员服务,用户可以使用淘宝或支付宝账户注册。盒马未来可以跟踪消费者购买行为,借助大数据给出个性化的建议。

政治因素方面,2016 年国务院出台《关于推动实体零售创新转型的意见》,明确了推动我国实体零售创新转型的指导思想和基本原则,强调建立适应融合发展的标准规范、竞争规则,引导实体零售企业逐步提高信息化水平,将线下物流、服务、体验等优势与线上商流、资金流、信息流融合,拓展智能化、网络化的全渠道布局。这为新零售的发展提供了良好的政策环境。

经济因素方面,随着近几年互联网和移动互联网的大量普及,传统电商的流量红利正在逐渐消退,传统电商企业也面临各种成本不断上升的问题,而且电商给消费者带来的购物体验毕竟有限,因此线上线下融合发展的新模式必将逐渐兴起。

社会因素方面,以"80 后""90 后"为代表的消费群体更加注重个性化的消费体验,而通过主打线上下单、线下取货或直接到店消费,或者 30 分钟送货上门的优质服务,盒马鲜生可以给消费者带来全新的购物体验。

技术因素方面,互联网、物联网、云计算、大数据、移动支付、射频识别技术(RFID)、GPS 定位、虚拟现实等新技术的兴起,以及我国通信领域技术的不断变革,为实现传统的线上、线下相融合,有效地提升消费者的个性化购物体验,实现物资流、资金流、信息流的有机结合提供了必要的支撑。

因此,通过对盒马鲜生的外部宏观环境进行简单分析,可以发现盒马鲜生的兴起具有较好的历史机遇。[①]

5.3 如何分析外部宏观环境

为了对外部宏观环境进行科学分析,需要掌握科学的外部宏观环境分析流程和方法。首先,获取宏观环境分析的信息是进行外部宏观环境分析的第一步。获取的外部宏观环境信息是否全面、可靠、有效等直接关系外部宏观环境分析的成效。其次,进行外部宏观环境分析还需要掌握外部宏观环境分析的科学方法。

获取宏观环境分析信息的途径非常广泛,主要包括:
- 广播电影电视、互联网、移动互联网、报纸、杂志;
- 专业出版社、专业报纸和期刊;
- 商会与贸易组织;

---

① 资料来源:http://www.sohu.com/a/203954479_303910。

- 行业与产业协会；
- 各种国际组织；
- 当前的合作伙伴（注意被歪曲的信息）；
- 消费者；
- 服务组织（如代理机构和银行）；
- 交易会和展览会；
- 咨询公司；
- 学校和研究机构；
- 自己的公司、各职能部门；
- 其他关联或非关联公司；
- 其他各种舆情信息或数据。

通过上述多种渠道获取外部宏观环境分析的信息之后，需要对所获取的信息进行甄别、梳理和处理，为进行外部宏观环境分析做好准备。一般而言，对信息的分析和处理的具体步骤如下：

（1）检查可靠性。信息的可靠性是进行宏观环境分析的基础，信息是否可靠直接关系宏观环境分析的科学性。

（2）分析和解释。由于获取的信息渠道来源多、范围广，需要对所获取的信息进行分析和解释，去伪存真。

（3）组织所收集的信息。通过对所获取的信息的检查和分析解释，形成合理可靠的信息，并根据我们将要实现的分析目的组织对应的信息。

宏观环境分析的方法主要包括宏观环境调查方法和宏观环境预测方法。宏观环境的变化会明显地影响市场需求的变化，影响企业的生存、发展和营销活动。因此，企业必须重视宏观环境的调查和预测，分析宏观环境对企业经营的影响，主动适应甚至超前引导宏观环境的变化。

（1）宏观环境调查方法。宏观环境调查方法主要有间接调查法、直接观察法和实验法。

间接调查法是指调查者不直接与被调查者面对面接触，而是通过某种中介向被调查者进行调查的方法，如通过媒介、数据、资料、会议等形式获取信息。

直接观察法是指调查者亲临现场对调查对象的调查项目进行观察、清点、测定、计量，并加以记录或登记，以取得第一手资料的方法。比如，在进行商场调查时，调研人员并不访问任何人，只是观察现场的基本情况，然后记录备案。

实验法是指实验者按照一定的实验假设来创造实验环境，使被调查对象处于实验环境中并开展活动,进而认识实验对象的本质及其活动规律的过程。例如,新产品正式上市之前,可以进行用户先期体验活动,从实验活动中挖掘有价值的信息。

(2) 宏观环境预测方法。企业不仅要分析当前企业面临的环境状况,而且要预见未来环境可能带给企业哪些机会或威胁。因此,对于环境发展趋势的把握更为重要。常用的宏观环境预测方法有定性预测和定量预测。

头脑风暴法、专家会议法、德尔菲法等是定性预测的几个经典方法。

头脑风暴法由美国 BBDO 广告公司的奥斯本首创。该方法组织相关及非相关人员在正常融洽和不受任何限制的气氛中以会议的形式进行讨论、座谈,鼓励人们在思想上打破常规,积极思考,畅所欲言,充分发表各自的观点。总结人将从这些发散的观点中分析和挖掘有价值的信息,进而进行主观预测。

专家会议法针对预测对象由有较丰富知识和经验的人员组成专家小组进行公开的座谈和讨论,互相启发、集思广益,最终形成预测结果。

德尔菲法(专家意见法)针对预测对象由有较丰富知识和经验的人员组成专家小组,但不进行公开讨论,而是按照拟定的程序,由组织者征询每个专家的意见或判断,并通过多轮次不公开的意见交换和修订,对意见进行汇总总结的预测方法。

定量预测是根据以往比较完整的历史统计资料和数据,运用各种定量的预测模型对环境的未来发展趋势进行预测的方法。定量预测一般包括回归分析法、散点法、趋势外推法、周期变动预测法、马尔可夫法等。

5.4 经典分析法——PEST

在进行企业的外部宏观环境分析时,通常需要运用 PEST 分析法。PEST 即 Political(政治)、Economic(经济)、Social(社会)和 Technological(科技)的总称。对企业的外部宏观环境进行分析时,通常需要从这四个方面对企业所处的外部宏观因素进行考察,进而找到影响企业未来发展的"机会"与"威胁"。

(1) 政治法律因素(P)。政治法律因素是对企业经营活动具有实际与潜在影响的政治力量及有关的法律、法规等因素。例如,当政治制度与体制、政府对企业所经营业务的态度发生变化时,当政府发布了对企业经营具有影响或约束力的法律、法规(如反不正当竞争法、税法、环境保护法和外贸法规等)时,企业的经营战略可能需要随之做出调整。政治法律因素实际上是与经济环境密不可分的一组因素。一般而言,影响企业外部环境的政治因素主要包括政局稳定程度、政治经济体制、路线方针政策、法律、法规、国际政治法律因素等。

（2）经济环境因素(E)。经济环境因素是一个国家的经济制度、经济结构、产业布局、资源状况、经济发展水平及未来的经济发展走势等各方面的因素。构成经济环境的关键要素一般包括GDP发展状况、利率水平、通货膨胀程度、就业和失业率、居民可支配收入水平、汇率水平、能源供给成本、市场机制的完善程度、市场需求状况及其发展趋势等，这些因素都会对企业的战略制定产生影响。同时，经济全球化还带来了国家之间经济上的相互依赖，企业在各种战略决策中还需要关注其他国家的经济因素对自己的直接或间接影响。一般来讲，影响企业外部环境的经济因素主要包括经济发展阶段、经济总量水平、国民收入水平、物价水平与通货膨胀、经济基础设施、资源储备状况、国际经济因素等。

（3）社会因素(S)。社会因素是企业所处社会的民族特征、文化传统、价值观念、宗教信仰、教育水平及风俗习惯等因素。影响企业的社会因素通常包括人口规模、年龄结构、种族结构、教育水平、收入分布、消费结构和水平、人口统计特征、人口流动性、社会公共价值观、信仰、习惯等。

（4）科技因素(T)。科技因素是在智力等方面影响企业发展的外部环境因素。发明、创造、新技术、新工艺、新材料、新方法等都属于科技因素的范畴。一般来讲，影响企业的外部科技因素主要包括科技水平、科技政策、科技转化、科技发展动向等。

5.5 把握环境分析的前提——"三链一流"

可以看出，尽管PEST分析法在进行企业外部宏观环境分析时可以引导企业从多个重要方面把握企业未来面临的机会与威胁，但是要想真正用好PEST分析法需要先解决如下两个重要问题。

第一个问题是，如何才能有针对性地、适当合理地选择因素进行分析。

通过前述分析可以看出，企业面临的政治、经济、社会、科技等各方面的因素非常多，企业进行外部宏观环境分析时应从这些因素中有针对性地筛选合适的因素进行分析，而不是所有的因素都要去分析。因为分析任何因素都是要耗费成本的，如相关资料和信息的获取成本、调研成本、人员成本、时间成本、机会成本等，而有些因素显然与企业没有任何关联，因此没有必要分析。

第二个问题是，通过分析找出的机会与威胁是作用到企业哪些方面的。

如果我们通过外部环境分析找出了企业面临的机会与威胁，但不能清晰地确定它们是作用到企业哪些方面的，必然无法精准地利用这些机会，同时也可能会在应对威胁时产生偏差。

因此，解决好上面两个问题，对于做好企业的外部环境分析特别重要。

这里，我们首先引入肯德基和麦当劳的例子进行探讨。

20世纪90年代，肯德基和麦当劳先后进入中国市场。尽管最早对中国市场感兴趣的是麦当劳而非肯德基，但肯德基抢先一步在北京前门开设了第一家分店。其原因是麦当劳分析完中国市场后得出的结论是中国人的饮食口味很顽固，很难接受种类单一的洋快餐；而肯德基分析完中国市场后却得出了相反的结论。同样是中国市场，同样是快餐行业中的企业，为什么在分析外部环境时得出的结论会有如此大的差异呢？其原因在于麦当劳当时派出的考察人员是外国人，不了解中国的饮食文化和饮食习惯，无法将麦当劳的特色与中国市场相结合，看不到机遇；而肯德基派出的考察人员是华人，认识到中国市场对快餐的需求将快速增长，而且肯德基的炸鸡更符合中国人的口味。同时，当时的中国正在大力发展农业现代化，首先鼓励和支持的就是家禽饲养，而肯德基的主打产品——炸鸡与这一因素是非常吻合的，从而给肯德基带来了很好的机会。

可以看出，肯德基和麦当劳当年在针对中国市场环境进行战略分析时，其结论差异较大，进而导致了不同的战略结果。例子中，为什么肯德基会将"中国大力发展农业现代化"作为一个重要的机会而麦当劳却没有呢？我们来做如下分析。

基于流程的企业管理全面分析方法

在进行环境分析时，我们首先需要明确的是，企业面临的内、外部环境因素最终是通过作用到企业的什么上面来对企业的发展产生影响的。显然，它们将直接作用于企业产品或服务的提供过程中，也就是企业的运营流程上。正如战略学家安索夫所提出的战略管理的四要素中，第一个要素就是企业定位或者说经营范围，而经营范围描述的则是产品在市场中的定位关系。因此，无论是企业的外部环境因素还是内部环境因素，直接影响的都是企业产品的提供过程（流程）。在本书第1章，我们也强调了这一观点，即企业的战略定位最终必然会体现在其产品和市场的定位上，该定位是通过对企业内外部资源的组织、领导与控制实现的。

有了这一分析思路，我们就可以轻松地解决上面两个问题。针对第一个问题，在分析各种因素时，只要是与企业的流程有关系的就应该分析，没有关系的则没有必要分析。这样不仅可以节省战略分析阶段的成本支出，而且可以帮助企业抓住关键因素,有的放矢。而针对第二个问题,只要明确了流程,就能清晰地分析出机会、威胁、优势、劣势等是作用到流程的什么环节上的,这样才能实现四者之间更好的匹配。就像在肯德基和麦当劳的例子中,因为当时中国大力发展农业现代化、鼓励和支持家禽饲养这一外部政治环境因素是作用到肯德基业务流程中的采购环节的,其之所以能够成为肯德基的机会是因为肯德基采购的是与家禽饲养有关的鸡肉,这对麦当劳而言显然不是机会。下面再举一例加以说明。

某石化企业以前主要从中东某国的原油供应商处采购原油,现发现该地区由于政治因素的影响产生了限制原油出口的问题,无法继续采购。这说明该企业外部宏观环境中的政治因素影响了其石化产品提供流程中的采购环节,对其他环节则没有直接影响。通过外部环境分析,可以明确威胁来自流程中的采购这一环节。假设该企业曾与另外一个国家的某供应商有过接触,当这一威胁产生时可以直接转向该供应商,这说明该企业与其他企业相比在采购环节是有优势的。

即使是同处一个行业的两家企业,其流程(运营过程)也通常是完全不一样的,其上、下游合作伙伴及其关系通常也是完全不一样的,也就是其供应链网络(运营系统)是存在一定差异的。同样的外部环境,对一个企业而言可能是机会(或者威胁),对另一个企业而言却未必如此。

因此,在分析企业管理问题之前,特别是进行企业战略分析之前,首先应该弄清楚其产品从起点一直到消费终点之间的流程(运营过程),然后再进行内、外部环境分析。这样对不同企业分析的针对性会更强,分析结果的差异性也能很好地显现与合理把握。而且,通过这一方法,我们可以明确内、外部环境因素是作用到了该流程中具体什么环节上。

运用SWOT方法分析企业的机会、威胁、优势、劣势匹配状况时,所建立的SWOT综合分析表(参见后文的表7-1)中有很多小项,这些小项实际上来自整个企业内、外部流程展开以后各个环节从各方面进行分析所得的结论。

本书将这种分析思路命名为基于流程的企业管理全面分析方法。这是一个非常重要的思路与方法。

例如,在激烈的市场竞争中,某企业想通过降低产品成本获取竞争优势,但如何降低成本呢?如果只是根据以往的经验来分析和判断往往会有失片面,在某种程度上也会因为考虑问题不全面而忽视了某些降低成本的新的途径或机会。如果在分析问题之前能把产品的流程(包括企业内、外部的流程在内)全面地描绘出来,明确产品流程中到底有哪些环节,然后再对每个环节进行具体分析,就会得出非常全面的成本降低途径或方法。

此外，在运用上述基于流程的企业管理全面分析方法进行战略分析时，还需要考虑这个用来分析的"流程"实际上是并没有实现的假设的流程。比如肯德基在中国开店之前，首先需要知道在中国如果要生产炸鸡产品，其流程应该有哪些环节，分别涉及哪些因素，进而才能全面地把握和分析。实际上，这个业务流程是没有开展的，因为肯德基还没有在中国开店。这一内容可参考本书第 4 章 4.3 小节中提出的"一个重要循环"的思想来理解。

分析企业管理问题的"三链一流"

需要注意的是，基于流程的企业管理全面分析方法中所指的流程是包括企业内、外部的全面流程，也就是从产品起点一直到消费终点的全部活动，实际上也就是企业产品的供应链网络（运营系统）所界定的系统范畴，运用时请参考第 1 章的图 1-4。

实际上，用来全面分析企业管理问题的思路与方法并非只有全面把握"流程"这一个方面。与此类似，我们常提到的企业的供应链、产业链及价值链等在研究范畴和图形表示方面都具有等同的作用。简单来讲，也就是我们针对这三条"链"和"流程"画出的图基本是一样的，其起点、终点以及中间经历的环节、涉及的对象基本一致。这里，我们称之为分析企业管理问题的"三链一流"。

同时，尽管"三链一流"在研究范畴和图形表示方面具有一致性，也都可以用来全面地分析和研究企业管理问题，但四者研究和关注的角度往往是不同的。其中，"供应链"是从供需之间关系的角度研究的，"产业链"是从产业上、下游之间关系的角度考虑的，"价值链"强调的是价值创造的问题，"流程"强调的则是活动之间的衔接关系。因此，除了都可以作为全面分析企业管理问题的思路和方法之外，四者都有各自的基本应用场景。

比如，在企业战略管理中进行内部环境分析时应该使用"价值链"，因为要通过比较"价值"来寻找优、劣势；在运营管理中进行流程优化时，应该使用"流程"，因为要对流程中的活动进行重新梳理和安排；在研究新冠肺炎疫情对企业的物资供给的影响时应该使用"供应链"，因为要分析如何保证企业的供应链网络不产生"中断"的现象；在研究数字经济环境对某个具体行业中的企业产生的影响时应该使用"产业链"，因为不仅要考虑数字技术对行业中某个企业的经营管理的影响，还需要考虑数字技术对企业所在产业的上下游其他企业的影响等。

在本节中，我们概括了"三链一流"的思想和方法，为读者全面分析企业管理问题提供了思路,也为本书后文中的相关分析奠定了基础。

5.6 如何分析外部微观环境

企业的外部微观环境,即企业所处的行业环境,又被称为企业的竞争环境。外部微观环境分析的目的是通过研究企业在行业中的竞争地位与状况,找出影响企业未来发展的机会与威胁。显然,当一个企业在行业中的竞争地位较高时,其将来可能遇到的机会就比较多;反之,则可能面临的威胁比较多。

在分析方法方面,战略管理中的经典方法——波特五种竞争力量模型(简称五力模型)为我们全方位地把握和研究企业在行业中的竞争地位与状况提供了基础。

五力模型是迈克尔·波特于 20 世纪 80 年代初提出的。他认为行业中存在决定企业竞争规模和程度的五种力量,这五种力量综合起来影响着行业的吸引力及现有企业的竞争战略决策。五种力量分别是行业中供应商的谈判能力、购买者的谈判能力、潜在竞争者进入的能力、替代品的替代能力及同行业中现有竞争者的竞争能力,如图 5-2 所示。

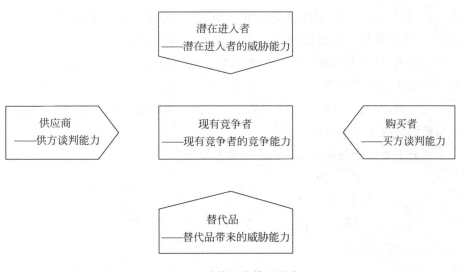

图 5-2　波特五力模型示意

在企业的外部微观环境分析方法中,除了五力模型以外,还有战略群和竞争对手分析法,它们的共同点是都围绕行业中的因素进行分析,找出企业面临的机会或威胁。

5.7　经典分析法——五力模型

如图 5-2 所示,企业在一个行业中的竞争地位与状况主要受到五个方面竞争力量的影响,这五个方面的影响因素构成了五力。

第一个力,在行业中,企业上游的供应商会对企业在行业中的竞争地位与状况产生影响。如果供应商的竞争实力强,则企业面临的威胁较多;如果供应商的竞争实力弱,则企业面临的机会较多。竞争实力往往可以反映在企业和供应商的议价能力中,如供应商的竞争实力强则其议价能力较强,在所供应产品的若干指标方面(如质量、交货期及价格等)拥有较强的谈判话语权等。

第二个力,在行业中,企业下游的购买者会对企业在行业中的竞争地位与状况产生影响。如果购买者的竞争实力强,则企业面临的威胁较多;如果购买者的竞争实力弱,则企业面临的机会较多。购买者的竞争实力也可以反映在买卖双方谈判的议价能力上。

第三个力,当前不在行业中,但将来可能进入该行业与我们的企业竞争的潜在进入企业,显然也会与我们的企业形成竞争关系,进而争夺上下游资源。一般而言,争夺下游资源即争夺市场,争夺上游资源即争夺供应商。

第四个力,将来有可能生产出替换我们企业当前产品的替代品的生产企业与我们的企业之间也有竞争关系,也会争夺上下游资源。

第五个力,当前在行业中与我们的企业直接竞争的现有竞争者,其本身就在行业中与我们争夺上下游资源。

上述五方面力量与企业之间的竞争关系如图 5-3 所示。

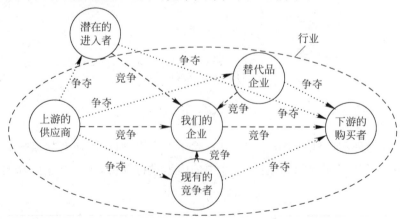

图 5-3　五方面力量与企业之间的竞争关系

在充分研究这五个力之后，我们会发现除了上游供应商和下游购买者之外，其余三个力与我们的企业竞争的表现都是要争夺上、下游资源。

以下分别针对五力模型中每一个力对企业竞争地位与状况的影响因素进行细化分析。

（1）供应商竞争力量的强弱主要取决于他们提供给买方的是什么样的投入要素，买方有没有可能轻易找到供方的替代企业。当供方所提供的投入要素占据买方产品总成本的较大比例、对买方产品生产过程非常重要，或者严重影响买方产品的质量、成本、交货期等因素时，供方对于买方的议价能力就大大增强。表 5-1 中列举了若干影响因素和双方竞争能力的判断。

表 5-1 供方与买方之间竞争力量的影响因素

序号	影响因素	竞争力量判断结果	
		供方强	供方弱
1	供方由少数几个企业所主导	√	×
2	供方的产品无法被替代	√	×
3	买方不是供方的重要客户	√	×
4	供方产品是买方产品的重要投入品	√	×
5	供方产品具有吸引买方的差异化特征	√	×
6	供方生产的产品具有较高的转换成本	√	×
7	供方容易实现前向一体化	√	×
8	供方通过后向一体化占据较多的上游资源	√	×
	……		

表 5-1 中列举的几种情形都是供方的议价能力强，也就是说，当供方的产品"不愁卖"的时候，即供方处于卖方市场时，供方的议价能力就会增强。

其中，如果供方容易实现前向（下游）一体化，供方的产品就不愁卖了，它的议价能力也会增强。其中，一体化是企业与企业之间建立在资产纽带基础之上的关系，如通过兼并或收购形成的资产纽带关系，这样可以有效地降低企业之间的交易成本，正如第 1 章中在讨论供应链管理背景时所分析的。当供方通过后向一体化占据较多的上游资源时，作为买方的企业如果不去购买它的产品而是购买其他供方企业的产品，那么其他供方企业在获取自己的投入品方面就存在劣势了，因此该供方企业的竞争实力较强，如图 5-4 所示。

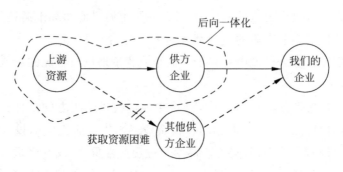

图 5-4　供方企业通过后向一体化占据较多上游资源示意

（2）对购买者而言，主要通过压低购买价格或是要求卖方提供较高的产品或服务质量或交货期的能力等，来影响卖方企业的盈利能力，从而实现改变竞争力的效果。表 5-2 中列举了若干影响购买者议价能力的主要因素。

表 5-2　买方与卖方之间竞争力量的影响因素

序号	影 响 因 素	竞争力量判断结果	
		买方强	买方弱
1	购买者数量少，每个购买者采购量大	√	×
2	卖方由大量规模较小的企业组成	√	×
3	买方所需产品无较大差异	√	×
4	买方所需产品转换成本低	√	×
5	买方所需产品的质量要求不高	√	×
6	买方容易实现后向一体化	√	×
7	买方通过前向一体化占据较多的下游资源	√	×
8	买方有充分的供方信息（价格/成本）	√	×
	……		

可以看出，表 5-2 所描述的几种情形都是购买者的议价能力强。其中，需要专门强调价格/成本分析法，该方法是商务谈判中的核心方法。在采购谈判时，如果买方能够清楚地知道所需购买产品或服务的成本是多少，自然会做到心中有数，也就会知道对方的报价是否合适。

众所周知，如果企业擅长精细化管理，在采购时，如果能对所购产品从其源头到当前的采购环节中总共经历了哪些环节、每个环节的实际成本是多少，都了解得非常清楚，那么在谈判的时候，就能够做到心中有数，便于合理压价。在数字经济环境下,由于有数字技术的支撑,为企业进行精细化管理带来了便利,也为我们精准获取采购产品的全流程成本数据带来了便利。

(3) 对潜在进入者而言,其进入某行业中发展必然要与该行业中的企业竞争(争夺上、下游资源)。因此,潜在进入者与当前在行业中生存的企业之间的竞争关系主要取决于两个方面的因素:一是进入该行业壁垒的高低;二是行业中现有企业的反应情况。显然,进入壁垒越高,现有企业越具有竞争优势;现有企业对潜在进入者的反应越大,潜在进入者的竞争力就越难以发挥。

一般来讲,行业的进入壁垒(barriers to entry)是影响行业结构的重要因素,是行业内已经存在的企业对于潜在进入该行业的企业所积累的某种优势。在很大程度上,进入壁垒并不是现有企业有意为之,而是客观形成的。进入壁垒的形成主要有以下几个原因。

① 规模经济。规模经济(economies of scale)是通过扩大生产规模而引起经济效益增加的现象,也就是大规模生产的成本低于小批量生产的成本。规模经济比较容易理解,因为本身在行业里经营的企业已经在规模上拥有优势了,这是形成进入壁垒的一个非常重要的方面。

② 经验效益。经验效益是企业在生产某种产品的过程中,随着累积产量的增加,单位成本下降的规律。其中,经验是指到目前为止的累积产量(或服务量)。本质上,这也就是我们熟知的"熟能生巧"。

经验效益可以通过经验曲线来表示,如图 5-5 所示。经验曲线描述的是经验积累与单位产品成本之间的反比例关系。经验曲线的斜率也被称为学习率,曲线的斜率越大越好。

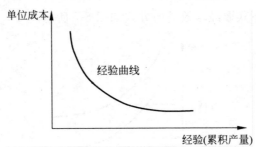

图 5-5　经验曲线

通过上述分析可知,已经在行业中运行的企业通过经验的积累可以获取经验效益。对于潜在进入者而言,这显然是一个不小的壁垒。那么,企业应该如何获取经验效益,提升自身的竞争力呢?以下讨论三种情况。

第一种情况是,企业与竞争对手在成本起点和学习率相同的情况下,通过增加经验可获取经验效益。也就是说,两个企业在成本起点和学习率相同的情况下,经过相同的时间后,哪个企业积累的经验多,哪个企业就有成本优势。例如,两个企业同时开始生产一样的电视,一个月后见分晓,结果发现其中一个企业的单位生产成本具有了优势。这是怎么实现的呢?显然,最简单的方法就是加班生产,通过积累较多的经验来降低成本。这种情形如图5-6所示。

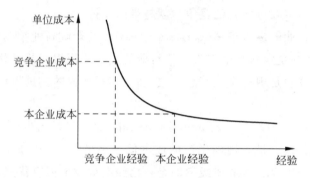

图 5-6 获取经验效益的方式(一)

第二种情况是,企业与竞争对手在学习率相同的情况下,可以凭借不同的成本起点获取经验效益。企业与竞争对手在学习率相同的情况下,将来积累的经验一样,成本起点的差异将始终延续下去。

现实中,成本起点的差异主要体现在采购环节。在采购环节如果能有效地降低成本,对于将来整个产品成本的降低都是至关重要的,这就是成本降低的杠杆效应,因为采购是产品生产过程的起始环节,将对后续环节的成本变动产生放大的杠杆效应。这种情形下获取经验效益的方式如图5-7所示。

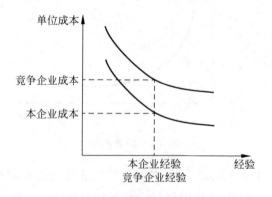

图 5-7 获取经验效益的方式(二)

第三种情况是，企业与竞争对手在成本起点、经验相同的情况下，企业可以通过加快学习的方法获取经济效益。企业与竞争对手在成本起点相同的情况下，积累的经验也一样，将来谁的学习能力强，谁就将占有优势，如图5-8所示。

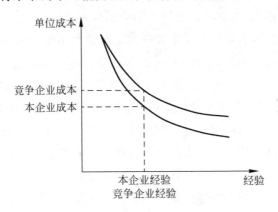

图5-8 获取经验效益的方式（三）

如何才能提高学习率呢？最好的答案就是通过"创新"。这里需要讨论的是，学习率的提高需要更多地依靠"技术创新"还是"管理创新"？为了回答这一问题，我们首先需要明确企业的技术创新和管理创新是如何区分的。例如，同样的产品，以前是用手工生产的，现在购买了一台设备进行生产，这是属于技术创新还是管理创新？显然，这属于管理创新的范畴。因为这台设备的技术创新是生产设备的企业所做的技术创新，并不是应用该设备的企业的技术创新。我们只是将这台设备运用到产品的生产过程中，提高了效率，因而属于企业的管理创新范畴。

一般来讲，企业学习率的提高可以通过提高劳动效率、改善劳动分工、重新设计工作方法、革新生产工艺、提高设备利用率及效率、提高产品设计柔性和标准化、有效利用资源、业务流程重组，以及数字化转型等途径实现。

③ 产品和市场的差异化。对于某行业而言，其所需要的产品和市场的差异化程度越高，企业越容易进入该行业；差异化程度越低则企业面临的竞争就越激烈，进入行业的难度也越大。这里需要注意的是，产品和市场的差异化并不是单纯的产品差异化或者市场的差异化，而是既包括产品又涵盖市场的综合性问题。在市场一样的情况下，提供的产品不一样是容易进入的；而在产品相同的情况下，拓展的市场不同也是容易进入某行业的。

例如，某小区周边已经开设了10家理发店，现在如果在该小区周边再开一家理发店，显然会陷入激烈的竞争，而如果去其他小区开设则较为容易。这就是产品基本相同的情况下，市场不一样则更好进入的例子。

④ 资金需要。任何企业在进入一个行业时都是需要资金的,显然资金需求量越大,筹措资金越困难,进入行业的壁垒就越高。

⑤ 销售渠道的开拓。显然,新企业进入某个行业时,销售渠道开拓的难度越低,其进入壁垒就越低,企业越容易进入相应的行业。

除了上述因素外,企业进入某个行业的壁垒的大小还与市场结构、政府的相关行为及政策等因素息息相关。例如,在完全竞争、垄断、垄断竞争和寡头四种市场结构中,企业的进入壁垒是完全不同的。一般来讲,根据不同的市场结构,进入壁垒由低到高的顺序依次是完全竞争市场、垄断竞争市场、寡头市场和垄断市场。

同时,政府的行为与政策也是影响行业进入壁垒的重要方面。例如,某地方政府出于某方面的考虑,认为该地区某个产业中只适合少数几个企业生存,为避免过多企业进入引起过度竞争,就会实行许可证制度来限制新企业的进入。

一般情况下,在公用事业等行业,政府往往会实行较严格的准入制度,限制新企业的进入;政府实施的专利和知识产权保护制度也可能成为企业进入某一领域的壁垒;政府的差别性税收政策及其他规制性政策也会成为进入壁垒。

影响潜在进入者竞争能力的另一个因素是现有企业对潜在进入企业的反应程度。一般来讲,影响现有企业反应程度的因素主要有采取报复行动的可能性、行业的增长速度、现有企业的竞争实力、现有企业的历史报复记录、政府行为与政策等。

(4) 在进行企业当前产品的替代品分析时,一定要选对替代品。有时候我们对替代品的理解可能会陷入误区。例如,在某款新手机出现以后,紧跟着出来了类似的山寨手机,山寨手机是这款新手机的替代品吗?显然不应该这样认为。如果用五力模型来归类分析,应当将山寨手机归到企业的现有竞争者而不是替代品这一力。因为替代品的核心特征就是可能要替换当前的产品,有更新换代的意思在里面。

替代品的出现往往会对企业造成较大的威胁。替代品出来之后,有时会导致企业手足无措。这是因为对于任何企业来说,并不是所有新的东西都能够去做。例如,苹果公司每次考虑开发新产品的时候都要首先研究产品更新和改进幅度的问题,因为产品的供应链已经搭建起来了,所有的资源都要支撑现有的产品,如果产品的更新力度太大,必然需要对新的资源进行重新组织、领导和控制,这往往需要一定时间的积累才能运转协调。再如,柯达所拥有的大多数资源都是传统胶片业务所需要的资源,如果转型去经营数码业务,这些资源该如何处理?这些都是企业在应对替代品时需要思考的问题。

在如下几种情况下,替代品的竞争优势较为明显:替代品的性价比较高、用户转换成本低、企业对替代品价值的主观认同、替代品推广的障碍较少等。

对于替代品,我们更需要关心的是如何应对替代品的威胁。为此,可以从以下几个方面进行判断和思考。

首先,应该判断替代技术究竟能给客户带来多少价值,这些价值是能够落地的价值,还是想象中的伪价值。只有能够为客户创造真实价值的替代品才能形成企业真正的竞争产品和威胁。

其次,合理判断替代技术的发展阶段和趋势非常重要。这时,需要根据产品的生命周期理论,判断当前产品发展到了生命周期的什么阶段,是衰退期还是仍然处于成熟期。如果判断不够准确,将会产生较大的决策风险。

2003年11月4日,TCL集团与法国汤姆逊公司正式签订协议,重组双方的彩电和DVD业务。合资公司取名为TCL汤姆逊公司,简称TTE公司。由此,TCL成为全球最大的彩电生产商。当时,汤姆逊公司彩电和DVD业务亏损2.54亿欧元,但是TCL集团董事长李东生并不在意,喊出了18个月盈利的口号。

然而,事情并没有按照李东生的预期发展。并购不但没有给TCL带来欧美市场的机遇,反而给TCL带来了巨大的亏损包袱。收购汤姆逊后的2005年和2006年,TCL集团遭受巨额亏损,股票戴上了*ST的帽子。

TCL并购汤姆逊彩电业务失败的主要原因之一是对彩电技术的发展趋势判断错误。"并购时TCL认为CRT(显像管)电视还有多年的发展前景。但事实是,进入2005年下半年,CRT电视不再受宠,取而代之的是平板电视。如果在收购之前进行充分的市场调研,也许就不会出现这样的问题。汤姆逊为什么要卖掉自己的彩电业务?全球第一台彩电就是它发明的,当年欧盟向中国电视机企业提起的反倾销诉讼中,汤姆逊就是幕后主使之一。它享受了专利的红利,所以就不愿投资开发平板电视。但平板电视是未来的消费潮流,卖掉电视业务就可以甩掉包袱。即使如此,TCL在并购它时连'过时'的技术都没获得,人家不卖。"原TCL集团彩电新闻发言人刘步尘说。

刘步尘的这个说法也得到了李东生自己的佐证。2012年年初,李东生在谈及并购汤姆逊的教训时说:"我们并购的时候有一样东西没看准,就是说未来电视会往哪个方向走,究竟是等离子还是液晶电视,当时更多人认为是PDP等离子。当时汤姆逊有很强的背投(DLP)技术,我们认为汤姆逊的背投更胜等离子,结果一脑门子扎下去,赔了大钱。"[1]

---

[1] 资料来源:http://blog.sina.com.cn/s/blog_56cb67ef0101flmp.html。

再如，在智能手机普及之前，摩托罗拉、诺基亚与索尼这三大巨头牢牢掌控着手机市场。倘若不是智能手机的迅速出现，让这三大巨头来不及反应，想必现在的手机市场绝对不会有苹果或华为多少份额。

作为移动通信的领导者，摩托罗拉自然地垄断了第一代移动通信市场。第一代移动通信（1G）是基于模拟信号的，天线技术和模拟信号处理技术的水平决定了产品的好坏，而产品的外观式样根本不用考虑。那时，在技术方面，没有一家手机公司能挑战摩托罗拉的行业地位，因此摩托罗拉的手机虽然卖得贵（那时在中国一个好的手机要两万元），但是仍然占领了全球70%的市场。

由于1G模拟通信的通话质量和保密性差、信号不稳定，人们开始着手研发新型移动通信技术。20世纪80年代后期，随着大规模集成电路、微处理器与数字信号的应用更加成熟，当时的移动运营商逐渐转向了数字通信技术，移动通信进入2G时代，数字手机取代模拟手机已经是大势所趋。但可能是因为不错的收入麻痹了高层，手机部门仍然在使用传统的模拟手机，而公司的网络部门已经全部使用竞争对手高通出产的数字手机，就这样拿一手好牌的摩托罗拉在蜂窝网络时代先输一局，这也是其走下坡路的开端。

其实，摩托罗拉公司并非没有人看出数字手机必将代替模拟手机，而是很不情愿承认。作为1G时代的最大受益者，摩托罗拉要尽可能地延长模拟手机的生命周期，推迟数字手机的普及，因为它不希望自掘坟墓，更不愿自降身价与诺基亚等公司一同从零开始。由于摩托罗拉高估了模拟手机的生命周期，因此摩托罗拉虽然在数字手机研发上并不落后，但是进展缓慢，当竞争对手推出各种小巧的数字手机时，摩托罗拉才发现自己慢了半拍。

1997年，摩托罗拉终于走下神坛，其全球移动电话市场份额从1997年的50%暴跌到17%。此后，公司不得不先后投靠于谷歌、联想，现在和另外一位难兄难弟诺基亚一样，市场上已经很少能见到它的踪影。

尽管判断当前产品是否已经到了生命周期的末端环节比较困难，也因此导致了很多企业战略决策上的失误（如柯达等），但其实其中是有一个基本准则的，那就是从供需相互匹配的角度进行衡量。概括来讲，**"当供方现有产品的支撑技术已经无法满足需求方对产品关键需求特征的支撑，同时也产生了相关领域的新的支撑技术"**时，可以基本判断出当前产品已经到了生命周期的末端环节，是应该考虑进行更新换代的时候了。**也就是说，通过判断"供方产品技术"与"需求特征满足"之间的矛盾是否已经到了不可调和的阶段来判定。**例如，就当前的智能手机而言，由于需求方对产品关键需求特征的多数要求基本上通过开发不同的App就能实现，还没有到"供方产品技术"与"需求特征满足"之间矛盾的不可调和阶段,因此目前来看该产品尚没有到产品生命周期的末端环节。

最后,如果通过分析后企业不能准确把握替代技术的发展趋势,也可以考虑找到替代技术的初期市场进行跟踪考察,或建立独立的组织进行替代技术的试验来考察判断。归根结底,企业应对替代技术威胁的关键还是应该抓紧时间和机遇进行新技术的研发。如果能够开发出更长远的跨越替代技术的新技术,那么替代技术的威胁也就迎刃而解了。例如,从通信技术角度讲,5G 是 4G 的替代技术,6G 显然应该是 4G 的跨代替代技术,能够率先在 6G 上取得原创技术的突破并打破推广应用障碍的企业必然会取得较长远的竞争优势。

(5) 现有竞争者是一个行业中与企业有直接竞争关系的其他企业的总称。现有企业之间的竞争常常表现在多个方面,如产品的品质、成本、交货期、售后服务等。显然,现有竞争者之间的竞争程度与诸多因素有关。

在以下情形下,企业面临现有竞争者的竞争将会更加激烈:进入壁垒低,势均力敌的竞争对手较多,竞争参与者的范围广泛;市场趋于成熟,产品需求增长缓慢;竞争者企图采用降价等手段促销;竞争者提供几乎相同的产品或服务,用户的转换成本低;退出障碍较高,退出竞争要比继续参与竞争代价更高;等等。

这里,我们用图 5-9 来描述某行业进入壁垒与退出壁垒的高低对企业进入该行业后可能获取的收益和面临的风险的关联关系。一般来说,一个行业的进入壁垒越高,企业可能获取的收益就越高;退出壁垒越高,企业将来可能面临的风险就越高。

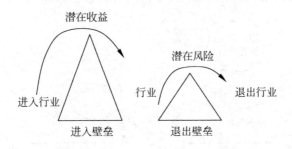

图 5-9 进入壁垒、退出壁垒与收益和风险的关联关系

以上阐述了企业外部微观环境分析时常用的经典方法——波特五力模型,并对其中涉及的观点和方法进行了新的解读与总结。我们需要在了解企业自身状况的基础上,针对具体情况运用波特五力模型对企业的外部微观环境进行判断和分析。分析的目的是通过五个方面力量的影响关系,考察企业在行业中的竞争地位与状况,进而找出行业中因素带给企业的机会与威胁,为企业下一步的战略制定做铺垫。

5.8 竞争-合作综合分析模型（C-C 模型）

波特五力模型自 20 世纪 80 年代被提出以来，逐步成为分析企业外部微观环境的经典工具。然而，我们也能明显看出，五力模型的主要思路是通过研究企业和行业中五种主要力量的竞争关系来分析企业在行业中的竞争地位与状况。但正如本书第 1 章在阐述供应链管理思想时所提出的，当前企业与企业之间的关系已经远非简单的竞争关系，而是包括合作关系在内的新的竞争-合作关系。也就是说，企业之间不只是存在竞争的关系，还存在合作共赢（cooperation）的关系。

因此，在分析企业所处的行业环境时，除了需要了解哪些因素会对企业的竞争地位与状况产生影响外，还需要了解哪些因素会对企业在行业中可能的合作机遇与合作关系状况产生影响。这样才能较为全面地把握企业在行业中可能面临的机会与威胁。

我们挖掘在行业中对企业可能的合作机遇与合作关系状况产生影响的因素时，发现除了五力模型中的典型的五种力量仍然起重要的影响作用之外，还需要重点考察该企业现有的合作企业、潜在进入该行业的供应商、潜在进入该行业的购买者、供应商产品的替代品生产企业及购买者替代企业五个方面的力量。因此，本书提出企业外部微观环境分析的一个综合分析方法，即竞争-合作综合分析模型（Competition-Cooperation Model，C-C Model），简称 C-C 综合分析模型，如图 5-10 所示。

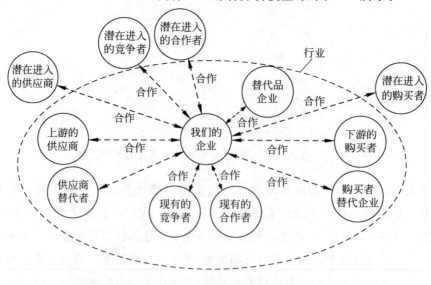

图 5-10　C-C 综合分析模型

C-C 综合分析模型重点分析企业之间的合作关系。可以从以下五个方面分析企业之间的合作能力。

第一个方面：企业与现有竞争企业之间的合作能力与潜力、企业与现有合作企业之间的合作能力与潜力。

第二个方面：企业与现有供应商之间的合作能力与潜力、企业与潜在供应商之间的合作能力与潜力、企业与供应商当前产品的替代品生产企业之间的合作能力与潜力。

第三个方面：企业与现有购买者之间的合作能力与潜力、企业与潜在购买者之间的合作能力与潜力、企业与购买者的替代企业之间的合作能力与潜力。

第四个方面：企业与同本企业有潜在竞争关系的潜在进入企业的合作能力与潜力、企业与同本企业有潜在合作关系的潜在进入企业的合作能力与潜力。

第五个方面：企业与本企业替代产品提供企业之间的合作能力与潜力等。

5.9 战略群分析法

通过前述分析可知，企业的外部微观环境分析主要考察的是企业所在的行业环境。在对企业的行业环境进行分析时，如果分析的角度和高度不同，将产生不同的分析结果。一般来讲，在行业中可以大致从三个层面进行考察：一个是站在整个行业层面进行考察；另一个是站在行业中的基本构成要素——企业的角度进行考察；而在这两者之间，还可以从中间层面进行考察，这个中间层面就是行业中的战略群，如图 5-11 所示。

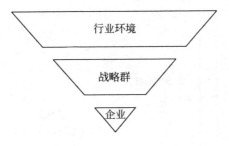

图 5-11　行业环境—战略群—企业关系图

战略群是一个行业内采取相同或类似战略的一组企业。进行战略群分析，有助于企业更清楚地认识行业中的竞争和合作关系结构，更清楚地看清一个行业中的竞争格局。

一般来讲,战略群内的企业具有以下特征:它们往往采取类似的战略、对环境做出类似的反应、采取类似的策略和行动、市场份额的占比具有相互竞争性和制约性等。

显然,在一个行业里,由于战略群里的企业采用相同或类似的战略,因此战略群里的企业竞争激烈,而不同战略群之间的企业竞争相对和缓。

在实际操作过程中,我们需要通过绘制战略群图的方法对战略群进行分析。战略群图的绘制步骤如下:

(1) 比较行业中各企业的竞争特征变量(如质量、价格、地理覆盖范围、垂直一体化程度、产品线宽度、分销渠道选择、服务程度等);

(2) 根据要分析的目的,选取两个对应的特征变量建立二维平面图;

(3) 将在这两个要素上战略相同(或类似)的企业列为一个群组;

(4) 将各群组以圆表示在二维平面图上,圆的面积或直径大小表示某群组企业在行业中所占的份额。

图 5-12 是一个绘制好的战略群图。在该图中,A 群企业在价格和质量方面均具有较强的竞争优势,通过对比 A 战略群的面积可以发现该战略群的企业在行业总销量中所占的份额最大。B 战略群和 C 战略群在价格和质量方面各有优势,但是总体来看 B 战略群的面积大于 C 战略群的面积,由此可以发现 B 战略群企业在行业总销量中所占的份额大于 C 战略群的份额。

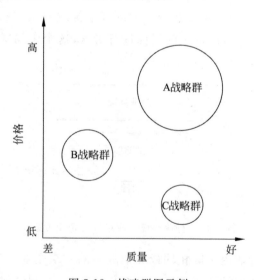

图 5-12　战略群图示例

可以看出，通过战略群分析，我们可以总结出自己的企业与行业中的哪些企业属于同一个战略群，进而判断出企业在行业中的竞争地位与状况。绘制战略群图时，由于选择的特征变量不同，绘制的图就不同，因此所能绘制的战略群图的数量是没有限度的。此外，在实际运用时，我们也可以根据同时要考虑的竞争特征变量的数量构建多维的战略群分析方法。虽然三维以上的战略群图较难画出，但其分析思路与上述二维图是一样的。

5.10 竞争对手分析法

从前述分析可知，现有竞争者是五力模型中的一个重要力量。企业的现有竞争者群体中通常可划分为两类企业：一类是与企业的竞争实力相当，对企业的生存与发展有重要影响的企业，这类企业我们称之为企业的竞争对手；另一类则是与企业有竞争关系的其他普通企业。显然，现有竞争者的范畴包括企业的竞争对手。

典型的竞争对手往往是势均力敌的企业，相互影响彼此在行业中的竞争地位与状况，如麦当劳与肯德基、波音与空客、沃尔玛与家乐福、小鹏与蔚来等。进行竞争对手分析的重点在于试图了解竞争对手的隐性信息，进而为制定合理的企业战略做参考。当前，在获取企业的隐性信息方面，除了传统的途径外，大数据技术的发展也为我们间接获取并分析竞争对手的隐性信息和发展动向提供了便利。

行业环境分析着眼于行业整体，竞争对手分析是其有力的补充。通过前述分析可知，波特五力模型及战略群分析方法侧重从企业所处的行业环境进行分析，着眼于行业整体，而进行竞争对手分析可以更多地从企业个体关系角度进行考察。

当企业面临一个或几个强大的竞争对手时，竞争对手分析显得尤为重要，因为这时竞争对手的竞争能力将成为影响企业竞争地位最主要的因素，需要对竞争对手进行深入而全面的分析，为企业应对激烈的竞争做出科学的决策。

我们通常可以从以下几个方面进行竞争对手分析：竞争对手的现行战略（对竞争对手的现行战略进行考察和分析，了解对手正在做什么、能够做什么）；竞争对手的未来目标分析（判断其改变现行战略的可能性，了解其未来的发展动向和战略转型的趋势）；竞争对手的自我判断及对环境的评价（了解竞争对手对自身、所处行业及其他企业的评价，判断竞争对手的战略意图）；竞争对手的竞争能力和潜在能力分析（判断竞争对手对其他企业的战略做出反应的可能性、时间、性质和强度等）。

案例研讨 5-1

麦当劳和肯德基的战略对决①

说起洋快餐,大家的第一反应肯定是麦当劳和肯德基,不过从全球范围来看,麦当劳和肯德基并不是同一个量级。麦当劳是全美排名第一的快餐老大,肯德基在美国的排名才第七,肯德基的东家百胜餐饮集团的市值也只有麦当劳的1/5。但在中国,肯德基的门店数量却多于麦当劳,这是什么原因呢?

一般来说,第一个吃螃蟹的人在市场竞争中总会占得先机。肯德基是1987年进入中国的,比麦当劳早了3年。可实际上,首先对中国市场感兴趣的不是肯德基,而是麦当劳。当时麦当劳派人来考察中国市场,经过一番调查之后得出结论,中国是一个饮食口味极端顽固的国家。例如,对于早餐,北京人习惯喝豆浆、豆汁,吃豆腐脑、油条;上海人习惯吃泡饭;广东人要喝早茶。各地方口味都不一样。中国人绝对不会吃汉堡包,于是麦当劳的中国计划搁浅了。

之后不久,肯德基也派了一位首席代表来中国考察市场。经过一年多考察,得出的结论与麦当劳截然相反,认为中国有全世界最大的快餐市场。1987年11月12日,肯德基在北京前门的第一家店开张了。开张这一天,人满为患。而在开业之后,每到星期天肯德基三楼都会举行婚礼。因为当时中国人觉得西餐新鲜,不管快餐还是慢餐,西餐就是洋气和体面。可以想象场面能火爆到什么程度,短短10个月就收回了成本。自此之后,肯德基坐上了中国西式快餐的头把交椅。

对麦当劳而言,起了一个大早,怎么连晚集都没赶上?问题出在哪里?麦当劳当时派出的是美国人,据说在此之前这位调查员根本没来过中国,对中国人的习惯、中国的历史根本不了解。肯德基则不一样,派出的是一位在中国台湾地区出生、在美国求学的华人——王大东。王大东在肯德基担任过多年的中层管理人员,在中国也干过餐饮。他注意到,在北京不但有常住人口,当时流动人口也有几十万,这就是市场空间。而且王大东认为,相比麦当劳的汉堡包,肯德基的主要产品炸鸡更贴近中国人的口味。

还有一点很重要,当时中国正在大力发展农业现代化,首先支持和鼓励的就是家禽饲养,这也是日后肯德基发展的优势。明白了问题所在,也就看到了中国的市场潜力。麦当劳在1990年也迅速登陆中国,在深圳开了第一家店。虽说是后知后

---

① 资料来源:央视财经频道《商道》节目,有删改。

觉,不过当时肯德基在中国也仅开了四家店,一家店追赶四家店,也不是没有可能,更何况无论是从发展历史还是整体的规模实力,乃至于品牌资产,当时肯德基跟麦当劳都没法比,就是现在差距也很大。

刚开始10年,麦当劳发展迅速,在北京市场上一度领先于肯德基。1999年6月,肯德基推出了一则广告,一个大大的问号,问号旁边写了一句话:羊能克隆,肯德基也能克隆吗?明眼人一看就知道这广告是冲着麦当劳去的。这是怎么回事?肯德基是做炸鸡起家的,而麦当劳以牛肉汉堡闻名。十多年来两家一直是井水不犯河水。可到了1998年,麦当劳在中国市场推出了与肯德基很类似的麦辣鸡翅。

肯德基当然不乐意了,来而不往非礼也,肯德基也模仿麦当劳推出了两块钱的脆皮甜筒。麦当劳见招后,把冰激凌的定价由两块钱降到了一块钱。不到两天,肯德基在广州、深圳等地将脆皮甜筒的价格降到了一块钱,同时还推出鸡翅产品买二送一活动。可以说,两家的竞争针锋相对,火药味十足。不过尽管价格战打得热闹,两家却有一个默契,即降价归降价,赔本的买卖可都别做。因此,经过几个月的监控,双方在亏损来临前几乎同时停止了降价,一块钱又回到两块钱。

这一轮的较量双方打成了平手。奇怪的是,在这之后,财大气粗的麦当劳似乎伤了元气。2002—2004年,麦当劳平均一年仅增加了六七十家新店,而肯德基开的新店超过了300家,因此差距也拉大了。原因是什么呢?当时麦当劳在全球都在大举扩张,但因为文化差异等各方面的原因,在一些国家和地区遭遇了抵制。这种经营环境的危机影响了麦当劳的业绩。而麦当劳的扩张速度有点太快,规模有点太大,于是自己的资金链上就有些吃紧。船大难掉头,2002年12月,麦当劳出现了上市以来的首次季度亏损,甚至连续关闭了719家快餐店,在中国的扩张自然也受到了波及。

按道理,同样是西式快餐连锁企业,肯德基也面临同样的经营环境,即便是规模小、船小好掉头,可在中国市场上为什么差距会如此悬殊,肯德基究竟有什么秘诀呢?就像当初考察中国市场一样,有一点肯德基非常重视,即本土化。肯德基的亚洲区总部设在中国上海。整个中国业务部清一色全是华人,所以从一开始,他们就考虑到了中国的饮食文化,了解中国人对于菜式变化这种极致的追求。从刚开始进入中国,肯德基就不断向中国人的口味进化,像豆浆、油条、米饭、粥等在肯德基都能吃到。平均每个月肯德基都会推出长期或短期的本土化产品,甚至考虑到中国各地口味的差异,比如说四川的肯德基会附赠一小份辣椒酱。正是这种产品的不断推陈出新,增加了肯德基对中国消费者的吸引力,迅速扩张。

麦当劳跟肯德基却大不相同,从中国区CEO到公关总监都是洋面孔,而且在产品上,西式汉堡一直是麦当劳的主打产品,麦当劳可以在菜单中加入鸡肉、猪肉及中国人喜欢吃的肉类品种,却不会卖与西餐完全不搭边的品类。显然,比起肯德基,麦当劳从内到外都透着一股浓浓的美式风格。

麦当劳1955年诞生,由麦克唐纳兄弟和雷克洛克创办,最初是一个很简陋的汽车餐厅。当时为了适应竞争激烈的快餐市场,实现快速扩张,麦当劳不断精简菜单,并在品质服务等方面下足功夫,逐渐形成了从产品生产到服务再到管理品牌宣传等全方位的标准化系统。

例如,麦当劳号称全球一个口味,因为从原料采购到食品配方、制作的火候都有一套近乎苛刻的量化标准。例如,奶浆的接火温度不得超过4℃,牛肉饼要接受40多项指标的检查,从顾客开始点餐到拿到食物离开柜台的时间必须在59秒以内。当然由于中国人多,这59秒未必真能做到,但这是麦当劳的标准化要求,对其工业化生产和连锁式经营都十分有利。还有一点也很重要,标准化形成了鲜明的品牌特色,一提起金色拱门,大家都知道是麦当劳,一提起麦当劳,大家都会想到那个小丑,都会知道这是美式快餐。在一定程度上,麦当劳甚至代表了一种美国式的生活方式。标准化使麦当劳能够快速扩张,发展成全球最大的连锁快餐企业。

肯德基创立的时间也是20世纪50年代,由哈兰·山德士上校创办,主打的是由神秘的11种香料烹制而成的炸鸡。虽说肯德基在整体规模和实力上一直比不上麦当劳,但就因为规模太大,麦当劳在应对市场变化重大决策的制定和执行上要比肯德基迟缓一些,所以规模较小的肯德基在经营策略上更加灵活。肯德基的经营理念就是不断推陈出新,以千变万化、层出不穷来吸引顾客。

双方一比较,麦当劳就决定不能拿自己的劣势跟肯德基的优势比,不能盲目地本土化。菜单、口味可以有微调,但是传统的战略方针不能改变,还应该坚持标准化。但这与中国的基本国情不相符,麦当劳长期以来市场占有率比不上肯德基,就是一个证明。

2003年9月25日,麦当劳在全球120个国家同时召开发布会,宣布要改变品牌的宣传口号:"由更多欢笑"改成"我就喜欢",这可是一次重大的战略调整,意味着麦当劳冒险放弃了坚持近50年的市场定位。一直以来,麦当劳把自己的消费群定位为有小孩的家庭,总是变着法地让孩子高兴。但在很多国家情况可不一样。例如,原本在美国属于较低档次的快餐食品,在中国的价格可并不便宜,让父母经常带着孩子去吃,工薪阶层家长可能接受不了。再加上近些年,肥胖儿童的数量猛增,很多人都把矛头直接指向洋快餐,这就让麦当劳的儿童路线走得有点艰难。同时麦当劳调查发现,在中国洋快餐的消费中16~25岁的年轻人占了60%以上。这些年轻人既可以适应统一标准的食品,在一定程度上又能忽略价格的因素,甚至吃洋快餐在年轻人心目中还被当成了一种时尚便捷的就餐方式。因此麦当劳将宣传口号改成了"我就喜欢",有个性。通过这次变脸,麦当劳改走青年路线,改变了市场定位,以此来谋求更大的发展。

2006年麦当劳在中国率先推出24小时门店,并且在3年里把近八成店打造成了不关门的餐厅。一开始,肯德基对此不屑一顾,认为无利可图。可几年过去了,通宵营业策略让麦当劳尝到了甜头,它虽然不愿意透露销售额的增长率,但24小时店从最初的亏本到现在已经开始盈利了,夜间的销售额有时可以占到全天销售额的10%~15%,有的单店营业额甚至超过了肯德基。这让麦当劳士气大振。2008年7月,肯德基推出了外卖服务,从早上7点到晚上10点,提供有偿的送餐服务。麦当劳半年之后也推出了外卖,而且无时限,24小时不停歇。肯德基当即还以颜色,麦当劳送一趟七块钱,肯德基就送一趟六块钱。2007年,麦当劳与中石化合作,准备在加油站大力发展汽车餐厅。麦当劳相当看重这一合作模式,希望通过得来速的快速扩张改变多年来在中国市场的劣势地位。可是合同签的不严谨,2009年年初,肯德基也宣布与中石化合作拓展汽车餐厅。

对于汽车餐厅,肯德基似乎是挖了麦当劳的墙脚,可有时候,肯德基也会主动站出来替麦当劳说话。比如2004年美国资深纪录片导演摩根策划了一个很著名的纪录片。纪录片的内容非常简单,连续30天,一天三顿饭就吃麦当劳,饮用水都喝麦当劳的。结果一个月之后体重飞涨30斤,血压上升,体能下降。这部影片一问世,高热量的洋快餐就被看成了垃圾食品的代名词。而且不巧的是,麦当劳的两位首席执行官先后因消化系统疾病在一年中去世,而平时吃麦当劳的各种食品也是他们工作的一部分。因此,人们对于垃圾食品的恐慌达到了顶点,麦当劳陷入了巨大的危机之中。

按说麦当劳遭殃,肯德基应该偷着乐,可结果恰恰相反,它们不但当即休战,而且肯德基与麦当劳统一口径,反复强调自己食品的安全性。麦当劳在全国开放厨房,通过顾客眼见为实,来加深对食品烹制的认识。两家合力,最终算是把危机扛过去了。肯德基为什么会帮助麦当劳?道理很简单,要说帮对手,不如说帮的是自己。同样都是西式快餐,如果麦当劳遭殃,肯德基也没什么好结果。因此,面对危机,双方由对手变成了盟友。

研讨问题:

(1)面对同样的中国环境,麦当劳和肯德基在分析时为什么会得出不同的结论?

(2) 当时,肯德基在中国战胜麦当劳的核心优势是什么?

(3) 在中国市场上,麦当劳与肯德基为什么不能完全学习对方的模式?

(4) 结合该案例,探讨企业应如何做好外部环境分析。

案例研讨 5-2

每日优鲜的战略布局[①]

现在通过网络和手机购物已经司空见惯,但是有一类商品人们可能相对更愿意去超市或市场购买,那就是蔬菜和水果,因为大家更看重新鲜和品质。那么有没有可能足不出户就能买到新鲜的水果和蔬菜呢?

30分钟之前,刘胜男通过手机下单,买了一大堆吃的喝的,正聊天的工夫,配送员已经到家门口了。

今天是周末,刘胜男和男友特意约上两位老朋友到家里聚聚,知道大伙都爱吃龙虾,刘胜男特意多买了几盒,吃不了可以打包带走。

这些新鲜的水果、生鲜和饮料,是刘胜男从一家生鲜电商购买的,作为注册会员,她可以享受一小时送货到家的服务。

刘胜男平时最爱吃的,除了小龙虾就是各种新鲜水果。这个品种的西瓜,她以前经常买,甜度和水分都很足,自从体验了生鲜网购一小时到家的服务,刘胜男就很少去菜市场或者超市了。

以前,刘胜男都是到超市或是附近的菜摊购买,但什么时候有新鲜的蔬菜和水果就没准了,去得早才会有好的,去晚了可能就没有了。而网购生鲜的价格和超市差不多,有时候可能还会更便宜。

与很多年轻人一样,刘胜男和男朋友平时工作都很忙,但是对生活品质的要求却并不含糊,对于吃的喝的,更是特别在意。网购生鲜一小时到家服务很符合这些年轻人的口味和生活节奏,她经常在下班的车上下单,网购生鲜到达的时候她正好到家,有的时候会跟配送员一起上楼。

消费者既要追求送货速度,还要保证新鲜和品质。对于外卖生鲜商家来说,这个生意并不好做。每日优鲜的货源来自全世界,用户遍布全国20多个城市,高度分散的货源与高度分散的用户如何进行高效匹配和衔接呢?

位于北京市朝阳区的一个居民小区的巷口,成排的送货车和不时进出的配送

---

① 资料来源:央视财经频道《中国财经报道》,有删改。

员在小区里格外显眼。这是一个社区微型仓库,配送员从这里接单取货,并配送到周边3千米范围内的小区用户家里。从早上7点到下午3点,这位配送员已经是第8次来取货了。在他的配送车上,送的一般是水果、生鲜,还有一些饮料、冰激凌等。装好的这五袋是五个客户的,他要在一小时内把这五袋货全部送到客户家里。这位配送员前脚刚走,新的客户订单又到了。

在每日优鲜亚运村配送站,站长刘习兴是这个小型配送仓库的负责人,从订单处理到拣货、打包、配送,他都需要全程监控。用户都是实时下订单,用户在手机App上下单后,他一分钟就能接到订单。从大仓库配到的货都是冷链的,每天给这个配送站补货。这个配送站的仓库大约有150平方米,分为常温区、冷藏区和冷冻区。商品分为11个大类,1 200个库存单品。除了站长之外,还有4名打包员负责拣货、7名配送员负责配送。

在仓库的常温区,主要存放标准包装的日用品;再往里走是零食区,包括小食品都在这里;再往里走是冷藏区,主要存放蔬菜、水果和奶制品。鲜啤酒也存放在冷藏区,其保质期只有7天。

配送站平时补货都是在早上6点,啤酒今天到了大概100瓶,现在就剩3瓶了,蔬菜也基本上都卖得差不多了,很快就没有了。

仓库最里面是冷冻区。最近他们上了一款小龙虾,卖得特别火,一天的销售量有500盒左右。

在分拣打包区,不同的品类会使用不同的打包盒和打包袋,以保证配送过程中保持足够新鲜,即在室外一个小时内温度是恒定的。

这样的仓库叫作微型前置仓,在北京有300个左右,主要分布在人口密集的居民区。每个仓库的配送服务范围是周边3千米。这种前置仓模式让仓库距离消费者足够近,保证了配送的速度和商品的新鲜度。但难点在于,备货多了,容易造成货品积压;备货少了,难以满足消费者的需求。

总仓是如何进行北京300多个前置仓的配货调度的呢?

在位于北京市大兴区的总仓,冷链物流卡车来自全国各地,将各类生鲜食品源源不断运送到这里。在收货区,货物从产地被直送到这里,在卸货之前,先要接受第一道检验。

每日优鲜华北区物流负责人金浩说:以苹果的检查为例,主要是看一下,果的大小是否均匀,克重是否足,外观是否有损伤。

通过第一道物理检验,货物进入暂存区,等待化学检测的结果。

在实验室,会有专业的化验人员进行化学检测。他们会对货品的成分,包括农药残留、是否含有重金属、是否打过药等一系列细节进行再次检测。

没有通过检测的货品将被退回上游供货商。

金浩介绍说：如果在超市，顾客可能买回家就直接吃了，但是在这儿，一箱子里只要有两个不合格的苹果，就全部不要了。

经过物理和化学两道检测之后的货物，会被送到加工区。不同类型的生鲜在这里进行精细加工和分装处理，处理后被送到急速发货区。急速发货区的每一个吊牌和下面的画线区域，对应着北京城区的一个前置仓库，一共有300多个，每一个前置仓能够精确配置库存的秘密就在这里。

金浩介绍说：我们每一个工作人员手上会有一个手持装备，所有的补货信息都会显示在装备上，并可以通过大数据的算法进行优化，计算出每个仓要补多少货。比如说回龙观这个前置仓的周边全是住宅区域，因此它的水果、肉、蛋卖得特别好，相应的补货数量就会非常多。

在中国生鲜领域，"总仓＋前置仓＋快递"的模式是一种大胆的尝试，虽然优化了用户体验，但是对于商家的供应链效率和成本控制却提出了巨大的挑战。在每日优鲜的北京总部，创始人徐正指出，目前前置仓生鲜配送模式更多集中在一线城市，他们正在筹划将这种模式在全国快速复制。

徐正透露，通过前置仓模式快速占领市场只是第一步。未来，他们将依托前期积累的消费大数据，布局更多的消费场景。

徐正说：再往下我们也会开始布局门店，最终可以全场景为用户提供从门店到前置仓再到终端售货柜这样一个完整覆盖的业态。

在他看来，每一次零售变革都是特定历史背景与消费升级的产物。20世纪50年代，美国消费升级，诞生了沃尔玛的大型连锁超市模式；70年代，日本消费升级，诞生了7-11的连锁便利店模式。从整体趋势来看，零售变革最重要的方向之一，就是让消费场景不断靠近用户。

徐正认为，新零售的核心应该是商品更加精选，物流的送达速度更快。现在每日优鲜已经领先全球，目前叫次日达，未来将跨越到"极速达"，也就是所见所得，30分钟内，顾客要的东西就能送到。

对于新零售，徐正的理解是，一切以消费者为中心，通过技术和商业模式的创新不断满足消费者需求，并优化用户体验。消费者真正满意了，赚钱就会是一件自然而然的事情。

徐正认为，商业的本质其实就是两件事情：一是考虑是不是为用户创造了更多价值；二是在价值背后，效率是不是得到了提升。每日优鲜的目的是让用户足不出户一小时内得到稳定可靠的生鲜商品。

徐正的想法也得到了调查结果的印证。中国经济生活大调查联合数字100的调查结果显示,对于网购配送到家,受访者感觉最舒适的接受时间是15~30分钟,选择比例是40%,其次是15分钟以内,选择比例是29%。与此同时,大调查发现,对于新零售的期待,受访者最关心的是消费便利,节省时间,占比高达63%;其次是优选产品,不用花精力去筛选,比例是54%;产品新鲜、价格适中、质量有保证选择的比例分别是46%、37%和27%。

研讨问题:

(1) 全面分析每日优鲜的战略布局和举措是否与其外部环境相适应。

(2) 如何理解"消费者真正满意了,赚钱就会是一件自然而然的事情"?

第 6 章

如何进行企业内部环境分析

6.1 为什么要进行内部环境分析

从前文分析可知,好的企业战略是企业发展并赢得竞争优势的一个重要前提,而对企业外部和内部环境的全面、合理、精准分析是进行企业战略研究和设计的第一步。本书第 5 章对企业的外部环境分析进行了详细探讨,通过外部环境分析,可以使企业认清其当前及未来一段时间内所处外部环境中的各种机会和威胁。但企业能否很好地利用这些机会或应对这些威胁,在很大程度上取决于企业内部资源和能力状况的差异。因此,企业在制定战略之前,除了需要对企业的外部环境进行分析之外,还要对企业的内部环境进行全面、合理、精准的分析与把握,才能保证"做正确的事"。

与企业外部环境分析寻找机会(O)与威胁(T)不同的是,企业内部环境分析主要是要找出企业的优势(S)和劣势(W)。企业明确了自己的外部机会(O)与威胁(T)及内部优势(S)与劣势(W)之后,就可以进行综合匹配分析了。一般来讲,可以运用 SWOT 分析法对企业的优势(S)、劣势(W)、机会(O)与威胁(T)进行综合匹配分析,从而为制定一个合理的战略打下基础。

企业的内部环境分析主要涉及两个方面,即企业的资源与能力。资源是可以拿来加以利用的一切要素,如人、财、物等有形的资源与知识、技术、品牌等无形的资源。拥有同样资源的企业的发展速度和取得的成就显然并不一定相同,这是因为企业能力上的差异导致应用资源的效果和效率存在差异。每个企业都有多种资源,资源的特点和作用不同,如何利用资源能够产生竞争优势,取决于企业是否有把握、掌控、运用资源的能力。因此,企业的内部环境分析必然包括两个方面,既包括对企业所拥有的资源的分析,又包括对企业运用资源的能力的分析。显然,优于竞争企业的资源与能力形成了企业的内部优势(S),弱势的资源与能力形成了企业的内部劣势(W)。简单地讲,资源即企业拥有什么,能力即企业能驾驭资源做什么。一个企业如果拥有好的优势资源,同时又具有驾驭资源的强大能力,则往往易于形成企业的核心竞争力。

6.2 如何分析内部环境

在明确了企业的内部环境分析主要应从企业的资源与能力两个方面入手之后,首先必须探讨如何对企业的资源与能力进行全面、合理、精准的分析,才能找到内部优势(S)和内部劣势(W)的问题。然而,分析企业的内部资源与能力实际上是非常复杂的。这是因为一方面,企业的内部资源与能力的种类繁多,存在于企业经营活动的各个方面和环节;另一方面,不同资源与能力之间的关联关系异常复杂。

正是由于企业的内部环境异常复杂,资源与能力之间的关联关系繁多,我们需要找出一个进行企业内部环境分析时普遍适用的方法。这不仅对企业制定一个合理的战略具有决定性的意义,对于我们研究企业成长和企业核心竞争优势的来源也有着启发性的意义。

通过前文分析可知,企业的内部环境分析实际上是要同竞争企业比较资源与能力的状况,从而找出优势(S)和劣势(W)。而要实现合理的资源与能力的比较,必须解决两个重要的问题。

一个问题是,与其他竞争企业比较资源与能力时,衡量资源与能力优劣的尺度到底如何选取才更为合适。这时,我们常会想到,寻找衡量尺度似乎很容易。例如,比较资源时,用"多与少"作为尺度即可;比较能力时,用"大与小"作为尺度即可。这样既简单,又实用。但是,如果我们仔细想一下就会发现,用"多与少"作为衡量资源的尺度和用"大与小"作为衡量能力的尺度,似乎存在一些明显的缺陷。因为这样的衡量尺度只有"量"上的衡量关系,而并没有考虑哪些资源或能力是能够给企业带来好处的。也就是说,企业的资源再多、能力再大,一定能够发展得非常好吗?答案显然是否定的。

因此,我们有必要重新考量比较资源与能力时的衡量尺度。这个新的衡量尺度不仅应该能够体现资源的"多与少"、能力的"大与小"这一量的关系,更关键的是应该反映出哪些资源或能力是能够给企业带来好处的。这时,我们提出了一个相对较为合适的新的衡量尺度——价值。

另一个问题是,如何全面比较资源与能力的问题。也就是说,与其他竞争企业比较资源与能力时,如何才能全面地、系统地、无遗漏地、有重点地进行比较,是必须解决的一个重要问题。

如前所述,在企业中,资源与能力的种类繁多、关系复杂。例如,企业中既有有形资源(人员、厂房、设备等)也有无形资源(技术、品牌、商誉等),而各种资源又分布在企业的各个部门中,如研发部门、生产部门、采购部门、销售部门、财务部门、后勤部门等。在企业中,分布在不同地方(如不同区域、不同环节、不同部门等)的资源只有与其对应的能力相匹配,才能产生给企业创造价值的活动。因此,在进行企业的内部环境分析时,如何才能全面地、有针对性地将这些复杂的资源和能力与竞争企业的对应资源和能力进行比较,从而找出优势和劣势,无疑是需要我们认真思考的另一个重要问题。

为了解决这一问题,我们首先需要回归到企业的本质上进行思考。正如本书第 1 章所述,企业是营利性的经济组织,企业的盈利是需要通过其业务实现的。也就是说,企业的资源与能力要想给企业创造价值,必然要在企业的经营流程中发挥作用,而流程又是一系列生产经营活动的集合。因此,如果能全面地把握企业中的生产经营活动,就能全面地把握企业的资源与能力。显然,在企业中,由若干生产经营活动组成的链条构成了企业日常运行的基础。把握了这一由活动组成的链条,就能全面把握企业资源与能力配置和利用的效果。

将上述两个方面问题的解决思路汇总到一起,即可发现企业内部环境分析的一种核心方法,即价值链分析法。而"价值链"在本质上是由"价值"和"链"组成的。"价值"是衡量资源与能力状况的尺度;"链"是由企业的生产经营活动组成的"活动链",是全面把握与分析资源和能力的基础。价值链也是本书第 5 章中所提出的"三链一流"中的一条"链"。

迈克尔·波特于 1985 年在其所著的《竞争优势》一书中提出价值链,并将其作为一种对企业竞争优势进行强有力的战略分析的框架。多年来价值链不断发展创新,并被财务分析、成本管理、市场营销等专门领域所广泛融入和吸收。波特认为:企业与企业的竞争,不只是某个环节的竞争,而是整个价值链的竞争,而整个价值链的综合竞争力决定了企业的竞争力。

企业要生存和发展,必须为企业的股东与包括员工、顾客、供货商及所在地区和相关行业等在内的其他利益相关者创造价值。如果把企业内部环境这个"黑箱"打开,我们可以把企业创造价值的过程分解为一系列互不相同但又相互关联的经济活动,或者称之为"价值增值活动",其总和即构成企业的"价值链"。

有了价值链这一分析方法,我们可以方便地进行企业的内部环境分析,通过比较企业之间资源与能力的价值来找到优势和劣势。然而,如何衡量与计算资源和能力的价值,是我们必须思考的重要问题。为了解决这一问题,本书首先讨论一个重要的分析方法——价值分析决策方法。

6.3 价值分析决策方法

从前文分析可知,价值链是企业内部环境分析的重要方法。能否通过定量的计算过程,直观地比较企业的优势和劣势的大小呢?要解决这个问题,我们需要对价值如何衡量进行更进一步的分析。

价值如何衡量

一般来讲,可以用功能与成本的比值来衡量某对象价值的大小,这一衡量准则起源于人们对生产型产品价值的认识。例如,某件产品给人们带来的功能越好,人们获取它的成本越低,则它的价值就越大。我们常说的"物美价廉""物超所值"等都是从这两个方面衡量价值的体现。

$$价值 = 功能 / 成本$$

价值分析决策方法的内容

价值分析决策方法是通过定量比较两个或多个对象的"价值"进行选择和决策的方法。由于价值等于功能与成本之比,因此要定量比较两个或多个对象的价值大小,必须先获取被比较对象的功能及成本数据。成本往往是容易获取的,但功能如何计算呢?

在企业管理中,我们经常会遇到如何把定性问题定量化的情况,如在人力资源管理中评价员工的工作绩效,最后要求量化打分。要想实现这一目的,首先需要建立一套指标体系。指标体系建好后,才能知道应该从哪些方面衡量每个员工的工作业绩,进而打出一个总评分。

在企业管理实践中,有两个工具特别重要,一个是流程,另一个是指标。流程是全面分析企业管理问题的基础,指标是企业管理方法落地的基础。任何企业管理方法落地的时候,首先需要转换成一系列指标。例如,进行财务管理时,最终是转换成财务指标落地,如各种比率;开展人力资源管理时,最终是转换成人员招募、考核、评价等指标落地。

在对任何一个定性问题进行定量化的过程中,大致都要包括如下四步操作。

第一步:建立评价指标(建指标)。通过分析,明确采用哪些具体的指标来衡量和评价对象。

第二步:给评价指标确定权重(定权重)。评估所建指标体系中各项具体指标的重要程度,并设定权重加以区分。

第三步:给每个被评价对象评分(赋评分)。基于各项指标,对被评价的各个对象给予评分。评分之前先拟定评分的分值区间(如0~10分、0~100分,等等)。

第四步:计算每个被评价对象的加权总分(算总分)。基于各个对象在各指标下的评分,计算各个对象在该指标体系下的加权总分。

在价值分析决策方法中,我们也将基于以上四个步骤,对价值公式中的"功能"进行量化处理。

以下结合案例进行分析:

某新建连锁餐饮公司采购物资时,有两种采购方案可供选择:一种是现货直接采购(A方案);另一种是联合集中采购(B方案)。现货直接采购由各连锁门店采购人员负责到市场采购和进货,再到总部统一报账。联合集中采购则由总部出面选择多家资质好、实力雄厚的供应商,通过报价竞标,进行集中采购结算,并由供应商统一向各门店配货。

由于以前没有进行过比较,该公司不知道选择哪种方案好,因此试图通过价值分析决策方法判断各采购方案的价值然后进行决策。

由于"价值"等于"功能"比"成本",各采购方案在功能方面各有优缺点,如表6-1所示。

表6-1 两种采购方案的特点比较

比较指标	采购方案	
	现货直接采购(A)	联合集中采购(B)
灵活性	高	低
质量可控性	高	较低
价格	高	低
物流效率	低	高
管理成本	高	低

首先,要建立功能指标体系,评价各采购方案在采购过程中到底能给公司带来什么样的功能,是否能够满足采购目标的要求。

根据餐饮公司的采购总目标,所建立的功能指标体系如表 6-2 所示。

表 6-2 采购的功能指标设定

采购总目标	物美价廉,保证供应,管理简单(F0)					
一级指标	营养质量(F1)		管理成本(F2)		确保供应(F3)	
二级指标	质量(F11)	营养(F12)	环节(F21)	费用(F22)	监控(F31)	风险(F32)

在表 6-2 功能指标的基础上,公司组织相关人员对各级功能指标的重要性(权重)进行评分。首先对一级指标进行评分。这里运用交叉评分法,如表 6-3 所示。指标间两两比较,以 3,2,1,0 等作为重要性的衡量标准。例如,F1 和 F3 相比非常重要,打 3 分;F2 和 F1 相比较为重要,打 2 分;F3 和 F1 相比不重要,打 1 分;F1 和 F1 没有必要比较,打 0 分;依此类推。

表 6-3 一级功能指标权重设定的交叉评分法

一级指标	F1	F2	F3	权重评分值	权重
F1	0	2	3	5	0.417
F2	2	0	1	3	0.250
F3	1	3	0	4	0.333
合计	/	/	/	12	1.000

指标相互比较后,将每一行的分值相加,即可得到各指标的权重评分值,可方便地计算出各指标的百分比权重。

接着,公司组织相关人员对功能指标中的二级指标进行重要性评分(采用直接打分法),如表 6-4 所示。

表 6-4 采购的二级功能指标权重设定

一级指标	F1		F2		F3	
权重	0.417		0.250		0.333	
二级指标	F11	F12	F21	F22	F31	F32
评分(%)	55	45	30	70	40	60
权重	0.229	0.188	0.075	0.175	0.133	0.200

公司组织相关人员对 A 方案(现货直接采购)和 B 方案(联合集中采购)进行二级功能指标下的评分(采取百分制评分)。计算各方案的功能加权总分及功能指数(功能指数为各方案加权总分的占比,这样处理的目的是去掉功能的数量单位,

以便在与成本的比较中不存在数量单位不统一的问题),如表6-5所示。

表6-5 两种采购方案的功能评分和功能加权总分

二级指标	F11	F12	F21	F22	F31	F32	加权总分	功能指数
权重	0.229	0.188	0.075	0.175	0.133	0.200		
A方案	72	44	56	67	60	48	58.27	0.463
B方案	68	80	70	63	65	60	67.53	0.537

由于该公司没有采取过相关的采购方案,所以它间接获取了其他连锁餐饮企业现有的成本数据。通过获取某段时间内公开的采购成本统计数据,计算平均单位物资额(吨)的采购总支出成本,得到A方案的平均单位物资额采购成本为3 200元/吨,B方案的平均单位物资额采购成本为3 050元/吨。

计算得出两种采购方案的成本指数分别为:A方案0.512[3 200/(3 200+3 050)];B方案0.488[3 050/(3 200+3 050)]。

根据价值(价值指数)=功能(功能指数)/成本(成本指数),得出A方案的价值指数为0.904,B方案的价值指数为1.100。

可以看出,采用B方案得出的价值指数大于A方案,因此可以选择将联合集中采购作为最优方案。

这里应该补充的是,对于指标的量化操作,打权重是非常重要的一步。一般来讲,与直接打权重法相比,交叉评分法是一个相对较为客观的方法,因为它同时考虑了指标之间的内在关联性。

在企业管理实践中,价值分析决策方法是一个非常重要且应用普遍的方法。在企业战略决策、运营决策(如供应商选择、研发方案选择、采购决策、生产设备选择、生产方式选择、销售渠道选择、营销方式决策等)、支撑性管理决策(如人事决策、人员选择、人员考核、岗位设计、部门考核、财务决策、预算决策等)等方面都可以得到广泛的运用。

可以看出,虽然在该方法的使用过程中有很多环节存在主观性,如指标的建立、权重的拟定、决策方案的评分等,但是该决策过程整体上是非常客观的,逻辑性也很强。因此,该方法除了可以作为具体问题的决策手段外,对于提供科学的决策报告也具有重要的意义。例如,某钢铁厂的技改人员筹划购买一台设备,原本无法说服专家和决策者,但在运用了价值分析决策方法,经过严格的功能与成本的比较和计算后,得出一份规范的价值分析决策报告,很快说服了相关人员,最终获批购买了这台设备,使企业的效益得到了很大的提升。

6.4 经典静态分析法——价值链

从前文分析可知,企业具备的所有资源与能力是企业内部开展各种经营活动的基础,各种活动相互关联、环环相扣,形似链条。只有整体把握链条,才能全面把握企业的资源与能力,而衡量资源与能力的最佳尺度就是价值。

波特提出的价值链思想把企业创造价值的活动大致分为两类:基本活动和支持性活动。以生产型企业为例,基本活动主要包括进料物流、生产作业、发货物流、市场销售、售后服务等,支持性活动则包括采购、技术开发、人力资源管理及组织建设等。组织建设中除包括支撑业务流程运作的其他各项支持性活动外,还包括企业文化建设、战略规则、高层经营管理活动、企业治理等内容,如图 6-1 所示。基本活动和支持性活动共同构成了企业的价值链活动。总之,企业中的所有活动全部纳入了价值链的活动范畴。

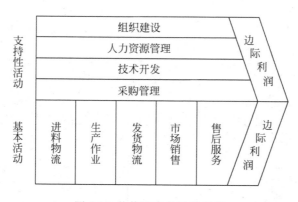

图 6-1 价值链中的活动示意

显然,从企业流程管理的角度划分,在这些活动中有一些活动(如图 6-1 中的基本活动)构成了企业中的业务流程,其他的活动(如图 6-1 中的支持性活动)则形成了企业中的管理流程,它们涵盖了整个企业价值链中的所有活动。在企业中,流程就是一系列活动的集合。

价值链的思路容易理解,关键在于如何运用。根据前文分析可知,价值链思想的提出同时解决了资源与能力衡量尺度及如何全面比较资源与能力这两个核心问题,因此价值链的一个重要作用是运用到企业的内部环境分析之中,找出优势和劣势,另一个作用则是进行流程的优化。

分析企业的优势和劣势

有了价值链的思路和价值分析决策方法之后,我们再来总结在企业内部环境分析中如何找出优势和劣势。

实际上,企业在与竞争者进行比较时,其流程中某些环节活动的价值大于竞争企业中对应环节活动价值的那些环节就是企业的价值增值环节,也是企业的优势环节;反之,则是企业的劣势所在。在企业中,不论是优势环节还是劣势环节,都是我们应该重点关注的地方。

在比较若干企业的价值链时,实际上只需要比较价值链中对应环节的价值。这时,应用价值分析决策方法,可以方便地计算出价值链中不同环节能够带给企业的价值,这是真正做好价值链精细化管理的前提。

如图 6-2 所示为两个电视机生产企业 A、B 通过价值链的比较,寻找优势和劣势的例子。

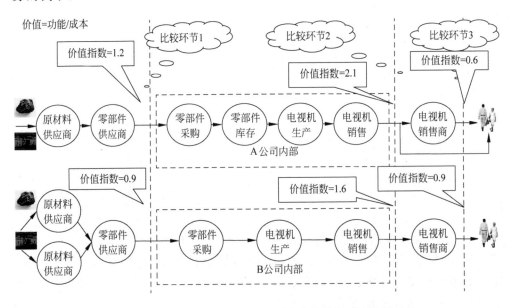

图 6-2　两个企业价值链中不同环节的价值对比分析

从图 6-2 的示例可以看出,在比较的三个环节中,A 公司价值链中采购环节的活动、经销环节的活动在价值上优于 B 公司,说明这些环节是能够给公司带来竞争优势的;而零售环节的活动在价值上劣于 B 公司,是劣势环节,如表 6-6 所示。

表 6-6　基于价值链的 A、B 公司优劣势比较

比较环节	A 公司价值指数	B 公司价值指数	比较优势
环节1：采购	1.2	0.9	A>B
环节2：经销	2.1	1.6	A>B
环节3：零售	0.6	0.9	B>A

6.5　企业经营管理的"三大法宝"——价值三要素

由上例不难看出，价值分析方法是定量分析价值链中价值的基础。而在将价值分析方法运用于价值链比较的过程时，一个重要的问题是如何确定指标。

这里以企业采购环节价值的计算为例进行探讨。

不论是上例中的 A 公司还是 B 公司，其在采购零部件时，能够想到的衡量采购价值的指标可能主要有零部件的品质、材料、规格、交货期、交付方式、采购成本，账期的长短，售后服务的好坏等。显然，对这些指标做进一步归类时可以发现，零部件的品质、材料、规格、交货期、交付方式，售后服务的好坏等都可以归到价值衡量公式的功能指标中；而零部件的采购成本、账期的长短（账期影响的是成本）则可以归结到价值衡量公式的成本指标中。

进一步分析发现，在上述功能指标中实际上有两类指标：一类是反映采购活动能够带给企业主观和客观各方面在零部件自身品质及附加服务上面的需求，如零部件的品质、材料、规格、交付方式，售后服务的好坏等；另一类反映的则是时间方面的要求，如零部件的交货期。

因此，如果我们用一个综合指标——"质量"全部概括上述反映零部件自身品质及附加服务的指标，用另一个综合指标——"交货期"全部概括上述反映时间方面要求的指标，再用综合指标——"成本"全部概括上述反映成本方面要求的指标，则价值公式的指标体系将主要包括三部分，即分子上的质量指标和交货期指标以及分母上的成本指标。这时，价值公式将可以做如下变动：

$$价值 = 功能 / 成本 = （质量 + 交货期）/ 成本$$

由此引出了企业经营管理中非常重要的三个综合指标，即"质量、成本和交货期"。实际上，"质量（Quality）、交货期（Delivery date）和成本（Cost）"（QDC）是企业经营管理的三个核心指标，但一直以来，这三个指标始终是围绕企业运作层面的决策来探讨的，却很少被提到企业的战略层面和组织层面来探讨。

在本书中，我们将这三个综合指标赋予了新的意义和价值，并将其称为企业经营管理的"三大法宝"，其重要性在企业的任何经营管理决策过程中不言而喻，甚至在企业的数字化转型过程中都是最为核心的内容之一。同时，本书还首次将这三大综合指标提升到了企业的战略层面，凸显了其与企业战略的重要关系（该关系参见本书第10章）。

显然，价值的大小取决于这三个综合指标间的权重关系。不同企业对该权重的认识不同，其本质取决于企业经营目标的不同，而目标又是由企业的战略决定的。

6.6 基于价值链的流程优化

价值链分析的核心目的是全面考察企业的价值到底是由什么活动创造的。不同活动创造价值的程度不同，有的活动创造的是正向的价值，有的活动不创造价值，有的活动创造负价值。当然，现实中的任何企业都希望将不创造价值和创造负价值的活动尽可能去掉，剩下的全部是能够创造正向价值的活动。但实际上，这往往很难做到。实际的情况是，不创造价值和创造负价值的活动在企业中比比皆是，如某秘书找总经理签字，早晨去了一趟办公室，总经理不在，下午再去一趟又不在，这显然是不创造价值的活动。

这些明显浪费资源而又不创造价值的活动显然需要通过活动的优化进行处理。在企业中，对活动进行重新梳理的过程，又被称为"流程优化"。所以，正如前文所述，价值链的另一个重要作用是有助于企业做好"流程优化"。

例如，早期戴尔中国客户中心的生产流程是两个人面对面合作组装一台机器，而且是台式机和笔记本电脑合用生产线生产。由于当时的产品大部分是台式机，笔记本电脑很少，这样设计流程比较合理。后来笔记本电脑的需求越来越大，而组装笔记本电脑只需要一个人，另一个人只能在旁边站着却不创造价值。因此，将两个人分别安排在两张工作台上，装配效率就会提高。

在企业运营中，创造负价值或者不创造价值的环节是首先需要考虑优化的环节。那么，如何判断非增值活动和增值活动呢？例如，企业中的库存环节一定是创造负价值的环节吗？以前企业以成本为中心来考虑问题，可能得到的结论是肯定的，但是现在要求企业以战略为中心来考虑问题，就不能简单地下这样的结论。比如，企业战略如果决定了未来要通过提供快速交货的产品来吸引消费者，那么流程中某些环节的库存肯定是必须存在的。

判断价值链中的活动是不是增值的，需要基于企业的战略来分析。有了战略，就有了分析和处理问题的依据。除了战略之上的文化决策之外，企业中的任何经营管理决策都要以战略为中心。回到第 1 章中所探讨的企业要"正确地做正确的事"的问题上，因为战略决定了"正确的事"（明确了干什么和怎么干），因此"正确地做"中的任何决策都要以战略为依据。

流程优化步骤

基于价值链思想对企业的流程进行优化，可以遵循以下几个基本步骤：

（1）厘清要进行分析和优化的企业流程（价值链），包括基本业务流程和辅助流程，明确流程（价值链）中的各项活动及其与资源耗费和收入等要素之间的基本关系。实际操作中需要注意的是，在明确流程（价值链）的时候应先界定好要优化流程的范畴。因为按照前述"三链一流"的观点来看，企业整个流程（价值链）的范畴是从产品和服务的起点直到最后的消费终点的全部活动，自然包括企业内部和外部两个范畴。

（2）挖掘引起流程（价值链）价值变动的各项活动，分析活动与战略要素（如质量、成本、交货期等）之间的关系及导致其差异的原因。

例如，某面包房专门烤制高级面包，基本流程中有两个活动：一个是制作面包坯，另一个是烤面包。受面包坯设备的产能限制，面包房每小时可以加工 100 个面包坯，需要耗费 1 人工时；面包房有一个烤箱，每次可以同时烤制 100 个面包，每次需 2 小时，第 1 小时中还需要耗费 1 人工时的翻转和看管成本。假设某客户订购了 200 个面包，5 小时后交货，面包房的流程应该如何安排，才能在满足客户对面包质量的要求及准时交货的前提下，使总成本最低？

在交货期要求下，比较图 6-3 中两个不同价值链的流程编排方式。

根据客户的交货期要求，对于第一批 100 个面包的操作活动而言没有多少选择的余地，必须从零时刻开始加工面包坯，1 小时后进行烤制，2 小时后烤制完成；而第二批 100 个面包的烤制毫无疑问需要紧接着进行，才能满足顾客 5 小时交货的要求。问题是第二批面包坯什么时候加工最合适？

图 6-3 中显示了两种可能的面包生产流程（价值链）的构成方式。第一种流程（价值链）的安排方式是，加工完第一批面包坯后紧接着加工第二批面包坯，但由于第一批面包还占着烤箱，第二批面包坯必须再等 1 小时才能烤。第二种流程（价值链）的安排方式是第一批面包坯开始加工 2 小时后再开始加工第二批面包坯，这样

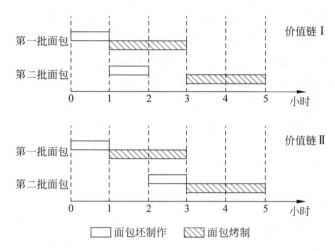

图 6-3 面包房两种面包生产价值链的比较

等第一批面包烤制完成后正好可以衔接上。

一般产品的成本中有直接成本和间接成本,本例中的直接成本只有原材料和人工成本,间接成本有水电费等。图 6-3 中两种不同价值链的价值差异主要反映在人工成本上。

通过上例两个流程(价值链)的比较分析,发现流程(价值链)Ⅰ的成本优于流程(价值链)Ⅱ。流程(价值链)Ⅰ调整为流程(价值链)Ⅱ以后,成本会增加。在本例中,引起流程(价值链)价值变动的活动只有两个,形成成本差异的原因在于不同活动的时间安排。

(3) 明确要优化的流程(价值链)与上下游相关活动及客户需求的约束和影响关系。

再回到上例中来,前述已经分析得出,按照图 6-3 中的第一种方案,面包坯制作的总人工成本是 2 人工时;如果按照第二种方案,就会耗费 3 人工时。显然,第一种方案在成本上优于第二种方案。然而,在第一种流程(价值链)方案中,制作好的面包坯要等 1 小时才能烤制,这样在质量上必然和第一批面包存在差异。因此,是否能够将图 6-3 中流程(价值链)Ⅱ的方案从成本最小化的角度直接优化成流程(价值链)Ⅰ的方案,其前提是必须考虑烤制出的面包在质量和交货期上的诉求。如果为了节约成本导致了烤制出的面包在质量上与下游顾客的预期差异较大,可能并不能得到顾客的认可。这时,就需要认真审视为了降低成本而降低面包质量的这一流程优化的决策了。

可以看出,企业在进行流程(价值链)的优化时,不能只考虑企业内部的流程

(价值链)最优化问题,还必须考虑要优化的流程(价值链)与上下游相关活动及客户需求的约束和影响关系。也就是说,流程优化时只考虑局部问题是不够全面的。

(4)明确衡量活动价值的目标后,对流程(价值链)进行重新组合或改进。

可以看出,企业流程(价值链)优化的过程也就是流程中活动重新梳理和安排的过程。流程优化的核心是通过活动的重新梳理和安排给企业创造价值。但按照一般的理解角度,企业价值的创造最终是由客户买单的,因此如何衡量活动的价值是由客户决定的。然而,当我们仔细思考时,发现并非如此。

对流程中每个活动价值的衡量,其前提是必须首先明确"三大法宝"——"质量、成本和交货期"之间的权衡关系。前述指出,"质量、成本和交货期"之间的权重关系的确定,不是单方面由客户决定的,而是企业在考虑了客户诉求以及企业自己的诉求后通过综合平衡决定的。

我们常说,企业的经营要"以顾客需求为中心""顾客就是上帝",但这并不代表所有的顾客针对任何产品都是希望得到"质量"最好的东西(因为质量的提升往往是要耗费成本的,也可能对交货期产生影响),也并不意味着企业在进行价值的权衡决策时,一定需要将"质量"指标的权重放到最大。"以顾客需求为中心""顾客就是上帝"实际上是以顾客对"价值"的诉求为中心,也就是以顾客对"质量、成本和交货期"的权衡为中心。

本书第 2 章讲到,在管理理念的发展历程中,我们往往以 20 世纪 90 年代作为分界线。90 年代以前是卖方市场,这时企业以"成本为中心"进行经营管理是较为合适的,因此精益管理的思想在当时得到了普遍关注和应用。90 年代以后则逐渐向买方市场转变,企业的经营也必须逐渐由以成本为中心转到以价值衡量为中心的"战略中心"理念上来。例如,某企业要开一个时尚产品的体验店,经过对店面选址成本的测算,发现选择城乡接合部开店的成本较低。但是,如果我们真的将店面开到那里,虽然成本降低了,但又有什么意义呢?显然,体验店的作用是给消费者进行体验,应该开到消费者流量大的地方才有价值,尽管其成本高一些也是非常值得的。因此,在进行价值的三大法宝的衡量中,一定要明确"干什么",而"干什么"显然是由企业的战略目标决定的。

当然,在企业资源和能力能够支撑的前提下,给客户带来价值也就相当于给企业创造了价值。在分析价值链时,需要从客户的角度判断价值链中的哪些环节能够给其带来理想和满意的价值,这些环节往往是客户愿意买单的环节。

综上所述,企业的流程优化应以企业的战略为中心进行考量,进而合理配置

"质量、成本、交货期"之间的权重关系,并以之作为流程优化的衡量基准,以获得最优的资源与能力的配置和利用效果。

企业流程管理中的问题梳理

现行企业流程管理中往往容易出现如下几个方面的问题。

(1) 关注内部流程,忽视外部流程。在现实中,一方面,很多企业只关注自身内部的流程优化问题,却忽视了上下游其他关联企业的流程优化,进而产生了一系列问题。例如,很多企业的产品质量不合格,很大程度上是没有做好对供应链中其他成员的组织、领导和有效控制导致的,2015年的锤子手机事件就是很好的例子。

例如,2021年奔驰、特斯拉等车企在中国召回大量的汽车,并将其原因归结为"由于供应商制造原因""由于供应商的生产偏差"等,但其实是因为与供应商之间缺乏有效的沟通、忽视了对供应商交付的产品进行检测的责任造成的。

另一方面,即便某些企业看到了外部流程与内部流程衔接的重要性,但由于下游的销售环节是能够直接给企业带来利润的,因此与下游环节的流程衔接往往是企业关注的焦点,而与上游供应环节的衔接却很少考虑,这也是导致企业内外部流程衔接不畅的重要原因。

(2) 核心业务流程不明确。企业的流程中有核心业务流程和非核心业务流程之分,某个流程是否属于核心业务流程,往往是由企业的战略决定的。

当我们把企业的战略目标分解到各个层次、各个部门和相关的操作单元之后,就会找到核心业务流程。例如,采购部门要采购很多物资,有的物资采购回来后是用在业务流程中的,有的物资采购回来后是用在管理流程中的,如办公用品等。在用于业务流程的物资中,有的物资对实现企业战略目标非常重要,而有的物资并不十分重要。如果重要的物资采购不到,企业的战略目标就无法实现。显然,这些重要物资的采购流程就是核心业务流程。

因此,并不是所有的业务流程都是核心业务流程,只有对企业战略目标的实现影响非常大的流程才是核心业务流程。在企业经营管理过程中,要把有限的人、财、物等资源向核心业务流程倾斜,首先保证其得到满足。

(3) 存在流程分割和冲突现象。正如本书第1章1.4节中提到的,企业内部各职能部门之间经常产生矛盾冲突,其原因可能是我们把流程割裂了。例如,采购部门考虑的是本部门内部采购流程的合理性,生产部门考虑的是本部门内部生产流程的合理性，销售部门考虑的是本部门内部销售流程的合理性等，企业整体流程的合理性反而被忽略了。

如何解决这一问题？显然应该站在全局角度把握企业的整体业务流程。部门之间的冲突来自它们之间关系的不协调，而关系是由它们之间的流程决定的。因此，要定期或不定期地针对隐藏在各个部门背后的流程进行公开讨论和梳理，解决其中的问题，理顺其中的关系。此外，在整个问题解决过程中，必须由各部门的负责人与一个可以把握全局的人共同协商。

尽管问题的解决思路是明确的，但是在具体落实的时候，还需要考虑合适的方法、场合及如何把握时机的问题。例如，正如第 1 章所述，企业在成长期比成熟期更容易进行部门利益的调整和变革，在面临危机时比没有遇到危机时更容易进行问题的处理等。或许我们会有这样的疑问，危机已经发生了，解决这些冲突还有用吗？答案是肯定的。这里不妨回顾在 2008 年，三鹿奶粉事件发生后，蒙牛、伊利等企业也受到了牵连，尽管它们没有被检测出质量不合格的产品，但是行业的诚信危机对它们也产生了影响。为了消除消费者对产品的不信任感，伊利决定改变其产品的质量考核流程，开放整个生产线，让消费者亲身体验产品的生产过程。这也是食品企业常用的应对质量危机的方法。

例如，2022 年 1 月肯德基与泡泡玛特联合推出联名款的盲盒套餐，引发消费者的疯狂抢购，被中消协点名批评。事件发生当晚，肯德基立即在各个社交平台发布绿色环保主题宣传片，并强调用户购买盲盒时的"一人一次一单"限制等措施，来化解此次危机。

（4）解决流程问题缺乏灵活性。很多企业的流程出现问题后，往往基于明确的规章制度进行处理，这种操作方法虽然简捷但具有两面性。例如，服务员的服务流程是有明确的规章制度约束的，服务员看见顾客以后应该说哪些话、不应该说哪些话等，都有明确的规范标准；但这种程序化处理方法可能会给某些顾客带来不适感，如进入某个餐馆或商店后，服务员特别热情，这是她的职责，但有时候反而让顾客感觉无所适从。比如喜欢安静、需要私密空间的人，可能就不太喜欢这样的服务。任何管理措施都具有两面性，关键是我们如何看待和灵活运用，应针对不同的企业进行合理的应变。

（5）信息化技术运用不普遍。发达国家的管理优势很大程度上体现在信息化的建设与信息技术的运用方面，能否将信息化手段较好地运用到企业流程管理中，是一个重要的战略问题。

例如，原蒙牛副总裁卢文兵进入小肥羊后，进行的第一项改革就是给小肥羊上了信息系统，实现了在包头总部监控全国各个门店当天营业情况的目的。当时由于很多门店经理文化层次不高、知识水平有限，不会使用信息系统，所以他们都抵制这一改革。对此，卢文兵采取强硬措施推行信息化建设：哪个门店不上这套系统就得关门。在强推信息系统后，各个门店很快就看到了它的价值，实现了科学化管理。

再如，武钢集团为了实现集团账务和资金的集中，实现全面预算管理，决定采用浪潮通软的集团财务信息化软件。基于财务信息化，集团可以实现财务数据与业务数据（生产、物流、人力资源等）的一体化，实现局部与整体、财务与业务处理之间的高度协调一致。统一集中的信息系统不仅解决了财务管理难题，也为武钢集团的整体决策提供了信息资源的支持。

当然，企业流程管理中常出现的问题远非上述方面，企业应该站在战略的高度，从全局的角度发掘和分析流程中的问题，并找出有针对性的应对措施和解决方案。例如，运用前文提出的"三链一流""三大法宝"等分析法，对企业的运营系统及流程进行全面的战略诊断与分析，就可以确定核心流程是什么、主要流程是什么、次要流程是什么等。同时，应该区分管理流程和业务流程，合理配置运营系统的资源。实际上，流程的不合理会直接导致不应该交叉的流程交叉到一起，应该关联和衔接的流程又被人为分开，引发对资源的不合理争夺或浪费，所以应把不合理的流程理顺。

进行流程管理还需要以客户为中心进行整体业务流程和管理流程的设计，保证流程制度及作业规范建设与灵活性之间的平衡，而消除流程中人为的活动分割、协调部门冲突更是需要重视的问题。

6.7 业务流程再造（BPR）

流程优化是企业对各项活动进行梳理的常用方法，但流程优化只是对现有流程的改进，其基于的理念和方法也许没有本质上的变化。与流程优化不同的是流程再造，即需要通过新的理念指导，对流程进行本质性的变革。

流程再造的目的或核心内涵是让流程中的各个环节能够给企业带来价值，其前提是要给客户带来价值。因此，要从客户的角度判断流程中哪些环节能够给客户带来价值，这些环节就是客户愿意买单的环节。

戴尔公司在20世纪90年代初就提出了个性化定制服务,采取了直销方式,但随后发现销售量及销售额比不上传统销售渠道。戴尔公司当时有些疑虑,是坚持走直销模式还是回头走传统经销模式呢?在经过权衡之后,戴尔公司决定回到传统经销模式。尽管销售量上去了,但是利润却下降了。因此,戴尔公司又改回直销模式。直销模式是戴尔公司真正吸引客户的因素,客户能够从直销模式中体会到独特的价值,这也说明戴尔供应链的直销模式是真正能够给客户带来价值的。

需要注意的是,企业的流程管理不是只对企业内部的流程进行梳理与优化,而是要面向整个供应链网络里的所有流程。企业所在的供应链网络中的流程错综复杂,如何优化是一个较为复杂的问题,这需要在实际操作中集思广益、不断创新、敢于颠覆过去,对流程的设计要反复检查讨论,不断试验、实践与改进等。新流程设计好之后一定要进行模拟检验,观察流程的绩效并不断改进。此外,鼓励企业在流程管理和分析时多使用流程图工具,这也是业务流程重组(business process reengineering,BPR)或业务流程再造(business process redesign,BPR)中的重要手段。流程图能够清晰地展示各个流程之间的相互关系,便于发现问题、分析问题和解决问题。流程图描述清楚了,就知道每一步活动到底应如何优化。

业务流程再造(重组)(BPR)是美国学者迈克尔·哈默(Michael Hammer)和詹姆斯·钱皮(James Champy)于20世纪90年代提出的。1993年,两人联手编写了《公司重组——企业革命宣言》一书,指出:200年来,人们一直遵循亚当·斯密的劳动分工思想来建立和管理企业,即注重把工作分解为最简单、最基本的步骤。目前应围绕BPR的概念来建立和管理企业,即把工作任务重新组合到首尾一贯的工作流程中去。书中对BPR的定义是:"为了飞跃性地改善成本、质量、服务、速度等现代企业的主要运营基础,必须对工作流程进行根本性的重新思考并彻底改革。"其基本思想就是必须彻底改变传统的工作方式,即彻底改变传统的自工业革命以来按照分工原则把一项完整的工作分成不同部分、由各自相对独立的部门依次进行工作的方式。业务流程重组强调以企业的业务流程为改造对象和核心,以关心客户需求和满意度为目标,对企业现有业务流程进行根本的再思考和彻底的再设计。

业务流程重组的核心思想体现在以下四个方面。

(1)在设计流程时,要对传统思想进行反思。该传统思想即两百多年前亚当·斯密提出的劳动分工理论。传统观点认为,组织的分工越细,效率就越高,这是劳动分工理论的基础。但是后来人们发现,组织的实际绩效表现为:分工过细后,效率反而下降,如图6-4所示。造成该现象的深层原因是什么呢?

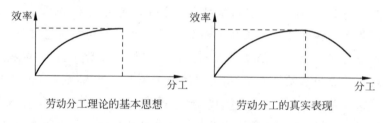

图 6-4 劳动分工理论和存在的问题

组织分工越细,组织成员所做的工作就越简单、越琐碎。工作的简单化、碎片化导致工作的乐趣减少,只剩下枯燥和乏味,时间一长必然导致员工工作积极性和主动性丧失、效率下降。有这样一个经典的例子,某机修工的工作就是整天拧螺丝,晚上回家后他的手仍然保持拧螺丝的状态,变不过来。这说明长时间做同样的工作,尽管提高了熟练程度,但是失去了对工作的新鲜感。现实中,很多流水线作业式的企业都把员工当作机器,但人毕竟不是机器。

此外,组织的分工过细,也会增加组织内部的协调成本(协调成本属于管理成本)。因为对于组织而言,必须使内部各部门联动起来,才能发挥协同效应,实现组织目标,这必然需要组织内部良好的沟通与协调。

在现实的管理中,为了解决分工过细导致的组织效率下降问题,人们提出岗位轮换、岗位丰富化、团队协作等措施让员工从工作中不断寻找乐趣,同时也加强不同部门员工之间的协调和沟通。

有时分工过细也是人为割裂流程的结果。例如,某银行的信用卡业务由两个部门负责,一个是和客户联系的部门,另一个是发卡审核部门。如果客户联系部门通过各种方式努力说服客户来办卡,而审核部门却没有通过,那么客户联系部门做的大量工作就没有产生效果。因此,这种人为地割裂流程的做法并不会使效率提高,反而会浪费时间和加大成本。这两个工作实际上应该在一个部门中完成。

(2)从以职能为中心向以流程为中心转化。以职能为中心是以职能部门的目标实现为出发点,往往忽视部门之间的横向衔接问题,这样很容易导致企业中存在运行不协调的问题。例如,本书第1章提到的各职能部门之间的冲突问题。采购部门如果以采购成本降低为考核目标,其在梳理自身工作流程时,必然需要考虑如何才能更好地降低采购成本的问题;同理,生产部门以产能最大化为考核目标,销售部门以销售量为考核目标,必然要产生部门之间的冲突问题。这是因为,侧重企业内部职能部门的基于财务指标的考核,缺乏对整体流程衔接关系的绩效考察,容易产生部门间的责任推诿。

这时，从以职能为中心向以流程为中心转化的思想可以较好地解决这一问题，也就是需要想办法在绩效考核过程中考虑各部门活动之间的衔接关系。

为了将各部门的业务串联并形成整体，可以在各部门间采取设置"中间客户"的机制。企业中流程存在的最终目的是给客户提供产品。每一个流程都是由若干活动组成的，而每一个活动又都是一个子流程。例如，产品生产流程中的采购、生产、销售等每一个活动又都是一个子流程。要衡量每一个活动的好坏，就要站在活动客户的角度来考察。实际上，在每一个活动的结束点，都要为它的客户提供产品，这个客户被称为中间客户，如图 6-5 所示。

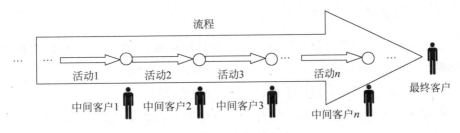

图 6-5　流程的客户和中间客户

引入中间客户的思想之后，企业内部价值链的上下游部门变成了客户关系。这时可以通过中间客户的满意度来衡量上下游其他部门的绩效。在此基础上，可以在原有对部门的财务考核单一指标上增加横向的中间客户满意度指标对各个部门进行综合绩效的考核。中间客户的满意度衡量的基本指标从我们提出的"三大法宝"——价值的三要素（质量、成本、交货期）中进行拓展即可。

例如，企业中的采购部门将提供给生产部门中间产品——采购回来的原材料。那么，作为中间客户的生产部门就可以考察其对采购部门流程的满意度。显然，在流程的满意度指标体系中，考察的重点仍然是围绕"质量、成本和交货期"这三大法宝展开的。在以流程为中心的管理机制下，对部门进行纵向（财务指标）考核的作用多在于激励，对部门进行横向（中间客户满意度）考核机制的作用多在于协调，两种作用相辅相成，不可或缺，只是考核的比例在不同的企业中各有侧重。

(3) 以客户需求为中心设计流程。以客户需求为中心设计流程的主导思想是，要从客户需求满意的角度判断如何进行流程的设计，提高产品和服务满足顾客需要的能力，不断优化能够给客户带来价值增值环节的流程，将资源与能力更多地向这些环节倾斜。

(4) 给予基层员工决策的权力。企业的流程是由基层员工实现的，每一个流程中的每一项活动实际上就是基层员工日常工作的内容。授予员工一些权力后，他们会更积极主动地优化自己负责部分的流程。也就是说,员工是流程的实施者,对于流程优化的好坏,员工最有话语权。因此,授权在业务流程重组中十分重要。

以早期的海底捞经营管理为例,其在管理过程中给予基层服务员打折或免单的权力,充分调动了服务员的工作积极性,并直接体现在顾客对海底捞的服务感知上,顾客愿意为海底捞的服务价值买单。

6.8 利润池与微笑曲线

基于价值链的利润池分析

前述分析的价值链思想主要是针对企业价值链展开讨论的,当我们把视野放大到观察一个行业的时候,会发现行业中不同的业务领域(业务环节)也会给从事该业务的不同企业带来不同的价值,这就是行业价值链。

利润池(profit pools)分析工具是企业战略制定的重要辅助决策方法,与行业价值链紧密相关。运用该工具的目的是研究行业总收入和总利润在行业价值链各环节的分布情况,为企业的战略定位决策提供参考依据。

通过利润池分析可以得出如下重要结论。

(1) 企业所处行业价值链中收入高的环节不等于利润高的环节。回顾本章前述戴尔的例子:戴尔实施直销模式后,发现销售额及收入下降了,因此改回到传统的营销渠道,使自己的销售额提升,但利润却又下降了。这说明产生收入的环节不一定是产生高利润的环节。

图6-6反映了20世纪90年代到21世纪初美国汽车行业的利润池状况。横坐标表示收入的份额,纵坐标表示营业利润率。在整个行业价值链中,纵坐标高的环节是可以给企业带来较高利润率的环节。通过这张利润池图可以方便地看出,在企业所处的行业中,哪些是能够创造高利润率的环节。

在图6-6中,当时带来高利润率的环节是租赁环节,而不是传统的生产和销售环节。这些传统环节的利润率低,但收入却占到整个行业收入的60%以上。租赁环节虽然利润率高,但是其收入占总收入的比重较低。由于包括租赁在内的汽车金融服务业务可以带来高利润率,所以当时美国各大汽车集团纷纷设立汽车金融服务公司,多数公司的相关业务的利润占到整个集团利润的三成以上,甚至超过汽车生产所获得的利润,成为最主要的利润来源。例如,通用汽车金融服务公司在2001年向全球800多万用户提供了汽车信贷服务,净收入达18亿美元。

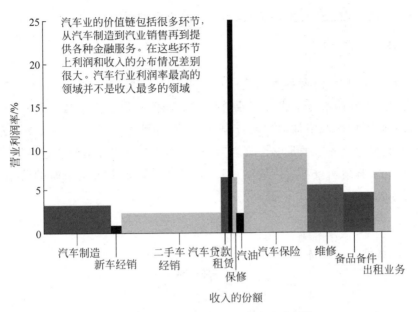

图 6-6　汽车行业价值链的利润池分析①

（2）利润池的状态不是一成不变的，而是经常发生变化。如果我们连续跟踪一个行业，画出不同时期的利润池图，就会清晰地看出行业中各环节利润的变动情况。基于该变动情况，我们可以进行行业发展趋势的预测，为战略决策做铺垫。

从目前的全球化经济运行规律来看，在很多产业中，能够给企业带来高额利润的往往是研发和销售环节，生产制造虽然是收入来源较高的环节，但往往不是高利润的环节。这一结论与后文提到的微笑曲线是一致的。

（3）利润池分析是以行业价值链各环节之间的关系为基础的。因此，通过利润池分析还可以找到行业中不同业务环节之间的内在关系，进而为企业的战略预测和决策提供有力的帮助。比如在图 6-6 中，高利润率的汽车租赁环节必然吸引众多企业进入，从而间接引起二手车销售及维修业务环节利润的增长，这对于二手车经销商而言是个利好。

（4）企业在行业中考虑自己的战略定位时，还可以考虑运用"关卡"来保持自己的核心竞争地位。一般来讲，关卡是壁垒高的环节，但也是能够带来高利润的环节。例如，个人计算机和手机行业中的芯片业务就是典型的关卡，一般企业是很难

---

①　资料来源：GADIESH O，GILBERT J L. Profit Pools：A Fresh Look at Strategy[J]. Harvard Business Review，1998，76(3)：139-147.

进入的。与这一理念接近的还有我们熟知的"微笑曲线"。

微笑曲线

"微笑曲线"是台湾宏碁集团董事长施振荣在1992年为了"再造宏碁"提出的概念：曲线的左右两端分别代表产业链中高附加值的研发创新环节和营销服务环节，中间部分则代表低附加值的装配制造环节，如图6-7所示。施振荣认为，企业在积累了低附加值环节的足够经验之后，只有不断向高附加值环节进取，才能扩大利润空间。宏碁集团秉承这一战略思想，抓住了上游的研发与下游的营销两大环节，使宏碁成为业内最成功的品牌之一。

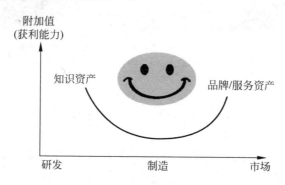

图 6-7　微笑曲线示意

微笑曲线反映出在行业价值链中，利润最丰厚的区域集中在价值链的两端：研发和市场。如果企业缺少研发能力就只能做代理或代工，赚辛苦钱；如果没有市场能力，再好的产品也不见得能给企业带来太多的价值。显然，研发能力的提升最关键的是要有技术作为支撑，而市场能力的提升最关键的是要有品牌作为支撑。但技术与品牌价值的积累都是需要耗费大量的资金和时间的，同时还必须有相应的环境支撑。这两个方面往往容易形成行业价值链中的"关卡"环节。

根据微笑曲线理论，企业应根据全球产业链的发展趋势，结合自身拥有的资源条件，明确战略定位，沿着"微笑曲线"两端加快产业升级和结构调整，构建核心竞争力，实现可持续发展。

6.9　经典动态分析法——平衡计分卡

以价值为核心的价值链分析法重在衡量企业在某个时间点上的资源与能力的配置和利用状况，进而对企业的优势和劣势进行判断，属于静态衡量方法，但缺乏对企业未来发展趋势的判断。而制定战略的目的是让企业在激烈的竞争中更有效地、长效地获取和利用资源,因此需要长远和全面地看待企业资源与能力的配置和利用的问题。为此,在企业的内部环境分析方法中,还可以引入一个动态的分析方法——平衡计分卡,以前瞻性和动态发展的视角衡量企业资源与能力的配置及利用效果在未来可能形成的优势和劣势。

平衡计分卡(balanced score card,BSC)是20世纪90年代初由哈佛商学院的罗伯特·卡普兰(Robert Kaplan)和美国复兴全球战略集团创始人兼总裁戴维·诺顿(David Norton)提出的一种全新的组织绩效管理方法。其作用是进行绩效考核,解决传统财务考核指标的滞后性问题,目的在于找出超越传统以财务度量为主的绩效评价模式,使组织的"策略"能够转变为"行动"。

平衡计分卡一般包括四个方面的评价指标:财务指标、客户价值指标、运营指标(流程指标)以及学习与成长指标。四大指标体系之间的平衡关系由企业的愿景与战略决定,如图6-8所示。

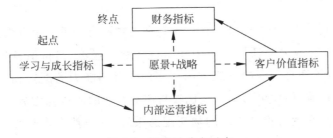

图 6-8　平衡计分卡示意

为什么平衡计分卡要选取上述四个方面的评价指标体系?其原因如下。

(1)企业是由股东投资建立的,股东需要通过企业的经营来获利,这一点体现在财务指标(如利润、投资回报率、投资回收期等)方面。

(2)要想在财务指标方面有良好的表现,企业必须提供能够给客户创造价值的产品,这就是选取客户价值指标的原因。

(3)要提供客户满意的产品,必须通过企业的运营过程来实现。因此,运营方面的指标(如运营效率、流程优化等)是必须考察的重要方面。

(4)企业运营要想持续地做好,员工必须不断地学习和成长,才能不断地改进和优化流程、提高运营效率,从而使企业持续发展。

上述四个方面构成了一个循环,起点是学习与成长方面,终点是财务方面,如图6-8所示。企业只要把其他三个方面都做好了,财务指标上必然会有良好的表现。

简单地讲,平衡计分卡的思想展示了这样一个道理:企业经营是否成功不能仅用一段时间内是否盈利、利润率高低、市场占有率高低等经济指标来衡量。也就是说,仅考虑短期股东价值的创造是没有持续性的,而应全盘考虑企业各方面的运行情况,这样才能实现企业的均衡和长远发展。

在平衡计分卡四个方面一级指标的基础上,企业可以结合自身情况,分解出二级指标、三级指标等。其中,一级指标(四个衡量方面)之间的权重关系由企业的愿景和战略决定,即"平衡"的对象是资源和能力在四个指标间的配置关系。企业之所以要平衡各个方面的权重关系,是因为在一定时期内,企业的资源与能力是有限的,应该在关注的焦点方面有所侧重。例如,员工在接受培训时(关注学习与成长)显然不可能在业务岗位上工作,从而会影响其他方面的表现。

一般来讲,长远考虑时,这四个方面的权重需要由企业的愿景来平衡;短期平衡则需要基于企业的战略目标来考量。

平衡计分卡的作用

从上述分析可知,平衡计分卡在企业管理中主要有如下三个方面的作用。

(1) 用于在企业内部环境分析中找出优劣势。显然,与价值链这一静态分析方法不同,因为平衡计分卡的思想考虑了当前资源与能力的配置和利用效果对未来发展产生的影响,因此可以动态地比较与衡量企业的优势和劣势。例如,京东商城在前些年一直在大力建设自己的物流配送系统,这虽然在当时影响了企业的财务指标,却给京东商城带来了未来发展上的优势。

(2) 平衡计分卡的本来作用是进行企业全面的绩效考核。一般来讲,尽管现实中的企业管理能力和水平不断提高,但现行的企业绩效评价过程仍然存在一些问题,集中表现在如下几个方面。

首先,考核的局部性。缺乏对整体流程的绩效考察导致现行的考核过程更偏重对职能部门绩效的关注,这很容易导致本书提到的职能部门之间的冲突问题。这一问题在本章前述内容中已经进行了分析。

其次,考核的滞后性。很多企业常把财务指标作为绩效考核的唯一标准,导致较多地关注短期利益。财务指标虽然很好地反映了企业盈利(股东收益)能力方面的要求,但侧重于反映企业过去的业绩,对未来的发展关注较少。平衡计分卡的出现,为传统的仅以财务指标为单一衡量标准的绩效考核提供了一个多样化的思考工具,不仅考核了企业的过去与现在,而且能对企业未来的发展进行衡量与考核。

(3) 与绩效考核相对应,在制定战略目标时,可以利用平衡计分卡的思想。战略目标的制定应该从平衡计分卡的四个方面进行统筹考虑，制定全面发展的目标，即包括上述四个方面内容在内的综合性战略目标，而不只是由一个财务方面的目标组成。制定企业的战略目标后，需要根据平衡计分卡的思想，按照企业的层次结构将战略目标从四个方面分解下去，最后分解到企业的运作层面，分解到每一个员工的日常工作层面。其目的是在企业的每个层面上都从四个方面平衡的角度来全面评价每一个部门、每一个员工的工作情况。这是企业需要努力完成的一项伟大的事业。关于平衡计分卡在战略目标制定中的作用，在本书后续章节将有详细论述。

当然，在实际运用平衡计分卡的时候，也不一定必须从四个方面进行考核，根据实际情况设定几个方面都是可以的。平衡计分卡只是一个思路，告诉企业要全面、动态地看待问题，所以应该根据企业管理的实际需求进行变通和灵活运用。

6.10 打造企业的核心能力

核心能力

在企业的能力中，还有一种很特殊的能力——核心能力。核心能力也就是我们常说的核心竞争力。20世纪90年代以后，市场逐渐从卖方市场向买方市场转变，产品需求的差异性日趋明显，企业竞争日益激烈。企业要想在竞争中保持优势地位，必须打造支撑其持续性竞争优势的能力，这就是核心能力。核心能力是保证企业拥有持续性竞争优势的能力。

核心能力具有如下四个方面的典型特征。

（1）有价值的。核心能力是能够给企业带来竞争优势的能力，显然它是能够给企业带来价值的。

（2）独特的。核心能力是某个企业通过一定时间的积累打造出来的，这种特定的能力往往具有唯一性，不被他人拥有。例如，京东商城通过若干年建立起来的供应链网络和物流配送体系，在短时间内，其他电商企业较难拥有。

（3）难以模仿复制的。因为核心能力是某个企业通过一定时间的积累打造出来的，其他企业不可能在短时间内模仿和复制出来。它不像材料、机器设备那样能在市场上购买得到，而是难以转移或交易的。这种难以模仿的能力可以为企业带来超过平均水平的利润。

（4）不可替代的。核心能力是某个企业通过一定时间的积累打造出来的，积累是核心能力形成的标志之一,因此它在为顾客创造价值的过程中具有不可替代的作用,不能轻而易举地用其他能力替代。

核心竞争力

由核心能力支撑起来的、具有竞争优势的能力就是核心竞争力。

可以看出,核心竞争力是一个企业能够长期获得竞争优势的能力,是企业所特有的、能够经得起时间考验的,并且是竞争对手难以模仿的具有竞争优势的能力。

核心竞争力是企业竞争力中那些最基本的能使整个企业保持长期稳定的竞争优势,是企业各个层面有机运行的结晶。当前,知识竞争力日益成为构成企业核心竞争力的基础,核心竞争力将在很大程度上依赖知识和创新,关键还在于人才。

对于企业核心竞争力的判断,往往离不开价值链。在不同的企业中,并不是每个活动都创造价值。实际上只有某些特定的活动才真正创造价值,这些真正创造价值的经营活动就是价值链上重要的"战略环节"。企业要保持竞争优势,实际上就是要在价值链某些特定的战略环节上发挥优势。运用价值链的分析方法来确定核心竞争力,要求企业密切关注组织的资源和能力状态,在价值链的关键环节上持续不断地获得重要的核心竞争力。

案例研讨 6-1

海底捞的价值链管理[1]

海底捞成立于 1994 年,是一家以经营川味火锅为主、融汇各地火锅特色为一体的大型跨省直营餐饮品牌火锅店。

2008 年前后,海底捞火锅开的直营店逐渐增多,新店均选择在城市的繁华地段或商业区,规模都比较大,每家店的面积都在两三千平方米以上。这些店的开张时间虽然不算长,但火爆程度不亚于老店。

尽管发展如此迅猛,但海底捞餐饮集团董事长张勇并没有把发展速度作为工作的主要考核指标。他认为发展是一个水到渠成的事情,是自然而然的,首要的工作是保证海底捞的管理机制。对于餐饮企业而言,能够快速扩张应该是求之不得的,然而张勇却不想赶这样的时髦。他认为要是敞开发展的话可能店面数量还要翻一番,但如果按照这个速度发展,问题可能就来了,因此他仍然在压缩店面数量。

---

[1] 资料来源:央视财经频道《商道》节目,有删改。

目前他所关注的是如何用流程和制度固化一些东西,把海底捞的体系和流程建设得更强大,来保证把海底捞建设成一个知名品牌。

众所周知,现阶段要做大做强一个火锅品牌确实不易,竞争太激烈。火锅是中国人独创的美食方式,历史悠久,品种很多,遍及全国。近十几年来我国餐饮行业连续保持两位数的增长速度,火锅发展更为迅速,如今到处都能看到火锅店。面对如此激烈的竞争,海底捞取得了让人羡慕的业绩,走进任何一家海底捞火锅店都能给人留下生意兴隆的印象,尤其是饭点儿的时候,排队等着用餐的人几乎和正在用餐的人一样多,有的客人为了在这里吃顿饭宁可等两三个小时。

海底捞成功的关键在于发现了顾客满意度是保证其发展的基础。为了保证这个满意度,员工的激情非常重要,所以海底捞做了大量的工作来激励员工。海底捞确定了一个核心的战略思想——双手改变命运。

简单来说,张勇的火锅店发展如此迅速,其密码非常简单,就是做好两件事:一让顾客满意,二让员工满意。海底捞在考核管理层时也主要考核这两个满意度。大多数企业都是考核营业额、利润等经济指标,这些往往被视为生命线,而张勇为什么会有如此独特的经营思想呢?

张勇在1994年下海经商的时候,先在街边摆了一个麻辣烫小摊,不久又开了火锅店。那时张勇根本不会做火锅,生意也很冷清。有一天,张勇好不容易招揽来一桌客人,就极尽热情地去服务,客人也连连夸赞他。然而客人走后张勇一尝火锅却连连叫苦。因为加的中药量太多了,无法入口,完全是苦的。

面对无法下咽的火锅张勇真是无地自容。但在羞愧之余他却悟出了一个做生意的门道,也就是客人基于什么来原谅我们呢?一定是在给他们提供服务的时候态度至少是积极的,这样顾客是可以原谅我们很多瑕疵的。

由此,张勇认定热情的态度、优质的服务是应该牢牢把握的生存之道。他从此想尽一切办法为顾客提供热情周到的服务,如帮来店的顾客擦皮鞋、带小孩、送小礼品……种种独特贴心的做法让他店里的人气骤然增加。一些热心顾客还纷纷指出店里的不足,甚至教他火锅怎么做才更好吃。张勇的火锅店不仅生意越来越好,口味也越来越受欢迎。

由于海底捞经常爆满,来此用餐的顾客往往需要排队等候,可到了这里客人们却不是那么着急,因为服务员会时不时地送上免费的水果、饮料和点心。顾客既可以免费享用擦皮鞋、上网、美甲等服务,也可以选择下棋、打牌等娱乐项目。等到上了饭桌,这里的规矩与别的餐馆也大不一样,火锅菜可以点半份,饮料可以免费续杯,水果是免费上,热情的服务员还会时不时递上免费实用的小礼品,如皮套、眼镜布、糖果等。

不仅服务项目特别，这里的服务员也让人感到特别温暖，态度很真诚，像把海底捞当自己家来招待客人一样。

许多到海底捞的顾客都会发现，这里的员工工作热情非常高，他们会及时出现在顾客面前帮助解决问题。因为客人太多，许多服务员都是奔跑着服务，收拾碗筷速度飞快，还伴着节奏，下火锅面还带着表演，明显比一般餐馆的服务员累得多。看着海底捞的员工如此卖力地干活，很多人都会猜测，是不是这里的收入比较高？其实跟高档酒店相比，这儿的收入不见得高。为什么这里的员工会有如此高的工作热情呢？

在张勇看来，虽然服务是餐饮行业取胜的关键，但服务还是表面的，最核心的是背后的管理。而要激发员工的热情，如果只简单培训员工哪些该做哪些不该做，就太简单了。因此，必须致力于让员工愿意去做。而如何让员工主动为顾客提供热情周到的服务呢？就是要满足他们的需求，给他们创造公平、公正的工作环境。

海底捞的员工90%以上来自农村，家庭比较贫困，大多没上过大学。员工基本上在服务的城市里没有房子，属于民工层面，与社会有些脱节。要激发员工的热情必须让海底捞成为一个发展平台，改变大家的生活状况，也要让大家感到在海底捞有奔头。因此，张勇确定了"双手改变命运"的核心思想。有了这个核心思想就引发了很多制度层面上的建设。下面列举一些具体措施。

海底捞首先从员工的基本生活需求入手，给员工租的房子都是离店面比较近的正式公寓，房间里24小时有热水，并配有计算机、空调等设施。卫生也不用员工操心，配有专职服务人员。员工穿的工装有阿姨给洗，宿舍每天有人打扫，床单、被罩都有阿姨半个月洗一次。这在其他地方是看不到的，有些老板让员工住地下室，有时候还需要自己带被子，可是在海底捞什么都不用带，牙膏、牙刷和毛巾都准备好了。

与此同时，海底捞的员工有多项特殊的福利待遇。在海底捞工作满三年的员工，其子女每年都能领到一笔教育补贴，这笔钱与员工的岗位和职位挂钩，一年少则两三千元，多的能达到一万多元。对于干的比较好的员工，其父母每月还能拿到几百元到上千元的生活补贴。另外，员工们还能享受住房补贴及报销医疗费等福利。

张勇认为，只有满足了员工的需求，才能让员工安心地在企业工作。员工只要把心放在工作上，就会主动去揣摩顾客的需求，就会去想办法。虽然企业投入增加了，但员工的工作热情、主动性、创造性却得到了激发。近几年，海底捞员工辞职、跳槽的现象非常少，许多员工都把海底捞当成休戚与共的家。

对于海底捞的员工来说，还有一个与众不同的地方，就是人人手中掌握着一定的权力。在海底捞，不单经理、店长有财务、人事支配权，就连普通的服务员都有给顾客打折、免单的权力。张勇觉得这样不仅能给员工成就感，而且能及时发现和解决问题，更好地为顾客服务。因为这项特殊的制度，海底捞的每名员工好像都变成了企业的主人和管理者。

在良好的激励机制之下，海底捞的员工自发地想出了很多为顾客做好服务的招数。例如，吃火锅的筷子被加长，有了专门的火锅用具，给就餐的顾客提供手机套、皮套等小礼品，在火锅店设置温馨的儿童乐园，甚至洗手间都摆放了免费的牙膏、牙刷、护肤霜等。

在海底捞，最让员工兴奋的是只要努力就能得到晋升的机会。从农村走出来的袁华强在海底捞曾做过门迎、洗碗工、服务员，靠着勤学苦练，一步步走到了北京分公司总经理的位置上。海底捞的管理层几乎都是从普通的服务员一步步走到管理岗位的。

近几年海底捞在很多城市陆续开店，开一家火一家。看到生意这么火，嗅觉敏锐的资本（如风险投资）纷纷找上门来，希望给海底捞注资，加速发展，同时也分一杯羹，但张勇一概婉言谢绝。

张勇认为，人力、财务、物料、供应等，包括企业文化的传递对于品牌建设是最重要的，其重要性不亚于资金。因此，外界带来的资金，或者是一个咨询意见，或者是一个管理上的经验，都没有办法和海底捞结合。

由于海底捞所开的店全部为直营，在下一步的发展上，张勇感觉到越来越多的挑战。比较担心的问题可能是企业内部的管理，也就是说，流程和制度的执行情况是不是像想象的那样。在张勇看来，如果没有足够的合格员工，没有一整套合格的管理体系，只是拿钱拼店数，是让海底捞品牌消失最快的死法。储备更多拥有海底捞思维的管理者和一线员工是海底捞目前必须面对的一大难题。2010年6月，张勇创办了海底捞大学。

海底捞大学是企业常设的培训机构。以前海底捞常用的培训方式是师父带徒弟的老办法，现在海底捞的员工有一万多，数量增加了好几倍，想保证海底捞的经营方式不走样，就要靠海底捞大学中的培训。张勇希望通过海底捞大学来解决企业面临的一些难题。例如，要在大学里研究海底捞的一些好的做法，再回去用自己的实际行动来证明这些做法对不对，然后再回到课堂上，以公司的名义把这些研究成果变成教材，最后想办法把它传递下去。

张勇认为,海底捞之所以能够快速成长,其道理很简单,就是我们常说的"以顾客为中心,以员工为中心"。因为不管是经营一个企业还是做人做事,要想成功,方法也没有想象的那么多,道理也就是一两句话,但是为什么有些人成功了?其实就是一个坚守。

2012年3月27日,海底捞徽标英文部分更改,海底捞品牌形象统一化、专业化;6月8日,海底捞党支部成立;9月4日,海底捞组建海底捞集团;10月22日,海底捞Hi捞送实现24小时营业,外卖全天服务;11月5日,"留守儿童关爱行动"启动,解决员工的后顾之忧,保证了员工满意率;12月13日,新加坡店开业,这是海底捞海外第一家分店,进一步推广了海底捞的品牌形象。

2018年5月17日,海底捞国际控股在港交所递交上市申请,2017年营收总额为106.37亿元。2018年9月26日,海底捞正式登陆香港资本市场。

2018年10月25日,北京瀛海智能自动化科技有限公司在东京宣布,海底捞与日本松下电器公司联合打造的智能餐厅10月28日在北京开张。截至2019年10月,海底捞市值2千亿港元。

2021年11月12日,海底捞计划以每股20.43港元配售1.15亿股股份,拟筹资23.37亿港元(约合20亿元人民币)。所得款项30%用于提升供应链管理和产品开发能力;30%用于偿还银行贷款融资;40%用于集团营运资金及一般企业用途。11月5日,海底捞公告:决定在2021年12月31日逐步关停300家左右客流量相对较低及经营业绩不如预期的海底捞门店(其中部分门店将暂时休整、择机重开,休整周期最长不超过两年)。公司不会裁员并会于集团内妥善安顿这些门店的员工。

2022年3月1日,海底捞发布管理层人事任命公告,副首席执行官兼首席运营官杨利娟调任首席执行官,董事会主席兼前首席执行官张勇将继续担任董事会主席及执行董事;李瑜出任海底捞中国大陆地区首席运营官,王金平出任港澳台及海外地区首席运营官。

2022年3月23日,海底捞发布2021年全年业绩公告,2021年海底捞实现收入411.1亿元,同比2020年增长43.7%;亏损41.6亿元,其中由于2021年闭店计划处置长期资产的一次性损失、减值损失,以及管理层采取审慎态度计提的减值损失超过36.5亿元。

研讨问题:

(1)海底捞的核心能力是什么?它是如何形成的?容易被模仿和替换吗?

(2)海底捞的价值链管理有什么特点?为什么要这样做?

(3) 如何评价海底捞给基层员工授权的行为？

(4) 海底捞早期接受外界资本进行快速扩张，可能会带来什么样的结果？

(5) 海底捞大学模式的作用与价值是什么？

(6) 海底捞的管理是否符合平衡计分卡思想？体现在什么地方？

案例研讨 6-2

亲橙里购物中心的数字化探索①

坐落在杭州西溪园区的亲橙里购物中心从外观来看与传统购物中心似乎并没有太大不同，走进购物中心内部，感觉就有些不一样了。刚一进门，就能看到电梯口立着一个智能导航设备。整个购物中心一共七层，大部分都是围绕老百姓吃喝玩乐的主题店和体验店，传统商场常见的国际大牌和奢侈品店这里几乎没有。每层楼的店面分布在智能导航设备的屏幕上一目了然，想要去哪家店，只需要扫描二维码，注册会员就可以通过手机实时导航到指定位置，避免了反复询问绕路的麻烦。消费者说，在购物中心找地方有时是一个难点，而亲橙里的商场定位系统提供实时的指引，可以节省时间。

这里给人们的另一个直观感受是互动娱乐设备多，几乎在商场的每个角落都能看到自助抓娃娃机和创意自拍机，很受年轻人和小孩子喜欢。这些机器支付也很方便，刷脸就可以了，机器会通过人脸识别技术自动匹配用户信息，进行后台结算。更加新鲜的是商场内几乎无处不在的智能互动屏幕，其特点是千人千面，不同的人站到前面，后台会通过大数据自动识别用户特征，分析购物偏好，实时推荐不同类型的产品信息。小姑娘站在前面，屏幕推荐的是角色扮演信息，换成记者，屏幕上的内容则变成了进行运动的画面。而看起来普通的广告屏背后也暗藏玄机，当有人靠近的时候，它就会自动变成一个体感游戏机，消费者逛累了可以在这里活动一下筋骨。

来到智能科技体验店里，各种新奇的花样就更多了。在智能家居体验区，通过智能语音设备动动嘴就可以控制全屋的家电。在声音邮局体验区的房间录制一段祝福的话，系统会自动将语音转化成声波图形，并生成一张带有独特声纹的明信片，亲朋好友收到明信片还可以通过扫描二维码的方式将声波纹样还原成语音。全景视觉体验区给人一种时空穿越的感觉，通过投影技术对空间进行布控，这里营

---

① 资料来源：央视财经频道《经济半小时》，有删改。

造出了一个超现实的沉浸式体验空间。

在亲橙里购物中心,科技元素和标签几乎无处不在。位于二楼的大屏幕可以实时显示商场的人流和车流数据,每个区域的客流密度及商场的空气质量信息也都一目了然。这里一是玩儿的多,二是吃的多,包括盒马鲜生在内,各种类型的餐饮区几乎占到整个购物中心的一半。除了吃和玩,这里还有一个重要特色,那就是线上网红店的线下体验店多。在一家主打少女服饰的主题店,一块智能试衣镜格外引人关注,消费者可以通过体感互动的方式为自己选择合适的衣服。通过这套3D体感服装搭配系统,消费者可以实时看到各种款式衣服的上身效果。通过这套虚拟试衣系统,消费者还可以将自己衣服的搭配效果与网红卖家秀进行对比,找到自己最满意的选择。以前消费者在淘宝上看中一些商品,可能不确定它的质量,而在这里,消费者可以摸到它,价格和线上还是同步的,而且线上有优惠的话线下也可以享用。如果消费者不想自己把它拎回家,店里也会提供邮寄服务,从而会给消费者很轻松的购物体验。在这个大屏幕上还有各款衣服的网购评价指标,可以给消费者现场购物更多参考。这里的店面大多是在网上非常有人气的网红店,工作人员介绍,将网红店从线上开到线下是为了依托阿里巴巴消费大数据,实现线上和线下相互引流。与此同时,他们希望通过人脸识别、云货架、虚拟全景试衣系统等创新技术的运用提升现场购物的效率和体验。

事实上,这里正在成为阿里旗下众多电商品牌集体从线上往线下拓展的新零售试验田。在一楼正对大门最显眼的位置,是阿里巴巴全新推出的自营零售品牌淘宝心选。这是一家生活方式集合店,商品大到行李箱、厨具,小到拖鞋、纸巾,涵盖了日常生活的方方面面,整体产品陈列也是围绕家居生活场景进行的,简约的设计风格吸引了不少年轻消费者。吸引消费者的不仅是其风格独特的创意,更让人印象深刻的是店里全程自助的购物体验。消费者无须销售员介绍,自己就可以了解商品的特点和卖点,结算也很清楚,不需要去问很多人。

在这家店里不仅支付环节全程不需要人工参与,商品推荐也可以通过智能设备互动体验来完成。阿里巴巴集团淘宝心选总经理张棣介绍:店里有一些测试型的项目,比如当消费者拿起一个杯子时,屏幕上会立刻播放该商品的小视频,介绍这个商品在什么场合下是怎样进行消费的,包含其价格及功能是什么。这其实承担了传统零售店中销售员的作用,他们把这种人为的推荐变成了利用设备来自助进行准确的,而且有互动感觉的自动推荐。

现场随手拿起一件商品,从款式到材质,从设计到工艺都清清楚楚。与传统的零售渠道只负责卖货不同,这家店里所有商品的研发、设计、制造,阿里巴巴全程都会深度参与。张棣说,他们将自己定位为制造型品牌零售商,从生产端到经营端再到前面零售端,所有的数字全部是打通的,基于客户用户侧的精确的数字分析,然后去调动整个供应链侧,从商品的企划、开发到供应去满足前段的用户需求。

在张棣看来,消费升级包含两个方面,一个是好的产品和价格,另一个是好的服务和体验。阿里巴巴对于新零售的定义和理解是通过互联网和大数据重构人、货、场的关系,这里的阿里新零售项目绝不是在线下开实体店这么简单,而是希望探索一种新的商业模式,将线上和线下打通,将设计、制造和零售打通,为消费者提供真正优质的产品和服务体验。

研讨问题:

(1) 亲橙里购物中心为什么要设置很多互动娱乐设施和体验区?有什么价值?

(2) 从价值链的角度分析制造型品牌零售商与传统零售模式的差异。

(3) 与传统购物中心相比,亲橙里购物中心做了哪些方面的流程优化?

第 7 章

如何进行企业内外部环境综合分析

7.1 为什么要进行综合分析

通过 PEST、波特五力模型等方法对企业外部宏观与微观环境的分析,可以找出未来一段时间内企业面临的外部机会与威胁;通过价值链分析法和平衡计分卡等方法对企业资源和能力进行的内部环境分析,可以有效地找出未来一段时间内企业拥有的内部优势与劣势。然而,只找出机会、威胁、优势和劣势并不能从系统的角度整体把握企业未来的战略方向。因此,我们有必要对企业外部环境中的机会和威胁及内部环境中的优势和劣势进行综合分析,明确其匹配关系,从而为企业制定科学的战略奠定基础。

7.2 经典分析方法——SWOT

优势、劣势、机会、威胁综合匹配分析法,即 SWOT 分析法,是将与研究对象密切相关的各种主要内部优势、劣势及外部的机会和威胁等,通过各种适宜的调查研究方法分析并列举出来,并在 SWOT 分析矩阵中进行排列,进而用系统分析的思想,把各种因素相互匹配起来加以分析,从中得出一系列相应的结论,为研究对象进一步的行动举措做铺垫。运用这种方法,可以对优势、劣势、机会、威胁的关系进行全面、系统、准确的研究,并根据研究结果制定相应的战略、计划及对策等。

在企业的战略分析中,SWOT 分析法是最常用的方法之一。其中,S 是优势、W 是劣势、O 是机会、T 是威胁。根据前文分析可知,战略研究的是一个企业未来"做什么"和"如何做"的问题,企业在明确未来做什么之前,必须清楚哪些事情是"有必要做的"(外部环境中的机会和威胁),哪些事情是"可以做的"(企业内部的优势和劣势)。只有将这二者之间的关系梳理清楚,才能制定合理的战略。

因此，进行 SWOT 分析需要采取如下步骤：

(1) 通过企业外部环境分析，列出机会与威胁；

(2) 通过企业内部环境分析，列出优势与劣势；

(3) 绘制 SWOT 综合分析表（见表 7-1）；

(4) 进行优势、劣势、机会、威胁的综合匹配分析。

企业面临的机会、威胁，自身的优势、劣势是由很多细分项构成的，这些细分项来自企业内外部环境中的各个方面，如外部宏观环境中的政治、经济、社会、技术等。通过对所有方面的机会、威胁、优势、劣势进行匹配分析，即可得出如表 7-1 所示的匹配象限中的各种匹配关系，进而在匹配关系中选出合适的匹配类型，作为战略制定的基础。

表 7-1　SWOT 综合分析表

内部因素		外部因素	
		机　会	威　胁
		$O_1, O_2, O_3 \cdots$	$T_1, T_2, T_3 \cdots$
优　势	$S_1,$ $S_2,$ S_3 $\cdots$	S_1-O_1-O_2 S_2-O_1 S_3-O_1-O_2 $\cdots$	S_1-T_1 S_1-T_2 S_3-T_1-T_2 $\cdots$
劣　势	$W_1,$ $W_2,$ W_3 $\cdots$	W_1-O_1 W_2-O_1-O_2 W_1-W_2-O_3 $\cdots$	W_1-T_1-T_2 W_2-T_1-T_2 W_3-T_3 $\cdots$

7.3　M-SWOT 分析法

通过前文分析可知，企业的外部环境与内部环境都是非常复杂的，外部环境与内部环境中影响企业未来发展的因素有很多方面。价值链思想的提出，为我们全面地把握这些因素提供了必要的基础（这也是本书所阐述的"三链一流"的思想）。

因为企业在不同环节面临的机会、威胁及所拥有的优势和劣势是不同的，因此进行企业的 SWOT 分析时，精确的做法应该是分别针对价值链上的不同环节展开，如针对企业产品生产环节的 SWOT 分析、针对企业营销环节的 SWOT 分析、针对企业研发环节的 SWOT 分析等。

企业的经营管理活动涉及的主体及环节众多，这些生产经营环节并不是孤立存在的,不同生产经营活动之间是紧密相连、密不可分的。为了帮助企业从整体性和系统性的角度对企业面临的优势、劣势、机会和威胁进行分析,我们对传统的 SWOT 分析模型进行改进,构建多维的 M-SWOT 分析框架,即将企业经营中面临的各环节的 SWOT 分析看成 M-SWOT 分析模型的一部分,通过多环节、多维度的 SWOT 分析,形成对企业机会、威胁、优势和劣势的全方位把控和系统性分析,为企业制定战略决策提供更加科学的支撑。M-SWOT 分析模型框架如图 7-1 所示。

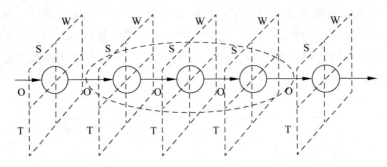

图 7-1　M-SWOT 分析模型框架

7.4　综合分析的战略选择

基于 SWOT 综合分析可以形成四种不同类型的组合:优势-机会(SO)组合、劣势-机会(WO)组合、优势-威胁(ST)组合及劣势-威胁(WT)组合。下面具体分析不同的匹配组合的特点及适用情况,以便帮助企业做出合理的战略选择。

(1) 优势-机会(SO)组合。SO 组合是利用企业内部优势抓住外部机会的一种匹配类型,是一种非常吸引人的情况。当企业具有特定方面的优势,而外部环境又为发挥这种优势提供有利机会时,毫无疑问企业可以采取这一匹配类型。例如,企业产品所处的行业具有良好的市场前景,而企业在产品上又具有独特的吸引消费者的专利技术优势时,企业往往容易获取竞争优势,取得较快发展。这时的企业在公司层面采用发展的战略往往较为适合。

(2) 劣势-机会(WO)组合。WO 组合是企业利用外部机会来改进内部劣势的一种匹配类型。企业的外部存在机会,但企业内部却没有能够利用这些机会的优势,一般来讲,不建议企业采取激进的行动,采用稳定的战略通常较为适合。但如果拥有内部优势的竞争企业均没有意识到机会的到来或者反应比较迟缓,劣势企业反而可以反其道而行,尽快抓住机遇,对自己的内部资源进行重新调整,以便在发展中将劣势转变为未来的优势。

（3）优势-威胁（ST）组合。ST组合是指企业利用自身优势，抵御外部威胁所造成的影响，从而进一步推进发展的一种匹配类型。由于外部机会较少，因此一般情况下不宜激进行事，采取稳定的战略较为稳妥。

（4）劣势-威胁（WT）组合。WT组合是企业面临的最糟糕的、压力巨大的一种匹配类型。这时的企业存在内忧外患，往往面临生存危机，因此一般情况下可以考虑采取收缩的战略。

案例研讨 7-1

小米的新零售模式[①]

小米创始人雷军称："我们对效率有极致要求，那就是让线下的小米之家和线上的小米商城实现同款同价，这就是小米的新零售。"

乍一听到小米新零售要实现线上线下同款同价时，想必大家都是心存顾虑的。在过去，小米之所以能以不可思议的价格提供高颜值、高品质、高性价比的商品，不就是因为它们只在互联网上做直销，所以成本比线下低得多吗？今天要转身做线下，还要和线上同价，这可能吗？换句话说，如果用线下的成本结构可以做到和线上同价，不就说明过去线上的价格还不够低吗？小米能不能在线下商店，以线上的极低价格出售商品，同时还能赚钱？这个问题其实就是，小米到底能不能通过效率手段，提高流量、转化率、客单价、复购率，突破传统线下零售的坪效极限，超越线下每平方米的高昂运营成本。

那么小米的坪效到底做得怎么样呢？雷军很自豪地说，目前小米的（年）坪效已经做到了27万元/平方米，仅次于苹果专卖店的40万元/平方米，是其他手机专卖店的很多倍。在27万元/平方米的坪效下，就算按照8%的毛利率来计算，现存的242家小米之家，其毛利都足以覆盖运营成本。

极致的坪效只是结果，把流量、转化率、客单价、复购率做到极致才是小米新零售战略的精妙之处。

选址对标快时尚+低频变高频

过去的小米之家开在写字楼里面，一般只有粉丝才会去，人少，没流量。现在的小米之家，为了获得自然流量，会选在核心商圈，对标快时尚品牌。

[①] 资料来源：https://www.sohu.com/a/400077152_120153961。

小米公司的总裁林斌解释说，他们发现小米的用户与优衣库、星巴克、无印良品的用户高度重合。把店开在地铁站，人流量虽然很大，但是大家不进店；把店开在重奢的商场，大家购买的心态和频次都很低。所以，小米确定了与优衣库、星巴克、无印良品对标开店的选址策略。

小米之家的负责人张剑慧说，目前小米之家的选址，主要是一二线城市核心商圈的购物中心，优先与知名地产商合作，如万达、华润和中粮等。对于入驻的购物中心，小米还要考察其年收入。小米之家在入驻商圈前会统计客流，计算单位时间内的人流量。

小米已经逐渐形成了自己的选址逻辑，并通过这样的方式获得了基础目标流量。

低频变高频

懂零售的同学会立刻反问：对标快时尚品牌的选址逻辑是什么？快时尚品牌之所以敢选在那么贵的地方开店，是因为它们是高频消费产品。而从电商角度来说，"卖手机"是一个非常低频的行为。客户两年买一回，等于两年去一趟你的店，这样广告成本很高。消费频次这么低，却选在这么贵的地方开店，那不是等着亏本吗？

雷军说，这就是小米新零售的关键打法"低频变高频"起作用的地方。什么是低频变高频？比如58同城这个网站，求职、租房，一年有一次就不错了，都是低频生意，但是把100个低频分类信息加在一起，就变成了高频。

小米也一样。假如所有的品种一年更换一次，就相当于每半个月都有新产品发布，这样可以让低频产品组合成高频产品。因此，在过去的几年中，小米投资了不少生态链企业，如充电宝、手环、耳机、平衡车、电饭煲、自行车等。小米之家现在有20~30个品类，200~300种商品，如果所有品类一年更换一次，就相当于用户每半个月就会进店买一些东西。虽然手机、充电宝、手环等商品是低频消费品，但是将所有低频加在一起，就变成了高频。

林斌表示，自从小米快速扩张小米之家后，有些手机厂商也选择对标小米之家，用快时尚选址的逻辑，甚至就在小米之家对面开店。林斌一开始还有点担心，但后来发现很多用户进那些店逛一圈，什么也没买就出来了。只有几款手机这样的低频消费产品，消费者逛一圈，确实没什么可买的。但是，在小米之家，这次买了手机，过段时间买个手环，下次再买个蓝牙音响，这样一来，就把一年来买一次手机的低频，变成了每半个月来一次的高频；把进店没东西可买的低频流量，变成了进店总能买几样东西的高效流量，从而解决了流量问题。

爆品战略+大数据选品

转化率,就是进店后有多少人真的会买东西。雷军说,小米主要通过爆品战略和大数据选品两种方法来提高小米之家的转化率。

小米一直有个极致单品的逻辑,叫"爆品战略"。虽然看起来有很多产品,但是每一个品类小米都只有几款产品,如箱子就两三款、雨伞只有一款,而其他公司可能会做几百款。这种爆品战略虽然在一定程度上压缩了顾客的选择空间,但是也带来了很多好处。首先,厂家可以在单件产品上倾注更多的心血,因此设计感、品质都有机会做得更好。一件设计感更好的商品,本身就能带来更高的转化率。我们称之为"静销力",静静地放在那里,你就忍不住要买。其次,爆品带来的巨大销量,又必然会带来供应链成本的降低,从而使价格尽可能地便宜。一件品质很好又便宜的商品,当然能带来更高的转化率。

因为爆品战略,这些过去在网上被10%的电商用户享受的优质低价商品,现在摆在90%的线下用户面前。很多进店用户都拿着购物篮装满为止,根本不看价钱。

线下的面积有限,所以卖什么要看什么东西好卖。但什么东西好卖呢?因为已经做了几年电商,小米可以根据之前积累的互联网数据来选品。比如,小米之家可以优先选择上线被验证过的畅销产品,如小米6手机、手环、电饭煲等。如果是新品,则根据口碑和评论来观察,比如看一下前几周显示的评论,不好的不上。此外,根据大数据来安排不同地域小米之家门店的选品,并且统一调度。例如,这款电饭煲在线上卖的时候,河南的买家特别多,那么河南的小米之家在铺货时,电饭煲一定会上。

另外,这里不好卖的东西,可以在那里卖;线下不好卖的东西,可以在线上卖;甚至反过来,线上不好卖的东西,在线下卖。比如平衡车,很多人没有接触过平衡车,光靠在网上看照片,是比较难下决心买的。但是把平衡车放在线下,用户可以摸一摸、试一试,发现这东西挺有趣的,更有可能购买。这就是利用了线下的体验性优势,真正实现了线上和线下打通。通过大数据精准选品,卖畅销品、卖当地最好卖的货,大大提高了用户的转化率。

提高连带率+增加体验感

提高客单价,就是如何让用户单次购买更多的东西。雷军说,这要靠提高连带率和增加体验感。连带率,就是买了一样东西,顺便多买几样其他的。

顾客进店一看,虽然有几百种商品,但都是白色、圆角,风格极其一致,颜值非常高,感觉它们就是一家工厂生产的。

你买一个小米监控摄像头,感觉很好;再买一个小米路由器,监控数据可以30天循环保存在路由器的硬盘上;再买台小米电视,打开家里的电视,就可以监控办公室的情况;如果你还有小米手机,旅游中拍的照片,家人在小米电视上就能实时看到等。这些产品之间技术上的关联性、协同性,甚至仅仅是外观上的一致性,都会提高连带率,让用户忍不住多买。

很多人以前听过小米,但并没真的见过小米的产品,更不知道小米产品有这么丰富。现在这些产品都放在面前,可以好好体验一番。

小米之家非常强调体验性,优良的动线设计,可以慢慢体验,在店里打王者荣耀也没有关系。因为很多手机商店只能卖低频消费手机,所以必须强行推销。但是小米通过"低频变高频",无须推销,甚至规定店员不经允许不能去打扰客户。为什么?因为这样用户才能充分感受产品、感叹价格。

同一款手机,在线上中低配版卖得更多,而线下则高配版卖得更多。为什么?因为在线上缺乏体验性,用户只能比较参数;但在线下,顾客可以体验外观、手感、性能的差异,买高配的人变多,进一步提高了客单价。

小米之家甚至设置了"电视大师"和"笔记本电脑大师"这样的工作人员,专门回答用户体验后的问题。电视、笔记本电脑这些高单价产品,在线上购买时难下决心,而因为用户体验,在线下卖得更好。

小米也在研究如何进一步提升小米之家的品牌形象和用户体验,不排除在未来会推出全新形态的小米之家旗舰店。

强化品牌认知

怎样才能让买过的用户一买再买,买得越多越来买?这就是复购率研究的问题。提升复购率,挖掘客户终身价值,是小米之家背负的重要使命。

小米发现,线下更广大的这部分用户与线上的小米用户重叠度很低。因此,小米之家的一个重任,就是让更多过去不知道、不了解小米的消费者认识小米,在他们心中植入小米的品牌。一旦买过、用过、喜欢上之后,这些用户未来购买电子产品或者智能家居产品时,就可能首先想到小米。

林斌举了一个例子。有一次他在一家小米之家站点时,来了几位老太太。他们发现小米的东西真好真便宜,买完就走了。不久,拉来几位老太太,又拉来几位老太太,就这样一位拉一位。这些老太太以前可能并不知道小米,因为让她们在网上购物太难了。但有了小米之家,现在这部分用户也开始认识小米产品,甚至喜欢小米产品。

从这个角度看,小米之家线下店的一部分成本,在财务上甚至可以记入小米品牌的建设费用。如果把提高品牌认知当成收益,把费用补贴给小米之家的话,其利润会更高。

打通全渠道

小米把零售全渠道从上到下分为三层,分别是米家有品、小米商城和小米之家。其中米家有品和小米商城是线上电商,拥有更多的商品。米家有品有20 000种商品,是众筹和筛选爆品的平台;小米商城有2 000种商品,主要是小米自身和小米生态链的产品;线下的小米之家有200种商品。在这个梯度的全渠道中,小米之家还有一个重要的工作,就是从线下往线上引流,向用户介绍更广泛的小米系列产品。

顾客在小米之家购买商品时,店员会引导他在手机上安装小米商城App,如果顾客喜欢小米的产品,下次购买就可以通过手机完成。第二次在小米商城购买,可以在更全的品类中选择,而且没有线下的租金成本。

通过打通线上线下,爆品在店内立刻就能拿到,用户享受了体验性和即得性;如果是店内没有的商品,用户可以扫码,在网上购买。每个到店一次的用户,就会成为小米的会员,有机会成为小米真正的粉丝,这将产生惊人的复购率。

研讨问题:

(1) 运用SWOT分析法对小米之家的机会、威胁、优势和劣势进行综合分析。

(2) 探讨"新零售"的大潮会对传统家电行业的变革产生哪些方面的影响。

第4篇

如何做好战略制定
——未雨绸缪、运筹帷幄

第 8 章

如何制定战略目标

8.1　如何把握和制定企业的战略目标

战略目标是企业制定战略的第一步,有了战略目标,企业就会知道未来一段时间应该"做什么"。与企业的长远发展目标(企业的愿景)相比,战略目标一般较短。目标在时间上可以以天、月、季等为单位,也可以以年为单位,如未来一个季度的战略目标、未来5年的战略目标等。

显然,从时间的角度划分,战略目标也分为长期目标、中长期目标、中期目标、中短期目标、短期目标、暂时目标等。同样的目标,不同的企业在划分时的时间限度是不同的。有的企业认为10年的目标是长期目标,有的企业则只把它认定为短期目标,这些都是合理的。

需要注意的是企业的长远发展目标与长期目标的区别。企业的长远发展目标,即企业的愿景,属于企业文化范畴中的重要组成部分,用以激励企业的利益相关者。它在很大程度上融入了一些道德、理想、情怀的因素。长期目标则属于企业的战略目标,是针对未来相对较长一段时间所需完成的任务而制定的目标,通常是具有客观性、精准性、实操性和可执行性的目标。

基于企业战略目标的特殊性及其在企业战略管理中的重要作用,我们需要探讨在制定企业战略目标时应该把握的一些要点问题。一般来讲,在制定战略目标时,需要注意三个方面的问题:一是尽量使用定量化的目标;二是要考虑战略目标的层次性;三是可以考虑将平衡计分卡的思想引入战略目标的制定(这是与第6章介绍的平衡计分卡的第三个作用相对应的)。

8.2　战略目标的定量化

战略目标决定的是企业未来一段时间要"做什么"的问题,所以必须明确指出企业要达到的任务目的,以便指导企业去完成拟定的任务。因此,战略目标最好是量化的、能够衡量的。

例如,某企业制定的战略目标是:未来5年实现净利润总额5 000万元。这一目标远比"未来5年利润总额有大幅提升"更加明确。在这样的量化目标引导下,企业也可以方便地拟定实现目标的阶段和时间进程,如每年实现净利润1 000万元,5年正好是5 000万元。

但是定量的目标在制定时也需要考虑目标的可行性和现实性。定量化数据的来源需要有根据。一般来讲,定量的目标是通过对企业内、外部环境的全面、系统、精准的分析,采用有效、合理的预测手段和方法,综合考虑各种因素的影响后拟定的。如果目标定的太大,不仅到时无法完成,而且会给企业的员工造成一定的心理压力,对企业的长远发展不利。

因此,拟定一个合理、灵活、通过员工努力之后可以实现的量化的战略目标,是企业战略制定中极具挑战性的事情,但其意义重大。

8.3　企业战略的层次划分

战略目标从制定到具体实施都要划分层次,不同层次的战略所要解决的核心问题不同。一般来讲,从内涵上看,任何企业都可以划分为三个层次,即公司层(corporate level)、业务层(business level)和职能层(functional level),如图8-1所示。站在企业的不同层次考虑战略问题,其关注点不同。因此,也可以将企业的战略划分为三个基本层次的战略,即公司层战略(corporate strategy)、业务层战略(business strategy)和职能层战略(functional strategy)。

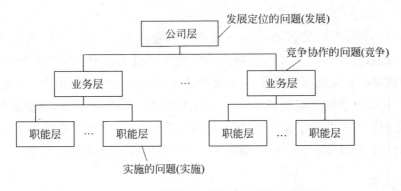

图8-1　企业不同层面对"战略"关注点的差异

公司层战略

公司层战略考虑的是整个企业未来的发展和定位,如果用一个关键词来概括,就是"发展"。公司层战略是企业最高层次的战略。

公司层战略要研究企业未来一段时间应该发展还是稳定,应该选择哪些业务来发展,对于这些业务的发展,如何从整个企业的角度给它配置资源,是否应该从公司外部获取资源等一系列公司顶层设计的问题。

例如,某公司当前在国内市场经营 A 业务,未来是否应该在国内市场拓展经营 B 业务?是否应该将 A 业务拓展到海外市场?如果应该,应该拓展到哪个国家?是通过兼并收购其他国家的企业已经有的业务来拓展,还是自己在国外重新建厂,开拓销售渠道?如果未来国内市场环境不好,国内的 A 业务是否应该砍掉,只经营海外的 B 业务?……这些都属于公司层战略探讨和决定的范畴。

业务层战略

无论公司未来一段时间要发展、稳定还是紧缩,必须靠它的业务层来实现。因为企业的经济本质是通过把产品提供出来给客户以盈利,这也就是它的业务。企业的任何业务开展都会涉及与其他企业的业务竞争及合作的问题。因此,如果用一个关键词来概括业务层战略的特点,就是"竞争"。

业务层战略要研究企业在未来一段时间内,每个业务应该如何发展、稳定和紧缩的问题,每个业务应该如何竞争,可以选择的竞争手段有哪些,对于不同的竞争业务选择哪些竞争手段最适合,如何进行持续性竞争等一系列可落地执行的具体方略。

例如,某公司当前有 A 和 B 两个业务。A 业务处于成熟阶段,竞争激烈。A 业务应该选取差异化竞争手段还是低成本竞争手段来竞争?B 业务处于起步阶段,竞争相对不太激烈,但是客户对产品的认可需要一段时间的积累。B 业务应该选取差异化竞争手段还是低成本竞争手段来竞争?对于 A 业务,在成熟市场中,很多企业的竞争思路基本相同或相似,因而竞争非常激烈,能否开拓一个集中的有差别的市场进行竞争?……这些都属于业务层战略探讨和决定的范畴。

职能层战略

无论企业开展什么业务,都需要相关的资源与能力去支撑才能实现和落地。这种资源与能力的聚集就是职能。可以说,职能是一系列活动的集合,而活动又是由资源和能力搭配到一起形成的。一般来讲,职能中的活动其专业性比较相似。例如,一个财务职能需要若干财务活动的聚集才能完成,一个人力资源管理职能也需要相关的人力资源管理活动才能完成。

为什么企业必须有职能?其根源在于管理活动必须依靠分工才能更好地完成。因此,必须通过划分职能的方式来实现分工。在划分职能时,采取的往往是把相关的活动聚集到一起形成一个职能,以便更好地培养职能相关人员的专业化技能,帮助其提高专业水平。

职能层战略主要涉及企业内各职能(如研发、采购、生产、营销、财务、人力等)中的资源与能力如何配置和利用,以便更好地实现企业业务层战略的落地问题。换句话说,业务层战略要想实现竞争的目的,离不开职能层的资源配置和利用,因为只有通过职能层的资源配置和利用的过程,才能形成企业中的业务活动。因此,职能层战略实际上考虑的是战略实施的具体计划问题。

需要特别说明的是,尽管企业的战略一般划分为公司层战略、业务层战略和职能层战略三个层面,但从企业战略管理的角度讲,"战略制定"的内容中强调的更多是公司层战略和业务层战略的制定问题,而职能层战略的作用决定了其应该在战略实施的阶段进行考虑,如本书第3章的战略系统框架图所示。其原因将在本章8.6~8.8节予以探讨。

8.4 企业扁平化后是否还存在战略层次

随着环境的变化,特别是在数字经济环境下,越来越多的企业关注如何对自己的组织架构进行扁平化处理的问题。平台型组织是扁平化组织的极端形式,其扁平程度较高。很多企业崇尚并身体力行的"阿米巴"经营模式,本质上需要在企业的平台上运行,也属于平台型组织架构的特殊形式。

无论企业的组织架构是传统的等级较多的科层制,还是当前企业崇尚的扁平模式或平台模式,企业的几个基本层次总是存在的。一个企业如果只有公司层而没有业务层,那么在工商局是无法注册的,因为它没有主营业务。同样,一个公司如果有公司层、业务层,但没有职能层,也是无法生存的,因为它的业务没有办法开展,企业也就无法经营。

因此,企业的公司层、业务层和职能层是必须存在的。这并不是说这三个层面一定要反映到企业的组织架构和权力配置中,而是从企业经营的本质和内涵来看,这三个层面是缺一不可的。

阿米巴经营管理模式是以各个阿米巴的领导为核心,让其自行制订各自的计划,并依靠全体成员的智慧和努力来完成目标。通过这一做法,让第一线的每一位员工都能成为主角,主动参与经营,进而实现"全员参与经营"。

1959年,稻盛和夫在几位朋友的帮助下成立了京瓷公司,之后又在1984年成立了KDDI公司。这两家公司一直保持了高收益,取得了持续发展,其原因就在于采取了基于牢固的经营哲学和精细的部门独立核算管理的,被称为"阿米巴经营"的经营手法。

"阿米巴"(Amoeba)在拉丁语中是单个原生体的意思,其虫体柔软,可以向各个方向伸出伪足,使形体变化不定,故而得名"变形虫"。变形虫最大的特性是能够随外界环境的变化而变化,不断地进行自我调整来适应所面临的生存环境。这种生物由于具备极强的适应能力,在地球上存活了几十亿年,是地球上最古老、最具生命力和延续性的生物体。

在阿米巴经营模式下,企业组织也可以随着外部环境变化而不断"变形",调整到最佳状态,也就是能适应市场变化的灵活组织。

京瓷公司经历了4次全球性的经济危机都屹立不倒,并且得到了持续发展。20世纪90年代末期,亚洲金融风暴过后,日本很多大公司都出现了问题,原本名不见经传的京瓷公司成为东京证券交易所市值最高的公司。研究发现,京瓷公司的经营方式与"阿米巴虫"的群体行为方式非常类似,于是将之命名为"阿米巴经营"。

该经营模式的特点在于:公司经营的原理和原则是"追求销售额最大化和经费最小化"。为了在全公司实践这一原则,就要把组织划分成小的单元,采取能够及时应对市场变化的部门核算管理。

经营权下放之后,各个小单元的领导会树立"自己也是一名经营者"的意识,进而萌生出作为经营者的责任感,尽可能地努力提升业绩。这样一来,大家就会从作为员工的"被动"立场转变为作为领导的"主动"立场。这种立场的转变正是树立经营者意识的开端,于是这些领导中开始不断涌现出与稻盛和夫共同承担经营责任的经营伙伴。

如果每一个员工都能在各自的工作岗位上为自己的阿米巴甚至为公司整体做出贡献,如果阿米巴领导及其成员自己制定目标并为实现这一目标而感受到工作的意义,那么全体员工就能够在工作中找到乐趣和价值,并努力工作。我们要激励全体员工为了公司的发展而齐心协力地参与经营,在工作中感受人生的意义和成功的喜悦,实现"全员参与的经营"。

阿米巴经营最根本的目的是培养人才，培养与企业家理念一致的经营人才。[①]

8.5 战略目标的层次与分解

明确了企业三个基本层次的关系之后，在制定战略目标时，也应该按照企业的不同层次进行考虑。不同层次的战略要解决的核心问题是不同的，因此不同层次的战略目标也是有差异的，这就需要按照不同的层次对企业的战略目标进行设计、制定和分解。

在分解目标时应遵循一个基本原则：职能层的目标一定要能够保证业务层的目标实现；业务层的目标也一定要能够保证公司层的目标实现。

本章 8.6 小节将结合例子对这一基本原则加以阐述。

在制定各层次的战略目标时，企业应尽量采用定量的目标进行设计。量化的目标不仅可以明晰各层次未来需要完成的任务，而且便于管理人员对各层次任务的完成情况进行比对，做到对管理过程心中有数。

8.6 如何将平衡计分卡思想引入战略目标

正如本书 6.8 节指出的平衡计分卡在企业管理过程中的第三个作用，在制定战略目标时，可以利用平衡计分卡的思想。战略目标的制定应该从平衡计分卡的四个方面进行统筹考虑，制定包括平衡计分卡四个方面内容在内的综合性战略目标，而不是只有一个财务方面的目标。

制定了企业的公司层战略目标之后，需要根据平衡计分卡的思想，按照企业的层次结构将战略目标从四个方面分解下去，最后分解到企业的运作层面，甚至分解到每一个员工的日常工作层面。

这样，企业的每个层面上的人员都能从多个方面平衡的角度考虑任务的完成情况，并适时进行调整，以保证企业整体均衡的、可持续的发展。这是企业需要努力完成的一项伟大的事业。

下面以某多元化企业 A 为例，分析如何将平衡计分卡思想引入战略目标制定，如图 8-2 所示。

---

① 资料来源：百度百科——"阿米巴"，略有调整。

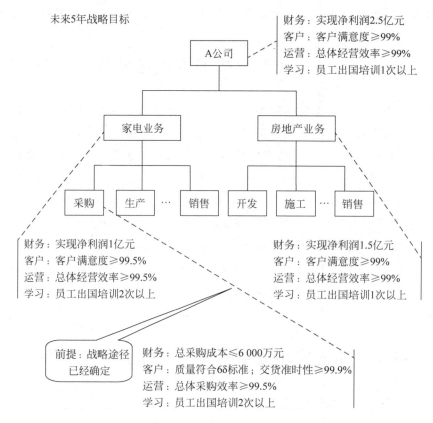

图 8-2　平衡计分卡思想引入战略目标制定的例子

图 8-2 给出了公司层、业务层及职能层战略目标的示意。

以未来 5 年的战略目标制定为例，公司层按照平衡计分卡的思想拟定了四个方面的目标。业务层中的两个业务（家电业务和房地产业务）也分别拟定了四个方面的目标。显然，从财务指标来看，两个业务的目标总和应该大于等于公司层的财务目标。其他三个目标均应该大于等于公司层的对应目标。

8.7　职能层战略目标制定的前提

这里需要注意的是，在制定职能层战略目标时有一个基本前提，就是一定要先明确业务层的具体战略途径。

例如，在如图 8-2 所示的例子中，职能层的采购部门在战略目标制定中将财务指标拟定为：未来 5 年的总采购成本≤6 000 万元；客户价值指标拟定为：质量符合

6δ标准、交货准时性≥99.9%。那么,这样的目标到底是怎么确定的呢?采购部门为什么不去采购质量更好、交货期更为精准的零部件呢?

比如,根据该产品零部件供应情况的测算,未来5年中可能将有如下两种零部件的采购方案:第一种情况是,该产品的零部件总采购成本≤6 000万元、零部件质量符合6δ标准、交货准时性≥99.9%;第二种情况是该产品的零部件总采购成本≥6 500万元,零部件质量明显优于6δ标准、交货准时性≥99.99%。很明显,按照第一种采购方案生产出的产品成本低,质量和交货期尚可;而按照第二种采购方案生产出的产品成本高,但质量和交货期明显优于第一种方案。在这种情况下,采购部门应该如何抉择呢?

显然,唯一的判断标准就是要先明确该家电产品在未来5年的市场竞争中到底是要依靠价格来吸引客户,还是要依靠质量和交货期来吸引客户。依靠价格来吸引客户,也就是我们在第10章中将要探讨的业务层战略途径中的"低成本战略",依靠质量和交货期吸引客户也就是业务层战略途径中的"差异化战略"。可见,如果业务层的战略途径不确定,该业务之下职能层的战略目标和途径也就无法确定。因此,该公司家电业务的采购部门制定上述采购目标的前提是,该业务层的战略途径已经制定了"低成本战略"的竞争方略。也就是只要未来5年中能够采购到质量符合6δ标准、交货准时性≥99.9%,同时总成本≤6 000万元的零部件,就能够保证生产出的产品卖给消费者后可以获得1亿元的净利润。

因此,确定业务层的战略途径是确定职能层战略目标和途径的前提。本质上,业务层战略途径一旦确定,也就确定了最终产品的战略定位,即确定了最终产品在"质量、成本、交货期"之间的权衡和匹配关系。这样才能有效地过渡到职能层战略的制定过程。

8.8 企业战略制定的边界

从本书第4章的战略框架来看,在战略制定部分要确定两个内容:战略目标(包括公司层战略目标和业务层战略目标)和战略途径(包括公司层战略途径和业务层战略途径)。通过上述分析可以看出,职能层战略目标的制定是在业务层战略途径制定之后。显然,职能层战略目标的制定内容应该在图4-1中第三列"战略实施"的内容中探讨才符合逻辑。

在给企业进行战略规划方案的咨询和设计时,战略制定环节的重点是公司层战略和业务层战略,一般并不把职能层战略纳入战略制定之中考虑,而是放到战略

实施过程中探讨。

正如本书第 4 章中所述,企业战略管理重点考虑的是战略分析和战略制定的内容,而战略实施的内容是其他管理类课程都会涉及的。本质上,职能层战略探讨和研究的问题也就是其他课程(如研发、设计、采购、生产、营销、财务、人力等)探讨和研究的问题。

有了这一思想,我们也能保证未来再给企业进行战略管理方案的规划和设计时,清晰研究内容的边界,而不是将企业全方位管理活动全部放到企业战略管理中进行研讨,从而更有针对性。

案例研讨 8-1

汾酒集团的战略目标[①]

"今天是我履职汾酒集团的第十天,如何带领汾酒干部职工继往开来,继续奋斗,推动汾酒全方位高质量发展,是我履新以来一直思考的问题。"汾酒党委书记、董事长袁清茂在 2021 年汾酒全球经销商大会上说。

2021 年 12 月 26 日,"践行'三新'要求,全方位推动汾酒高质量发展"2021 年汾酒全球经销商大会在山西省杏花村召开。新阶段、新理念、新格局,正是袁清茂带给汾酒的新目标与新任务,也是此次大会传递的重要信号。

"三新"下的汾酒

此次大会之所以关注"三新",有其特殊背景。

2021 年 10 月 25 日,在山西省第十二次党代会上,山西省委书记林武提出,把握新发展阶段、贯彻新发展理念、构建新发展格局、推动高质量发展,是国家审时度势做出的重大决策。

"三新"明确了高质量发展的条件和原则,高质量发展指出了"三新"的目标和方向。"这是山西谋划未来发展的大前提、大逻辑、大背景。"

而如何用新理念探索新模式、以新作为踏出新道路,也是摆在汾酒面前的新挑战。

袁清茂认为,汾酒要继续当好改革的领头羊、发展的排头兵,全面深化改革提质增效,为山西转型发展创新做出应有的贡献,"这既是省委省政府对汾酒的殷殷之托,也是汾酒走向奋进的必由之路。汾酒必须紧跟发展大势,科学应变,主动求

---

① 资料来源:https://baijiahao.baidu.com/s?id=1720275867217022768&wfr=spider&for=pc.

变,深入推进重要领域和关键环节的改革"。

总体来看,当前白酒行业依旧保持着健康发展的势头,名优酒企快速增长,集中度加速提升。一方面,市场竞争正在加剧,逐步建立良性竞争机制;另一方面,过剩产能不断淘汰,资源配置逐步优化,市场供需关系和消费需求已经发生变化。

"酒业正在从高速增长逐渐转向高质量增长,"袁清茂表示,未来三年,将是汾酒的重大战略发展期,"2022年至关重要,我们要乘胜追击,乘势而上,向更优结构、更好效应、更高质量迈进。"

而除了"新阶段、新理念、新格局"的三新要求之外,这次全球经销商大会还在诸多细节体现出"新"。

比如,会议将主会场设在厂内,体现汾酒的回归和再出发。"1个主会场+10个分会场"的形式进行联动,既适应当前疫情防控的客观需要,也是汾酒信息化建设中线上线下协同能力的一次成果展示。

主会场与江苏、河南、广东、重庆、天津、内蒙古、辽宁及山西等10个分会场同时连线,也让身处市场各地的经销商们与汾酒实现了市场共振和信息同步。

三分天下有其一

"十四五"时期,汾酒的目标是跻身白酒第一阵营,实现"三分天下有其一"的战略目标。

从营收数据来看,汾酒前三季度实现营收172.57亿元,同比增长66.24%,据此推算,汾酒有望在2022年跻身"200亿阵营"。对汾酒来说,这是一个新的节点,而对行业来说,则是头部企业格局变化的转折点。

有机构观点认为,"十四五"期间清香型白酒的市场规模或将突破1 300亿元、200万千升,行业占比由15%上升至20%以上,"浓、清、酱"三分天下的品类格局将进一步得到巩固。

汾酒总经理谭忠豹表示,汾酒要实现更高层次的产业系统设计,以科技迈向智能,推进成就数字化转型,牢固把握产品质量的主动权。

作为当前市场主流香型之一,清香在"领头羊"汾酒的高速带动下,呈现集体上升的良好势头,整个大清香系列品牌都有了更进一步的市场发展空间。

汾酒副总经理、汾酒销售公司总经理李俊在大会上介绍了汾酒5年以来的营销改革情况。他表示,汾酒在营销组织开展变革后,已经形成了"31+10"的区域组织管理模式,大力实施"组阁聘任制",引入市场化招聘的模式,确立干部能上能下、能进能出的导向,组建了5 000人以上的营销队伍。

汾酒亿元以上的市场从2017年的8个增加到2021年的28个,经销商数量从不到1 000家增长到2 944家,终端控制数量从不足万家增长到100万家,长江以南市场的平均增幅均超过了60%。

李俊也表示,汾酒已经锁定了一个核心战略目标,即"三分天下有其一"。为此销售部门已经开始筹备营销体系化攻坚战、产品结构性调整攻坚战、品牌价值提升攻坚战的"三大战役",开始扩军备战。

这场于岁末年初举行的全球经销商大会,则是汾酒三大战役打响的号角,参与其中的2 944家经销商,便是汾酒的主力部队。

汾酒,复兴有我

北京中恒实信贸易公司是汾酒在北京的主要经销商之一。2021年,作为公司董事长的许鸣,有了一个新的荣誉称号:汾酒15位"中国酒魂奖"获得者之一。

许鸣的主要经销渠道是大型商超和电商渠道。为了推广汾酒,他在北京海淀区、西城区的500余个大中型烟酒店进行玻汾产品的陈列和品牌推广工作。直播短视频的快速发展也给他带来了新机会。"我们在直播间通过汾酒的知识问答、文化传播等手段,让粉丝从开始的10多万增加到了200多万,双十一当天的销售额突破了3 700万元,创造了历史的新高度。"

山西顺意祥商贸有限公司董事长刘丽萍是在2014年开始接触汾酒的,而就在进入汾酒体系的第一年,公司就已超额完成其年度配额,此后三年时间更是以翻倍的速度前进。在她看来,正因为市场区域有限,所以更要把渠道做精、市场做透,将大店、小店都抓在手上,从而真正地拥有强大的渠道掌控力。"今年中秋节期间,我用了8天时间,每天走访60多家店,带着中秋礼品一家家拜访。"

旗下有700多家连锁店的泰安市泰山名饮有限公司总经理孟庆广也是"中国酒魂奖"的获得者。他与汾酒合作已经快20年了。在他看来,随着汾酒迈过200亿门槛,将会打开一个新的市场空间,"汾酒会成为稀缺资源,经销商更要珍惜与汾酒的合作,厂商之间步调一致。"

"中国酒魂奖"获得者湖北人人大经贸有限公司董事长宋宁则表示,要在武汉市场深度布局汾酒,"抓青花、强腰部、稳玻汾",维护汾酒价格体系。

据他介绍,截至12月,公司已布局玻汾网点6 000余家,签约其他核心客户320余家,锁定团购客户100余家。即便是在次高端品牌竞争加剧的影响下,2021年依然实现了汾酒系列产品销售接近1亿元。

山东的新星集团也提出要把汾酒作为战略品牌来打造,并成立了专门的运营团队分别运作青花汾酒和玻汾两款产品。大同市南郊区融通贸易有限责任公司总经理刘宝在引入青花汾酒复兴版之后,和团队一起提炼出了"醒酒快、老酒多、入口绵"的核心卖点,并将其传递给更多的消费者。

除了"中国酒魂奖"之外,汾酒还特别设立了品牌传播奖、文化传播奖、市场拓展奖、最佳体验奖、突出贡献奖和平凡之光奖等来奖励经销商,肯定他们在汾酒"复兴之路"的合作与付出。

正如袁清茂所说,在这个新的历史起点上,更需要经销商和汾酒在新发展大局中携手共进。他同时提出了四点希望——抢抓构建新发展格局的战略机遇,共同践行以消费者为中心的理念,坚定地扛起汾酒品牌文化传播大旗,全面加强终端建设,提升渠道掌控。

"汾酒是我们共同干事创业的平台,我们将继续秉持合作分享、共赢的理念,进一步深化厂商合作,为经销商伙伴提供更加优质高效的服务,强力推动厂商团队共建设、同增长。"

"新"汾酒,再出发

"汾酒的复兴是几代汾酒人持续不断的追求。"袁清茂说。

2020年,青花汾酒30·复兴版的正式上市,是汾酒深厚文化底蕴的又一次释放,意味着其正进入"加速"模式,开启汾酒全面复兴的新征程。

一年多后,汾酒已经找到了清晰的发展路径和明确的前进方向,在袁清茂看来,就是四个专注与四个坚持。

专注市场结构优化,用好汾酒优势市场对周边市场的辐射带动作用,从中心市场突破,以点带面,形成星火燎原之势,解决好汾酒市场发展不充分和结构不平衡的问题。

专注产品结构优化,持续在青花产品系列上发力,持续释放青花汾酒的头部效应,持续强化塑造腰部产品,进而引领需求。同时从消费趋势的变化出发,关注消费者的新追求,不断优化产品结构,提供新价值。

专注品质提升,统筹做好原酒产能储能的规划,持续提升原酒产量和储量。要抓好全产业链的管控,加大从田间到餐桌全过程全环节的管控力度,用更高的标准和要求,坚守匠心精神,确保产品始终带给消费者卓越的清香体验。

专注管理提升,持续完善现代企业制度,优化发展治理结构,持续深化数字数据化管理,推动管理信息化、营销数字化、供应链网络化,并深化绿色低碳发展,把握国家双碳发展趋势和要求,对能耗结构进行统筹布局,推动运用新能源新技术,确保生产工艺和生产园区绿色低碳。

四个坚持,包括坚持增强战略定力,瞄准复兴目标,持续地推动国际化、全国市场化的布局,全方位推动汾酒高质量发展;坚持中国酒魂战略定位,在深挖和活化上持续下功夫,不断地挖掘文化内涵;坚持深化国企改革,汾酒要当好改革的领头羊;坚持强化风险防控,在宏观层面严防白酒市场波动带来的不确定性。

汾酒传承着优秀的酿造工艺,发扬着深厚的文化内涵,更承载着无数汾酒人对走向复兴的梦想与期盼。当下的汾酒,已然开启了新阶段、新理念、新格局。

研讨问题:

(1) 分析汾酒集团"十四五"期间的战略目标给公司带来了什么价值。

(2) 汾酒为什么要实现更高层次的产业系统设计,以科技迈向智能,推进成就数字化转型,牢固把握产品质量的主动权?

(3) 从战略的前瞻性和系统性角度,全面分析汾酒的落地举措。

第 9 章

如何制定公司层战略

9.1 制定战略为什么要分层

本书 8.3 节指出制定企业战略时需要划分层次,即公司层战略、业务层战略和职能层战略。如果进一步细分,还可以在职能层之下进一步划分出具体的运作层,如图 9-1 所示。

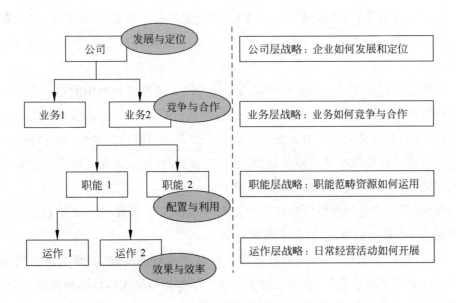

图 9-1 公司的不同层次战略关系示意

企业的不同层次有着不同的关注焦点,由于企业整体的决策中心往往集中在企业的最高层面——公司层,因此制定公司层战略所需要考虑的核心问题是本公司未来是否发展、如何发展及如何进行业务定位等发展方向性的问题。如果用一个关键词来概括公司层战略,"发展与定位"是非常合适的,可简称"发展"。

公司层战略制定的发展方向指明了整个企业未来的前进道路,但如何才能实现,最终需要靠企业的业务层,因为业务是企业的核心。业务层战略的制定至关重要,它明确了企业的业务如何发展、如何竞争与合作等一系列问题。同样,如果用一个关键词来概括业务层战略,"竞争与合作"是非常合适的,可简称"竞争"。

企业业务的核心是企业的产品或服务,业务战略要靠给客户提供产品或服务的过程来实现。而各种产品或服务的提供,必须有相关职能的支撑,业务活动才能形成。因此,职能层战略主要考虑某职能范畴内所拥有的资源与能力如何配置和利用,进而有效保证业务活动顺利开展的问题。同样,如果用一个关键词来概括职能层战略,"配置与利用"是非常合适的。

这里之所以用职能范畴替代传统的职能部门,是因为随着企业管理理念的变革(如在数字经济环境下),管理实践中部门界限的弱化已经成为一个趋势。虽然部门的界限在弱化,但职能是不可或缺的(如企业的财务职能、审计职能、法务职能等),这不仅是企业业务发展的需要,也是一个国家有效管理企业行为、规范社会秩序的基础。

职能层战略拟定了企业职能范畴内资源与能力的配置和利用问题。资源与能力的配置和利用需要由企业的员工来完成,因此运作层战略主要探讨员工如何有效利用资源,合理高效地完成企业的日常生产经营管理活动。显然,如果用一个关键词来概括运作层战略,"效果与效率"是非常合适的,因为运作层的活动如果没有效果与效率,企业的资源是很难运用好的。

当然,不同企业的经营管理特征和运营特点决定了其战略层次的划分并不局限于如图 9-1 所示的情况,这里不再赘述。

同时,我们还需要明确,企业在制定上一层次战略的时候,必须对下一层次的实际情况有所了解。例如,企业在制定未来 5 年的公司层战略目标和发展方向时,如果不能清醒地认识到当前企业的业务情况及各职能范畴拥有的资源和能力状况,所制定的公司层战略必将是空中楼阁,很难落地。

因此,实际操作中,在制定各层次的战略时都需要考虑其他层次战略的影响,以保证各层次战略合理可行。

这里需要注意的是,如第 8 章所述,职能层战略探讨的是如何有效配置和利用资源的问题,因此职能层及其下涵盖的运作层在本质上属于战略实施环节探讨的范畴。通过前述章节分析可知,战略实施环节的内容是工商管理学科中其他课程重点探讨的范畴,因此本书重点探讨如何制定公司层和业务层战略。

9.2 公司层战略的主体架构

如前所述,公司层战略主要探讨企业如何发展与定位,简单讲即"发展"的问题。因此,企业在制定公司层战略时,必须思考三个相互关联的问题,即是否发展、发展什么及如何发展。

本章将通过对这三个核心问题的分析,引出公司层战略制定中的一系列理论、观点与方法。

核心问题一:是否发展

实际上,任何企业在制定战略时考虑的首要问题都是未来一段时间是否应该发展。发展意味着比当前有所进步和提升,但并不是所有的企业在未来一段时间都应该发展或适合去发展。与发展相对的,当然还有稳定和紧缩。

因此,企业必须根据未来一段时间内的内部和外部环境的实际状况进行全面、深入、细致的分析,判断本企业未来一段时间应该发展还是应该稳定或者紧缩。如果决定要发展则采用发展战略,如果决定要维持当前状况不变则采用稳定战略,如果选择缩小规模、压缩某业务、退出某行业等则采用紧缩战略。

对"是否发展"这一问题的探讨,将引出公司层战略中的一个重要内容——公司层基本战略。公司层基本战略中主要包括三个战略:发展战略(又称增长战略)、稳定战略和紧缩战略(又称收缩战略)。

核心问题二:发展什么

企业在决定了未来一段时间内应该发展、稳定还是紧缩后,紧接着需要考虑企业的业务结构应该如何设计的问题。因为不论企业未来是要发展、稳定还是紧缩,都需要通过企业所从事的具体业务来实现。未来企业应该经营何种业务来实现自己的发展、稳定或者紧缩?应该经营单一业务,还是多个业务(多元化业务经营,即多元化战略)？如果企业进行多元化业务经营,是从事相关多元化业务,还是非相关多元化业务？这些都是需要考虑的问题。

显然,在未来一段时间内,企业中不同业务的发展状况不同,面临的经营环境不同,并不是企业所有的业务都应该发展,企业必须根据具体情况确定哪些业务要发展,哪些业务要保持稳定,哪些业务需要紧缩。而针对这一问题的考量则需要借助公司层战略制定的综合分析方法,如波士顿矩阵(BCG 矩阵)和通用矩阵(GE 矩阵)等进行分析。

因此,对"发展什么"这一问题的探讨主要应解决两个方面的问题:一是明确未来一段时间内企业的业务结构;二是明确未来一段时间内哪些业务应该发展,哪些业务应该稳定,哪些业务应该紧缩。

核心问题三:如何发展

企业确定了未来一段时间的业务结构及哪些业务应该发展、哪些业务应该稳定、哪些业务应该紧缩之后,接下来需要考虑每个业务如何发展、稳定或者紧缩。

不论企业的何种业务需要发展、稳定还是紧缩,实际上只有两种途径可以选择。以业务的发展为例,一种途径是靠自己发展,即通过合理的竞争或合作手段使业务不断发展壮大;另一种途径是靠他人发展,即依靠企业的外部资源进行发展,如通过并购的手段壮大业务的规模等。

某业务依靠自身发展,通过合理的竞争或合作手段不断发展壮大的过程,本质上就是该业务如何在市场中竞争的问题,这一问题将主要通过制定合理的业务层战略来实现。企业的业务层战略将在本书第 10 章详细介绍。

企业依靠外部资源发展某业务的过程,必然要涉及如何将外部其他企业的各种有形和无形资源整合到一起加以利用的过程,我们将其统称为资源整合战略。一般而言,从资源整合的方式来看,资源整合战略中主要包括并购战略、联盟战略及外包战略三种途径。

上述三个问题构成了公司层战略的主体架构,如图 9-2 所示。

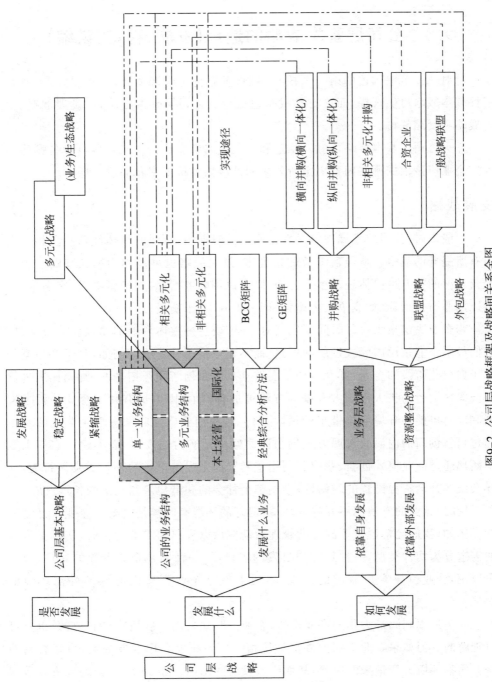

图9-2 公司层战略框架及战略间关系全图

9.3 公司层基本战略的选择(发展、稳定、紧缩)

针对9.2节中阐述的第一个核心问题(企业是否应该发展)分析可知,企业有三种基本战略可供选择,而这三种战略也被称为公司层基本战略,即发展战略、稳定战略和紧缩战略。

作为公司层基本战略,发展、稳定和紧缩战略各有什么含义?各自具备哪些特点?企业应该依据哪些因素决定所要采用的战略?接下来我们逐一探讨。

发展战略

一般来讲,公司层发展战略是在未来一段时期内,企业的整体经营状况相比当前有所提升的战略。从经营绩效的角度讲,发展战略也可被称为增长战略。企业经营状况的提升可以体现在多个方面,既可以用财务指标(如经营绩效)来衡量,也可以用非财务指标(如竞争实力增强、能力提升等)来衡量。

当企业决定未来一段时间要发展时,一定要想好整体发展的途径。一般来讲,我们鼓励企业采用内涵式发展的思路,而不建议采用外延式。例如,对于产品竞争处于白热化阶段的企业,其发展如果能够立足不断创新和开拓进取,则相比通过价格战等短期行为扩大市场占有率的方法更加有价值,因为这有利于企业的长远发展和应对可能的环境变化带来的风险。再如,我们希望互联网头部企业能够真正通过科技创新的内涵式发展方式助力国家经济硬实力的发展,而不建议它们采取不断地通过商业模式创新、获取和利用垄断资源来强占市场的外延式发展行为,这样会破坏社会资源配置的均衡性,影响整个社会的和谐稳定和经济的长远发展。

同时,企业的发展离不开好的环境,但好的环境有时候是需要靠企业自己创造的。例如,我们经常说企业的经营管理活动应该以客户的需求为核心,实际上客户的需求分为两种类型,一种是客户自发的需求,另一种则是企业引导的客户需求。可以说,企业引导客户需求的出现,本质上就是企业创造出的好的外部环境的例证。

基于追逐利润最大化的商业本质,企业适时地采用发展战略是必要的,也是可以理解的。但如果企业不顾内外部环境情况而一味地采用发展战略,也很容易使企业面临环境突变带来的风险,从而陷入发展的困境。如2008年金融危机导致很多沿海商贸企业陷入困境就是一个很好的例子。

稳定战略

由于受到主观和客观环境的限制或制约，或者出于其他方面的考虑，企业在未来一段时间内不选择发展战略时，可以考虑选择稳定战略或紧缩战略。企业选择稳定战略是试图在未来一段时间内，在各方面保持稳定的经营态势。

一般来讲，企业采取稳定战略时往往具有如下特点：从战略目标来看，企业拟定的未来战略目标往往与过去保持平稳；从增长幅度来讲，稳定并不意味着一点也不增长，只要增长幅度不是非常跳跃，缓慢增长也是稳定战略的一种表现；从企业的资源和能力调配来讲，为了实现稳定，可能需要对企业内部资源和能力进行重新配置与利用；从产品和服务创新来讲，企业为了稳定有时需要更多地基于引导性需求来制定自己的产品或服务创新和开发策略。

紧缩战略

当企业面临的外部环境或内部条件发生变化导致企业不能或不适宜采取发展或稳定战略时，采取紧缩战略（或称收缩战略）往往是较为合适的选择。一般来讲，企业在如下几种情况下可能适合采取紧缩战略：①外界环境不适宜发展或者稳定，这时采取紧缩是必要的，这时的紧缩战略被称为适应型紧缩战略，如宏观经济状况非常不适宜企业发展，或者与企业相关的政策等不利于企业发展时；②企业在发展或稳定战略实施过程中遭遇失败，导致企业的内部资源和能力状况受到冲击时需要考虑收缩，这时的紧缩战略被称为失败型紧缩战略；③企业的外部环境或内部条件发生变化导致某些资源无法适应企业的正常发展，必须进行调整时则适合采取调整型紧缩战略，通过该战略可以把企业中具有优势的资源与能力集中到合适的业务领域，寻求新的发展机遇。显然，对于企业而言，采取紧缩战略往往具有短期性与过渡性，是为了今后更好地发展，但不能一直采取该战略。

公司层基本战略的选择

可以看出，在不同的内部和外部环境因素影响下，企业需要采取不同的公司层基本战略。这里可以构建如图 9-3 所示的公司层基本战略选择参考矩阵。

一般来讲，在企业外部环境状况较好、企业内部资源较为充沛，而企业能力结构较为合理且具有一定优势的情况下，企业采取发展战略是较为妥当的。其他的组合匹配情况下则不建议企业采用发展战略。当然，这一结论是相对较为稳妥和保守的做法，并不见得所有的企业都可能或者应该这样选择。

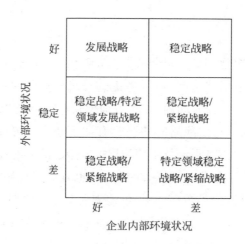

图 9-3 公司层基本战略的选择参考矩阵

从图 9-3 中还可以得出如下建议:当外部环境好,但内部资源与能力短缺时,企业采取稳定战略较为稳妥;当外部环境稳定,内部资源与能力较为丰富时,企业采取稳定战略或特定领域发展战略则较为适宜;当外部环境稳定,内部资源与能力短缺时,企业采取稳定或紧缩战略较为适宜;当外部环境较差,但内部资源与能力较为丰富时,企业采取稳定或紧缩战略较为适宜;当外部环境较差,内部资源与能力也较为短缺时,企业采取特定领域稳定战略或紧缩战略较为适宜。

9.4 单一经营战略与多元化战略

经过前述小节的分析可知,企业在制定公司层战略时,在明确了未来一段时间内应该发展、稳定还是紧缩后,接下来需要解决的核心问题就是应该发展什么业务、稳定什么业务与紧缩什么业务。

这时,企业首先应该明确的是自己的业务结构。也就是说,未来一段时间内应该进行单一业务发展(经营单一业务,又称单一经营战略),还是多业务结构发展(经营多个业务,又称多元化战略或多种经营战略)。

单一经营战略是企业仅经营一种业务(生产型产品或服务型产品)的战略。需要注意的是,企业壮大自己的单一业务有时并不仅仅依靠自己的力量,还可以采取横向一体化(又称横向并购)的方式。横向一体化是企业通过资产纽带的联结方式,通过整合同行业中其他企业的相同或类似业务资源与能力的一种拓展战略。采取横向一体化,往往有助于企业快速实现市场规模的扩大、降低成本、巩固市场地位、提升竞争优势等目的。

例如,自1991年起,海尔先后横向并购了原青岛空调器厂、冰柜厂、武汉希岛、红星电器公司等10多家大中型企业,资产从几千万元迅速增长至39亿元,成为中国第一家家电特大型企业。1995年,红星电器公司整体划归海尔集团后,更名为青岛海尔洗衣机有限总公司,成为海尔集团下属的第二家洗衣机子公司。并购后,海尔采取了一系列整合活动,称为"以企业文化激活休克鱼"。红星电器公司被并购后第三个月就实现盈利2万元,第12个月盈利150多万元,企业出现了越来越好的发展态势。

在2000年以前,海尔通过横向并购同行业的企业业务,实现了单一经营业务的快速发展。很明显,企业采取单一经营战略可以方便地把企业有限的资源与能力集中在一个较为合理的经营方向上,容易形成具有比较优势的核心竞争力。由于业务单一,相关产品研发、生产、销售、售后等全价值链活动所需的技术、资金、人才等都可以不断积累,容易建立专业性壁垒。同时,依托单一经营领域的积累,更有利于企业挖掘新的客户需求,进行产品和服务创新。由于单一经营比多元化经营面临的环境因素简单,企业在进行战略制定及日常经营管理时较为便利,管理工作也相对集中。

老干妈风味食品有限责任公司(简称老干妈)创立20多年来一直经营辣椒制品。正因为老干妈长期以来专注单一业务的发展,使其成为国内产量及销量最大的辣椒制品生产企业。2012年7月,美国奢侈品电商Gilt把老干妈奉为尊贵调味品,限时抢购价11.95美元两瓶(折合约79.1元人民币)。美国"老干妈"绝对算得上是"来自中国的进口奢侈品"。而老干妈在全公司仅有2 000名左右员工(包括管理层和技术人员)的情形下,于2013年实现了超过37亿元的产值,于2019年入选中国品牌强国盛典榜样100品牌,并于2021年实现了54亿多元的营收。

从老干妈的案例可以看出,单一经营战略使老干妈将有限的资源集中在单一的经营方向上,形成了较强的核心竞争力。

但是,单一经营战略的风险也是显而易见的。因为当把所有的鸡蛋都放进一个篮子里时,面临的风险较为集中。当企业业务所在的行业发生衰退、停滞或缺乏吸引力,或者单一业务对应的企业资源与能力发生变故或出现问题时,企业往往难以继续成长。

与单一业务不同的是,企业采取多元化战略意味着其同时经营两种或两种以上具有不同基本经济用途的业务(生产型产品或服务型产品)。从获取收益和规避风险两个基本决策方面进行考量,选择多元化战略可以从多个业务领域给企业带来收益。如果某个业务领域的发展遇到困难,其他领域还可以继续发展,从而维持企业的成长。这一思想可以用一句俗语——"东方不亮,西方亮"来简单概括。而从规避风险的角度来讲,多元化显然有助于企业将潜在经营风险分散于多个业务领域,"不要把鸡蛋放在同一个篮子里",是这一理念的真实写照。

可以说,企业实施多元化战略不仅有助于维持企业持续成长,获取多方资源,还能有效地降低单一业务战略所固有的经营风险。同时,企业开展多元化经营,还能有效地拓展融资渠道,解决企业面临的资金问题,并且有利于企业业务生态圈的有效形成。

京东商城在刚起步时只经营单一的电子商务业务,但由于电子商务业务属于轻资产运营模式,其自身的固定资产相对较少,因此在融资贷款时常常因缺乏抵押资产而遇到困难。后来,京东商城开始拓展自己的物流配送业务,开展多元化经营。通过建立自己的物流配送体系,拥有了相应的实体资产,对其进行资产抵押、解决融资问题产生了积极作用。

京东商城通过多元化战略构建了物流体系,有效地提升了自身抗风险的能力,同时也增强了融资能力,帮助其快速地发展。

由图9-2可知,相对于单一经营战略,多元化战略又可进一步划分为相关多元化战略和非相关多元化战略。相关多元化战略与非相关多元化战略的本质区别是,相关多元化中多个业务之间具有关联关系,并且该关系的关联性是体现在现有业务的价值链关系中的。例如,京东商城经营的电子商务业务与后来开展的物流配送业务在价值链上相互关联,因此其采取的是相关多元化战略。

企业不同业务之间的这种关系更有助于协同效应的有效发挥,有利于资金、技术、知识、人才等的充分共享,形成更强的上下游一体化壁垒,增强企业在行业中的竞争实力,提升商誉和品牌共享价值等。

与相关多元化战略不同,非相关多元化战略中的多个业务在业务价值链上没有关联关系。

例如,自从托马斯·爱迪生创建了世界上最大的提供技术和服务业务的跨国公司——美国通用电气公司(GE)以来,GE在多元化发展中逐步成长为出色的跨国公司,涉猎从飞机发动机、发电设备到金融服务,从医疗造影、电视节目到塑料等多个行业的多个领域。其旗下有GE资本、GE航空金融服务、GE商业金融、GE能源金融服务、GE金融、GE基金、GE技术设施、GE航空、GE企业解决方案、GE

医疗、GE交通、GE能源设施、GE水处理、GE油气、GE能源、GE消费者与工业、GE器材、GE照明、GE电力配送等若干子公司。通用电气公司在2008年金融危机时,发挥多元业务在风险转移方面的作用,有效地抵御了金融危机。

企业在确定了自己的业务结构,即明确了未来一段时间应该发展单一业务还是多元业务后,接下来需要解决的是确定每个业务在未来一段时间内是应该发展、需要稳定还是应该紧缩的问题。

为了解决这一问题,下面将引入经典的综合分析方法——波士顿矩阵(BCG矩阵)和通用矩阵(GE矩阵)来进行分析。这些方法被称为公司层战略制定的综合分析方法。

9.5 经典综合分析法——BCG矩阵

不论是单一业务经营还是多元化业务经营,企业如何针对自己的经营业务合理地配置资源与能力都是需要考虑的重要问题。尤其是对于多元化经营的企业,由于企业自身的资源与能力是有限的,如果不考虑每一个业务本身的差异而为其配置相同的资源,则各业务可能都难以取得较大的发展。因此,如何合理、有效地在各业务之间分配有限的资源,是企业制定战略时需要考虑的一个重要问题。

波士顿咨询集团于20世纪70年代初针对这一问题提出的波士顿矩阵(BCG矩阵)是一个经典的综合分析法。BCG矩阵又称市场增长率-相对市场份额矩阵、波士顿咨询集团法、四象限分析法、产品系列结构管理法等。BCG矩阵能有效地帮助企业做出决策,决定哪些业务需要更多的资源进行支撑和发展,哪些业务需要维持现有的资源投入水平,哪些业务需要及时将资源退出以便投入其他能创造更大价值的业务中。

应用BCG矩阵时,我们可以将企业的每一个业务标在如图9-4所示的二维矩阵图中,根据不同业务在图中的不同定位位置的特点做出决策。在如图9-4所示的BCG矩阵图中,以市场增长率为纵坐标、相对市场占有率为横坐标,相对市场占有率以20%为分界线划分出高相对市场占有率和低相对市场占有率两个区域,市场增长

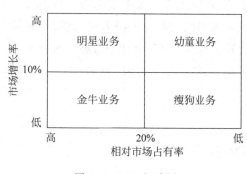

图9-4 BCG矩阵图

率以10%为界线划分出高市场增长率和低市场增长率两个区域。根据二维坐标总共可以划分出四个不同的区域。

BCG矩阵的发明者、波士顿公司的创立者布鲁斯认为:"公司若要取得成功,就必须拥有增长率和市场份额各不相同的产品组合。组合的构成取决于现金流量的平衡。"可见,BCG矩阵实质是为了帮助企业确定什么业务应该发展(现金投入)、什么业务应该稳定(现金流出)及什么业务应该紧缩(资产变现),进而实现企业内部现金流的平衡,使企业更好地发展。

因此,运用该矩阵时必须先判断定位在不同区域的业务到底应该采取发展战略、稳定战略还是紧缩战略。以下将根据不同的定位位置进行分析。

幼童业务(市场增长率高、相对市场占有率低)

当企业的业务定位在图9-4的右上角时,从横纵坐标的特点可以看出,该业务具有低市场占有率、高市场增长率的特点。因为具有较高的市场增长率,说明该业务的发展潜力较大;较低的市场占有率说明该业务的发展空间还很大。因此,对于该业务应该首选发展(增长)战略,通过给其适当的资金投入加速其发展。由于该业务的市场占有率和市场增长率的特点与小孩的成长状况非常类似,因此在BCG矩阵方法中将其称为幼童业务。随着该类业务的不断成长,相对市场占有率不断增加,该业务将向图9-4的左上角转移。

结论:幼童业务建议选择发展战略。

明星业务(市场增长率高、相对市场占有率高)

当企业的业务定位在图9-4的左上角时,从横纵坐标的特点可以看出,该业务具有高市场占有率、高市场增长率的特点。此时,尽管其相对市场占有率较高,在市场中已经具有"明星"的光环(该类业务在BCG矩阵方法中被称为明星业务),但因其仍然具有较高的市场增长率,说明该业务仍然具有发展潜力,因此对于该业务也应该首选发展(增长)战略,通过继续给其进行适当资金的投入,进一步提升其相对市场占有率。随着该类业务的相对市场占有率继续提升,该业务的定位将向图9-4的左下角转移。

结论:明星业务建议选择发展战略。

金牛业务(市场增长率低、相对市场占有率高)

当企业的业务定位在图9-4的左下角时,从横纵坐标的特点可以看出,该业务具有高市场占有率、低市场增长率的特点。此时,该类业务的相对市场占有率较高,已经没有多大的发展空间;同时,由于该业务的市场增长率较低,也没有继续增长的潜力。一般来讲,该类业务是企业中的明星业务通过继续增长后形成的,当明星业务发展到稳定状态,即在一定时间和空间内无法继续发展时,说明其达到了市场占有率中的极限地位,具有较强的市场竞争地位和能力,这时该业务可以给企业赚取必要的资金,以实现企业资金的回笼。因此,该类业务在BCG矩阵方法中被称为金牛(能够持续不断地给企业提供现金来源的、勤劳肯干的"牛")业务。显然,金牛业务应当首选稳定战略,以保证其相对市场占有率(市场份额)的稳定。

结论:金牛业务建议选择稳定战略。

瘦狗业务(市场增长率低、相对市场占有率低)

当企业的业务定位在图9-4的右下角时,从横纵坐标的特点可以看出,该业务具有低市场占有率、低市场增长率的特点。当企业的业务发展遇到问题,或者业务到达衰退期时,市场占有率不断缩减,但该业务也没有增长的潜力和能力,如同一只没有任何竞争能力的、羸弱的"瘦狗"。因此,在BCG矩阵方法中该业务被称为瘦狗业务。根据该业务的运行特点,既不能给企业带来必要的资金来源,也不需要大量的资金投入,在适宜的机会或者情形下,对该业务采取紧缩的措施是一个不错的选择,通过对该业务的放弃、出售或清算,可以把资源转移到其他更需要资金的业务中。

结论:瘦狗业务建议选择紧缩战略。

不同业务的转移与培育

根据上述分析可知,企业中的不同业务转移路径如图9-5所示。所有企业的金牛业务都是通过幼童业务的培养,经过明星业务的进一步发展和壮大而来的。同时,任何金牛业务最终都将转换为瘦狗业务而退出。

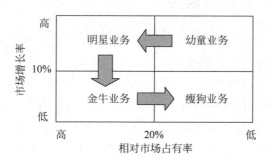

图9-5 BCG矩阵中业务的转移路径

本质上，这一业务之间的转换过程同产品生命周期的演变过程非常近似，如图 9-6 所示。幼童业务对应着产品生命周期中的起步阶段，明星业务对应着成长阶段，金牛业务对应着成熟阶段，瘦狗业务对应着衰退阶段。因为从现金流的平衡角度来讲，金牛业务是企业中的主要资金来源业务，而幼童业务和明星业务又是需要进行资金投入的业务，因此对于企业而言，最好的状况是能够同时存在多个不同性质的业务，这样才能维持企业内部的资金平衡。如果企业中只有赚钱的金牛业务，而没有其他业务，一旦金牛业务到达衰退期，转变成瘦狗业务，此时没有新的金牛业务被培养起来，必然要出现企业现金流断裂的情况，没办法持续发展。因此，比较理想的状况是，当企业当前的金牛业务快到达衰退期时，新的金牛业务应该出现，负责为企业赚钱，如图 9-6 中虚线所描述的。而新的金牛业务要想出现，其对应的前端幼童业务应该在前期进行培养，这样才能在时间上衔接起来。

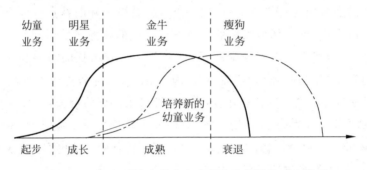

图 9-6　BCG 矩阵中各业务与产品生命周期的对应关系

通过上述分析可以看出，企业在运用 BCG 矩阵时，最好的做法是将不同的经营业务同时在一张 BCG 矩阵图中进行定位分析，这样更可以直观地了解企业当前各种业务的基本状况，以及不同业务之间的衔接关系。

单一业务中的 BCG 矩阵运用

在前述分析中，我们都是将 BCG 矩阵运用到分析多元化经营的企业中，对企业的多个业务之间的平衡关系进行分析。这里需要探讨的一个问题是，BCG 矩阵的核心思想是否也可以运用到分析单一业务经营的企业？答案是肯定的。当企业只有单一业务时，可以将单一业务中的不同产品系列作为不同业务单元在 BCG 矩阵中进行定位。这时，处于金牛业务区域的产品将是企业主要的现金来源，采用稳定战略；处于幼童和明星业务区域的产品将是企业主要培育的对象，采用发展战略；而处于瘦狗业务区域的产品，则采用紧缩战略。同时，企业即使是单一业务经营，也必须考虑不同产品系列之间的更新换代与衔接（如图9-6所示），这样才能保证始终有给企业提供现金流的产品。正如苹果公司的手机业务，一代一代进行产品的革新上市，实现了同一经营业务内部的更迭与衔接。

BCG 矩阵的局限性

作为最早的公司层战略综合制定方法，BCG 矩阵有着重要的价值与思路引领，但在实际运用中也存在一些问题。第一，在实践操作中，企业要想清晰界定并确定各个业务的市场增长率和相对市场占有率是比较困难的。第二，该矩阵按照市场增长率和相对市场占有率把企业的业务划分为四种类型，划分方式有些过于简单。在运用中，一旦所分析的业务定位于几个象限的交界处，对于决策而言则较为困难。第三，除了市场增长率和相对市场占有率之外，企业在进行一系列的战略选择时可能还需要考虑其他指标。第四，根据前述章节中关于企业业务收入和利润之间的关系（如利润池图所描述的）来看，市场占有率高的业务并不一定会给企业带来高额利润，因此有时靠市场占有率高的业务实现企业现金流的产出不一定可行。

可见，BCG 矩阵并不是完美的，因此诸多企业实践者陆续开发了一些具有同等功能的综合分析方法。

9.6　经典综合分析法——通用矩阵（GE 矩阵）

通用矩阵（GE 矩阵）又称行业吸引力矩阵，是美国通用电气公司设计的一种分析方法。如图 9-7 所示，GE 矩阵以企业竞争力为横坐标、行业吸引力为纵坐标。纵、横坐标轴运用加权评分方法分别对企业各业务所处的行业吸引力因素（如市场增长率、市场容量、价格水平、利润率、竞争强度、风险大小、协同效应等）和企业竞争力因素（如企业生产资源和能力、研发资源和能力、技术资源和能力、人力资源、管理能力、财务资源等）进行评价，通过加权平均后确定为高（强）、中、低（弱）三个等级，从而形成九种组合方式，划分为九个定位区域。

同时，图 9-7 中圆饼面积的大小代表企业某业务所在行业的规模，扇形面积的大小代表企业对应业务在该行业中所占的市场份额。

通过定位可以得出如下简单结论：定位于图 9-7 中白色区域的业务，其所在行业具有较高的行业吸引力，同时，企业的竞争力也较强，因此较适合采取发展战略，可以优先分配资源帮助其发展；处于中间灰色区域的业务，其行业吸引力一般，企业竞争力也一般，此时应采用稳定战略，维持或有选择性地发展；处于右下角黑色

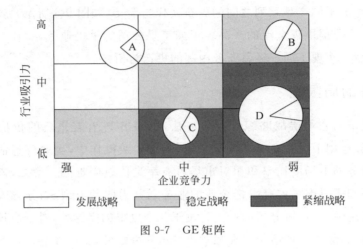

图 9-7 GE 矩阵

区域的业务,不仅没有很高的吸引力,企业的竞争力也较弱,发展前景较为渺茫,应该采取紧缩战略,停止投资,采用撤退、放弃、清算等处理方式。

可以看出,与 BCG 矩阵不同的是,在 GE 矩阵中同时体现了行业吸引力、企业竞争地位、行业规模、市场占有率等诸多信息,可分析内容较为丰富。这里需要考虑的一个问题是,企业的某个业务是如何精确定位到 GE 矩阵中的。

在实际的操作过程中,业务在 GE 矩阵中的精准定位可以通过定性问题量化的步骤实现。本书在前述章节中曾经阐述过定性问题量化的四个基本步骤:①建立评价指标;②为各个指标赋予权重;③针对每个待评价方案在各指标下进行评分;④计算每个待评价方案的加权总分。有了加权总分之后,量化过程就完成了。

假设某企业经营家电和房地产两种业务,在 GE 矩阵中定位时,纵坐标行业吸引力和横坐标企业竞争力的量化计算示例分别如表 9-1 和表 9-2 所示。

表 9-1 不同业务的行业吸引力量化分析表

序 号	指 标	指标权重	评分(量表:0~10分)	
			家电业务	房地产业务
1	利润率	60%	2	8
2	经营风险	20%	6	3
3	发展前景	20%	7	4
加 权 总 分			3.8	6.2

表 9-2　不同业务的企业竞争力量化分析表

序 号	指 标	指标权重	评分（量表：0～10分）	
			家电业务	房地产业务
1	技术水平	30%	8	4
2	人力资源	30%	4	5
3	财务能力	40%	3	8
	加 权 总 分		4.8	5.9

根据表 9-1 和表 9-2 的计算结果可知，该企业的两种业务在 GE 矩阵中的定位点如图 9-8 所示。根据定位结论可知，该企业的两种业务采取稳定战略较为合适。

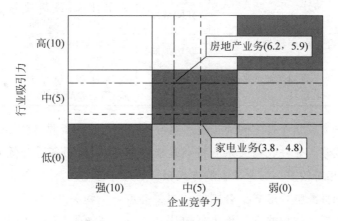

图 9-8　GE 矩阵定位示例

9.7　业务的自我发展与资源整合战略

在制定公司层战略时，当企业确定了未来一段时间内是否发展、依靠什么样的业务结构发展，以及发展什么业务之后，接下来要考虑的就是每个业务应该如何发展的问题。

企业要发展某个业务通常只能通过两个途径：一是靠该业务自身的力量不断壮大；二是通过整合其他企业的资源，助力该业务的发展。靠业务自身的力量发展，本质上是该业务如何在市场上与其他企业的业务竞争的问题，这是企业业务层战略探讨的主要内容，将在下一章详细介绍。

如果依靠其他企业的资源进行某业务的发展，则意味着要借助其他企业的资金、技术、人力、物力、渠道、品牌等来发展对应的业务。我们称这一过程为资源整合过程,该战略称为资源整合战略。企业进行资源整合就是要重新优化资源配置,从而实现整体最优。在战略思维的层面上,资源整合是系统论的思维方式,就是要通过组织和协调,把企业内部彼此相关但却彼此分离的职能,以及企业外部既参与共同的使命又拥有独立经济利益的合作伙伴整合成一个为客户服务的系统,取得一加一大于二的效果。

一般来讲,企业资源整合的方式主要有三种,即兼并收购方式、战略联盟的合作伙伴关系方式和外包方式,如表9-3所示。

表9-3 资源整合的三种基本方式

资源整合方式	关系基础	战略名称	战略特点	国际化战略名称
兼并收购	资产纽带	并购战略	稳定性强,灵活性差,适合低成本战略	跨国并购
战略联盟的合作伙伴关系	资产纽带(合资企业)或合同关系	联盟战略	战略框架协议,目标一致性	国际战略联盟
外包	合同关系(契约关系)	外包战略	灵活性强,稳定性差,适合差异化战略	跨国外包

兼并收购方式是企业之间通过资产纽带的关系建立的资源整合形式。该战略常被称为并购战略。兼并收购关系的特点是稳定性强,相对而言适合低成本战略的实施,但灵活性相对较差。与兼并收购方式相反的是外包方式,外包是企业之间通过合同关系建立的资源整合形式。合同关系的关键点是契约关系,本质上表现出了法律面前的平等关系。该战略常被称为外包战略。与资产纽带关系不同的是,合同关系的特点是灵活性强,但稳定性相对较差,因此相对而言适合差异化战略的实施。

鉴于并购战略的稳定性和外包战略的灵活性,企业还需要有一种中间形态的资源整合方式,即战略联盟的合作伙伴关系。在战略联盟的合作伙伴关系下,合作双方一般订有统一的战略框架协议,从而保证了双方合作目标的一致性。该战略常被称作联盟战略。

如果企业进行国际化的资源整合,则上述三种整合方式又被称为跨国并购、国际战略联盟及跨国外包。

9.8 并购战略

企业并购是指一个企业通过购买另一个企业的全部或部分资产或产权,影响、控制被收购企业,以增强竞争优势,实现经营目标的行为。并购后的双方企业之间形成资产纽带关系。企业实施并购战略主要有兼并、收购及合并三种方式。三者相互联系又相互区别。

兼并是在市场机制的协调和作用下,企业之间通过产权交易转移所有权的方式。通过兼并,一家占优势的企业吸收其他一家或多家企业来壮大自己的力量。兼并,用公式简化表示为 A+B=A。其中,A 为兼并主体,B 为被兼并企业。

收购是一家企业用现金或有价证券购买另一家企业的股票或资产,以获得该企业的全部资产或部分资产的所有权或控制权。收购,用公式简化表示为 A+B=A+aB。其中,A 为收购主体,B 为被收购企业,a 为收购后的控制系数。

合并是两家或两家以上的企业依照公司法规定的条件和程序,通过订立合并协议,共同组成一个新的公司的法律行为。合并,用公式简化表示为 A+B=C。其中,A、B 为合并双方,C 为合并后的新企业。

并购的三种方向

从并购的方向来看,并购大致可以划分为三种类型:横向并购(横向一体化)、纵向并购(纵向一体化)及非相关多元化并购。

企业通过建立资产纽带的方式对其他竞争企业的相同或类似业务进行并购即属于横向并购,又称为横向一体化。通过横向一体化,企业可以快速拓展市场,增强业务在市场上的竞争实力。

企业通过建立资产纽带的方式对其他企业经营的与自己的业务具有上下游关系的业务进行并购即属于纵向并购,又称为纵向一体化。通过纵向一体化,企业往往可以在一个行业中迅速占领多个业务领域,实现上下游业务之间的互补和相互支撑。纵向一体化不仅可以有效减少上下游业务之间的交易成本,还可以增强企业应对市场变化带来的不确定性的能力,降低风险。

但需要注意的是,相关多元化战略与纵向一体化战略虽然都是有关价值链上下游的,但是有一定的区别。多元化战略强调结果,相关多元化是企业有多个业务并存,且这些业务之间是相关联的。而相关多元化的实现,可以是企业自身不断发展壮大演化出来的,也可以是通过纵向一体化战略来整合外部资源实现的。因此,纵向一体化是实现相关多元化的一种途径,如图 9-2 所示。

企业通过建立资产纽带的方式对其他企业经营的与自己经营的业务无关的业务进行并购即属于非相关多元化并购。非相关多元化并购也是实现非相关多元化战略的一个重要途径,如图 9-2 所示。

企业为什么并购

企业进行并购的主要动机是通过并购行为发挥协同效应("1+1>2"的效果),这也是企业进行资源整合最根本的动机和目的。因为只有发挥协同效应,整合过来的资源才会给企业创造更大的价值。

协同效应可以在企业价值链中的任何一个环节发挥出来,如研发、设计、采购、生产、销售、售后、物流、财物、人力等。一般而言,从企业经营的本质来讲,企业中的协同效应可以归纳为三个方面,即经营协同效应、财务协同效应和管理协同效应。

企业的经营协同效应主要来源于规模经济和范围经济。并购可以扩大企业业务规模,通过规模经济降低成本、提高效率。例如,企业在并购之前,其经营水平和经营规模达不到实现规模经济的潜在要求,并购后由于经营规模增加,可以实现规模效应。从范围经济的角度来讲,企业并购后获得的相关资源有助于不同业务之间产生经营中的共鸣,有效地提高附加价值。

通过财务协同效应,企业可以方便地实现低成本的内部融资和外部融资。例如,并购后企业的举债能力可能大于并购前各个公司之和,从而可以带来税收上的节约,或者举债成本的降低。

管理协同效应主要发生在企业的管理活动中,管理能力和管理效率不同的管理活动主体(如管理部门、管理人员等)可以通过资源与能力整合实现管理水平的整体提升,提高管理效率。

并购成功的关键

尽管成功的并购能给企业带来多方面的收益,如有效地拓展市场、实现资源的共享与互补、提升企业的综合竞争优势、实现价值增值、改善生态体系等,但前提是并购之后能够发挥协同效应。然而,要发挥协同效应,并购的合作双方之间的关系必须理顺。很多现实的并购案例(特别是海外并购)已经证明,没有双方关系的深度融合,并购成功的概率不大。

一般而言,合作双方在处理关系时,关键的问题是双方的文化能否很好地融合到一起。可以说,文化融合是协同效应发挥的前提。如果在并购过程中不能有效地解决文化差异导致的冲突,企业之间的业务整合就会出现很多困难,可能会给企业的并购带来诸多麻烦,更有甚者会导致企业并购的失败。

2003年11月4日,TCL集团和法国汤姆逊公司正式签订协议,重组双方的彩电和DVD业务,组建全球最大的彩电供应商——TCL-汤姆逊电子公司,即 TTE

公司。TCL将把其在中国内地、越南和德国的所有彩电及生产厂房、研发、销售网络等业务投入合资公司,而汤姆逊则将投入其位于墨西哥、波兰和泰国的制造基地、所有的销售业务及研发中心。在合资企业TTE中,TCL与法国汤姆逊共同出资4.7亿欧元(其中汤姆逊持有33%的股份,TCL持有67%的股份),重组双方的彩电和DVD业务,组建全球最大的彩电供应企业。跨国并购后也就是2005年,TCL股价大幅下跌,经营上遭遇巨亏,昭示着并购带来的是失败。

这一并购失败的主要原因有文化、法律、制度环境的差异。文化和语言的障碍、财务报表的差异、公司传统的不同,都会造成信息和交流的不对等。TCL注重产品的更新、速度和低成本,汤姆逊强调产品细节、质量,这就形成了冲突。双方都有很强的企业文化,交流上又存在障碍,整合起来非常困难。并购后人才流失比率是正常情况下的12倍,而且流失的大多是企业核心员工和高管。这是因为本土员工担心会有越来越多的中国员工进入从而削弱自己的影响力而感到恐慌。核心员工的流失对刚组建的新企业打击巨大。

那么,怎样才能实现企业之间的文化融合呢?要想更好地与对方的企业文化相融合,通常需要从两个方面入手:一是尽量为对方做出贡献;二是充分尊重对方。作为并购主体的企业一定要想办法给被并购企业带来战略利益,同时尊重被并购企业的原有文化,这样并购过程中的矛盾就会减少,并购成功的概率也会增大。

同时,如果企业进行的是跨国并购,一定要关注不同企业所属民族文化之间的差异,因为民族文化差异的影响远远大于企业文化差异的影响。

通过上述分析,企业并购时需要考虑的关键问题可以通过如图9-9所示的关系反映出来。

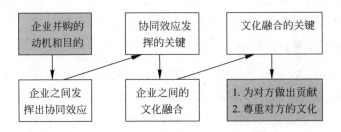

图9-9 企业并购时需要考虑的关键问题

如何应对恶意并购

并购战略可以给企业带来诸多方面的战略利益,但也可能给企业带来意想不到的风险。随着在资本市场上市的企业越来越多,很多企业面临被其他企业的资本恶意收购的风险。因此,如何防范与应对二级市场上其他企业的恶意收购是上市公司必须面对的问题,这就引出了并购战略中需要探讨的另一个核心问题——反并购策略。

企业在应对外界资本恶意收购时,根据不同的经营情况、不同环境下的资本市场监管要求与政策及企业自身的不同战略诉求,通常可以采取的反并购策略有保持控股地位、交叉持股、白衣骑士法(寻求股东支持)、降落伞法、毒丸策略及修改公司章程等。

其中,白衣骑士法(寻求股东支持)是很常见的一种做法。当企业的股权较为分散,行动一致人所持有的股权比例又较少时,往往可以通过引入其他友好型资本来持股以避免被外界资本恶意收购。

2008年的三聚氰胺事件对乳制品行业的影响很大,导致乳制品行业相关企业的股价暴跌。蒙牛当时的价值被严重低估,并且高层管理者所持有的股权较为分散,持股比例不超过25%。这时,国外的乳制品企业发起了对蒙牛股票的大肆收购,引起了蒙牛高层管理者的担忧。为了抵御恶意收购,保护民族品牌,蒙牛通过引入中粮集团持股,有效地抵御了国外企业的并购。

降落伞法也是一种常见的反并购策略。它是按照聘用合同中公司控制权变动条款对高中层管理人员进行补偿的一种规定。在公司章程中可以事先约定,在目标公司被恶意收购的情况下,公司中高层管理人员无论是主动还是被迫离开公司,都可以得到一笔巨额的安置补偿费用,金额高的会达到数千万甚至数亿美元,从而使收购方的收购成本增加,在一定程度上抵御恶意收购行为。但其带来的弊端是,巨额补偿规定有可能诱导管理层低价出售企业。

运用毒丸策略来反并购也是企业常用的一种手段。

2005年2月,不甘心只做网络游戏的盛大公司通过公开市场收购了新浪19.5%的股份,其目的就是将新闻资讯、网络游戏、休闲游戏等数字娱乐内容全部植入其数字家庭,实施盛大公司的数字家庭娱乐战略。但盛大的收购遭到新浪的强烈反对。新浪迅速推出股东购股权计划(俗称"毒丸计划")。按照该计划,于股权确认日(预计为2005年3月7日)当日记录在册的每位股东,均将按其所持的每股普通股而获得一份购股权。在购股权计划实施的初期,购股权由普通股股票代表,不能于普通股之外单独交易,股东也不能行使该权利。只有在某个人或团体获得10%或以上的新浪普通股或是达成对新浪的收购协议时,该购股权才可以行使,即股东可以按其拥有的每份购股权购买等量的额外普通股。盛大及其某些关联方的持股已超过新浪普通股的10%,而购股权计划允许其再购买不超过0.5%的新浪普通股,其他股东不能因盛大及其关联方这一0.5%的增持而行使其购股权。一旦新浪10%或以上的普通股被收购(也就是说,盛大及其某些关联方再收购新浪0.5%或以上的股权),购股权的持有人(收购人除外)将有权以半价购买新浪公司的普通股。若新浪其后被收购,购股权的持有人将有权以半价购买收购方的股票。每一份购股权的行使价格是150美元。在一般情况下,新浪可以以每份购股权0.001美元或经调整的价格赎回购股权,也可以在某位个人或团体获得新浪10%或以上的普通股以前(或其获得新浪10%或以上普通股的10天之内)终止该购股权计划。

2006年11月,盛大向花旗环球金融转让370万股新浪股票,盛大获益9 910万美元,并使盛大所持新浪股份减至11.4%。2007年2月,盛大再度出售400万股新浪股票给花旗环球金融,作价1.296亿美元。该交易结束后,盛大仍持有新浪股票210万股。2007年5月,盛大把剩下的210万股新浪股票出售,盛大获益7 650万美元。至此,盛大公司不再拥有新浪股份。长达两年的盛大收购新浪大战宣告结束。[①]

总之,无论企业采取何种策略来应对外界资本的恶意收购,都应该注意不同策略的特点、功能与适用场合。在不同国家、不同地区的资本市场上,即便是同样的应对策略,其运用的先决条件也是不同的。但无论采取何种策略,适时拟定并动态调整和修订企业的公司章程都是非常重要的,因为公司章程是企业的根本大法。

拟定公司章程时,一定要充分、细致、全面地考虑和斟酌收益类条款及风险类条款的拟定,在保护企业利益的同时也可以规避很多潜在风险。同时,公司章程一定要随着环境的变化不断进行及时的调整。

9.9 联盟战略

战略联盟是企业为实现自己的战略目标,与其他企业在利益共享、风险共担的基础上形成的优势互补、分工协作的松散式网络化联盟。战略联盟建立的基础是合作各方的关系建立在统一的战略框架协议之下,保证联盟各方目标的一致性。

作为企业资源整合的重要战略途径,联盟战略也可以给企业带来获取收益与

---

① 资料来源:https://wenku.baidu.com/view/80c397d480eb6294dd886cdc.html。

规避风险等方面的诸多战略利益。例如,通过战略联盟的合作伙伴关系可以有效地助力企业提升自己的综合竞争力。在科技日益发展的今天,技术的更迭速度加快,技术积累与知识分散化之间的矛盾往往制约着企业的核心力量发展,已经没有哪个企业能够长期拥有某种产品的全部最新技术,企业单纯依靠自己的能力已经很难掌握竞争的主动权并且可能面临很大的投资和经营风险。为此,通过战略联盟的方式挖掘外部可利用资源、实现内外部资源的优势相长是一个不错的选择。通过战略联盟可以方便地实现单个企业无法企及的重要项目(如持续高投入的研发项目等),同时还能有效地防范因技术转型带来的潜在风险。这不仅是企业本土经营必须面临的问题,也是当前技术与市场的全球化特点对企业提出的要求。企业通过战略联盟的方式还可以有效地拓展新的市场,实现战略定位的转移。战略联盟往往可以有效地使企业以较低的成本跨越进入新市场的壁垒,获取时间上和空间上的竞争优势。

例如,20世纪80年代中期,摩托罗拉开始进入日本的移动电话市场时,由于日本市场存在大量正式、非正式的贸易壁垒,使摩托罗拉举步维艰。1987年,它与东芝结成战略联盟制造微处理器,并由东芝提供市场营销帮助。此举大大提高了摩托罗拉与日本政府谈判的地位,最终获准进入日本的移动通信市场,成功地克服了日本市场的进入壁垒。

再如,改革开放以来,我国汽车制造企业开始与海外跨国车企集团合作生产汽车,大多建立了战略联盟的合作伙伴关系。例如,一汽集团同时与通用、丰田、大众、马自达等多家跨国企业组建制造性联盟,上汽集团与大众、通用、菲亚特、伟世通等建立了战略联盟合作伙伴关系。自主品牌中,奇瑞、吉利等也纷纷与海外车企建立战略联盟,如奇瑞提出的"以我为主,融合世界先进资源"理念,吉利提出的与"海外技术提供商和关键供应商打造命运共同体"的理念等进一步说明了战略联盟对于我国企业更好地获取和利用国际资源的重要性。

此外,战略联盟还可以有效地防止行业内的过度竞争,在保证联盟各方利益平衡的基础上,相互制衡,这就是我们常说的双赢的局面。例如,世界石油产业中最大的OPEC组织就是各大石油生产国为了避免彼此之间的过度竞争,通过协议合作的方式控制产量、保证石油价格和各自的收益。

由于战略联盟的松散性,如何处理好战略联盟成员之间的关系就成了做好战略联盟中需要考虑的重要问题。针对这一问题,本书提出了处理好关系的"三个要点",见9.10节阐述。

联盟成员的选择与联盟的控制

除了联盟成员之间的关系问题外,联盟成员的合理、正确选择也是实施联盟战略时必须考虑的重要问题。因为在很多情况下,联盟间经常会因为文化的差异难以融合到一起。由于联盟的松散性及缺乏有效的约束和控制力导致处理伙伴关系时往往显得有些僵化,互不信任、利益本位主义、自我山头主义等思想观念仍然客观存在,进而容易导致联盟关系的破裂或者联盟关系有名无实。因此,企业在选择联盟对象时,应特别注意评估各方面的兼容性问题,如文化的兼容性、战略的兼容性、组织管理的兼容性、业务活动的兼容性及其他活动的兼容性等。

此外,因为联盟松散性的特征,在建立联盟关系时,还应合理拟定联盟的控制方式,是选择股权控制方式还是非股权控制方式,一定要认真把握。

9.10 处理好关系的"三个要点"

尽管联盟战略有着诸多优点,但因为联盟关系的松散性,企业做好联盟战略的首要前提是处理好联盟伙伴之间的关系。

一般来讲,处理企业与企业之间的关系同处理人与人之间的关系本质上相同,都需要把握最基本的**"三个要点"**,即**"信息透明、收益共享、风险共担"**,如图 9-10 所示。这"三个要点"同样适用于处理部门之间的关系、处理岗位之间的关系等各种情况。

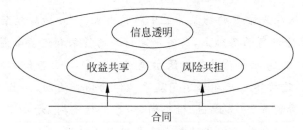

图 9-10 处理好关系的"三个要点"

在信息透明、收益共享与风险共担这三个要点中,哪一个是前提,哪一个是结果呢?肯定有读者认为信息透明是收益共享与风险共担的前提。那么,联盟伙伴为什么愿意对我们信息透明呢?就像两个人交朋友一样,彼此为什么愿意把自己的信息、内心深处的秘密毫无保留地告诉对方?显然,愿意把自己的信息毫无保留地告诉对方(信息透明),前提是彼此之间能够做到"收益共享、风险共担",换句话说就是彼此信任,不会觉得这样做不安全。因此,在这三个要点中,收益共享、风险共担是信息透明的前提。

从另一个角度讲,实现信息透明可以说是联盟成员之间处理好关系的目的。因为合作伙伴之间如果能够实现信息的充分透明,就可以有效地提升联盟供应链网络的运行效率,降低各环节的成本。

全球最大的日用品制造企业宝洁与全球最大的商业零售企业沃尔玛的合作并非一帆风顺。曾几何时,有着"自我扩张欲的家伙"之称的宝洁与沃尔玛经历过长时间的"冷战"。宝洁总是企图控制沃尔玛对其产品的销售价格和销售条件,而沃尔玛也不甘示弱、针锋相对,威胁要终止宝洁产品的销售,或把最差的货架留给它。

当然,双方很快认识到深度合作的好处。1987年,为了寻求更好的方式以保证沃尔玛分店里帮宝适婴儿纸尿裤的销售,宝洁负责客户服务的副总裁拉尔夫·德赖尔(Ralph Drayer)和沃尔玛的老板山姆·沃尔顿(Sam Walton)终于坐到了一起。那一时刻被认为是协同商业流程革命的开始。

宝洁-沃尔玛模式的形成其实并不复杂。最开始时,宝洁开发并给沃尔玛安装了一套持续补货系统,具体形式是:双方企业通过EDI(电子数据交换)和卫星通信实现联网,借助这一信息系统,宝洁除了能迅速知晓沃尔玛物流中心内的纸尿裤库存情况外,还能及时了解纸尿裤在沃尔玛店铺的销售量、库存量、价格等数据。这样不仅能使宝洁及时制订符合市场需求的生产和研发计划,也能对沃尔玛的库存进行单品管理,做到连续补货,防止出现商品结构性机会成本(滞销商品库存过多,畅销商品断货)。

而沃尔玛则从原来繁重的物流作业中解放出来,专心搞好销售活动,同时在通过EDI从宝洁获得信息的基础上,及时确定商品的货架和进货数量,并由MMI(制造商管理库存)系统实行自动进货。沃尔玛将物流中心或者仓库的管理权交给宝洁公司代为实施,这样不仅沃尔玛不用从事具体的物流活动,而且由于双方企业之间不用就每笔交易的条件(如配送、价格问题)等进行谈判,大大缩短了商品从订货经过进货、保管、分拣到补货销售的整个业务流程的时间。

具体作业流程是:沃尔玛的各个店铺都制订了一个安全库存水平,一旦现有库存低于这个水平,设在沃尔玛的计算机通过通信卫星自动向宝洁的纸尿裤工厂订货。宝洁在接到订单后,将其订购的商品配送到各店铺并实施在库管理。与整个商品前置时间缩短相适应,两个企业之间的结算系统也采用了EFT(电子基金转换)系统。利用这种系统,企业之间的财务结算不需要传统的支票等物质形式,而是通过计算机及POS终端等电子设备来完成。事情正如山姆·沃尔顿对拉尔夫·德赖尔所说的:"我们的做事方式都太复杂了。事情应该是这样的——你自动给我送货,我按月寄给你账单,中间的谈判和讨价还价都应该去掉。"

在持续补货的基础上,宝洁与沃尔玛合力启动了协同计划、预测和补货(collaborative planning, forecasting and replenishment, CPFR)流程。这是一个拥有 9 个步骤的流程,从双方共同的商业计划开始,到市场推广、销售预测、订单预测,再到最后对市场活动的评估总结,构成了一个可持续提高的循环。流程实施的结果是双方的经营成本和库存水平都大大降低,沃尔玛分店中的宝洁产品利润增长了 48%,存货接近零。宝洁在沃尔玛的销售收入和利润也大幅增长了 50% 以上。

宝洁和沃尔玛除了合力启动 CPFR 外,还采取了供应商管理库存(VMI)模式。供应商管理库存是一种非常重要的管理模式,它是将买方的库存管理业务外包给供应商的一种库存管理模式,库存的物资仍属于下游买方企业,只是由上游的供应商来管理,下游的买方企业需要向上游供应商支付一部分管理费用。

供应商管理库存模式与传统的库存管理模式在理念、方法及效果等方面存在本质差异,如表 9-4 所示。

表 9-4　VMI 与传统库存管理模式的比较

比较的方面	传统库存管理模式	供应商管理库存(VMI)模式
买卖双方信息透明程度	客户一般不愿共享自己的信息,供应商很难获取客户的信息	供应商可以实时了解客户的库存水平、物资的使用情况等相关信息
库存计划	客户根据自己的实际情况制订库存计划	供应商根据双方协议制订库存计划
采购订单	客户根据自己的库存情况进行采购订单的设计和投放	采购订单由供应商投放,客户只需提供需求预测和要货申请
库存补充	补货时间、批量等由客户确定	补货时间、批量等由供应商确定

可以看出,在传统的库存管理模式中,采购订单显然是由客户投放的,客户根据自己的需求情况进行采购计划的编制;而在 VMI 模式下,客户的采购订单则是由上游的供应商投放的,客户只需要对市场需求进行简单的预测。在传统采购模式下,客户只有在需要时才将采购订单发给供应商,而且一般情况下不会主动与供应商共享需求和预测信息;而在 VMI 模式下,供应商可以实时了解客户的库存水平,也可以掌握客户存货的使用时间、地点及数量等相关信息。

在传统的库存管理模式下,客户投放订单的时间、订单批量的大小及交货需求时间全部由客户确定,供应商只能被动地接受采购订单;而在 VMI 模式下,订单的投放时间和订单批量的大小均可以由供应商决定,并按照客户需求日期及时补货。

在传统的库存管理模式下,客户负责维护库存计划;而在 VMI 模式下,库存计划是由供应商根据双方协议确定的。显然在 VMI 模式下,供应商获取了更多下游客户的信息,因而也具有更高的管理库存的自主权。①

显然,在 VMI 模式下有一个重要的问题需要讨论。例如,沃尔玛的商品库存由宝洁进行管理,如果沃尔玛门店商品缺货或者库存积压,那么这一损失的风险由谁来承担呢?如果仅由上游供应商宝洁来承担,显然宝洁不会愿意采取 VMI 模式与沃尔玛合作,唯一的解决途径就是由双方共担风险。因此,我们可以说收益共享与风险共担是企业之间合作的前提,是合作企业双方(或多方)实现信息透明的前提。

在现实管理过程中,合作各方的收益共享与风险共担靠什么来约束呢?显然,只有通过合同。因此,在制定联盟协作合同条款的时候,应同时考虑收益因素和风险因素。

9.11 外包战略

在企业的资源整合战略中,除了并购战略与联盟战略外,外包战略也是一个重要的途径。外包(outsourcing)是企业利用外部资源为企业内部的生产经营活动服务的过程,并且该服务活动与企业内部活动相互关联或衔接。

一般来讲,企业内部的活动都可以采用外包的方式来完成,因而可以形成各种类型的外包,如生产外包、服务外包、研发外包、采购外包、信息系统外包、物流服务外包、客户关系服务外包、售后服务外包等。

企业通过外包可以有效获取外部资源,从而有利于企业分散风险,开拓市场,促进产品或服务生产流程的优化,获取专业化服务和配套支持,优化人力资源结构及企业资本结构,有效地实现质量、成本、交货期之间的协同与匹配,增强企业的核心竞争力等。

需要注意的是,外包可以是双向行为:一方面企业可以将业务外包给其他企业完成;另一方面,企业也可以利用自身的资源优势,外包其他企业的业务来完成。外包是社会经济发展进步的产物,是社会化分工进一步深化的产物(如当前非常普遍的第三方物流服务外包等)。通过外包,企业可以涉足自身资源无法企及的活动领域,使社会资源得到充分利用。接下来我们以怡亚通外包业务为例来说明当前企业外包程度的广度和深度。

深圳市怡亚通供应链股份有限公司(以下简称"怡亚通")作为一家 O2O 供应链生态公司,专注于为各类企业、客户、增值服务商、商店及其消费者提供有竞争力

---

① 资料来源:百度百科:宝洁-沃尔玛模式。

的供应链解决方案、生态产品和服务,并致力于构建一个无边界的共享共赢的商业世界,让生态圈的所有参与者获得最经济、最大限度的成长。

如图 9-11 所示,怡亚通的客户企业只关注两块核心业务:产品研发、产品战略及实施;营销研发、营销战略及实施。这两块核心业务正好对应着微笑曲线的两端——研发和市场,占据高利润环节。中间生产制造等环节由于涉及业务较多且利润较低,则通过签订一揽子外包合同全部外包给怡亚通。怡亚通接受这些外包业务后,需要构建一站式供应链管理服务平台,所涉及的业务非常多,如供应链联盟的设计、采购执行、分销执行、国际采购、供应商管理库存、保税物流平台、进出口终端、国际配送等。显然,各种业务的实现均需要各方面人才的配合与支持。

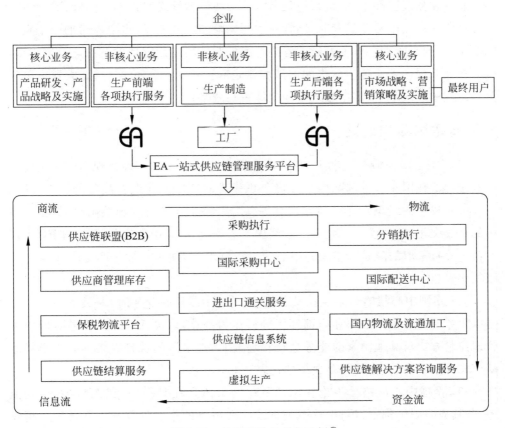

图 9-11 怡亚通外包业务示例①

---

① 资料来源:http://www.eascs.com/.

9.12　国际化与全球化战略

企业国际化战略是企业在本土之外的国家或地区拓展业务的战略。随着企业实力的不断壮大或者国内市场的逐渐饱和，向本土以外的市场拓展，获取海外资源是企业进一步发展壮大的重要选择。

企业采取国际化战略可以拓展新的市场、扩大规模，有助于企业获取新的资源、学习先进国家的技术与管理经验、规避地区风险等。

如前所述，任何企业在进行任何战略决策时，考虑的都是收益与风险的权衡关系。企业在拓展国际市场、进行海外市场业务的经营管理时也不会例外。

企业在涉足国际化经营时，结合收益与风险的综合考虑，需要探讨的一个重要问题是，如何平衡本土业务的经营管理与海外业务的经营管理的关系。一般来讲，从分布在不同国家业务主体之间的战略制定和执行关系的角度分析，大致可以划分为本国中心战略、多国中心战略和全球中心战略。

三种基本国际化战略

（1）本国中心战略。这是总部经济在国际化战略中的一种体现形式。企业在以其总部所在国家的外部和内部环境分析作为制定国际化经营战略的基点，并试图以统一集中的组织管理控制方式对所有国家的业务进行管理控制时（如统一集中的企业文化、管理模式、制度标准、流程工艺等，统一集中的产品设计、采购、生产和销售等），采取的就是以本国为中心的战略模式。沃尔玛、麦当劳、亚马逊等是典型的代表企业。

（2）多国中心战略。企业在其他国家（东道国）开展业务时，若其战略的制定是以业务所在国家的外部和内部环境分析作为基点，以灵活、多样、有差异的组织管理控制方式对其他国家的业务进行管理控制，则采取的就是以多国为中心的战略模式。家乐福、肯德基等是典型的代表企业。

（3）全球中心战略。不论在总部所在国家还是在其他国家（东道国）开展业务，若其战略制定都是以对全球范围下统一大市场的企业外部和内部环境分析作为基点进行的，以国家之间的关联性、动态性、灵活性作为重要特点，对全球范畴内的业务进行组织、管理和控制，则采取的就是以全球为中心的战略模式。空客、波音、苹果等是典型的代表企业。

随着人类社会的进步、世界科技与经济的进一步发展及世界经济一体化格局的加速形成,全球中心战略的主导思想无疑是企业应该关注的发展方向。可以说,国际化战略向全球化战略发展是一个必然的趋势。

国际化战略选择参考矩阵

上述三种战略各有其优缺点,企业在选择时必须有所侧重,可以参考如图 9-12 所示的国际化战略选择参考矩阵。

图 9-12　国际化战略选择参考矩阵

图 9-12 的横坐标为企业国际化业务的成熟程度(这里的成熟程度对于技术性产品而言,多指技术及其相关管理的成熟程度;对于服务等非技术型产品而言,多指流程及其相关管理的成熟程度),纵坐标为企业与同业比较的竞争力。

通过分析图 9-12 可以得出如下结论:

当企业国际化业务的成熟程度处于创新阶段时,同业(相同或类似业务)竞争力强的企业适合采取本国中心战略来拓展业务,而同业竞争力较弱的企业则不适合开展国际化经营,应先做好本国市场。

当企业国际化业务的成熟程度处于修正阶段时,同业竞争力强的企业适合采取多国中心战略来拓展业务,而同业竞争力较弱的企业则适合采取本国中心战略来拓展业务。

当企业国际化业务的成熟程度处于完善阶段时,同业竞争力强的企业适合采取全球中心战略来拓展业务,而同业竞争力较弱的企业则适合采取多国中心战略来拓展业务。

当企业国际化业务的成熟程度处于衰落阶段时,同业竞争力强的企业适合采取本国中心战略来拓展业务,而同业竞争力较弱的企业不适合开展国际化经营,应在本国市场经营。

当然,由于企业的业务不同,开展国际化经营的动机与时机不同,因此可以选择不同的途径,如商品直接出口、通过许可协议经营、特许经营、成立合资企业、在海外独资设立公司及成立战略联盟等方式开展国际化经营。

9.13 经典方法——钻石模型

国际化战略可以给企业带来一定的战略利益,但是企业的某种业务是否适合走国际化战略的道路?适合去什么样的国家开展国际化经营?目标国家中该行业的竞争实力如何?需要对不同国家目标行业的整体状况进行分析,才能做出合理的决策,在获取收益的同时尽量规避强竞争带来的风险。

波特钻石模型(Michael Porter Diamond Model),又称钻石理论及国家竞争优势理论,是迈克尔·波特于 1990 年在《国家竞争优势》一书中提出的,用于分析一个国家如何形成整体优势,从而在国际上具有较强的竞争力。波特希望确定在国际经济和贸易竞争中,为什么有的国家成功了,而有的国家却失败了。

波特认为,决定一个国家某种产业竞争力的有四大要素,分别为公司战略结构和同业竞争、要素禀赋、需求状况、相关行业和支持产业。在四大要素之外还存在两大变数:政府与机会。其关系如图 9-13 所示,因其形似钻石,因而被称为钻石模型。

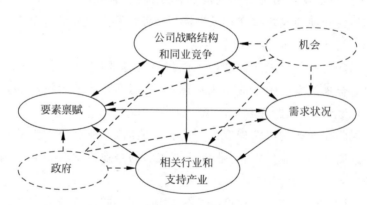

图 9-13 钻石模型

波特指出:在这四大要素中,公司战略结构和同业竞争是一个国家内支配企业创建、组织和管理的条件,也是国内同业竞争的本质。该要素需要从两个方面理解。其一,不同国家的管理意识形态不同,这些管理意识形态可能有助于也可能妨碍企业形成竞争优势。其二,一个行业中存在激烈的国内竞争与该行业中的企业保持竞争优势二者之间有着密切的、相辅相成的联系。例如,激烈的国内竞争引导企业努力寻求提高生产与经营效率的途径,反过来促使它们成为更好的国际竞争企业。国内竞争给企业带来创新、改进质量、降低成本、加大对高级生产要素的投资力度等一系列压力,这一切都有助于打造具有国际竞争力的企业。

波特指出,要素禀赋是一个国家中的生产要素状况,包括人力资源、天然资源、知识资源、资本资源、基础设施等。要素按等级划分成基本要素(或初级要素)和高级要素两大类,前者包括自然资源、气候、地理位置、人口统计特征,后者包括通信基础设施、复杂和熟练劳动力、科研设施及专门技术知识。

一般来讲,高级要素对竞争优势具有更重要的作用。例如,日本作为一个严重缺乏可耕地和自然矿产资源的国家,通过国民教育投资,创造了丰富的高级才能要素。事实上,日本拥有的庞大的工程师队伍(其人口占比大大超过美国,排在世界前列),是日本在许多制造行业取得成功的关键。

波特指出,需求状况主要是指本国的市场需求情况。国内需求在刺激和提高国家竞争优势方面具有重要作用。一般来说,企业对最接近的顾客的需求反应最敏感。因此,国内需求的特点对塑造本国产品的特色、产生技术革新和提高质量的压力起着非常重要的作用。一个国家的消费者如果是成熟复杂和苛刻的,则有助于该国企业赢国际竞争优势,因为成熟复杂和苛刻的消费者会迫使本国企业努力达到产品高质量标准和进行产品创新。日本国内成熟复杂和高知识水平的照相机购买者就刺激了日本照相机工业不断提高质量,不断推出革新型号。

波特指出,相关行业和支持产业在高级生产要素方面投资的好处将逐步外溢(影响和作用)到本行业中,从而有助于本行业取得国际竞争的有利地位。瑞典在制造组装金属产品(如滚珠轴承、切割工具)领域的优势依靠的便是瑞典自身特种钢工业的技术力量。直到20世纪80年代中期都处于世界领先地位的美国半导体工业技术,是美国个人计算机及其他一些技术先进的电子产品取得全球性成功的基础。

在四大要素之外还存在两大变数:政府与机会。机会有时是无法控制的,政府政策的影响是不可忽视的,机会与政府都会对其他四个要素产生影响。

9.14 生态战略(多元化生态战略)

企业的生态战略源于人们对自然界生态系统的构成及运行特点的认识和借鉴。在自然界中,生态系统具有很多优点,可以运用到企业管理实践中。

自然界生态系统与特征

众所周知,任何一个自然界的生态系统都包括系统内部和系统外部两大范畴。

在系统内部,又由生物和非生物两大类要素组成。生物类要素一般包括生产者(如绿色植物、光合细菌等能创造有机物供其他生物生存的要素)、消费者(以其他食物或有机物为食物的生物,除生产者以外的所有生物)和分解者(如某些原生动物和腐食动物,把复杂的有机物分解为简单化合物,最终成为无机物质,归还到环境中,供生产者再度吸收利用);非生物类要素是生态系统中生物类要素赖以生存的物质与能量的源泉和基础,如太阳辐射、无机物及连接生物与非生物要素的有机物(如蛋白质、糖类、脂类和腐殖质等)。

生态系统中的各种生物要素根据食物关系可以形成食物链,如虫子吃植物、鸡吃虫子、老鹰吃鸡等。其中,虫子、鸡、老鹰等都属于生态系统中的消费者,一种消费者通常不只吃一种食物,而同一种食物又可能被不同的消费者所食,因此各食物链又相互交错,形成复杂的食物网。

可以说,生态系统的存在与运行支撑着大千世界的运转。生态系统往往具有开放性、动态性、自我调节性、发展和演化性等特征。这些特征对于企业打造企业生态系统、提升综合竞争优势具有重要的意义。

企业生态系统

企业将自然生态系统的架构和特点运用于自身,可以构建具有类似功能的企业生态系统,如图9-14所示。企业生态系统具有如下明显的特征。

(1) 平台开放性。企业的生态系统是一个开放的系统,其作为一个整体,与外界进行着交换,如物资的交换、资金的交换、信息的交换及人员的交换。这些交换支撑着整个生态系统的动态运营。

(2) 系统的多重性。企业的生态系统并非只有一层生态关系的系统,内部还有嵌套的各级子系统。各个子系统也构成了生态系统,该子生态系统也是开放的系统,同外界进行着物资的交换、资金的交换、信息的交换及人员的交换。这些交换在保证各子系统正常运营的同时,也实现了企业整体生态系统内部资源的动态调整和优化。

(3) 多元互联性。企业生态战略是多元化战略的一种体现形式。企业生态系统虽然属于多元化战略,但各种生态业务之间具有明显的互联关系。

在传统的多元化战略中,除了相关多元化战略中的业务有一定关联性外,其他多元化业务之间缺乏关联性,强调的更多是通过业务的多元与企业整体规模的扩大获取收益和规避风险,没有过多地考虑各业务之间如何形成一个相辅相成的闭环系统的问题。而生态战略则将企业的所有业务通过"生态"关系进行了关联。关

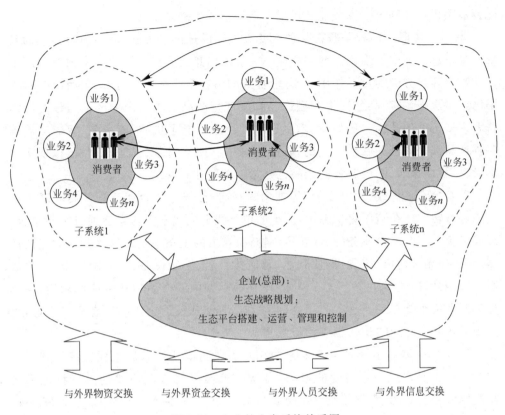

图 9-14 企业的生态系统关系图

联性主要体现在需求关联、内容关联、产品关联和数据关联四个方面,这四个方面是生态战略的核心要素。

① 需求关联。生态系统中不同业务的需求之间具有很强的关联性,这是发挥生态系统不同业务之间协同效应(1+1>2)的关键。以小米的智能生态为例,消费者在使用智能手机业务的同时也有智能家居业务方面的需求,因此小米手机业务与小米智能家居业务之间形成了需求关联。

② 内容关联(信息关联)。生态业务之间的需求关联是通过内容关联支撑起来的。例如,消费者在使用智能手机的过程中,除了需要智能手机提供的服务内容(咨询、社交、金融、办公等)外,要想通过智能手机控制家里的智能家居设备(智能电视、智能空调等),必须在内容上同手机业务的内容进行衔接,并且这种内容的衔接关系是双向的。例如,在乐视生态中,乐视影视资源内容同社交内容形成了强关联关系。又如,消费者在通过智能手机中的微信进行社交的同时,通过对微信中营销内容的浏览和交流,再通过使用线上支付内容,实现了电子商务业务的开展,因

此智能手机业务和电子商务业务可以方便地形成生态系统。

③ 产品关联。内容关联在某种程度上可以说是信息关联,因为内容传递的基础就是信息。但我们强调内容关联而不建议用信息关联是为了更加突出"内容"设计在吸引客户方面的重要作用。不过,再好的内容最终都要靠"产品"发挥作用(本书已经多次强调,产品包括生产型产品和服务型产品两类),因为产品是最终给消费者带来价值的载体。例如,小米生态中的小米智能手机、智能音响、智能家居等各种产品都是紧密关联在一起的,谷歌生态中的搜索引擎、智能汽车、虚拟现实终端设备、智能家居、图像服务等产品也是紧密关联在一起的。

随着"新零售"或"无界零售"等理念的兴起,传统零售企业逐渐开始向新零售生态进行转型。在新零售生态中,传统的单一线上或线下零售渠道通过重新整合,形成了包括多个零售业务种类(新零售物种)在内的生态系统。这些物种对应的诸多产品(如无人超市、售货机、便利店、智能体验店、终端设备、无人配送设备、物流服务等)共同构建了生态系统。例如,便利蜂生态中的产品包括智能便利店、蜂小柜和便利单车等产品。这些产品之间的关联不仅实现了企业的生态战略定位,也实现了各业务之间的相辅相成和资源共享。

④ 数据关联。上述各方面要素的相互关联离不开背后的重要支撑手段——数据。数据是通过一定时间的累积,可从中挖掘出某方面规律的具有特定形式与规则的信息。在生态战略中,数据与其他三方面要素之间的关系如图 9-15 所示。

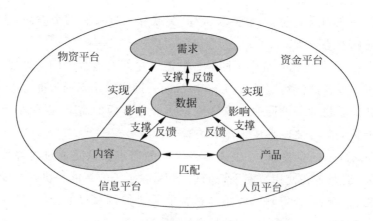

图 9-15　生态战略核心要素之间的关系

通过分析图 9-15 可知,生态系统中各业务的相关运行数据支撑着业务的需求、内容及产品,而消费者的不同需求是通过不同的内容与产品实现的。反过来讲，消费者对内容与产品的满意程度、反馈情况等数据又影响着业务内容与产品的开发和设计。因此，如果能够从不同生态业务中挖掘出数据的运行规律，并将其运用到各业务内容和产品的规划设计过程中，必将对整个生态系统产生重要的影响。

面对强大的谷歌生态，苹果已经大幅落后①

据 CNET 北京时间 2018 年 5 月 22 日报道，在上周的 Google I/O 大会上，搜索巨头谷歌通过 Google Assistant 在 AI 上大步前进，其 Google Lens 在图像搜索和探测方面大展身手，Instant Apps 则重新定义了网页搜索，谷歌甚至在自己擅长的搜索业务中加入了找工作的功能。换句话说，谷歌的生态将大大超越苹果搭建的软硬件整合帝国，毕竟苹果在 Siri、VR、智能家居和汽车上都已经大幅落后。

谷歌的方式很明确，即通过深度吸引数据信息来抢占其他公司赖以生存的平台，与其相比苹果的控制欲更强。

当然，6 月 5 日苹果就要召开 WWDC 了，它可能会利用这次开发者大会还以颜色。下面我们就来看看为何苹果会感到震动？为何它该在 WWDC 上奋起反击？

谷歌已经在以下领域战胜了苹果。

虚拟助手：谷歌的语音搜索工具早就超越了 Siri，它更加准确而且回应更加智能。在下一代的 Assistant 中，虚拟助手还能通过 Google Lens 帮你鉴定物品，用 Assistant 订外卖也不在话下。最恐怖的是，谷歌将这些功能都开放给了 iPhone 用户。

智能家居：苹果的智能家居产品现在框架还没搭好，而谷歌在 I/O 大会上的一系列提升却让 Google Home 完美超越了业界领头羊 Echo，除了能分辨用户，还能实现免提电话功能。

图像：Google Photos 这次有了许多酷炫的升级，但最重要的还是 Google Lens 功能的加入，它让摄像头变得更智能，而且与 Photos 和 Assistant 深度融合。

VR 和 AR：虽然传说中苹果将在新款 iPhone 中加入 AR 功能，但谷歌早就先行一步，更新了自家的 VR 设备并推出两款 AR 手机。

Chrome：在浏览器上面谷歌再次显示了自己的大度，它不但能在安卓上使用，还能在 iPhone 上使用，谷歌甚至宣布 Chrome 登上了 VR 平台。

---

① 资料来源：https://www.cnbeta.com/articles/tech/614631.htm，有删改。

智能汽车：谷歌这次不再强调深耕多年的 Android Auto 了，而是要直接深入车辆内心，通过 Assistant 控制一切，而且谷歌已经找到了沃尔沃和奥迪两大合作伙伴。

搜索和数据库：谷歌还加强了自家的搜索工具和庞大的数据库，通过谷歌搜索找工作功能的加入恐怕连领英都会害怕。

面对这样气势汹汹的谷歌，苹果当然可以奋起反击。

举例来说，苹果的信息应用虽然没有脸书（Facebook）强大，但比一直迷茫的谷歌有优势，同时它们有足够海量的用户基础。此外，苹果的软件更新迭代快，不存在安卓的碎片化问题。

在搜索上，苹果可能永远也赶不上谷歌，但在 VR、AR 和智能家居上，还是有可能完成追赶的。

不过，留给苹果的时间不多了，如果继续犹豫不决，恐怕就要错失机会了。

（4）业务聚集性。由图 9-14 可以看出，在企业的生态系统中，不同的业务之间具有聚集性的特点，聚集到一起的多个业务将形成子生态系统。对于子生态系统而言，系统内部各业务在需求、内容、产品和数据方面的关联性较强。而各子系统之间，在需求、内容、产品和数据方面也具有一定的关联性。

例如，阿里巴巴的战略生态系统涉猎广泛，其资本参与并购、投资或战略投资的公司较多，如美团点评、Snapchat、滴滴出行、陌陌、36 氪、优酷土豆、饿了么、高德地图、UC 浏览器、豌豆荚、优酷土豆、虾米音乐、巨人网络、圆通、华谊兄弟、邮储银行、博纳影业、苏宁云商、第一财经、微博、魅族、Magic Leap 等。可以说，阿里巴巴的生态系统中不乏金融子系统、电商子系统、物流子系统、影视子系统、出行子系统、娱乐子系统、社交子系统、教育子系统、医疗子系统、企业服务子系统等。

相对而言，各子系统内部的各种业务之间的关联性更强，如阿里的电商子系统中有淘宝、天猫、聚划算、一淘、1688 等业务，而这些业务之间可以方便地实现需求、内容、产品和数据上的关联。例如，淘宝上的商家可以直接在子系统中的 1688 上进货，共享数据，使生态系统的效率得到有效提高。

（5）客户参与性。生态战略的另一个重要特征是客户的参与性。换句话说，消费者是被纳入企业生态系统中的，已经成为企业生态系统中不可或缺的重要组成部分。将消费者纳入生态系统，而不是作为生态系统的供给对象，其目的就是将消费者对生态内容、生态产品及生态架构的关联性的认知与诉求融入企业生态系统的构建和运营中，从而不断改进、发展和演进生态系统，使其日臻完善。

（6）自我调节性。企业生态系统是一个由各种关联关系构建起来的有机的整体系统,具有牵一发而动全身的特点。生态系统的一大特点是自我调节性。自我调节一般体现在两个方面:一是生态系统内部的自我平衡、协调发展;二是生态系统具有自我修复的能力。通过自我平衡、协调发展不断调整内部的子系统结构、业务结构、业务内容及产品特征,以不断适应外界环境变化及系统内部消费者的动态性需求。由于系统内部的复杂关联性,自我修复能力会对局部或者整体面临的问题进行修复,不断增强系统的灵活性和运行的稳健性。

华为与小米的 IoT 生态之争[①]

2020 年 6 月 10 日,雷军在其抖音官方账号发布了一条短视频,不到一分半的视频,可以看到小米的 IoT 产品,覆盖了客厅、厨房、卧室等几乎所有日常家居场景。在国内手机厂商中,小米最先入局 IoT 领域,如今 IoT 与生活消费类产品早已成为小米的重要营收业务。

当下小米在 IoT 领域的领先地位,与当年雷军的超前战略有着不可分割的关系。早在 2013 年下半年,小米就开始着手打造 IoT 生态。小米采用"投资不控股"的独特方法,通过投资+孵化的形式,快速布局 IoT 生态。当时,小米还立下 5 年投资 100 家生态企业的目标,并让时任小米副总裁的刘德组建了投资团队,开始培养 100 家生态链公司。通过这一独特方法,小米在 IoT 领域的触手越伸越长。到 2016 年年底,小米生态链已经拥有 77 家企业,整体销售额突破 100 亿元。

尽管小米很早就已入局 IoT 领域,但始终绕不开华为这一劲敌。2018 年年底,华为已经连接了超过 3 亿台设备、2 亿个家庭,同时全球已有 100 多个品类的 200 个厂家加入了华为的 IoT 生态。3 个月后,华为消费者业务 CEO 余承东首次在真正意义上对外阐述了华为的 IoT 战略,并宣布华为 IoT 生态战略全面升级为全场景智慧生活战略。这一战略直观体现为 1+8+N 的三层产品结构生态。

不同于小米的生态链方式,华为选择自主研发制造包括手机与各种入口智能设备在内的"1+8"核心产品,在此基础上,通过 HiLink 标准协议和 HiAi 云计算技术进行赋能,将 IoT 平台开放给所有硬件厂商。高额的研发投入也为华为带来了其他手机厂商无法比拟的优势。目前在 IoT 生态技术水平上,华为 IoT 系统已经形成芯、端、云三个层面的领先优势,并已经向全球合作伙伴开放赋能。

2019 年 8 月,在华为全球开发者大会上,华为还正式发布了鸿蒙操作系统。这款基于微内核的面向全场景的分布式操作系统将首先应用在智能手表、车载设

[①] 资料来源:https://ishare.ifeng.com/c/s/7xGW3AXsA88,有删改。

备等智能终端上。与此同时,为了抢占家庭智能终端入口,华为还在发布会上推出了华为旗下第一款55寸智能屏。目前作为华为 IoT 领域重要产品的智慧屏,在线下门店被与手机、平板等产品共同放置在显眼区域。在某些门店还搭建了家庭场景,以更好地展现智慧屏。

(7) 动态演进性。通过上述分析可知,任何一个企业的生态系统内部都存在复杂的关联关系和影响关系。同时,企业生态系统与外部环境之间及其他企业的生态系统之间也存在广泛的联系和相互影响关系。因此,企业的生态系统必将随着一定的内外部环境及条件的变化而不断地自我更新、发展、完善和演化。这种动态的演进性贯穿企业生态系统的生命周期,是生态系统适应环境变化的必然要求。

案例研讨 9-1

丰田质量事件①

2010年年初,丰田汽车陷入危机,召回门、爬坡门、漏油门、生锈门等接连发生。此时,丰田刚从通用汽车手中抢过世界第一的宝座。尽管这些都是刚上任的丰田新社长丰田章男所无法预料的,但他曾看到苗头。他在上任3个月后的一次演讲中说:"我在按动汽车喇叭告诉大家,车子已经开到了悬崖边上。"为什么丰田章男在这个时候发表了这样的言论?

此前一段时间,丰田极其专注地跟美国通用抢老大、抢市场。2008年,通用在百年华诞之际败北了,丰田如愿以偿地坐上了全球第一把交椅。然而,在全球开始走出金融危机阴影的2009年,丰田却从天堂掉到地狱。截至2009年3月31日,丰田亏损77亿美元,较2007年188亿美元的盈利,无疑有天壤之别。这直接导致了当时的社长渡边捷招在2009年辞职,丰田家族第四代传人丰田章男接任。这时的丰田不仅背负着巨额债务,还面临2009年竞争更加白热化的全球汽车市场。有网站评论:丰田神话的褪色,远快于缔造神话的速度,要保住丰田神话,丰田章男的首要任务是找出问题究竟出在哪里。

丰田神话得益于丰田生产方式,这种生产方式就是被很多制造企业顶礼膜拜的精益管理。精益管理的核心是成本控制,把所有零部件分类,集中大规模生产并且安装到全球的车型中,从而降低成本。丰田前社长奥田硕、张富士夫、渡边捷昭都是这种管理方法的实践者。奥田硕在任时不断开发新车型,研发低成本发动机。

---

① 资料来源:央视财经频道《商道》节目,有删改。

奥田硕的继任者张富士夫则注重培养每一位员工降低成本的意识。张富士夫的继任者渡边捷昭更是被誉为成本杀手，他通过压缩成本为丰田节约了700亿美元，被称为拧干毛巾上最后一滴水的人。然而如今丰田章男不止一次地承认，曾经被众多企业顶礼膜拜的商业宝典已经成了导致其深陷泥潭的导火索。

丰田章男说，丰田的问题是原则混淆，曾经的安全第一被偷换为利润第一。这就直接导致主导思想被理解为"车过得去就行，钱要大把大把赚"。其实每一个正常的企业都会不断寻求控制成本，成本减少直接意味着利润增加，这完全符合商业逻辑，也不违背商业道德。但今天面对的并非要不要控制成本的问题，而是如何控制成本的问题。至少在攸关生命的汽车、食品等行业，成本控制的前提必须是安全第一。

不过丰田章男在刚上任的时候并没有意识到这一点。为了扭亏为盈，面对巨额亏损，丰田章男开出的"药方"依然是降低成本。2009年年底，有日媒报道说丰田计划把零部件采购成本再降低30%。这种压缩零部件供应商利润空间的做法或许不会遭到抵制，因为丰田对于每一个供应商来说都是超级客户。但丰田要维持利润，供应商也要维持自己的利润。如果答应了丰田，供应商就不得不想一些新的办法，如使用不一样的原材料，选择更方便、更快的生产方式等。长此以往，势必造成丰田汽车的整体质量下降，出现质量问题在所难免。比如说为了降低成本，丰田甚至把汽车车门的扶手型号由原来的35种减少到3种。就是这种为了降低成本，让多款车型共用一个平台、使用一种零部件的做法，致使这次全球召回多达800多万辆汽车。道理很简单，零部件共用在不出事的时候确实节约成本，可是一旦出现问题，影响极其恶劣。

另外，很多评论家也认为，丰田文化中有一些过时的东西，如等级森严和逐级汇报制度。在丰田，所有的问题必须垂直逐级上报，由顶级管理者处理，不能越级。这种汇报体系是丰田半个世纪前刚刚进入北美时的产物，如今很少有美国公司采取这种汇报方式。有报道说，早在2004年年初就有人向相关部门反映丰田汽车的质量问题，说丰田汽车在没有触及油门的时候就有了加速现象。2005—2006年很多部门也接到数百个涉及意外加速事件的报告。直到2009年8月，发生在美国境内的一次致命事故成为全美关注的焦点，后来又变成了世界焦点。从问题发生到现在，整整6年时间，足够丰田解决刹车门、脚垫门问题，可就是因为内部信息不畅，这些对于决策者来说至关重要的事情，丰田的高层却成了最后一个知道的人。还有专家认为，在丰田企业文化中，家丑不可外扬似乎是一个传统，出了事先捂着，能不上报就不上报，所以就算真出了事，领导层也是最后一个知道。

当然，任何企业都有可能犯错误，可犯了错怎么处理就是一个态度问题。丰田这一次之所以如此被动，很大一部分原因是其一开始没有及时认错，没有表现出诚意。以 2010 年 1 月 21 日丰田宣布在美国召回 230 万辆汽车为开端，其全球大规模召回由此展开，此后数天之内又宣布全球召回 540 万辆车，并且在美国停止生产、销售 8 款车型。尽管发生了如此大量的召回，丰田却并没有发表任何一项公开声明。这种状况持续到了 1 月 29 日，美国国会宣布，对丰田的召回展开调查。直到 8 天之后，丰田章男才进行了第一次道歉，正是这关键的 8 天，使丰田因为召回门事件被动地落入了美国国会对事件的主导当中。

认识到问题的严重性之后，丰田章男答应了去美国参加听证会。这时丰田的危机公关才逐渐开始。为了错失的 27 天，除了猛烈的广告攻势之外，丰田还主动在权威媒体上发表自己观点，争取消费者的好感，聘请权威的第三方机构检测有争议的电子元件等，同时在美国大量招募说客，发动经销商等利益相关者游说国会议员。这些措施的采取反映出丰田汽车的危机公关逐渐到位，但丰田早期的不作为显然难以迅速恢复消费者的信任，其问题更不是靠简单的危机公关就能立刻解决的。

研讨问题：

（1）丰田选择低成本竞争战略是否适宜？为什么？

（2）对处于生命周期不同阶段的产品而言，哪个阶段的质量不合格会使企业面临更大的风险？

（3）从战略的高度和系统的角度，全面分析丰田质量问题的深层次原因，并提出解决措施。

（4）探讨产品处于生命周期成熟阶段的企业应如何选择自己的战略。

案例研讨 9-2

小牛电动的发展瓶颈[①]

2021 年，小牛电动实现营业收入 37.05 亿元，同比增长 51.6%；实现净利润 2.26 亿元，同比增长 33.7%；摊薄后每 ADS 净利润为 2.81 元，上年同期为 2.14 元；实现产品总销量 103.79 万辆，同比增长 72.5%，中国市场和国际市场的销量分别达到 98.8 万辆和 4.99 万辆。单季度来看，却暴露了其增收不增利的尴尬现

---

① 资料来源：https://baijiahao.baidu.com/s?id=1727516720736963485&wfr=spider&for=pc。

状——2021年第四季度，公司实现营收9.86亿元，同比增长46.7%，实现净利润4 764.67万元，同比下降18.1%，增收不增利。

需要注意的是，结合前两个季度的业绩表现来看，小牛电动的盈利能力似乎从2021年下半年开始就显现出了增长拐点。据相关财报披露，2021年第二季度，其实现收入约9.45亿元，同比增长46.5%；净利润为9 180万元，同比增长61.6%。但至第三季度，该公司营收和净利润增长速度便双双下滑，实现营收12.26亿元，同比增长37.1%；实现净利润9 171.24万元，同比仅增长14.6%。事实上，结合销量表现来看，小牛电动净利润增速逐步放缓直至出现增收不增利的情形，并不是"公司销售增长放缓"造成的。以2021年第四季度为例，公司电动摩托车、电动轻便摩托车、电动滑板车和电动自行车的总销量为23.82万辆，同比增长58.3%。其中，中国市场的销量为2.05万辆，同比增长49.2%。国际市场销量为3.29万辆，同比增长155.8%。按业务划分，2021年第四季度公司电动踏板车中国市场营收6.83亿元，同比增长47.9%；电动踏板车国际市场营收1.89亿元，同比增长63.8%；配件、备件销售及服务营收1.14亿元，同比增长20.4%。

由此可知，小牛电动的销量和营收实际上均呈明显增长之势，奈何净利润跟不上节奏。这是为什么呢？

结合财报披露的内容来看，小牛电动利润增速放缓的主要原因之一，是公司电动踏板车单车收入下降。据智通财经App发布的数据，2021年第四季度，该公司单车收入为4 140元，同比下降7.3%。其中，中国市场每辆电动踏板车收入为3 326元，同比下降0.9%；国际市场每辆电动踏板车收入为5 749元，同比下降36%。

小牛电动单车收入下滑，可以从该公司2020年推出非智能化定位的Gova系列说起。2020年5月，小牛推出的Gova G0车型，以1 999元的折后售价一度成为爆款。随后Gova系列又相继推出F0和C0两款定位中低端的车型。其中，2021年7月推出的C0专为女性用户设计，售价为3 399元起。至2021年，低价车型在小牛电动产品结构中占据重要地位，其中G0与F0 2021年第一季度的销售占比一度达到38.2%，第二季度的占比也达到30.4%。

众所周知，小牛电动是凭借高端车型产品起家的。其推出中低端的车型产品无非是为了攫取更多下沉市场份额，这无可厚非，但这种"以价换量"的方式也的确对盈利能力造成了一定的冲击。相关财报数据显示，在2021年的四个季度中，小牛电动的毛利率表现波动，分别为23.8%、22.7%、19.98%和22.6%。对此，小牛电动在财报中解释称，毛利率下跌的主要原因是材料成本较高和产品的结构差异。

可以看到，随着小牛电动为了开拓更多市场份额发力中低端车型，该公司销量和营收虽然上去了,但盈利能力的增长光环却逐步消失了。

俗话说,如果你看见厨房里有一只蟑螂,那里面肯定不止一只。对于当下的小牛电动来说,亦是如此。除了盈利增长光环逐步消失、信任危机显现之外,小牛电动近年来也遇到了一些不可忽视的发展瓶颈。

据智通财经 App 资料,小牛电动在成立之初主攻高端电动车市场,通过"锂电化"和"智能化"吃足了电动汽车行业发展红利,甚至被称为"两轮电动车界的特斯拉"。但近年来,随着越来越多的电动车厂商加码"锂电化"和"智能化"业务布局,这两大标签带来的发展优势已慢慢消失了。

首先来看"锂电化"优势的消失。2018 年 5 月,工信部发布《电动自行车安全技术规范》(简称"新国标"),规定电动车的上路标准为:最高时速在 25km/h 以下,电池电压需小于或等于 48V,整车质量应当小于或等于 55kg。彼时,小牛电动凭借自己的"锂电化"优势,率先推出符合"新国标"的轻量产品 UQim,吃足行业红利。但发展至今,已经有越来越多的电动车厂商开始使用锂电池产品,雅迪、爱玛等厂商更是已经开始使用集重量轻、支持快充、更耐高/低温等诸多特性于一体的石墨烯电池。同时由于后续厂商生产、销售的产品均需要满足新国标这一标准,因此小牛电动前期引以为傲的"锂电化"优势自然也在消失。

再来看"智能化"发展优势的消失。前文已经提到,除"锂电化"这一优势之外,小牛电动的另一大优势就是智能化,凭借这一优势,该公司旗下产品面世以来便颇受年轻用户群体的喜爱。而为了抓住这一发展红利,2020 年其还推出首款自动驾驶电摩 TQi,并指出"自动驾驶作为解决方案的重要一环,在未来十年将是解决城市出行问题的关键"。话虽如此,随着科技不断进步,其他品牌也注意到了智能化发展浪潮并付诸实践。就拿同样主打高端市场的新品牌九号公司来说,该公司不仅从一开始就强调智能化,还接连推出智能控制系统、自研的控制器等智能技术;而传统品牌厂商雅迪控股和爱玛科技也紧跟时代步伐相继推出智能化产品,龙头效应下竞争优势不言而喻。在这一背景下,小牛电动的智能化优势自然被削弱了。

而当"锂电化"和"智能化"带来的发展优势逐渐消失之后,小牛电动当然也不会坐以待毙,其将目光瞄准到下沉市场和海外市场。但目前来看,开拓下沉市场和海外市场恐怕并不容易。

在下沉市场中,小牛电动主要暴露了两大成长问题:①随着中低端车型产品销量不断上升,该公司虽然叩响了下沉市场的大门,但由于走量不走价,极大地拉低了公司整体盈利水平;②由于中低端车型并不是其主攻方向,所以一开始其便失去了先发优势,同时由于爱玛、雅迪等传统品牌早已凭借性价比产品稳固了下沉市场,因此其想要进一步攫取下沉市场份额并非易事。

受疫情和海运的影响,小牛电动的海外市场开拓也并不顺利——2021年第三季度小牛电动两轮电动车销量为39.7万辆,其中国内市场上销量为39.2万辆。也就是说,小牛电动在国际市场上的销量仅为5 967辆,同比下降了11.2%。对此,小牛电动表示,国际市场上销量下滑主要是因为欧洲疫情复发及海运运输方面的困难。截至目前,海外疫情依旧严峻,这对于小牛电动开拓海外市场而言仍是一大阻力。

研讨问题:
(1) 综合分析小牛电动近年来的战略举措,探讨其问题的原因。
(2) 探讨小牛电动应如何选择自己未来的战略。

案例研讨 9-3

字节跳动收购 Pico 的战略布局[①]

VR(虚拟现实)创业公司 Pico 近日发出全员信,披露该公司被字节跳动收购。字节跳动此前已在 VR/AR 领域长期研发投入,在本次收购后,Pico 将并入字节跳动的 VR 相关业务,整合内容资源和技术能力,进一步在产品研发和开发者生态上加大投入。

有媒体披露,"此次收购价格达90亿元,是目前为止中国 VR 行业最大的一笔收购案。"此消息让国内 VR 界大为振奋。2021年以来,随着"元宇宙"概念大火,作为"元宇宙"最具潜力的入口之一,VR 设备备受关注。

Pico 是谁?

Pico 究竟有何魔力,值得字节跳动重金收购?在国内 VR 产业中,能够独立制作的 VR 厂商屈指可数,Pico 正是其中之一。IDC 在2021年3月发布的《2020年第四季度中国 AR/VR 市场报告》显示,2020年 Pico 位居国内 VR 一体机市场份额第一,其中第四季度份额高达57.8%。

Pico 作为 VR 软硬件研发制造商,研发的产品主要有 Goblin VR 一体机、Pico U VR 眼镜,以及 Tracking Kit 追踪套件等,产品销量超50万台。2021年5月,Pico 发布新一代 VR 一体机 Pico Neo3,据官方说法,开售24小时销售额就破千万元。

[①] 资料来源:http://k.sina.com.cn/article_1198531673_4770245901900tru2.html,有删改。

资本方也一路看好 Pico。2021 年，Pico 已完成 5 轮融资，除了首轮天使融资和此次字节跳动收购的交易金额未披露，A 轮、B 轮和 B+轮金额分别为 1.68 亿元、1.93 亿元和 2.42 亿元，投资方包括基石资本、招商局资本、建银国际等。

Pico 虽在硬件技术上实力较强，但在 VR 软件、内容、营销等方面存在短板。Pico 选择字节跳动，除了能给研发带来资金支持，还能为 Pico 带来亿级流量的营销拉动。

字节跳动剑指"元宇宙"？

在外界看来，字节跳动大手笔投资 VR，与当下火热的"元宇宙"概念有关。

所谓"数字元宇宙"，是虚拟时空的集合，由一系列的增强现实（AR）、虚拟现实（VR）和互联网组成。VR 头盔被看作接入"元宇宙"的入口，就像科幻电影《头号玩家》中所展示的那样，戴上 VR 头盔，即可进入逼真的虚拟世界。

2021，线上游戏创作平台 Roblox 在纽交所上市，成为"元宇宙第一股"，首日市值突破 400 亿美元。值得注意的是，腾讯是 Roblox 的投资方之一。脸书创始人扎克伯格认为，"元宇宙"能够将人类的大部分生活直接投射到虚拟世界中。基于脸书自身社交媒体的属性，"社交"成为"元宇宙"的核心。2014 年，脸书花费近 30 亿美元全资收购 VR 公司 Oculus，致力于更具沉浸式的虚拟社交。

大厂推动 VR 行业发展

但大厂入局对 VR 产业的发展仍具积极意义。

"此次收购对国内 VR 行业具有正向推动作用，可以吸引媒体和资本的关注。"VR 行业从业者、VeeR 联合创始人陈靖妹如是说。VR 在国内的创业潮始于 2014 年，在 2016 年达到高潮。2016 年年底，VR 风口渐冷。"戴起来头晕，是当时很多便宜 VR 头盔的通病。"一位资深硬件用户对《综艺报》记者说。从国际范围来看，好的 VR 硬件产品动辄几百甚至数千美元，硬件成本成为 VR 行业发展的门槛。另外，VR 内容匮乏也是行业发展较慢的一大因素。

"新兴技术发展往往会经历一开始的期待、跌入谷底、慢慢爬坡的阶段。已过谷底的 VR，正在 C 端的 VR 游戏、影视领域寻找商业闭环，进入稳步增长阶段。"陈靖妹认为，未来会有更多内容开发者或技术开发者关注 VR 领域，"比如影视、游戏、娱乐产业的人才。"在她看来，字节跳动收购 Pico，无疑会推动国内 VR 行业的发展，但能否"从量变到质变"，还取决于行业在这一领域的持续投入。

在国内 VR 行业中，在硬件与内容上持续保持投入的大厂，还有爱奇艺。爱奇艺 VR 2021 年完成了 B 轮融资，并推出新 VR 硬件产品——奇遇 3 VR 一体机。除了在硬件层面保持优势，爱奇艺还不断尝试虚拟现实的内容，曾通过 XR 技术制作虚拟演唱会,出品的VR电影也多次入围威尼斯电影节VR单元。

眼下,被"元宇宙"概念带火的VR行业成为资本眼中的香饽饽。根据中国信息通信院的研究,全球VR产业规模接近千亿元。招商证券预测,2025年全球VR/AR市场将达近两万亿元,年均增长率约为54%。Pico创始人兼CEO周宏伟认为,未来两到三年,在VR产品的C端市场,无论是内容还是新体验型应用,"都会有一轮非常大的机会"。瞄向VR的互联网巨头,开始期待场景化定义下的终端新生态。

研讨问题:

(1) 字节跳动收购Pico会给双方带来什么样的战略价值?

(2) 探讨字节跳动收购Pico后,如何做好后续的管理。

案例研讨9-4

格力的国际化战略①

如何针对不同的国际市场制定不同的发展战略?我们不妨看一下格力电器。20世纪90年代格力空调就开始了国际化的进程。在企业展厅里,董明珠先给我们看了这样一个认证标准墙。

董明珠解释说,任何一个企业要实现国际化,必须有这些通行证。这些认证标准是企业到其他国家销售的敲门砖,所以格力每年要做很多这样的认证标准。

作为国内最先开展国际化的企业之一,1994年格力就拿到了国内第一张欧盟CE认证证书。如今越来越多的证书已经能够保证格力空调进入200多个国家和地区。但董明珠同时指出,一个企业迈出国际化的步伐,符合这些国家的质量标准,只是第一步,真正要在一个国家站稳脚跟,取得国民的认可,企业还要有一颗善良的心。

董明珠认为,企业就像人一样,要想得到别人的尊重,必须爱护别人、尊重别人。如果你不尊重别人,不去呵护别人,不爱护别人,别人为什么要尊重你?格力空调在巴西、巴基斯坦、越南等国设厂后,大量招聘当地的人员,不仅使这些国家增加税收,解决就业问题,同时也让当地居民享受到企业成长的利益。而在市场开拓领域,格力不断研发更符合居民需求的产品,有的年份研发投入甚至高达30亿元。在董明珠看来,只要企业不断用科技改变人类生活,就会受到任何海外市场的

---

① 资料来源:央视财经频道《经济半小时》节目,有删改。

欢迎。

在珠海,格力空调的研发部门陈列着一些叶轮和转子,这两种部件虽然看起来很简单,但技术含量却非常高,就连加工它们的设备都价值高达上亿元。而用这些部件和科技生产出来的直流变频中央空调与普通中央空调相比,竟能节电40%。董明珠表示:世界首台直流变频空调完全是靠这个先进的机组实现(空调)节能的。这样的中央空调按国内电价计算,一个20万平方米的建筑,每年可以节约将近500万元的电费。而这样性能的中央空调,无论是在欧美发达国家,还是在越南和非洲等经常缺电的新兴市场国家,所具有的竞争力几乎是压倒性的。董明珠表示,如果一年可以节约500万元,就可以在5年内把本钱收回来。

此外,董明珠还指出,海外市场拓展中,把产品打入鼻祖级的国家,更能有效地树立国际化的品牌形象。而对空调企业来说,这个终极目标就是日本。因为日本不仅是空调技术的强国,同时日本国民出于爱国的考虑,不愿意购买外国产品。董明珠说,1924年创立的日本民族品牌大金空调在日本市场的占有率始终保持第一。但大金空调的产品目前却是格力生产的,我们给它生产到日本去卖,这样就有可能在日本市场上销售格力自己品牌的空调。

进军国际市场,格力的硬指标是产品质量一定要过硬。但实际上,在国际化进程中存在很多无法预料的因素,意识形态不同、经济发展程度不同、商业规则的标准不同,都会给企业的国际化之路带来巨大的影响。

研讨问题:

(1) 格力空调在巴西、巴基斯坦、越南等国设厂后,为什么要大量招聘当地人员?

(2) 格力为什么试图将产品打入鼻祖级的国家?

(3) 针对自己熟悉的行业,探讨企业国际化成功的关键是什么。

第10章

如何制定业务层战略

10.1 业务层战略的主体架构

如第9章所述,企业的公司层战略探讨的是企业的未来发展走向问题,因此公司层战略的关键词可以用"发展"来概括。然而,企业要想发展必须依靠企业的业务作为支撑。在一定的市场上,具有相同或类似业务的企业往往不止一家,而市场容量在一定时期内总是有限的,因此企业业务的发展最终必然会演变成市场上不同企业业务之间的竞争问题。可以说,企业业务层战略的核心问题实际上是竞争的问题,我们可以用"竞争"作为业务层战略的关键词加以概括。

既然企业业务层战略的核心问题是竞争,如何更好地竞争就成了企业做好业务层战略制定的关键。因此,要制定合理的业务层战略,必须把握如下三个相互关联的问题:①可供企业参考和借鉴的竞争手段有哪些?②如何针对某业务选择合理的竞争手段?③如何实现持续性竞争?

可供企业参考和借鉴的竞争手段

企业在制定业务层战略时,必须了解可供企业参考和借鉴的竞争手段有哪些,才能进行合理的选择。20世纪80年代初,战略学家迈克尔·波特提出了竞争战略理论,指出:"产业的结构将会影响企业的竞争性行为,而企业的竞争性行为又决定了企业各个方面的经营绩效。"迈克尔·波特进而指出在特定的产业结构中,企业可以利用成本领先或性能差异来取得竞争优势。在这一指导思想下,波特提出了企业业务赢得竞争优势的三种最一般的竞争战略(Generic Competitive Strategy),即低成本战略、差异化战略和集中化战略。这三种战略又被称为企业的基本竞争战略。

上述三种基本竞争战略主要的应用场景为静态的和已知的市场,明确提出了在已知市场上与其他企业的业务展开竞争的一般性的通用手段,但是没有更多地关注不确定的、动态变化强的市场竞争态势。如果能够将战略眼光放得更加长远,试图转变常规思路,通过开发新市场或者新的消费者需求,避免陷入现有市场的激烈竞争中,进而获得收益与规避风险,那么这种战略就是蓝海战略。

蓝海战略最早是由 W. 钱·金和勒妮·莫博涅在《蓝海战略》(2005 年 2 月出版)一书中提出的。蓝海战略与我们熟知的竞争激烈的红海战略相对应,二者的主要区别在于,在红海市场上,每个产业边界和竞争规则已经为人们所熟知,竞争较为激烈,而蓝海则是一片尚未开发且尚没有竞争规则的领域。

因此,从竞争手段来讲,基本竞争战略和蓝海战略都属于可供企业参考与借鉴的竞争手段。

如何选择竞争手段

通过上述分析可知,在业务的竞争过程中,可供企业选择的竞争手段有许多种。显然,企业无法面面俱到地使用每一种竞争手段,而必须根据业务的实际情况制定适合自己的竞争战略。竞争战略在内容上应该符合企业业务所在的特定行业或市场的特点,对行业或市场特点及竞争对手的了解越深入,业务层战略制定的有效性就越高。由于行业或市场特点是随着企业产品所处的生命周期阶段显著变化的,因此我们可以通过分析生命周期不同阶段(如起步阶段、成长阶段、成熟阶段、衰退阶段等)的市场特征对企业的业务层战略制定提供借鉴。分析时,不同的产品生命周期阶段将分别进行如下对应:起步阶段——新兴行业;成长阶段——高动荡行业;成熟阶段——成熟行业;衰退阶段——衰退行业。企业可以针对不同的行业特点,选择与其紧密契合的业务层战略。

如何持续性竞争

随着企业业务所面临竞争环境的不断变化,原先的竞争手段可能不再适用于新的环境。这时,企业必须考虑的一个现实问题是,如何不断地对竞争战略进行修正,从而持续不断地进行竞争,这一过程我们称之为动态竞争战略。

可以说,只有做好上述三个方面的事情,才能制定好企业的业务层战略。企业业务层战略的整体架构如图 10-1 所示。

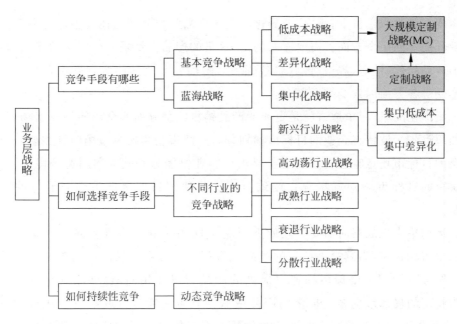

图 10-1　企业业务层战略的整体框架

10.2　业务层基本竞争战略

企业在某业务上要想获取竞争优势，典型的手段有三种，即低成本战略、差异化战略和集中化战略。这也是波特提出的企业业务赢得竞争优势的三种最一般的竞争战略。

三种基本竞争战略（竞争手段）

低成本战略，简单地讲就是本企业产品的实现成本低于竞争对手。低成本战略的实现有两个基本前提。第一个前提是，本企业产品与竞争企业产品具有同质性，如果产品本身有差异，则不在同一个竞争的层面中，这时探讨成本的高低是没有价值的。第二个前提是，低成本的优势往往可以通过两种途径体现出来：一是产品定价同竞争企业一致时，低成本的企业可以获取更多收益；二是成本的降低可以通过低定价吸引客户，进而获取更多收益。

差异化战略，简单地讲就是本企业的产品在某些方面与竞争对手的产品具有明显差异，进而为客户提供某种独特价值的战略。

对差异化战略的理解应关注如下两点：首先，差异化战略中产品的差异性一般不体现在成本和定价上;其次,差异化战略中产品的差异性往往集中体现在产品的质量和交货期两个方面。需要注意的是,这里的产品质量是一个广义的概念,是包含了产品品质、性能、规格、售后服务、品牌、附加服务及其他所有影响客户主观价值感受等各方面因素的综合概念。

集中化战略,简单地讲就是企业的产品销售给部分而非全部的目标市场客户。正如迈克尔·波特将企业的目标市场划分为广泛市场和狭窄市场两种类型。选择广泛的目标市场意味着企业致力于寻求以行业范围为基础来利用竞争优势,而选择狭窄的目标市场则意味着企业致力于满足狭窄目标市场中顾客群体的特殊需要。

运用集中化战略时需要关注如下两点:①集中化战略是企业选定一个非全局的特定市场领域,为其提供特定的产品或服务。为特定的局部市场客户提供的产品或服务可能与为全局市场客户提供的产品与服务相同,也可能具有差异性。②为特定的局部市场客户提供的产品或服务既可以通过低成本战略获取竞争优势,也可以通过差异化战略获取竞争优势。面向集中市场的低成本战略称为集中低成本战略,面向集中市场的差异化战略称为集中差异化战略。

基本竞争战略之间的关系

一般来讲,企业要想在自己的业务上获取竞争优势,可以从两个维度考虑,一个是产品维度,另一个是市场维度。因为企业的战略定位集中反映的就是未来要提供什么产品,在什么市场上销售进而获取收益的问题。

从这两个维度讲,上述三种基本竞争战略之间的内在关系可以通过图 10-2 反映出来。图 10-2 的纵坐标反映的是企业业务拟拓展的市场(目标客户)领域。显

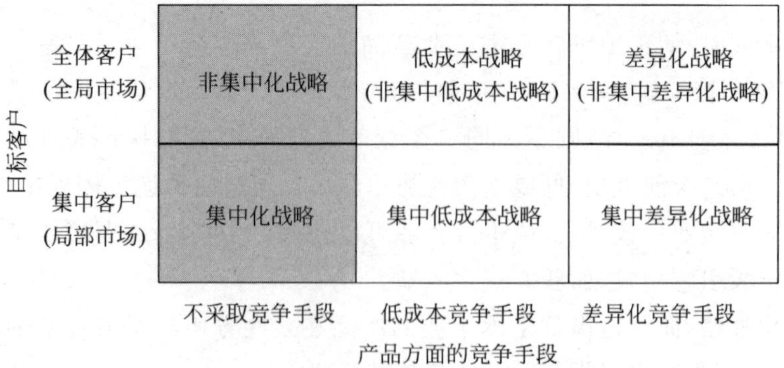

目标客户	不采取竞争手段	低成本竞争手段	差异化竞争手段
全体客户 (全局市场)	非集中化战略	低成本战略 (非集中低成本战略)	差异化战略 (非集中差异化战略)
集中客户 (局部市场)	集中化战略	集中低成本战略	集中差异化战略

产品方面的竞争手段

图 10-2 基本竞争战略之间的关系

然，企业的业务可以针对全局市场（全体客户）进行拓展，也可以面向局部市场（集中客户）进行推广。当企业与竞争对手选择在不同的目标市场领域展开竞争时，可以不在产品差异或价格差异上做文章。这时，企业采取必要的措施，快速拓展集中市场将可以获取明显的竞争优势。

如果在某集中市场拓展过程中也必须面对如何竞争的问题，则企业也可以从产品维度考虑竞争手段，因为产品维度的竞争手段只有低成本战略和差异化战略两种，因此面向集中市场的竞争手段可以匹配成集中低成本战略和集中差异化战略两种途径。

如果企业的业务不是面向局部的集中市场，而是面向全部市场进行竞争，则企业可选的产品维度的竞争手段也有两种，即一般的低成本战略和差异化战略，这两种战略又被称为非集中低成本战略和非集中差异化战略。

上面探讨了企业三种基本竞争战略的内在关系，在企业实践中，这三种战略可以体现或组合成六种战略形式，如图10-2所示。企业可以在上述任意基本竞争战略中进行选择，每一种战略都能帮助企业在特定的市场上建立优势。需要指出的是，这三种基本竞争战略及其组合战略，并没有哪一种具有绝对的优势或劣势，企业需要通过详尽的内部和外部环境分析，制定与企业对应业务最为匹配的战略。

10.3 基本竞争战略的深度解析

由于思路简单、适用面广，而且反映了业务竞争的本质与核心内涵，基本竞争战略在企业经营管理过程中发挥着重要的作用。为了更好地指导企业理解和运用基本竞争战略，下面从基本竞争战略的价值角度对其进行深度解析。

基本竞争战略的价值分析

由前述分析可知，业务层战略的核心关键词是竞争，业务层战略的目的是在市场上获取竞争优势。显然，企业某业务具有竞争优势的前提是该业务对应的产品能够获得消费者的认可，而消费者愿意购买该产品的前提是该产品能够给消费者带来一定的价值。因此，本节将从价值的角度对基本竞争战略进行深入分析。

本书6.3节曾对价值的衡量进行了界定，即一般来讲，可以用功能与成本的比值来衡量某对象价值的大小。这一衡量准则起源于人们对生产型产品价值的认识。例如，某件产品给人们带来的功能越好，人们获取它的成本越低，则它的价值就越大。我们常说的"物美价廉""物超所值"等都是从这两个方面衡量价值的体

现。因此,可以得出价值的衡量公式:

$$价值 = 功能 / 成本$$

在上述基本关系的基础上,本书第 6 章有关"三大法宝"的论述进一步指出,价值公式中的功能可以划分为质量和交货期两个方面的指标进行衡量,这时价值公式将变为

$$价值 = 功能 / 成本 = (质量 + 交货期) / 成本$$

其中,"质量+交货期"中的"+"是"和"的意思,并非数学上的意义。

从上述衡量公式可以看出,与竞争的业务相比,要想提高自身产品带给消费者的价值,总共有五种方法。需要补充的是,这里的价值是从客户角度对产品的衡量,因此上述公式中的成本也就是产品面向客户的价格。

第一种方法,产品价格(客户成本)与竞争者产品价格相同的情况下,提升产品的功能(质量+交货期),可以给客户带来更大的价值。

第二种方法,产品功能(质量+交货期)与竞争者产品功能相同的情况下,降低产品的价格(客户成本),可以给客户带来更大的价值。

第三种方法,产品价格(客户成本)低于竞争者产品的价格,同时产品的功能(质量+交货期)优于竞争者产品的功能,可以给客户带来更大的价值。

第四种方法,产品价格(客户成本)高于竞争者产品的价格,但产品的功能(质量+交货期)远高于竞争者产品的功能,可以给客户带来更大的价值。

第五种方法,产品功能(质量+交货期)劣于竞争者产品的功能,但产品的价格(客户成本)远低于竞争者产品的价格,可以给客户带来更大的价值。

上述五种提升价值的方法如图 10-3 所示。

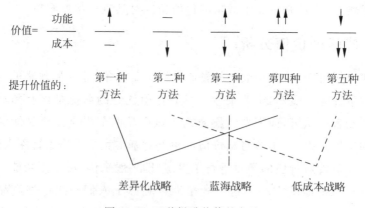

图 10-3　五种提升价值的方法

这五种提升产品价值的方法可以总结为三种模式。第一种模式是通过提升上述价值公式中的分子来给客户带来更大的价值,即在质量和交货期上做文章来吸引客户的战略,如图 10-3 中的第一种和第四种方法。通过这两种方法来提升产品价值的战略都可以归结到差异化战略之中。

例如,京东商城的自营业务吸引网购消费者的点在于正品率高和交货速度快,二者都属于价值公式的分子中的因素,因此京东商城的自营业务与其他电商企业的业务相比,属于差异化战略,是图 10-3 中的第四种方法。

第二种模式是通过降低产品的成本来提升价值,即在价值公式的分母上做文章进而吸引客户,如图 10-3 中第二种和第五种方法。通过这两种方法来提升产品价值的战略都属于低成本战略。

通过聚焦某类特定市场,以上述两种模式中的任意一种实现产品价值提升的战略即为集中化战略。

第三种模式即图 10-3 中的第三种方法是在降低成本的同时提升产品的功能,即试图从价值公式的分子和分母两方面同时吸引客户,这一思路在规则已经确立的公开竞争市场上较难实现,只有通过开拓新的行业和市场,重新确立市场的游戏规则等途径才能做到,因此这一战略就是我们常说的"蓝海战略"。

夹中战略

在上述诸多可以提升价值的战略之外,如果企业不能处理好价值公式中分子和分母的关系,出现了图 10-4 中的各种情况,则其产品无法给消费者带来价值,就会失去竞争优势。这些夹在各种成功战略之间的战略又被称为夹中战略。

显然,图 10-4 中任何一种夹中战略都是失败的战略。夹中战略的形成往往是因为企业战略定位模糊不清或者是在战略实施过程中产生了一系列问题。因此,企业必须警惕夹中战略的出现,在进行每个业务的战略定位之前,必须根据如图 10-3 所示的各种情况判断该业务的战略定位能否给客户带来价值,是靠分子中的因素吸引客户还是靠分母中的因素吸引客户,这是企业业务层战略成功的关键。

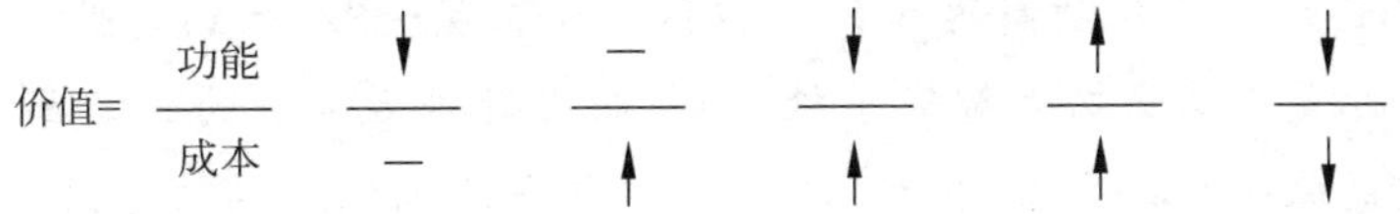

$$价值=\frac{功能}{成本}$$

图 10-4 夹中战略的五种表现形式

2013 年还未过去,但这一年的市场阴影却已深深烙印在了 HTC(宏达电)管理层的心中。10月，HTC董事长王雪红公开表示，未来两个月，将是HTC历史上面临的"最大的挑战"。当年4月，HTC满怀信心地发布智能手机HTC One之后，市场上却并未产生王雪红预期之中的轰动效应。在HTC One集中上市的第二季度，公司的净利润约为4 163万美元，同比大幅下降83%。到了第三季度，HTC又出现了30亿元新台币（约合1.02亿美元）的净亏损。这是HTC自2002年来首次出现净亏损。要知道，在最辉煌的时期，HTC的市值一度超过诺基亚和RIM。但时过境迁，过去的两年半内，HTC的市值已蒸发了近90%。

来自电商网站1号店的数据显示，2013年销售排名前三的手机品牌依次是三星、苹果和华为。HTC的销售处于下滑状态，其11月在1号店的行业关注度为4.7%，较之前的5.9%继续下滑。从顾客反馈来看，对于处于同一价位的HTC与苹果、三星，用户更偏向于购买后两个品牌；就中低端价位的手机而言，华为等品牌的性价比更被市场认可。在中国大陆市场，HTC面对的对手不仅包括苹果和三星，还有咄咄逼人的国产手机厂商。2012年全年，华为智能手机销量已超过3 200万部，小米手机在上半年也售出700万台。此外，OPPO、魅族、vivo等曾经的"无名小卒"，亦对HTC步步紧逼。

从HTC中文官网可以发现，其在售的智能手机一共有34款，其中低于1 000元的仅3款；但在定价最高的4 000～5 000元段，却有多达6款手机，其中3款售价均为4 888元。对比高端手机市场的领跑者三星，其Note系列最贵的一款手机（GALAXY Note II公开版N7102）售价为4 899元，比HTC同档次仅高出11元，但不论是市场认可度还是宣传力度都远胜HTC；而在低端市场，联想有6款智能手机低于1 000元，华为则有10款，数量上都多出HTC不止一倍。

手机定位的不清晰，加上忽视中低端市场，迅速稀释着HTC的品牌价值，令更多的消费者奔向三星、LG、联想、华为，最终导致这家以代工厂起步的手机厂商逐渐失去市场份额。彭博汇编的资料显示，2013年第二季度，HTC出货量市场份额仅为2.8%，在全球前十大智能手机中与黑莓并列垫底，远远落后于三星（31.7%）、苹果（13.2%）、LG（5.1%）、联想（4.8%）和华为（4.4%）。就在1年前（2012年），HTC市场份额高达5.8%，仅落后于三星（32.1%）、苹果（16.6%）和诺基亚（6.5%），是全球第四大智能手机厂商，而当时排名尾段的正是如今在低端市场风生水起的联想（3.1%）、华为（4.1%）和中兴通讯（4.1%），这足以说明HTC是如何丢失中低端市场的。

事实上，定位模糊的问题一直伴随着HTC。其最早主打机海战术，手机换代速度过快让消费者难以对品牌有一个清晰的认识，同样也缺乏明星产品，随后又不得已换为主攻精品路线。但无论哪一种尝试都显得心有余而力不足,比如对抗苹果和三星,其高端手机的价格接近,但内容创新却难以达到同样高度,更无法令人有深刻的印象;对抗中低端手机,HTC价格偏贵,似乎不太屑于去拼下这块市场。①

营销组合策略的本质探讨

通过上述分析可以看出,价值的"三大法宝"在分析企业的业务层战略方面具有独特的意义与优势。可以说,对于企业而言,价值是决定其经营管理活动成败的关键。下面以企业市场营销中的核心理论"4P营销组合策略"为例,再来看一下三大法宝在企业管理中的重要作用。

4P营销组合策略即产品策略(Product Strategy)、定价策略(Pricing Strategy)、渠道策略(Placing Strategy)和宣传策略(Promoting Strategy)的组合与运用。菲利普·科特勒在《营销管理》一书中确认了以4P为核心的营销组合方法。

产品策略是企业以向目标市场提供各种适合消费者需求的有形和无形产品的方式来实现营销目标,其中包括对与产品有关的品种、规格、式样、质量、包装、特色、商标、品牌及各种服务措施等可控因素的组合与运用。

定价策略是企业通过按照市场规律制定价格和变动价格等方式来实现营销目标,其中包括对与定价有关的基本价格、折扣价格、津贴、付款期限、商业信用及各种定价方法和定价技巧等可控因素的组合与运用。

渠道策略是企业通过合理地选择分销渠道和组织商品实体流通的方式来实现营销目标,其中包括对与分销有关的渠道覆盖面、商品流转环节、中间商、网点设置及储存运输等可控因素的组合与运用。

宣传策略(又称促销策略、广告策略等)是企业通过利用各种信息传播手段刺激消费者的购买欲望、促进产品销售的方式来实现营销目标,其中包括对与促销有关的广告、人员推销、营业推广、公共关系等可控因素的组合与运用。

这里需要探讨的问题是,为什么市场营销管理中的核心理论会包含这四个策略?其中有什么样的本质奥秘?接下来我们将探讨这一问题。

市场营销的核心目的是将企业的产品卖给消费者进而赚钱。而要想将产品卖给消费者有一个基本前提,就是产品必须能给消费者带来价值。根据前述价值公式的分析,价值可以通过产品的质量、成本和交货期这三大核心指标体系(三大法宝)体现出来,因此产品的市场营销方案必须能够同时体现产品的质量、成本和交

---

① 资料来源:《21世纪经济报道》,有删改。

货期的状况,这样才能把产品的价值体现出来。

根据这一思路,我们对价值公式和4P组合营销策略进行了关系梳理,发现了如图10-5所示的对应关系。

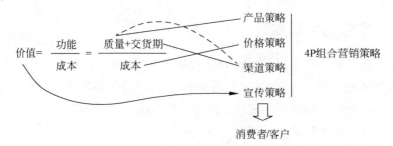

图 10-5　4P 营销组合策略的本质关系

显然,4P组合策略中的产品策略决定了价值公式中质量方面的因素;4P组合策略中的价格策略决定了价值公式中成本方面的因素,因为产品的价格就是消费者的成本;4P组合策略中的渠道策略决定了价值公式中交货期方面的因素。当然,这三个策略也会对质量、成本、交货期产生交叉影响。不过,这三个营销策略已经能够完全反映产品价值的大小。

4P营销策略中的第四个策略——宣传策略的作用是将前三个策略确定出来的产品价值传达给消费者,让消费者知晓产品的价值,从而决定该产品是否值得购买。

可以看出,这四个策略必须组合出现才有价值,因为仅拟定一个策略是没有办法将价值体现出来的,因此我们称之为组合营销策略。

10.4　蓝海战略

红海与蓝海

蓝海是相对于红海而言的。一般情况下,企业的竞争战略研究的重点是现有的市场和已知的竞争对手,研究如何通过合理的战略定位来获取竞争优势。但不论企业采用低成本竞争还是差异化竞争,随着行业中的竞争日趋激烈,产品和竞争策略逐渐成熟,企业试图通过传统竞争方式获利的空间会越来越小。因此,跳出传统的思维定式,在一个未知的领域开拓一片新的市场,是企业实现竞争突围和持续发展的一条重要途径。

红海代表已存在的行业、已知的市场空间,竞争规则已经确立并被人们所广泛了解或接受,其主要特点如表 10-1 所示。蓝海代表尚未出现的行业或尚未开发的市场空间,该空间蕴含新的潜在需求和高利润的增长机会。在蓝海中,由于没有竞争,企业只要能为客户创造独特的价值,就可以获得较高的收益,实现持续发展,如表 10-1 所示。

表 10-1　红海战略与蓝海战略的特征差异

红 海 战 略	蓝 海 战 略
已存在的行业	尚未出现的行业
已知的市场空间	尚未开发的新市场
游戏规则已确立	游戏规则尚未确立
竞争激烈	没有竞争或竞争不激烈
基于定式的传统战略思维	跳出定式的新颖战略思维
……	……

蓝海战略的本质

如前所述,蓝海战略试图从价值公式的分子和分母两方面同时吸引消费者。这一思路在规则已经确立的公开竞争市场上较难实现,因为价值公式的分子因素(质量和交货期因素)与分母因素(成本因素)具有明显的相悖关系,即质量和交货期的改善必然会引起成本的增加。客观来看,这一相悖关系的存在是一个稳定系统的基本特征。

本质上,红海市场中的竞争具有稳定系统的运行特征,因为稳定状态是各方面要素动态制衡的结果。针对任何产品而言,不论从产品的供给方还是需求方来看,要想获取更大的利益诉求,必然要在产品的质量、成本与交货期之间进行重新定位,试图给自身带来更大的价值。而一旦产品的供给方和需求方对某特定市场定位中产品价值的认识达成一致,产品质量、成本与交货期三方面指标的平衡关系就会形成,这样就进入了稳定状态。当某行业中所有的供给方成员与所有的需求方成员(消费者)针对同一市场上的同一类型产品的价值认识趋同后,这种价值认识又会在一定时期内相对稳定地影响行业中的供需双方时,红海竞争客观上已经产生。这种稳定趋同的价值认识,我们称之为红海竞争中的思维定式。

例如,在如图 10-6 所示的汽车行业的例子中,供给方是包括制造商、经销商等在内的汽车行业供应链成员,需求方是汽车消费者。在思维定式的影响下,实际的情况是不论供给方还是需求方都已经在观念上对汽车行业中的市场进行了三个层次的细分,即高档轿车市场、中档轿车市场和经济型轿车市场。在这三个细分市场上,不论企业采取低成本竞争战略还是差异化竞争战略,质量、成本和交货期之间关系平衡的标准实际上已经确立,并且得到行业中所有人的认可和接受,这就是行业竞争的规则。这时,进入该行业的企业无论定位在哪一个层次的细分市场,都会面临较为激烈的红海竞争。

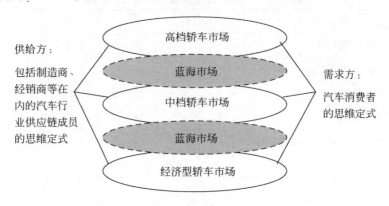

图 10-6　红海战略中的思维定式举例

可以说,红海的形成在某种程度上是思维定式的结果。要开拓蓝海市场,最根本的就是要打破思维定式的束缚。

例如,在如图 10-6 所示的汽车行业,如果企业跳出传统思维定式,考虑高档车和中档车之间或者中档车和经济型轿车之间的部分市场,将会开拓新的需求市场,这就是蓝海市场。

正如 W. 钱·金和勒妮·莫博涅在《蓝海战略》一书中指出的,"蓝海战略是一种战略范式的转变,是企业从给定结构下的定位选择向改变市场结构本身转变,要求企业把视线从市场的供给一方转向需求一方,并由此开创新的、无人竞争的市场空间。通过跨越现有竞争边界看市场以及对不同市场的买方价值要素进行筛选和重新排序,企业就有可能重建市场和行业边界,开启巨大的潜在需求,从而摆脱红海的竞争。通过增加和创造现有行业未提供的某些价值元素,并减少行业现有的存在激烈竞争的某些价值元素,企业就能同时追求差异化和成本领先,即以较低的成本为买方提供价值上的突破。"

这里所谓的价值要素(或者称为价值元素或战略要素),实际上是产品能够给消费者带来价值的各方面要素的总称,也可以理解为消费者购买产品时,看重产品哪些方面的要素,如产品质量、产品价格等。根据前文分析可知,衡量任何一个对象价值的要素都可以归结到质量、成本和交货期(三大法宝)三个方面,因此价值要素本质上就是这三方面要素的展开。

10.5 战略布局图的运用

如前所述,蓝海战略的本质是跳出传统的思维定式,试图寻找新的市场领域进而给特定消费者带来新的价值,而新价值的出现需要通过对思维定式中传统价值要素的变动和调整进行挖掘。因此,价值要素的调整是企业推行蓝海战略的重要途径之一。下面介绍一个企业常用的,对价值要素进行分析和调整的有效方法与重要工具——战略布局图。

如图10-7所示,战略布局图的横轴上标示着各种不同的战略要素,这里的战略要素也就是前文提到的价值要素。这些战略要素往往是企业自身、行业中的竞争者或者投资者所关注的。

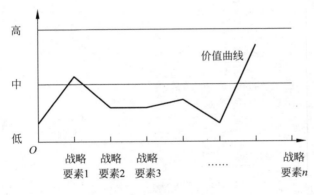

图 10-7 战略布局图

战略布局图的纵轴表示的是企业对横轴各项战略要素的重视程度。一般来讲,对某要素的重视程度越高,在该要素上的投入也越高,该要素吸引消费者的力度也就越大,该要素给消费者带来的价值也越大。

我们将不同企业对不同战略要素的重视程度(或对各要素的投入程度或在各要素上的表现程度)的定位点(战略布局图中的纵向定位点)用曲线进行连接,就形成了战略布局图中的价值曲线。由于不同企业的战略定位不同,因此不同企业有着不同的价值曲线。换句话说,不同企业的产品吸引消费者的点是不同的。

利用战略布局图,企业可以直观地看出自己某业务战略定位的状况,以及自己的业务战略定位与竞争者的业务战略定位的差异,并且能够知道差异是在什么要素上,这些要素是不是消费者关心的重要价值要素,竞争者正将资源投向何种战略要素等一系列的有用信息。

接下来以经典的黄尾葡萄酒战略布局图为例,介绍该方法的运用。①

如图 10-8 中的两条价值曲线所示,20 世纪 90 年代,美国葡萄酒行业中的高端葡萄酒生产企业在各战略要素上的重视程度都较高,其产品定价高,在各战略要素上追求高水准,以获取高于行业平均水平的利润,是典型的差异化战略;而经济型葡萄酒生产企业在各战略要素上的重视程度都较低,追求的是低成本战略。

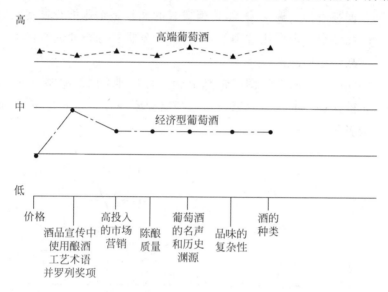

图 10-8 20 世纪 90 年代末期美国葡萄酒行业战略布局图及价值曲线

这时,来自澳大利亚的黄尾葡萄酒欲进入该行业拓展市场。如果基于行业中现有的高端或低端葡萄酒的价值曲线设计自己的产品,无疑会陷入同传统企业激烈的红海竞争中。

黄尾通过市场调研,重新拟定了买方的价值要素,确定了自己的产品战略定位和新的战略要素,塑造了一条新的价值曲线,从而开拓了蓝海市场。

黄尾在拟定新的价值曲线的过程中,从四个方面进行了战略要素的操作,如图 10-9 所示。

---

① 资料来源:W. 钱·金、勒妮·莫博涅. 蓝海战略[M]. 北京:商务印书馆,2005.

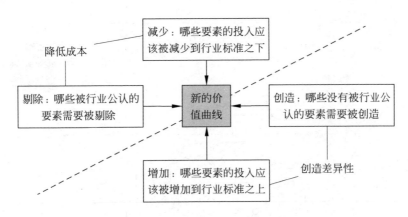

图 10-9　新价值曲线创造的四个方面

第一，考虑了在当前行业中普遍认可的战略要素中，哪些要素对于特定消费者来说是没有必要的，需要被剔除。

第二，考虑了在当前行业中普遍认可的战略要素中，哪些要素对于特定消费者来说虽然有必要存在，但对其的投入应该减少到行业标准水平以下。

第三，考虑了在当前行业中普遍认可的战略要素中，哪些要素对于特定消费者来说不仅有必要存在，而且对其的投入应该增加到行业标准水平以上。

第四，考虑了在当前行业中普遍认可的战略要素之外，还有哪些要素对于特定消费者来说非常有必要存在，需要创造出来。

其中，比较重要的两个方面是剔除和创造，这是企业跳出传统思维定式，重新拟定价值曲线的关键。

通过上述四个方面的考察，黄尾对表 10-2 中的价值要素进行了操作，进而构建了如图 10-10 所示的一条新的价值曲线，避开了与传统企业的正面竞争，构建了蓝海战略。

表 10-2　黄尾葡萄酒四步动作框架案例

剔 除	增 加
酿酒工艺术语和荣誉奖项 陈酿质量 高投入的市场营销	高于经济型葡萄酒的价格 零售商店的参与程度
减 少	创 造
酒品的复杂口感 酒的种类 葡萄园的名声	易饮 易选 有趣和冒险

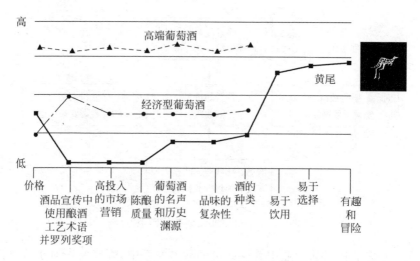

图 10-10　黄尾葡萄酒的战略布局图

10.6　业务层战略的实施——价值链的构建与运作

前面探讨了企业业务层战略中的基本竞争战略和蓝海战略,这些都是竞争手段的问题。企业在明确了自己某业务的竞争手段之后,就需要考虑如何实现这些战略。例如,假设某企业的某业务采取了差异化战略,决定通过提供具有差异性、可识别度较高的产品来吸引消费者,从而扩大市场份额,这时企业"正确的事"已经确定,而如何"正确地做",也就是如何实施该差异化战略就成为该企业亟待解决的问题。

无论企业制定的是哪种业务层战略,其目的都是给消费者创造更大的价值,这样才能具有竞争优势,而价值的创造始终都要以企业的价值链为依托。因此,企业业务层战略的实施最终要归结到企业的价值链上来考虑。这里的价值链范畴并非仅包括企业内部活动的价值链,而是还包括企业上下游等外部活动的广义的价值链。该价值链所涉及的活动范畴与企业的供应链网络一致(参考本书前述关于"三链一流"的阐述),如第 1 章图 1-4 所示。

因此,企业业务层战略实施的过程如下所述:首先,企业针对自己某业务的战略定位,充分利用内、外部资源,构建与该业务战略匹配的价值链。例如,企业某业务如果选择了低成本战略,在构建价值链时可能需要选择低成本的供应商或营销渠道,同时在设计企业内部价值链活动时,优先考虑规模生产进而获取成本优势,如在采购环节可以考虑大批量采购,在生产环节可以考虑充分发挥规模生产效应,在销售环节可以考虑选择低成本的销售渠道等。其次,当价值链构建好之后,企业需要通过合理的管理控制手段对价值链进行运作和管控,使价值链上的活动有效衔接,高效率地运转起来,这样才能实现该业务既定的战略目标。

简单地讲,业务层战略的实施,从价值链角度来看需要做好两件事:一是价值链的合理构建;二是价值链的有效运作。

从本书前述的供应链管理视角来看,业务层战略的实施需要处理好三个层面的问题:供应链网络的构建(简称建网);供应链网络的管控(简称管网);供应链网络的运作(简称用网)。有关供应链管理的详细内容可参考《战略供应链管理》[①]或《运营与供应链管理》(第二版)[②]。

10.7 定制战略与大规模定制战略

定制战略

随着社会经济的发展和消费观念的不断变革,20世纪90年代以后,生命周期短、个性化、特色化的产品逐渐成为人们消费的焦点。当前,随着新生代逐渐成为消费的主力,他们在对产品的基本功能的需求之外,更倾向于对产品所带来的附加价值(如美观的包装、令人惊讶的设计等)和隐性价值(如获取产品的便利性、趣味性、挑战性、在产品中融入某种理念等)提升的需求。因此,企业必须以一种更加开放的运营理念不断给消费者提供满意的个性化产品,这样才能获取持续性的竞争优势。从本质上讲,个性化产品就是高度差异化产品的表现形式,而个性化需求必须靠定制战略来匹配。所谓定制,就是按照消费者的需求提供对应的产品。

因此,差异化战略发展的终极方向必然是定制化战略(如图10-1所示),定制是高度差异化的表现形式。同时,定制战略又必然向大规模定制战略方向发展。

大规模定制战略

如前所述,定制战略是高度差异化的表现形式。从价值三要素的角度来看,尽管三大法宝之间的关系是相悖的,但在不影响价值的前提下,能够降低成本肯定是具有一定意义的。因此,企业在给不同的消费者提供不同定制产品的时候,也应考

[①] 姚建明.战略供应链管理[M].北京:中国人民大学出版社,2014.
[②] 姚建明.运营与供应链管理:第2版[M].北京:中国人民大学出版社,2020.

虑如何有效降低成本的问题,这就是大规模定制战略探讨的核心问题。大规模定制(mass customization,MC)[①]是以大批量(或近似大批量)的生产效率满足不同客户个性化需求的生产模式。

大规模定制战略是一种新的企业经营理念,被誉为21世纪的主流生产模式。[②]其核心思想是既可以满足客户的个性化、多样化需求,又能使企业满足自己的规模生产效益。显然,该战略的实施中有一个核心矛盾需要解决,即个性化、多样化需求与企业规模生产效益之间的矛盾。如何解决该矛盾是大规模定制模式实施中需要探讨的核心问题。

解决矛盾的基本思路

显然,企业要想实现规模生产效益,必须有一定批量的相同或相似的任务在生产过程中的同一环节进行生产。这个批量从哪里获得?只能从客户的订单中挖掘。不同客户的订单到来之后,其中肯定有相同或相似要求的地方。因此,必须对客户订单进行明确的分析和研究,从中找出相同或相似的地方,而这些正是可以实现规模生产效益的地方。

因此,企业首先必须进行订单上的分类处理,需要在接到客户订单以后一定时间内集中处理一批订单,而不是接到一个客户订单马上就开始生产,因为不同订单到来有一个时间差。例如,戴尔一个半小时统计一次订单。这个时间对戴尔来说既可以满足客户个性化需求对产品交货期方面的要求,又可以实现订单的集中处理,找到订单中相同或相似的环节来安排生产,提升规模生产效益。

客户订单分离点

显然,不同订单中相同或相似的活动越多,对企业实现规模生产而言越是有利。那么,如何调节不同订单中相同或相似活动的多少呢?

分析图 10-11 中的五种生产模式,其中哪种的个性化程度最强?显然是最下面的按订单设计方式。最上面的按订单销售方式,只是在产品的销售阶段才产生

---

① 1970 年美国未来学家阿尔文·托夫勒(Alvin Toffler)在《未来的冲击》(*Future Shock*)一书中提出了一种全新的生产方式的设想:以类似于标准化和大规模生产的成本与时间,提供客户特定需求的产品和服务。1987 年,斯坦·戴维斯(Stan Davis)在《完美的未来》(*Future Perfect*)一书中首次将这种生产方式称为 Mass Customization,即大规模定制(MC)。

② 1993 年 B. 约瑟夫·派恩二世(B. Joseph Pine Ⅱ)在《大规模定制:企业竞争的新前沿》一书中提出"大规模定制是 21 世纪的主流生产模式"的思想。

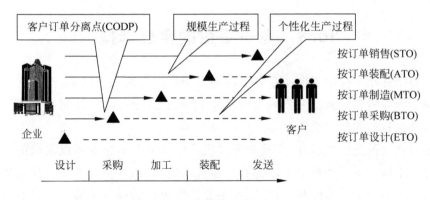

图 10-11 大规模定制逻辑示意

了差异,在销售阶段之前所有的生产过程都可以采取规模生产的方式。

从图 10-11 中可以看出,企业只要能够把握不同订单到来以后其差异点到底在什么地方,就可以很好地调节自身的规模生产效益与客户个性化需求之间的关系,进而解决二者的矛盾。这个差异点叫作客户订单分离点(customer order decoupling point,CODP)。

如图 10-11 所示,CODP 越靠近客户端,其左边的环节都可以采取规模生产的方式提高生产效益;相反,CODP 越靠近设计端,说明在整个生产过程中可以采用规模生产的阶段越少,规模生产效益越低,但是却可以给客户提供更加个性化的产品。当然,这样的生产模式需要支出较多的成本,只要客户愿意支付较高的费用,企业也是可以满足其高度个性化要求的。

基于 CODP 的价值链构建和运作

在一个企业内部,由于有 CODP 的存在,必须考虑在该点之前及之后应该分别构建两个什么样的价值链系统(供应链网络)来适应不同阶段产品生产的要求。显然,在 CODP 左侧,由于采取的是规模生产方式,各阶段的产品需求相对来说较容易把握,因此需要构建一条能够有效降低成本的价值链(供应链网络)来匹配;而在该点右侧,由于生产的是创新性产品,各阶段的产品需求量较难把握,需要构建一条能够快速反映市场需求变化的价值链(供应链网络)来匹配,这就是大规模定制战略实施的基本思路。

10.8　竞争手段的合理选择

本章前述小节探讨了企业业务层战略需要解决的第一个问题：有哪些竞争手段可供企业参考和借鉴。需要解决的第二个问题是，企业如何针对自己的某个特定业务选出合适的竞争手段。

通过前文的分析，我们已经基本能够明确一般情况下企业可以采取的一些基本的竞争手段。每一种竞争手段都有其独特的适用场景，只有将每一种竞争战略与适合它的竞争场景匹配起来，才能使企业建立独特的竞争优势。错误的匹配则极有可能给企业带来灾难。因此，在了解了企业的基本竞争手段之后，竞争手段的合理选择对企业而言意义重大。而竞争手段的选择必须建立在对产品所在行业和市场的客观规律有一定认知的基础上。

因此，这里对企业业务所处的行业和市场环境进行划分，划分的依据是产品所处的生命周期阶段。根据不同阶段，可做如下对应关系的设定（见图 10-12）：当企业的产品处于生命周期的起步阶段时，对应于新兴行业；当企业的产品处于生命周期的成长阶段时，对应于高动荡行业；当企业的产品处于生命周期的成熟阶段时，对应于成熟行业；当企业的产品处于生命周期的衰退阶段时，对应于衰退行业。

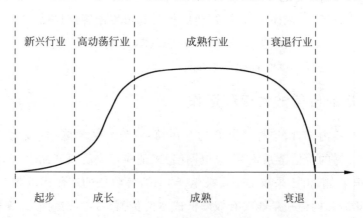

图 10-12　根据产品生命周期阶段划分的行业

在此基础上，我们将通过分析不同行业中市场的供需状况特征，判断企业的业务应该选择何种竞争手段（竞争战略），并对企业在对应行业中制定战略时需要注意的问题进行归纳总结。

在现实中还存在一些比较特殊的行业，如分散行业等。这些行业的特征也较为明显,这也是本章后续要探讨的问题。

不同行业中竞争手段的选择

这里,我们首先对如图10-12所示的各种行业中业务经营的首选战略进行分析。一般来讲,对企业而言,不论是制定公司层战略还是业务层战略时都应先进行内外部环境分析,这里我们做一个简化的内外部环境分析加以探讨。简化的内外部环境分析也就是供需之间的匹配分析:外部环境中,假设其他因素不变的情况下,只考虑需求状况对企业战略的影响;内部环境中,考虑供给状况对企业战略的影响。

(1) 新兴行业。新兴行业对应的是产品的起步阶段,在该行业中,从需求的角度讲,消费者需要的是"新"的产品;从价值公式的角度讲,这时吸引消费者购买产品的核心要素是质量和交货期,而并非产品价格(购买成本)。在新兴行业中,消费者往往会花更多的成本为产品的创新价值来埋单,如智能手机刚出现时,苹果手机以其特有的新颖性而非价格吸引了消费者。

从供给方来看,在产品的起步阶段,由于需求不太稳定,需求量有限,业务的批量较成熟期少,规模效益难以有效发挥,企业实现低成本生产是较为困难的。

综合上述两个方面来分析,在新兴行业,企业的业务首选差异化战略是较为合适的。

(2) 高动荡行业。高动荡行业对应的是产品的成长阶段,在该行业中产品的需求并未达到稳定状态,并且市场一直是在扩容的状态。随着市场的扩容,消费者逐渐进入该市场,不同的消费者进入将进一步导致不同的需求出现。因此,企业只有从产品的差异性需求方面入手,才能更好地吸引不同的消费者。

从供给方来看,在产品的成长阶段,由于需求仍然不稳定,虽然整体市场需求呈快速增长态势,但单一产品的需求量波动仍然较大,不稳定的业务导致规模效益难以有效发挥,企业实现低成本生产也是较为困难的。

综合上述两个方面来分析,在高动荡行业,企业的业务首选差异化战略是较为合适的。

(3) 成熟行业。成熟行业对应的是产品的成熟阶段,在该阶段,产品的需求已经达到稳定状态,市场容量基本稳定。经过成长阶段的磨合,供需双方在产品质量、成本及交货期等方面达到基本平衡的状态,消费者对产品的价值要素诉求基本稳定,不同企业生产的产品同质化现象比较普遍。因为产品同质化程度高,企业之间的竞争激烈,企业只有从产品的价格入手,才能更好地吸引消费者,而价格的降低必然要求企业通过多种途径降低产品的成本。

从供给方来看,在产品的成熟阶段,由于需求稳定,产品的同质化现象凸显,产品需求量大,为规模生产带来了可能。同时,同质化的竞争使生产流程和工艺日趋规范化和标准化,这些都为企业实现规模效益带来了可能。因此,企业实现低成本生产是较为容易的。

综合上述两个方面来分析,在成熟行业,企业的业务首选低成本战略是较为合适的。

(4)衰退行业。衰退行业对应的是产品的衰退阶段,在衰退阶段,产品的需求量逐渐减少,并且市场处在萎缩状态。在衰退行业,尽管大多数消费者逐渐失去对当前产品的兴趣,但并不是所有的消费者都不会购买当前的产品。一般情况下,某些特定的细分市场(如老年人群)往往是衰退行业中产品的需求捍卫者。因此,从产品需求角度来看,只有将产品的定位集中到某些特定的市场,才能给消费者带来价值。

从供给方来看,在衰退阶段,由于特定市场中的消费人群往往具有怀旧情结,因此在集中市场进行低成本生产往往更具优势。对于企业而言,在成熟期建立起来的生产与管理经验对于集中市场的特定需求而言也具有较好的适应性。

综合上述两个方面来分析,在衰退行业,企业的业务首选集中化战略是较为合适的。

除了上面分析的每一种行业中可供企业参考和借鉴的首选竞争战略之外,由于各行业都具有自身的特点,因此还需要综合探讨企业在各行业进行战略制定时应该考虑的其他方面的一些问题。

10.9 新兴行业中企业的战略制定

随着社会的进步和技术的发展,消费者的需求不断地被发掘,新兴行业大量地涌现出来,如电子通信产业、网络游戏产业、生物基因产业等。这一行业有着巨大的潜在市场有待挖掘,同时也伴随着相应的风险,如何根据行业特征把握机会、应对挑战是企业在设计战略时应重点考虑的问题。新兴行业中的企业在制定战略时,需要重点考虑的关键问题主要有三个:一是基本的竞争战略的选择;二是平衡企业发展与行业发展的关系;三是把握进入新兴行业的时机。

新兴行业的特点

波特在《竞争战略》[①]一书中指出：新兴行业是由于技术创新、相对成本关系的变动、新消费需求的出现，或其他经济及社会方面的变化而产生的那些新形成的或重新形成的行业。

由于这个行业是新出现的，不确定性是其最重要的特征。企业的战略制定也需要建立在对这一不确定性有着充分了解的基础上。可以说，新兴行业在各方面都存在不确定性，突出地表现为市场需求的不确定性、供给模式的不确定性、技术的不确定性、成本的不确定性等。然而，由于供需双方都存在较强的不确定性，必将导致企业在战略上的不确定性。战略上的不确定性有时必须以一种"摸着石头过河"的理念和心态来处理问题，因而往往增加了风险。

新兴行业的战略选择

通过前述分析可知，在新兴行业，企业的业务首选差异化战略是较为合适的。另外，从新兴行业的特点来看，由于各方面都是不确定的，因此不适宜采取较为稳定的低成本战略，差异化战略在应对不确定性、提升灵活性方面具有较大的优势。

平衡自我发展与行业发展之间的关系

处于新兴行业的企业在发展过程中还需要把握的一个重要问题是，如何平衡企业发展与行业发展的关系。由于"新颖"的特点，新兴行业必然会吸引企业不断进入，而每一个企业都谋求发展，相互之间必然会产生竞争。此时，率先开拓新兴行业的领头企业（如通过新的技术发明或创造开拓的新兴行业）需要考虑的是如何使行业尽快发展起来，同时又能合理地处理竞争的问题。

企业之间的竞争一般包括良性竞争和恶性竞争。良性竞争将会提高各自的绩效，包括研发绩效、市场绩效等，从而能使行业日益壮大，客户群体越来越多。而恶性竞争往往是以不正当手段进行的，可能导致整个行业的萎缩。如果行业不能形成，行业中的企业也必然会走向消亡。

因此在新兴行业，企业之间应该进行良性竞争，首先让行业发展起来，共同将蛋糕做大。可以说，新兴行业中压倒一切的战略问题是如何使行业结构尽快形成的问题，企业应该在行业发展与追求自身的狭隘私利之间达到平衡。

---

① 迈克尔·波特.竞争战略[M].陈丽芳,译.北京:中信出版社,2014.

另外,从社会角度讲,行业的发展也必须是有利于整个社会的。当今时代,企业在消费者心目中的形象越来越重要,尤其是随着信息技术的飞速发展,负面消息能够在一夜之间充斥整个网络。如果企业之间的恶性竞争损害了消费者的利益,那么这个行业将无法得到社会的认可,对行业中的各个企业来说,都将是巨大的灾难。例如,共享单车的出现为消费者解决最后一公里出行问题提供了便利性,但早期进入该行业的几家企业通过疯狂融资来抢占市场,却没有在共享单车业务的运营、维护、管理上下功夫,导致消费者的体验价值逐渐降低。

进入新兴行业的时机

众所周知,企业进行的任何一项战略决策都是从收益和风险的角度来综合衡量的,对进入某一新兴行业时机的把握和决策也不例外。作为先行者和领导者进入新兴行业,与作为跟随者进入,可能给企业带来的收益与风险具有较大的差异,如表10-3所示。

表10-3 不同进入时机的差异

	作为领导者进入	作为跟随者进入
收益	领导者的顾客认知度和忠诚度高	有领导者存在,目标明确
	便于发挥经验效益	业务拓展成本较低、速度较快
	进入初期垄断市场而获利	便于产品改良提升价值
	引导行业发展方向	通过借力,市场推广较为容易
	……	……
风险	各方面的不确定性风险	消费者的先入为主
	融资成本带来的压力	融资优势较弱
	跟随者带来的竞争压力	不投入难以做大市场
	管理者和员工的精神压力	多方面跟随带来的风险
	……	……

可以看出,抢先进入某一新兴行业的企业具有一系列先发优势,能够作为领导者优先得到顾客认知度和忠诚度。早进入者有时间优势,便于发挥经验效益,积累技术、管理、市场、应对危机等方面的经验。早进入者往往引领了行业转型的方向,容易获得行业中供应链上下游成员的支持。进入初期,早进入者易于形成垄断市场而获取更多的利益,并能够在引导行业发展方向方面获取更多的收益。

相应地，先行者也面临一定的风险，如各方面的不确定性带来的潜在风险；开拓新行业往往需要获取基本的介入，在早期行业方向不明朗时往往会受到融资方带来的压力；行业中的跟随者也会通过各种方式进行竞争，因而给行业领导者带来竞争压力；这些压力可能传递到公司管理者和员工方面，形成开拓者特有的精神压力等。

如果作为跟随者进入，也会面临收益与风险抉择的问题。

一般来讲，作为跟随者进入一个新兴行业，因为有领导者存在并不断试错，相对而言发展目标较为明确；同时，业务拓展的成本相对较低并且可能快速拓展；由于有领导者在与消费者进行供需平衡的博弈，对于跟随者而言，利于其产品不断改良，提升消费者价值；跟随者还可以通过借力等手段进行市场推广。

对于跟随者而言，不利的是消费者的先入为主思想对于树立品牌及推广可能造成壁垒；一般来讲，新兴行业中的领导者永远是融资方关注的对象，因此跟随者的融资优势较弱；此外，跟随者如果不能对行业发展做出清晰的判断，从多方面跟随也会面临不确定性的风险等。

因此，对于进入时机的把握非常重要，企业应该综合内外部环境状况，利用详尽的调查分析做出正确的决策。

2017 年共享单车业的投入惊人，单车投放量达 2 300 万辆，是 2016 年 200 万辆的近 11 倍，投入金额估算超过百亿元。在资本的推动下，共享单车市场迎来一波又一波的烧钱大战，其中以摩拜和 ofo 为代表。通过资金的大量涌入，两家企业迅速占领市场。但由于管理不善、运维困难及"共享"带来的便利性和规范性之间难以解决的先天矛盾，这两家企业发展乏力。而作为后来者的哈罗单车却因为拥有自身的优势，发展较为迅速。

10.10　高动荡行业中企业的战略制定

高动荡行业的特点及战略制定

高动荡行业的主要特征，用一个词来概括就是各方面都是"变化"的。与新兴行业不同的是，高动荡行业已经确定要发展了，因而不确定性的风险相对较小，但是发展过程中有很多难以掌控的变化性，如相关政策、技术、产品、消费者价值、竞争状态等。

例如，在高动荡行业，由于产品处于成长阶段，市场规模已经初显，但是需求仍然不稳定。随着市场的扩容,新的消费者逐渐进入,不断对产品提出新的需求。为了适应新的需求,往往需要行业中的企业不断进行产品改良和技术革新,导致行业中的领先技术不断迭代更新。技术的不断更迭导致产品生命周期一般较短,产品升级较快。同时,在成长阶段,企业之间的竞争模式尚未明朗,需要不断探索适合自己的竞争战略和运作模式。

战略的灵活性与技术的灵活性

通过上述分析可知,在高动荡行业,各方面的变化都要求企业用灵活的理念、战略、组织及领导控制方式去应对,从而保证企业具有较高的灵活性。

以消费电子类行业为例,随着消费理念与消费水平的升级,产品的更新换代步伐逐渐加快,生命周期越来越短。企业要不断地创新产品就必须保证技术的高度灵活性,这往往需要企业提高对技术的投入,不断地进行研发。但有时候只靠企业自身的力量在技术上保持持续的竞争优势是较为困难的,因此必须探究确保技术灵活性的可行方法。此时,除了通过高投入进行不断的技术研发之外,还可以考虑与其他企业联盟的方式进行合作研发,如在全球范围内与IBM公司开展过合作研发的技术合作伙伴多达400余家。进行合作研发,在降低研发成本的同时也降低了技术可能的变化带来的风险。

高动荡行业的战略选择

通过前述分析可知,在高动荡行业,企业的业务首选差异化战略是较为合适的。而从高动荡行业的特点来看,由于各方面都是变化的,因此不适宜采取较为稳定的低成本战略,差异化战略在应对变化、提升灵活性方面具有较大的优势。

10.11 成熟行业中企业的战略制定

成熟行业的特征和竞争战略选择

从前述分析可知,成熟行业中产品的需求已经达到稳定状态,市场容量基本稳定。经过成长阶段的磨合,供需双方在产品质量、成本及交货期等各方面达到基本平衡的状态,消费者对产品的价值要素诉求基本稳定,不同企业生产的产品同质化现象比较普遍,企业之间竞争激烈,产品的利润率较低,企业只有从产品的价格入手才能更好地吸引消费者。同时,由于需求稳定,企业实现规模生产较为容易。因此,如果用一个关键词来概括成熟行业,则"稳定性"较为合适。

因为与新兴行业或高动荡行业相比,各方面都较为稳定,因此成熟行业中的竞争通常强调成本竞争,而且并购行为较为普遍。适宜的并购行为可以有效提升企业业务规模,进一步提升规模效应,降低上下游企业之间的交易成本,为低成本战略的实施提供便利。

适时缩减产品种类

从供给侧角度讲,规模生产效益发挥的前提是预测的准确性,因为只有预测准确,大规模生产出来的产品才会面临较低的市场风险。因此,对于在成熟行业运营的企业而言,通过缩减产品系列与种类使自己产品的市场需求得到有效的预测和把握,是实现低成本战略的有效途径。

例如,长期以来,宝洁、高露洁等处于产品成熟阶段的企业一直专注于日常型日化产品的生产,通过削减产品系列与种类,使自己的生产集中于产品生命周期长的成熟型产品,使自己的低成本战略能够发挥效用。

宝洁公司前总裁德克·雅德曾经说:"很难想象消费者这些年都是怎样忍受宝洁的,我们的所作所为实在是难为他们了。"说这番话的原因就是宝洁的产品线过于庞大繁杂,不仅品类众多,即使是同样的产品也分十几种包装、类型。这虽然符合传统用细分产品来满足细分顾客的营销理论,但却让消费者本来清晰的购买思路反倒模糊了,产生了迷惑、犹豫的心理。对于小额感性产品而言,使消费者产生这样的情绪是很危险的,结果就是放弃购买,转而购买那些清晰明了、不用劳神费力的产品。宝洁发现问题后对日化线的所有产品实行配方标准化,清除非重要品牌,把分散的规格进行归纳整理。调整后,产品的品类与规格锐减,市场份额却提高了1/3。

管理创新的重要性

对于在成熟行业中运营的企业而言,低成本除了可以通过缩减产品系列的方式来实现,企业的"创新"行为也起着重要的作用。创新一般分为两类,一类是技术创新,另一类是管理创新。而企业实现低成本战略可能更多的需要管理上的创新,如生产设备的引进、生产服务流程的梳理与优化、工艺的改进等都属于企业管理创新的范畴。

10.12 衰退行业中企业的战略制定

衰退行业的特征

任何产品在经历了成熟阶段的洗礼之后，必然要走向衰退，这是亘古不变的客观规律。在衰退行业中，消费者需求开始转移到能够为其带来新价值体验的产品上，原产品的市场会持续性地萎缩。由于不同产品的性质不同，面对的市场需求不同，其生命周期也不同，因此，衰退可能是缓慢进行的，也可能是迅速完成的。缓慢的过程有可能在一个低水平上持续很多年才会最终退出该行业。

衰退行业的战略选择

通过前述分析可知，在衰退行业，企业的业务首选集中化战略是较为合适的。另外，从该行业的特点来看，由于各方面都是衰退的，因此集中化战略配合低成本战略一般来讲是个不错的选择。

注意退出时机

衰退行业中的企业早晚是要退出的，但并不是所有的行业一旦进入衰退期就会立刻消亡，有些行业还会在较长的时间内保持一个低水平的运行状态，企业仍旧可以选择继续在熟悉的市场中获取一定的收益。因此，早退出还是晚退出的区别较大，需要企业把握好退出的时机。如果选择晚退出，企业在衰退的市场中又该采取什么样的策略？

从退出时机来看，如果企业选择尽早退出衰退行业，则可以采用迅速放弃战略。迅速放弃战略是企业在行业进入成熟阶段末期或衰退阶段初期就选择尽早退出。由于退出时间早，企业往往能够最大限度地实现资产变现，收回投资。迅速放弃战略的优点还体现在企业不仅可以变卖有形资产，还可以变卖无形资产（商誉、品牌、技术等）。因此，如果企业不打算经营某业务，则放弃战略进行的越早越好。一旦进入衰退期，并且衰退的迹象较为明显时，企业对将要放弃的业务的议价能力就会被严重削弱。

衰退期中的常用战略

如果企业不选择放弃战略，而是试图在衰退行业中继续经营，则可以采用领导地位战略或合适地位战略。

领导地位战略是企业在衰退行业中保持或者成为相对实力较强的、具有较强竞争优势的企业。相比成熟行业，在衰退行业中占据领导地位相对较为容易。如果企业认定该行业仍有获利的空间，并且成为占据领导地位的企业能够带来满意的战略利益，则可以考虑采取这一战略。

与该战略不同的是，企业也可以在衰退行业中通过将自己定位成中等或中等偏上具有一定竞争实力的企业来获取战略利益。这一战略就是合适地位战略。与企业在衰退期进行撤资操作不同，为了保证合适地位，某些在成熟期实力较弱的企业往往可以采取特定投资的方式。

2012年4月20日，美国伊士曼柯达公司（简称柯达）正式宣布破产。柯达这一举世闻名的影像业巨头，在过去一个多世纪的发展史中留下了无数辉煌的印记。柯达创始人发明的胶片、胶卷、"傻瓜"简易胶卷相机等加速了人类摄影史的发展，也将柯达推向了世界影像产业霸主的地位。之后柯达又发明了数码相机。然而它没有继续引领新一轮的跃进，却在数字信息时代的浪潮中迷失了方向。之后短短十几年间，传统影像产业迅速衰退，也使柯达这颗璀璨一时的昨日之星黯然陨落。

1. 柯达的黄金时代

伊士曼柯达公司成立于1880年，曾是世界上规模最大、最知名的信息影像产品及技术服务的生产与提供商。柯达先后发明的电影胶片、胶卷、柯达简易相机等促成了摄影技术的革命性突变，也开辟了大众摄影消费时代。自此以后，柯达紧跟时代的浪潮迅速成长，在鼎盛时期，柯达仅凭胶卷业务便席卷了全球2/3的市场，后期凭借拍摄、输出、图文处理等相关技术的不断创新，走上多元化发展道路，成为全球摄影及相关技术的领先者。1981年，柯达的年销售额冲破100亿美元，成为当时独一无二的全球影像行业龙头企业。"你只需按下快门，余下的一切由我们来做""这就是柯达一刻"等脍炙人口的广告语遍行全球，街头巷尾布满了柯达经典黄色的摄影器材店、胶卷洗印店。

柯达的辉煌历史一直持续到20世纪末期。数字影像技术悄然兴起，1996年卡西欧公司推出首款零售消费型数码相机，内置数据处理及记忆存储系统，并且每台价格低于6 000元，这一事件预示着数码摄影时代的来临。数码相机、摄影机的分辨率、外观设计、功能延伸、成本控制等相关技术获得突飞猛进的发展，如2003年市场上的数码相机像素数已超越1 000万。与此同时，随着个人计算机、互联网在大众消费市场的普及，数字影像进一步实现了网络化共享、传输、大批量处理等。更具卓越性、便捷性、综合性的数码摄影产品所产生的数字影像大幅节省成本、缩短操作时耗,充分取代了传统胶片影像,迅速成为新时代的主流电子消费品。技术进步深刻改变着人们的消费需求,也给传统影像产业带来猝不及防的巨大冲击。

然而此时的柯达依旧坚持驻守在传统行业的"沃土"之上。1998年,当佳能、奥林巴斯、富士、尼康等诸多同行纷纷涉足数码相机业务的时候,柯达依旧专注于胶卷技术研发及新一轮的区域市场开拓,并计划投资十多亿美元全面进军中国感光材料行业。显然,柯达将下一轮扩张聚焦亚太市场,却没有充分察觉时代的变迁,胶片影像产业的"寒冬"即将来临。

2. 柯达的寒冬

许多评论将柯达的失败归咎于数字时代的来临,颠覆性技术的兴起构成对传统产业的严重挑战,也批评柯达创新不足。事实上,柯达一直是行业技术创新的佼佼者,世界首台数码相机正是柯达在1975年制造出来的;1991年,柯达还与尼康合作推出了像素数为130万的专业级数码相机,可见柯达是数码相机兴起的重要参与者。矛盾的是,它始终眷恋传统市场,顾忌数码相机对胶片业务的冲击,在时代转折点上故步自封,没能再一次引领潮流。

直到2000年全球胶卷市场的需求开始停滞,此后4年柯达胶卷及相关影像产品的销量持续下滑,严重影响公司的盈利状况。由于柯达一直以来轻视数码业务拓展,2000年数码产品销售额仅为30亿美元,仅占总业务收入的22%。2002年柯达主营业务收入中,数码业务收入仅占25%,而其同行业竞争者富士的数码业务收入已占到总收入的60%。2003年柯达传统影像业务的销售利润锐减至41.6亿美元,跌幅达46%。2004年,面对接连跌落的业绩,柯达才开始关注数码产品开发,于该年推出6款数码相机,但年末的盈利数据显示6款相机仅占利润率的1%。

此时的柯达已身陷尴尬困境。一方面传统业务领域持续萎缩,另一方面数码产品领域核心技术缺失,在激烈的竞争中尚无起色,柯达的"寒冬"开始降临。为度过艰难时期,柯达进行了第一次战略转型。它大刀阔斧地开展企业并购、业务出售、谋求战略合作等活动,先后并购了Encad商业印刷公司、Algotec公司、以色列Scitex数字印刷公司、克里奥公司,购买了Nexpress印刷公司50%的股份、柯达保丽光公司50%的股份,并出售了医疗影像业务。2004年又从内部7万名员工中裁减20%,逐步放弃胶卷业务,并于2005年任命数字技术专家威廉·劳埃德(Willian Lloyd)为新任CTO。柯达欲争取在2006年成为以数码业务为核心的"全球性咨询企业和集成服务提供商",竭力扭转大局。当时柯达公司的市场总监卡尔·古斯廷(Carl Gustin)称现在是柯达最重要的行动时刻,公司正在全力以赴更新指导方针及策略,并在从柯达品牌标示、形象到营销诉求、广告宣传及目标群体等方面逐步向全新的"数码柯达"转变。

转型之路漫长而艰险。柯达像一艘体积庞大、转向迟缓的巨型轮船,需要较长的时间才能平稳驶入正常航道。与此同时,数码产业、智能手机、IT互联网等全球信息产业在飞速成长,使这一时期的市场环境变幻莫测。柯达的第一次转型并未改善内部日益亏损、资金短缺的局面,新进入的行业在盈利上入不敷出。2007年柯达决定实施第二次战略转型,这次转型耗时4年共投入34亿美元,仅2007年就并购了6家数码印刷巨头。2009年,受金融危机影响,柯达连续4个季度营业收入下降20%,不得已将裁员幅度提至50%。2011年,柯达继续亏损,接连衰落的业绩表现使柯达的股价节节跌落,《财富》杂志在该年年末评选出的"美国500强10大烂股"中,柯达以85%的跌幅名列第三。相比1997年,柯达市值从3 310亿美元降至1.75亿美元,15年的时间缩水了90%以上。

2012年,经历了两次转型的困苦挣扎,柯达公司依据美国《破产法》第十一章对美国公司申请破产保护,于4月20日正式宣布破产,并声明除美国以外的其他国家子公司不包括在申请范围之内。此时柯达的资产为51亿美元,但债务额高达68亿美元。通过破产保护,柯达从花旗集团获得9.5亿美元的贷款,用以改善资金流动,并在18个月的期限内完成一系列业务清算、重组等。

3. 柯达的春天还有多远

海外的其余柯达子公司目前依旧维持着正常运营。在柯达申请破产后的两个月,柯达亚太区总裁李乐贤(Lois Lebegue)接受中国《经济观察报》专访时称,柯达在为期18个月的破产保护期内,将相继剥离一系列旧业务,将精力聚焦民用影像输出和面向商用的图文影像领域(如印刷、包装、票据等),提供一系列与之相应的产品和解决方案,现在柯达60%~70%的业务都是印刷,其他业务只占很小的一部分。他称柯达在未来会成为一家规模相对较小而业务更为专注的公司。

柯达中国大区在继美国公司宣布破产保护后,第一时间站出来解释、澄清的事情就是这次仅针对柯达的美国公司申请破产保护,而不会牵连或影响柯达中国及其他国家的业务。李乐贤说:"我们逐渐意识到,之所以亚洲很多客户出现不理解和担忧,很大程度上是基于大家对于破产保护理解的偏差。因为在亚洲,当大家说一家公司破产时,通常就意味着它不行了,它所有的业务都要被停掉了。"其实破产保护是一项帮助衰竭化发展而走向破产的公司更好地进行业务转型、重组的举措,借助期限内的法律保护,公司迅速转型及重组,使公司能够重新走向正轨、恢复盈利,甚至会比以前发展得更强。

柯达选择的第一个退出业务便是数码相机、手持数码摄像机、数码相框,这一选择反映了柯达对未来趋势的冷静判断。随着智能手机的照相及摄像技术的突飞猛进,智能手机一类的终端机是未来的主流,柯达明确未来的业务选择中会更关注影像输出和图文处理,并将从业务比例、技术革新、合作对象、营销调整上全面朝这一方向努力。①

10.13　分散行业中企业的战略制定

分散行业的特点

理发店、小卖部、旅店、饭馆等分散在广阔的市场区域中,没有任何一家企业能在行业中占据明显优势的市场份额,也没有任何一家企业能对整个行业的发展产生重大的影响,这样的行业就是分散行业。分散性是分散行业的独有特性。分散行业往往具有企业数量多、规模小、市场需求量大、进入壁垒低、退出壁垒低、差异性大、经营灵活、同人们的日常生产生活紧密结合等特点。

分散行业中的战略决策

因为分散性是该行业的最大特点,在某个地区经营的某分散企业实际上是服务于周边特定地区的,因此集中化是分散行业中企业的首选战略。

分散行业中的企业要想做出规模,一般情况下应采取连锁经营、特许加盟等方式,只有这样才能做出特色和品牌。

因为该类企业往往面临不同的地域和不同的客户需求,其战略需要保证一定的灵活性。

10.14　综合 L-C 战略选择矩阵

通过前述章节分析可知,企业的公司层战略及业务层战略包括较多内容,为了更清晰、直观地将各战略适应的场合展现给企业,供企业在制定战略时参考,我们绘制了生命周期-竞争力综合分析矩阵(life cycle-competitive power comprehensive analysis matrix),简称综合 L-C 战略选择矩阵,如图 10-13 所示。

---

① 资料来源:胶片巨人的辉煌与落寞——柯达兴衰[N].经济观察报,2012-03-23.

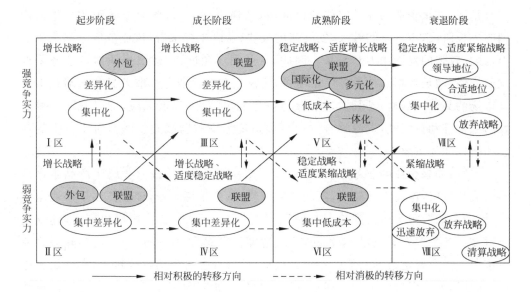

图 10-13　综合 L-C 战略选择矩阵

在如图 10-13 所示的矩阵中,横坐标为产品生命周期的不同阶段,划分为起步阶段、成长阶段、成熟阶段和衰退阶段四个阶段;纵坐标为企业的竞争实力,分为强竞争实力和弱竞争实力两种情况。企业的业务定位在图中的八个区域(分别标记为Ⅰ区、Ⅱ区、Ⅲ区、Ⅳ区、Ⅴ区、Ⅵ区、Ⅶ区、Ⅷ区),将得出不同的公司层战略和业务层战略的选择参考建议。

Ⅰ区:如果企业的业务定位到该区域,从横坐标来看,该业务属于产品生命周期的起步阶段,具有一定的发展潜力和空间;从纵坐标来看,该业务属于强竞争实力,具有较强的发展动力和源泉。因此,从公司层角度讲,建议企业对该业务采取发展战略(增长战略);从业务层角度讲,建议企业对该业务采取差异化战略或者特定市场的集中化战略。同时,为了保持业务的灵活性,降低风险,资源整合方面可以适度考虑外包战略。

Ⅱ区:如果企业的业务定位到该区域,从横坐标来看,该业务属于产品生命周期的起步阶段,具有一定的发展潜力和空间;从纵坐标来看,该业务属于弱竞争实力,该业务的资源与能力配给不是特别有竞争力。因此,从公司层角度讲,建议企业对该业务采取发展战略(增长战略);从业务层角度讲,建议企业对该业务采取特定市场的集中差异化战略,以避开强有力的竞争对手。同时,由于该业务实力较弱,适宜采取抱团取暖的联盟战略;为了保持业务的灵活性,降低风险,资源整合方面可以适度考虑外包战略。

Ⅲ区：如果企业的业务定位到该区域，从横坐标来看，该业务属于产品生命周期的成长阶段，市场空间较大，发展速度较快；从纵坐标来看，该业务属于强竞争实力，具有较强的发展动力和源泉。因此，从公司层角度讲，建议企业对该业务采取发展战略（增长战略）；从业务层角度讲，建议企业对该业务采取差异化战略或者特定市场的集中化战略。同时，为了保持业务的灵活性，降低风险，同时兼顾资源获取的稳定性和持续性，资源整合方面可以适度考虑联盟战略。联盟对于技术的持续性研发尤为重要。

Ⅳ区：如果企业的业务定位到该区域，从横坐标来看，该业务属于产品生命周期的成长阶段，市场空间较大，发展速度较快；从纵坐标来看，该业务属于弱竞争实力，该业务的资源与能力配给不是特别有竞争力。因此，从公司层角度讲，建议企业对该业务采取发展战略（增长战略）或适度稳定战略；从业务层角度讲，建议企业对该业务采取特定市场的集中差异化战略，以避开强有力的竞争对手，实现快速成长。同时，为了保持业务的灵活性，降低风险，同时兼顾资源获取的稳定性和持续性，资源整合方面可以适度考虑稳定性强于外包战略的联盟战略。

Ⅴ区：如果企业的业务定位到该区域，从横坐标来看，该业务属于产品生命周期的成熟阶段，市场竞争激烈，发展空间有限；从纵坐标来看，该业务属于强竞争实力，该业务的资源与能力配给具有较强的竞争力。因此，从公司层角度讲，建议企业对该业务采取稳定战略或适度增长战略；从业务层角度讲，建议企业对该业务采取低成本战略，以获取竞争优势。同时，为了实现低成本，资源整合方面可以适度考虑一体化战略，或不同市场（或不同国界市场）的联盟战略，以整合有效资源；当一个市场的业务发展空间有限时，适度考虑拓展多元化业务或国际市场往往是一个不错的选择。

Ⅵ区：如果企业的业务定位到该区域，从横坐标来看，该业务属于产品生命周期的成熟阶段，市场竞争激烈，发展空间有限；从纵坐标来看，该业务属于弱竞争实力，该业务的资源与能力配给不是特别有竞争力。因此，从公司层角度讲，建议企业对该业务采取稳定战略或适度紧缩战略；从业务层角度讲，建议企业对该业务采取特定市场的集中低成本战略，以获取竞争优势。在成熟期阶段，弱竞争实力的企业采取联盟进行"抱团取暖"的做法往往较多。

Ⅶ区：如果企业的业务定位到该区域，从横坐标来看，该业务属于产品生命周期的衰退阶段，市场逐渐萎缩；从纵坐标来看，该业务属于该阶段的强竞争实力，该业务仍然保留着较强的资源与能力配给状况。因此，从公司层角度讲，建议企业对该业务采取一定时间的稳定战略或者适度的紧缩战略；从业务层角度讲，建议企业对该业务采取集中化战略,并根据企业的实际情况针对集中市场采取领导地位或者合适地位战略。特别要注意的是,到了一定的时间节点应该果断地选择放弃战略。

Ⅷ区:如果企业的业务定位到该区域,从横坐标来看,该业务属于产品生命周期的衰退阶段,市场逐渐萎缩;从纵坐标来看,该业务属于弱竞争实力,该业务的资源与能力配给状况不佳。因此,从公司层角度讲,建议企业对该业务采取紧缩战略;从业务层角度讲,建议企业对该业务采取迅速放弃战略或者集中化一段时间后的放弃战略。如果不能很好地把握放弃时点,错过最佳时机可能就要清算了。

通过上述分析可以看出,企业在进行战略选择时,必须考虑公司层战略和业务层战略的综合匹配问题,不能孤立地分析和选择。

10.15 动态竞争战略

从本章前述分析可知,企业在制定业务层战略时需要探讨的第三个问题是如何持续性竞争的问题。20世纪90年代以前,传统的业务层竞争战略多是从相对静态的角度分析,而90年代以后,由于企业之间的竞争加剧,某企业采取的战略行动会引起其他竞争者的相关反应,这些反应又会反作用到原先行动的企业。因此,在制定竞争战略时应不断地考虑竞争者的行为和战略行动及彼此竞争行为之间的相互影响,适时调整自身战略,才能有针对性地制定合理的竞争战略,这就是动态竞争战略的核心内涵。

显然,动态竞争战略是相对于企业的静态竞争战略而言的。静态竞争战略中,企业关注一次性的竞争过程,目的是分出胜负;动态竞争战略中,企业关注随环境变化的动态博弈过程,目的是不断调整自身进而获取持续性的竞争优势。

因此,在动态竞争过程中,"相互学习并不断调整"是一个非常重要的特征,正是因为有了相互"学习",才能使竞争双方的竞争战略不断地相互作用,进而不断地调整战略加以应对。

在战略分析和制定的思路与方法方面,除了我们熟知的静态环境下的战略分析和制定的方法(如PEST、波特五力模型、价值链、SWOT、BCG等)外,在动态环境下还可以考虑引入博弈论、行为决策、情景描述等思路与机理来辅助动态竞争战略的制定。

案例研讨 10-1

ZARA 的竞争战略[①]

名牌时尚服装总能吸引人们的眼球,然而其高昂的价格又往往使大多数人望而却步。此时如果有人告诉你,来我店里吧,这里有你能看到的所有时尚款式,而且只需花费不到顶级品牌 1/10 的价格就能享有神似顶级品牌设计的服装,你会相信吗?你应该相信,那就是西班牙的服装品牌 ZARA。近年来,以 ZARA 为代表的时尚服装品牌突破了传统束缚,成为时尚界的领导者。一个远在西班牙的服装公司为什么能够如此迅速地捕捉世界各地的流行信息,快速地生产和销售时尚服装呢?

根据世界服装界的传统,高档品牌时装公司每年会在巴黎、米兰、伦敦、东京等时尚中心开发布会。有这么一群人,长期混迹于 T 台旁边,从这些顶级设计师设计的品牌服装中汲取灵感,他们就是 ZARA 的独门秘籍——酷猎手。这些年轻的酷猎手的平均年龄只有 25 岁,都是潮流人士,他们的工作是专门捕捉当下最为流行的时尚元素。不仅如此,他们还负责收集交易会、酒吧、餐厅、街头艺人、街头行人、时尚杂志、影视明星及大学校园等各方面的流行元素,并在第一时间把信息通过 E-mail 发回总部,使设计团队可以迅速准确地做出设计决策,形成 ZARA 的产品主题系列。这些流行元素从设计到上架,平均只需 10~15 天。

ZARA 的这种策略与传统服装公司大不相同。传统服装公司一般会把精力集中于对流行趋势提前做出判断,从一个服装概念的推出到最后摆在零售店里,整个过程大概花费半年的时间。ZARA 则集中于对已存在的时尚潮流的快速反应,因为时装最重要的就是紧跟时尚,而时尚最大的特点就是多变。ZARA 的首席执行官凯斯特拉诺(Jose Maria Kaystrano)曾经说:在时装界库存就像食品,很快就会变质,ZARA 所做的一切就是减少反应时间。

ZARA 一年大概推出 12 000 种服装,每种款式只供应 20 万~30 万件。这种快速、少量、多款式的全新生产模式使 ZARA 成为其所属集团旗下最有名的一个品牌,其销售收入占整个集团销售收入的 77%。ZARA 是 Inditex 集团旗下的子公司,该集团是全球第二大服装零售集团,旗下共有 8 个服装零售品牌,集团的创始人是阿曼西奥·奥尔特加。

[①] 资料来源:摘编自央视财经频道《商道》节目。

1963年，奥尔特加创办了一家专门生产女式睡衣的制衣厂，开始了自己的资本原始积累，生意一直做得顺风顺水。然而1975年，一家德国客户突然取消了一笔足以让奥尔特加破产的大订单。面对已经生产出来的存货，奥尔特加站在库房门口愁眉不展。不过奥尔特加的脑子非常灵活，他在拉科鲁尼亚开了一家名叫ZARA的小店，把自己积压成山的存货拉到店里降价销售。结果人们蜂拥而来抢购，小店生意出奇的好。这让奥尔特加意识到平价时尚服装的时代就要到来了。于是从1976年开始，他在西班牙各大城市开设ZARA分店。经过在服装界的多年打拼，奥尔特加逐渐找到一条不同于传统服装公司的盈利模式——以快制胜。

在服装界，多数发达国家的服装生产往往外包给第三世界国家，如在A国采购布料、在B国印染、在C国再来一道精雕细绣，最终在D国产出一条裙子。这样做的最大优势是成本低。可是缺点也很明显，就是速度慢。为了避免由于速度慢而产生的库存积压，奥尔特加的做法非常独特，他把采购和生产大部分都安排在欧洲进行，而且相当一部分是安排在西班牙总部周围一个非常小的范围内。这样做的目的是缩短空间距离，从而快速地获得生产成果。

在总部周围这个范围里，奥尔特加花巨资设立了20个高度自动化的染色和裁剪中心，把劳动密集型工作外包给周边的400家工厂，甚至交给家庭作坊。他决定把方圆650千米的生产基地的地下全部挖空，架设地下传输带网络，每天根据新订单，把最新的布料准时送到工厂。例如，酷猎手发现今年夏天印有中国元素图案的裙子会流行，于是发E-mail给西班牙总部，紧接着总部的设计师就开始工作，他们把设计好的式样通过信息系统发给附近的工厂，工厂立刻安排加工，一周之内生产完毕，经过检验和贴标签之后，马上传送到配送中心，然后被迅速地分发到全国甚至世界各地的专卖店上架销售。两三天之后，所有的裙子都被售出，不再补货。奥尔特加这样做的目的就是把库存量降到最低。产品积压少，资金周转就快，风险相对就低。为了求快，ZARA产品的运作成本比别人高15%。成本虽然高了，但这种高效率的作业管理使生产速度得以提升，最终可以把利润保持在10%左右。

2001年10月，奥尔特加斥资1亿欧元，在西班牙首都马德里东北部的萨拉格萨市又建立了一个物流中心，之前奥尔特加在拉科鲁尼亚已经拥有了一个建筑面积超过5万平方米的配送中心。新建物流中心的实际利用率只有50%左右，这在一般人眼里是资源浪费，但是对奥尔特加来说，新建配送中心能扩大配送范围，提高配送速度。不仅如此，他还建了两个空运基地，一个在拉科鲁尼亚，另一个在智利的圣地亚哥。拥有如此强大的配送系统，就可以保证所有欧洲的连锁店一天之内收到货物，美国两天之内可以收到，中国、日本三天之内可以收到。

奥尔特加认为，距离不是用千米而是用时间来衡量的。因此，奥尔特加不惜将自己所有的营销经费全部投入物流系统的扩充和改善。当然，即使拥有如此庞大的生产和配送系统，要做到完全没有积压也不可能。在 ZARA 连锁店里，如果有产品超过两周没有销售出去，就会被配送到所在国的其他连锁店里。通常这样的产品数目会被控制在总数的 10% 以下。这样一来，连锁店里产品的更新速度非常快，各款式存货很少，打折产品也比较少，而且即便打折销售，一般也控制在 8.5 折以内。

2001 年 5 月，Inditex 集团对外公开发行股票，上市当天的认购量超过了发行量的 26 倍，募得资金 23 亿欧元，为奥尔特加的全球扩张发挥了重要的作用。接下来，他带领团队在全球 60 多个国家和地区设立分支机构。

虽然 ZARA 这个品牌定位在中端，但基本都选择大城市最繁华的地段开专卖店，如巴黎的香榭丽舍大街、纽约的第五大道、上海的南京路、北京的世贸天街和西单大悦城等，这些黄金地段到处是世界顶级品牌。ZARA 专卖店的外观豪华，面积也大，动辄 1 000 多平方米，有的甚至达到 5 000～15 000 平方米，接近百货商场的面积。在奥尔特加看来，店铺就是最好的广告，因此他很少打广告，更多的是依靠优越的地理位置把顾客吸引到店里来。

研讨问题：

（1）ZARA 使用的是何种竞争战略？

（2）ZARA 是如何实现其竞争战略的？

（3）为什么 ZARA 的运营成本比同类的其他企业高 15%？能否降低这一成本？

（4）ZARA 可以走高端服装品牌路线吗？

（5）ZARA 为什么在繁华地段使用大面积门店？

案例研讨 10-2

优衣库的蓝海战略[①]

混搭是将不同风格、不同材质的东西，按照个人的品位拼凑在一起，打造出完美的个性化风格。某个品牌的衣服，有的不过百十元人民币，却常被用来和香奈儿、LV 等顶级品牌搭配。这个便宜的服装品牌经常被很多高端服装杂志隆重推

---

① 资料来源：摘编自央视财经频道《商道》节目。

荐,这就是优衣库。

优衣库是日本排名第一的休闲服装品牌,创立20多年,无论春夏秋冬,都会推出几百种款式的服装,而且每种款式的颜色多达十几种。简单的样式却能百搭,穿几年都不过时。更重要的是便宜,一件T恤几十元,外套二三百元。仅1999年,优衣库就售出了3亿件休闲服装。

在当今这个极端讲究品牌的时代,优衣库如何做到不管是有钱人还是没钱人,都会选择该品牌呢?

随便拿一件优衣库服装过来,翻遍衣服的所有地方,除了洗标之外,几乎找不到优衣库这个品牌的任何标识。在商家们都极力宣传自己品牌标识的今天,很多人都觉得优衣库的做法很奇怪,但这正是优衣库成功的奥妙。正因为隐藏了品牌的标识,优衣库才能实现与任何衣服任何人群百搭,才能让富人穷人一样喜欢。

优衣库的创始人柳井正性格强硬、脾气很古怪。2009年,这个60岁的个性老头把自己的店开到了法国巴黎。巴黎是世界著名的时装之都,引领着欧洲甚至世界的时尚潮流。优衣库不仅把店开到巴黎,还把店开到巴黎最为繁华的商业街,而且商店的面积达2150平方米,堂而皇之地与世界著名的百货公司老佛爷为邻。老佛爷百货是欧洲最豪华、最气派的百货公司,开设于19世纪末,拥有世界上几乎所有的时尚品牌,每年都吸引上亿名客人光顾。而优衣库,一件T恤99元,衬衫不过一二百元,柳井正却敢把自己的店选择在每平方米店面租金高达几千元的昂贵地段,很多人说这是自寻死路,别说赚钱了,需要卖多少件T恤才能赚回房租?

其实这已经不是柳井正开的第一家旗舰店了,2006年,他就在纽约百老汇的对面开设了一家3300平方米的旗舰店,之后在伦敦最繁华的商业街牛津街开设了一个三层楼的超级旗舰店。在日本,他把店直接开到了爱马仕对面,你一件衣服上万元,我就99元,跟你对着干。很多人都在质疑柳井正的这种做法,但是柳井正坚信自己的判断,他一直把自己的优衣库定位成服装的零配件,既然可以和一流的服装品牌自由搭配,就应该在一流品牌云集的地方开店,这样才能体现优衣库的特色。再说了,人们逛完顶级奢侈品牌以后出门就是优衣库,方便。

与顶级奢侈品牌为邻究竟给优衣库带来了多少利润,这个数据无法统计。我们所知道的是,在刚刚过去的金融危机中,柳井正的个人财富不但没有缩水,反而激增了1/3。2009年短短一年就增长了31亿美元。2008年和2009年连续两年,柳井正都被福布斯评选为日本首富。

1972年,柳井正接手父亲的小郡商事服装公司。虽然柳井正很努力,但结果让他十分懊恼。当时日本经济处于大发展时期,所有的企业都在日新月异地发展,这一切让柳井正感到一种无形的压力。没想到,一次偶然的美国之行,让这个小企业迅速成长为日本服装界的巨人。

1982年,柳井正到美国去考察,发现美国大学校园都在销售CD,采用的是开架仓储式销售方式,顾客可以在货架前自由选购,就像现在去超市购物一样。柳井正心中一动,CD可以这样销售,服装为什么就不能?为什么不能让人感觉购买衣服就像购买日用品一样不需要动脑子,可以推着购物车在超市里自由采购呢?回到日本之后,柳井正就着手调整产品结构,开始生产休闲类的服装,并且把自己的设计中心设在纽约,而把生产地设在中国。日本山口县这一个小小的总部只负责研究商品资讯和销售趋势。

对于柳井正的决定,当时公司里很多人持反对意见,因为1984年日本经济增长率达到了3.9%,这是1981年以来连续4年中最好的一年,而且人们普遍已经拥有很强的品牌意识了,在这个时候迈向高端是企业发展的常理。而柳井正偏偏选择在日本经济最繁荣的盛世进入平价休闲的服装市场,很多人都觉得必死无疑。

1984年,也正是柳井正接手小郡商事的第12年,第一家优衣库店在日本广岛正式开业。为了聚集人气、吸引顾客,柳井正为前来购物的顾客免费提供早餐,面包加牛奶。这一招吸引了大批顾客,开业那天早晨6点就有人来排队,当时很多店员觉得店都快给挤垮了。此后很长一段时间,每天早晨总有不少人聚集在优衣库店门前排队领早餐。

日本设计,在中国加工生产,然后以非常低廉的价格在日本销售。如今看来丝毫没有新意的理念在1984年却帮助柳井正打下了优衣库品牌的根基。1998年10月,优衣库推出了十几种不同颜色的摇粒绒成衣,这种衣服面料轻薄、保暖,而且具有速干性,关键是价格很便宜,当时只卖1 990日元(合200多元人民币)。那一年单这种衣服就卖出了200万件,第二年又卖出了850万件,第三年更是卖出了2 600万件。

在日本这个极端看重品牌的国家,柳井正只花了3年时间就让国民相信,便宜也有好货。在柳井正创立优衣库的那个阶段,日本服装市场上要么是非常昂贵的高档服饰,要么是粗制滥造的低端服装,而平价休闲、低价高质的衣服还是一个市场空白。但是老百姓有钱了,虽说不是富豪,买不起上万元的衣服,买平价却可以多买几件,这就是巨大的市场,是当时的蓝海。

不仅是销售理念和销售模式的创新,在生产上,优衣库也总结了一套快速发展的方法。虽然没有自己的成衣工厂,但是为了保证质量,优衣库向全球70家合作工厂派遣技术工匠,提供最先进的技术支持,这些技术工匠都是在日本国内有着超过30年纺织行业从业经验的人。通过他们,优衣库向工厂传授从纤维到编制、纺织、染色,再到缝制成品甚至是供应一整套工厂管理技能。为了使生产工序顺利进行,柳井正的公司还从本质上采用了丰田的风格——适时存购管理,即汇聚销售商的订购单,每周进行实时监控,根据这些检测分析出来的数据确定生产量。通过这种方法,优衣库基本没有多余的库存,总部如果预计某款产品将会发生销售下滑的迹象,却不会让生产线停止工作,而是会使用相同的材料来生产完全不一样的产品。例如,如果预计羊绒衫的销售量突然要下滑,则立刻把生产羊绒衫的材料调整为生产羊绒围巾。通过一系列的组合拳,短短20年柳井正就打造出了日本第一休闲王国,营业额超过4 000亿日元,自己也成为资产92亿美元的福布斯全球富豪。

当然柳井正也不是无往不利,也陷入过窘境。看到优衣库平价服装大受欢迎,2002年很多老牌百货商场都推出了和优衣库相同款式的服装,有些价格甚至还要低。惨烈的竞争让优衣库的业绩大幅下滑,2002—2003年,优衣库在日本本土的销售总额仅为上一年的六成。如果光拼价格的话,可能就会陷入与其他品牌无休止的价格战旋涡中。幸好当时柳井正及时认识到,对顾客来说比价格更难拒绝的是设计,海量的设计。

为了改变当时的窘境,柳井正开始在原有舒适的基础上把时尚元素带入营销方案,与时尚杂志合作开发联名商品,甚至不惜重金请世界一流明星来代言。不仅如此,柳井正还邀请公司以外的设计师来联合设计。以每年夏天推出的樱花T恤系列为例,一上来就是几百款的设计量,各有主题。不喜欢这款,总有那一款适合。2010年柳井正聘请已经归隐多年的极简设计女王吉尔·桑达担任优衣库的创意总监。这无疑成了当年时尚圈里的重磅炸弹,消息一出优衣库母公司的股价就大涨8.6%。由吉尔·桑达设计的系列产品很快就在美国全面上架。这个系列包括女装、男装及配饰,起价仅为19.5美元,最昂贵的单品也仅售149.5美元。风格依然是吉尔·桑达40年如一日的低调极简,颜色也是她平时惯用的黑、白、蓝、灰。

仅仅过了一年多惨淡的日子,凭借引进时尚元素、聘请顶级设计师,柳井正就带着优衣库又一次攀到了日本服装销售的顶峰。为了捕捉最新的流行款式,优衣库在东京、纽约、巴黎、米兰等潮流前沿都设立了研发中心。研发人员的主要任务是找出下一季会流行什么元素,然后在此基础上研究开发新产品。

2001年,优衣库进入中国。面对中国庞大的消费市场,仅仅几十家店似乎满足不了消费者的需求。在加快开店速度的同时柳井正又和淘宝签约,淘宝网店开张不到两周,销售量就突破了3万件。5个月后,网上单日交易额就创纪录地达到55万元人民币,优衣库也成为淘宝网第一服装店。

研讨问题：

（1）优衣库的竞争战略是何种战略？

（2）优衣库是如何实现其战略的？试绘制战略布局图加以分析（任选几个战略要素）。

（3）从动态竞争的角度分析优衣库应对价格战的思路。

（4）优衣库与ZARA的战略有什么区别？为什么会有这样的差异？

案例研讨 10-3

红领的大规模定制（MC）战略[①]

一家山东青岛的智能工厂，在那里一天可以生产3 000件完全不同的衣服，一个款式的衣服不再是过去的大、中、小三个号码，而是9 000个号码，你觉得这可能吗？

张代信一大早就忙着和助手赶往青岛港，他们接到的最新订单是要在5天内为青岛港的30多名员工定制工装。所谓定制就是要求每套衣服都合体，而不是统一尺寸。

一个小时量完30多人，将近700个数据，秘密就在他们开来的这辆大巴车里。这个比普通大巴车长出5米，高出近1米的大块头，是他们专门定制的。青岛港的员工已经在大巴车外排成了长队，员工们都是第一次用这样的方式定制工装，大家都觉得很新鲜。量体有专门的单间，客户换好紧身衣后，3D扫描数据就会实时呈现在计算机里。张代信他们制衣所需要的19个部位的22个数据不仅可以同时测出来，而且精度可以达到毫米。张代信说：" 因为我们每天要接大量的个性化定制订单，一旦出错的话，等于这个衣服就废掉了。我们经过长时间的积累，也有一整套比较成熟的经验和标准化的模式，所以现在准确度很高。"

不到1分钟，一位员工的量体就结束了，而此时刚刚量好的数据已经传回了工厂的大数据定制中心。传统服装生产的三大关键工艺（打版、排料和工艺要求）可以统一在这里快速完成。"这些都是今天下单的实时数据，从国内外市场发回来的实时数据，通过这些信息我们可以自动导出客户所需要的板型。比方说这个订单，这就是客户所需要的一套板型，我们通过这个板型就可以生成它需要的一个款式，然后发给裁剪，进行自动裁剪。"张代信介绍说。

---

① 资料来源：央视《中国财经报道》，有删改。

短短几分钟,制版师刘阿娜已经完成了七八个订单的制版。服装业常说:抄款容易、抄版难。在手工打版时代,就算像他这样拥有几十年打版经验的师傅,完成一套西装打版最少也需要一整天。而现在只要20秒。"这是怎么实现的?"刘阿娜回答说,"通过我们的大数据,我们经过13年的积累,已经有超过百万万亿组数据。"

屏幕上层层叠叠的蓝线是数据库里已经存好的各种型号的大数据。以前批量生产的服装往往只有大、中、小三个号,最多也不超过十个,但在这里每套衣服存着9 000多个型号,从一米三到二米五,高矮胖瘦,各种身材的数据都有。只要新输进来的量体数据没有极特殊的情况,计算机都能瞬间完成匹配。

在厂房里的自动剪裁区,工人们正在将塑料薄膜真空吸附在布料上。固定后,那些弹性大、表面光滑的面料在剪裁过程中就不会滑落变形。自动裁床改进项目的总负责人王存波说:"没有上设备之前,一天300个人是用手工剪的,300个人下来一天只能做500~600套。上了自动化设备以后,我们现在只有210个人,一天产能就可以达到1 800~2 000套。"布料上的线不是粉笔画的,而是激光投射出来的。王存波他们还对这套装置进行了技术改进,个性定制经常会用到条纹和格子面料,要想让对线对格精准无误和申请数据完全匹配,就需要用激光投影来校准。王存波介绍说:"因为这个格子面料跟那个素色的面料不一样,个性化的定制有大格有小格,需要上面的激光投影仪,把激光打下来,根据这个面料格子大小来满足我们产品的要求,能更精准、更细化。"技术改进后,试织的面料已经裁出来了,对格的精准度让他很满意。王存波说:"这是刚裁的大袖,你看这个大袖这两片裁完之后非常对称,接口也是正好的,包括后背的领子,竖条横条都是一模一样。这就是裁格子料最难的地方。"

剪裁好的面料会通过智能物流的吊挂系统传到缝纫区域的不同工位,每一个吊挂上的布料都不同,它们都来自不同的订单。如果说量体、打版、裁剪这些工序可以靠智能化的机器设备来替代人工,那么在缝纫环节,小到穿针引线这样的工序总共有320个。如果全部开发智能机器来替代人工,成本高不说,像丝绸、羊毛这些面料的缝制手感,机器也无法达到像人一样的精细。那么这里的智能化是怎么实现的呢?每个吊挂上的布料都挂一个电子标签,里面存着相应的加工要求,工人们只要刷一下卡,就可以在他们面前的小屏幕上读取到这些加工要求,光是他们头顶上的缝纫线就有好几百种。

用哪种线?用什么方式缝制?工人们不用担心会出错,只要按照屏幕显示指令加工就可以了。以前完成这些工作都是车间主任先去工艺师傅那儿抄份密密麻麻的工艺说明书再分配给大家。按照现在每天3 000个订单，几百个款式的生产量，至少需要500个车间主任才能完成。工人说："我们现在没有车间主任了，派活都是通过刷卡显示来实现，比如说这个显示的轻微后掰肩，就是每个客户都不一样的，有的客户就是溜肩，这里直接就显示。"

虽然个性定制比非个性定制成本高出了1.1倍，但2015年红领定制业务的收入实现翻倍增长，利润率达到25%以上。

今天车间里来了一批东南亚客商。国际商业界一直认为工艺复杂、变化多样的传统制衣产业很难进行智能化改造。当他们得知中国有一家智能工厂能做到成衣个性化、批量定制时，都觉得很惊讶。

"口袋固定板放到那个面料上面，然后再把那个面料放上，最后放到缝纫机上。"在这里，一个口袋制作被拆成了九道工序，每个人只负责一道工序。泰国客人不断向信息中心负责人米庆阳提出各种问题，在他们传统的服装工厂，像这样的工艺往往都只用一人从头到尾完成。米庆阳说："每一个工艺我们都把它拆解到每一个操作的小单元，每一个单元就是每一个动作，每一个员工按动作进行操作。例如，这件衣服的拿起，这是一个动作，把这件衣服放到缝纫台上，这是一个动作，在缝纫过程中又是另外一个动作，然后缝制完之后把这件衣服挂到吊挂线上又是另外一个动作。我们把整个缝制过程的所有动作拆解到最细，每一个动作的标准工时实际上我们是知道的，然后把整个标准工时组合到一起就是一个工序。我们实际上把所有的资源，包括人、机器、设备所有的点在整个计算的环节全部排到一起，而每一个人、每一个机器的资源，实际上在我们系统里面都是做了管理的。"

整条服装流水线被拆成300多道工序，按产能每天3 000个订单，9万个工序，近20万个工艺，以什么样的方式分配给生产线上的2 000名职工，再以什么方式组合能够科学高效？秘密就在米庆阳负责的信息中心，它是整个智能工厂管理系统的后台大脑。在信息系统中，每一道工序都对应一个软件模块。他们自主研发的这套软件系统实际上就是一个智能化的车间主任，通过算法自动完成每天的排产。

智能工厂的这套后台系统究竟有多大价值？董事长张代理最有发言权。来找他购买智能系统的厂商，半年来已经有近60家。张代理瞄准的已经不再仅仅是服装产业，他现在想为更多的行业领域输出智能工厂。张代理说："做到六七年的时间，我们就发现了不是做服装，而是一套完整的方法论。这套方法论可以标准化加个性化，解决所有的问题。我们在对自己改造升级的过程中发现，传统工业的升级改造是一个巨大的蛋糕，每个企业都需要，并且市场需求巨大，它既能够帮助别人成就别人,又可以发展自己。我们很多时候做了些错事,就是因为没有数据支撑。"

研讨问题:

(1) 红领的客户订单分离点在哪个环节(设计、采购、加工、装配、销售)?

(2) 红领为什么采用流动量体车量体?

(3) 红领能实现完全零库存吗?

(4) 红领是如何降低定制服装生产成本的?

第5篇

如何做好战略实施
——稳步推进、随机应变

第 11 章

如何进行战略的实施与落地

11.1 战略决策中的收益和风险衡量

任何企业在做任何战略决策(战略方案的选择)的时候,实际上都是在平衡两个方面:一是收益,二是风险。如图 11-1 所示,企业选择不同的战略方案,可能给企业带来高收益也可能带来低收益;同理,企业选择不同的战略方案,可能使企业面临高风险或低风险。

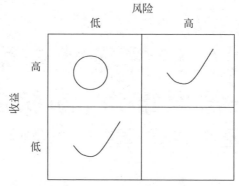

图 11-1 战略决策的风险与收益的关系

显然,企业在进行战略决策时,最理想的选择是低风险和高收益的战略方案,如图 11-1 中左上角所示。但在现实中,这种高收益-低风险战略方案几乎是很难找到的。更多的情况下,可供企业选择的战略方案主要分布在图 11-1 中左下和右上两个象限中。企业所能够选择的战略方案不是高收益-高风险的方案,就是低收益-低风险的方案。

这时,企业进行战略决策时实际上会处于两难的境地。企业的战略管理者最后应如何做出战略决策呢?一方面要靠科学的方法进行深入分析,另一方面需要依靠战略管理者的直觉来进行把控。

如图 11-2 所示，战略管理能力往往体现在两个方面：一个是战略洞察力；另一个是战略执行力。战略洞察力体现在科学分析能力和直觉把控能力上，战略执行力则主要体现在组织能力、领导能力和控制能力上。

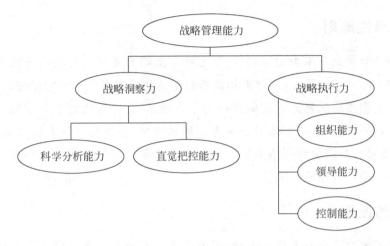

图 11-2　战略管理能力解析

本书前述章节为我们进行科学的战略分析和战略制定奠定了基础，在这些成熟的理论与方法的基础上，不断地进行战略管理的实践是提升战略科学分析能力的有效途径。基于直觉的把控能力本身受到很多因素的影响，与战略决策者的智慧、知识、经验等息息相关。因此，不同的人面对同一个问题会有完全不同的直觉。

11.2　战略实施的基本原则

通过上述分析可知，尽管在制定战略时偶尔需要依靠直觉来辅助决策，但是一旦战略方案确定后，就不应该再对方案进行质疑，而应全力以赴地将其落地。企业做好战略实施首先要把握三个基本原则，即统一领导和统一指挥原则、适度合理性原则和权宜变通原则（权变原则）。

统一领导和统一指挥原则

在管理过程中，决策主体一般划分为两种，即群体决策和个人决策。在战略的制定过程中，企业通常会采用群体决策的方法。例如，企业的董事会里一般有四个委员会——战略委员会、薪酬委员会、提名委员会和审计委员会，而董事会的主要职责之一就是公司的战略制定。显然，在制定战略时群体决策较为适合。

但在实施战略时,最好采用个人决策,这样才能保证战略方案按照实施计划落地,而不会出现多头领导的状况。为了保证战略方案的有效实施,统一领导和统一指挥是必不可少的。这是战略实施中需要把握的第一个原则。

适度合理性原则

因为战略是企业未来的计划,这就意味着战略方案制定与战略方案实施之间存在一定的时间差。因此,通过群体决策制定的战略方案也不一定是完全合理的,因为未来的很多情况是无法准确预料的。在很多情况下,我们主观预期的情况未必会发生,如果制定战略方案时一味考虑理想状况,往往会导致无法实施的问题。因此,战略目标的适度和战略方案的合理非常重要。这就是我们需要把握的第二个原则——适度合理性原则。

权宜变通原则

战略考虑的是企业未来的事情,不论是未来的企业外部环境还是企业内部环境,都是在不断变化的。因此,在战略的实际实施过程中,可能需要按照实际情况调整原有战略方案中不适宜和不合理的地方,这就需要根据实际情况的变化进行变通。在战略实施过程中,现实的情况总是非常复杂的,不同的情况对应着不同的战略调整方式。因此,战略的实施者应当根据实际情况对原有的战略方案进行调整,遇到不同的情况采取不同的变通方式,这就是我们在战略实施中需要把握的第三个原则——权宜变通原则(权变原则)。

上述三个原则既相互关联又有区别,运用时应该考虑其统一性和灵活性的有效结合。基于这些原则实施战略方案,既可以做到不违战略方案的初心,又能灵活适应当下的环境,最终把战略实施好。

11.3 战略实施的基本思路

战略与组织、领导、控制的基本关系

如前所述,在管理的四大职能中,计划制订好后需要通过组织、领导、控制职能来实施(参见图 11-2)。战略本质上是企业的计划,因此战略也需要通过企业的组织、领导、控制职能来实施。

企业确定了自己的战略定位之后,需要将企业外部和内部的相关资源组织起

来,并通过对其进行合理的领导和控制来实现拟定的战略目标(如图 11-3 所示),这就是企业战略实施的基本思路。这一思路在本书前述章节中已经进行了较为深入的分析和阐述。

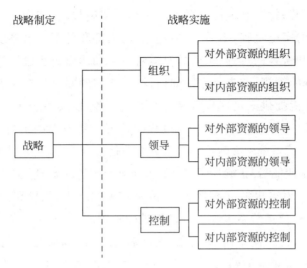

图 11-3　战略与组织、领导、控制的关系

因此,在战略的实施过程中,在把握几个基本原则的基础上,明确企业战略和组织、领导及控制之间的关系至关重要。

战略、运营、供应链、物流的重要关系

为了进一步探讨战略实施的基本思路,下面简要回顾本书第 1 章中的部分内容。第 1 章中指出了如下两个等价关系:

(1)企业的内部和外部运营系统等同于企业的内部和外部供应链网络,又等同于企业的内部和外部组织架构。

(2)企业的内部和外部运营过程等同于企业的内部和外部物流(包括物资流、资金流、信息流、商流等)的流动过程,也等同于企业的内部和外部流程。

因此,企业对内外部资源进行组织的过程,也就是企业搭建内部和外部运营系统(供应链网络、组织架构)的过程;而企业对内部和外部资源进行领导和控制的过程,也就是实现企业内部和外部运营过程,使企业的内部和外部物资流、资金流、信息流、商流等的流动更加合理、高效,进而将产品或服务提供给客户,实现企业的战略定位和战略目标的过程。

第 1 章同时指出,企业战略最终会反映到产品和市场的定位上,如果企业制定

的战略无法使其产品(服务)满足市场的需求,那么战略就是不成功的。任何企业都有自己的产品(服务),企业要想盈利必须保证其产品能够在市场上销售出去,这是一个基本原则。因此,我们必须围绕产品和市场的定位来制定企业战略,同时通过构建合理的运营系统、高效的管理运营过程来实施战略(如图1-7所示)。

因此,战略的实施过程,本质上是对企业的内部和外部运营系统(供应链网络、组织架构)构建和管控的过程,也就是对运营系统和运营过程进行管理的过程。

对运营系统的管理,首先是系统如何设计、构建的问题。对企业而言就是建立什么样的系统才能提供满足客户需要的产品或服务,以及系统建好后,如何对其进行管理和控制等一系列问题。对运营过程的管理主要考虑的是物资流、资金流、信息流、商流等在运营系统中如何流动。运营管理是否合理,运营系统和运营流程的效率高低,决定了企业能否"正确地做"的问题,也就是能否正确地"实施战略"的问题。

因此,我们可以得出如下重要结论:战略实施的组织、领导和控制的过程,本质上是对企业的内外部运营系统和运营过程进行管理的过程,也就是对企业的内外部供应链网络和内外部物流流程(物资流、资金流、信息流、商流等)进行管理的过程。

图11-4反映了企业战略、运营、供应链和物流的关系,以及它们与管理四大职能的对照关系。

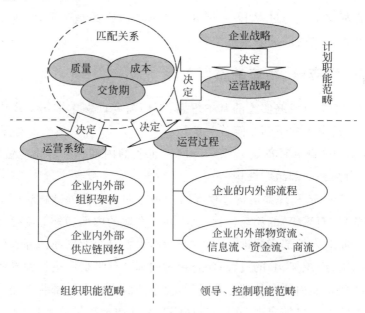

图11-4　企业战略、运营、供应链、物流的重要关系

如图11-4所示,企业战略决定了运营战略,运营战略决定了企业如何平衡质

量、成本及交货期这三个核心指标(三大法宝)之间的关系,进而决定了企业如何构建和管控运营系统及如何管理运营过程。

企业 A 为某业务制定了一个未来 5 年的战略目标(以战略目标中的销售目标为例)——占有 50% 的市场份额。为了实现这一目标,A 企业又制定了一个实现目标的具体战略途径——低成本战略。那么,该低成本战略如何实现呢?

显然,要靠企业的运营来实现。这是因为低成本战略实际上体现在该业务对应的产品或服务在成本上优于竞争对手,而产品或服务是靠运营系统提供的。企业一旦确定了该业务的战略是低成本战略,也就决定了该业务对应的运营战略必然也是低成本运营战略。低成本运营战略将体现在两个方面:一是运营系统的设计、构建和管控;二是运营过程中四大流的运作。这两个方面都要实现低成本,才能为客户提供低成本的产品或服务。

那么,A 企业如何才能构建一个低成本的运营系统呢?从图 11-4 来看,要分两个步骤进行。首先,需要构建企业外部的低成本运营系统。例如,选择低成本的供应商、签长期定额合同等。构建企业外部的低成本运营系统,也就是构建低成本的供应链网络。其次,需要构建企业内部的低成本运营系统。例如,企业内部应该选择什么样的组织结构?等级制的还是矩阵制的?这取决于哪种组织结构更有利于实现低成本。显然,与矩阵制组织结构相比,等级制更为机械,更有利于实现低成本的生产。特别是等级制组织结构再配以角色型性格和文化特征的人员(如为人实在、踏实肯干、按部就班的人),对于实现组织的低成本生产优势更加明显。这是因为角色型性格特征的人进入角色之后就非常专注,不胡思乱想,经过一段时间以后他们对自己的工作非常熟悉,学习效应和经验效益发挥得比较好。此外,等级制的组织结构由于分工非常到位,对于每个基层岗位都有自己的规章制度来引导、制约与约束工作人员的行动和行为,因此低成本实现起来比较容易。

上述例子说明了企业战略为什么会决定运营战略,而运营战略也就决定了企业运营三个核心指标(三大法宝)之间的权衡关系。例如,如果企业采取的是低成本运营战略,那么在三个指标中最被看重的是成本指标。当然有个前提是质量必须满足要求。除了质量以外,成本与交货期之间就要权衡和匹配了。因为企业更看重成本,所以即便将来交货期略长一些也是可以接受的。相反,如果企业的战略定位是快速满足消费者对产品的需求,那么即使成本高一些,为了保证产品交货期的要求也是值得的。

前文所提的 ZARA 就是一个典型的例子。ZARA 成功的秘诀在于给消费者提供了快速、少量、多款的平价时尚型服装。因为时装的时效性，ZARA 在产品的设计、生产、物流等环节的运营速度上下了血本，其平均运作成本比同类企业高 15% 左右。这种成本的提高换来了 ZARA 高效率的运作，使一件衣服从设计到上架平均只需要 10～15 天。正是这种快速的运营系统，保证了 ZARA 战略的有效实施。

11.4 运营系统（供应链）构建的核心思路

供需的匹配与协调

前文指出，企业战略最终会反映到产品和市场的一种定位关系上。如果企业制定的战略无法使其产品或服务满足市场的需求，那么战略肯定是不成功的。因此，从企业战略制定的角度来讲，企业战略目标及具体的战略措施如何制定等一系列问题实质上也是围绕其产品或服务供给与需求之间的平衡关系展开的。

简单地讲，企业的战略定位决定了企业的对应业务（产品或服务）将来会面临什么样的需求，而要想满足这样的需求，企业必须考虑如何更好地向客户供给对应的产品或服务。这一思想也就是供需的匹配与协调问题。

进一步来说，战略定位决定的需求状况是通过战略制定过程实现的，而对应的供给状况则需要企业通过构建和管控运营系统（供应链网络）来实现，这是战略实施的范畴。

因此，供需的匹配与协调是企业合理构建和管控内外部运营系统（供应链网络、组织架构）及合理运作其运行过程的核心指导思想。这一关系已经在第 1 章中明确阐述，如图 1-7 所示。

企业如何才能做好供需的匹配与协调呢？这就要从所提供产品或服务的需求特征（需求性质）入手来加以分析。

需求特征（需求性质）的差异

下面以生产型产品为例加以讨论，服务型产品具有相似的结论。举例来说，我们可以根据产品的需求特征把产品分为两类：一类是大众化的日常消费品，如日常生活用品、普通款式服装、经济型汽车、大众家电等，可以称之为功能性产品；另一类是非大众化的、款式变化多样的产品，如潮流服饰、新款电子产品、个性化定制产品等，可以称之为创新性产品。显然，这两类产品具有明显的需求特征上的差异。

这里进行两类划分只是举例,实际操作时,还可以根据实际情况进行更详细的划分。

首先,从市场需求特征的角度来看,类似生活用品这样的功能性产品一定时期内市场需求较为稳定,市场需求量相对来说比较容易把握;而类似潮流服饰这样的创新性产品,市场需求相对较难把握,因为不同季节款式变化非常多,产品更新换代的速度也比较快。

其次,从产品生命周期的角度来看,功能性产品的生命周期长,创新性产品的生命周期一般较短。两类产品在产品生命周期曲线上的位置一般符合如图11-5所示的关系。功能性产品往往处于生命周期的成熟阶段,市场上产品同质化现象严重,竞争激烈;创新性产品则往往处于起步或成长阶段,产品差异化较强,竞争相对较弱。

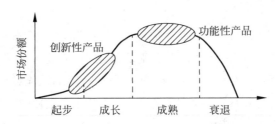

图11-5 两类产品在生命周期曲线上的位置对比

最后,从盈利和风险特征的角度分析,由于功能性产品的生命周期长,竞争激烈,所以其利润率一般较低,但由于产品需求量大,买主很多,因而风险相对较小;而创新性产品由于新颖性,生命周期较短,产品的市场定位集中,相对需求量较小,经营风险相对较大,但是由于生产企业相对较少,竞争较弱,因此企业可以通过较高的售价获取较多的利润。

关注焦点的差异

通过上述分析可知,由于功能性产品大多处于生命周期的成熟阶段,经过较长时间的竞争,同质化现象严重,生产功能性产品的企业往往通过低成本战略进行竞争,长此以往必然导致该类产品售价和成本之差变小,利润率下降。对于这种利润率较低的产品生产而言,企业能否更好地降低成本是决定其能否在该行业有效竞争与继续生存的根本。因而,企业在构建该产品的运营系统时,就要重点围绕如何降低成本来加以考虑。

与此不同的是,对于创新性产品,由于其利润率较高,如果供应不足,必将造成较大的利润损失;同时,这类产品往往处在生命周期起步或成长阶段,生产企业较少,客户需求量也相对较少。如果供大于求,产品的库存将在很长一段时间内难以消化,也会带来较大损失。因此,生产创新性产品的企业需要考虑的重点问题是如何在产品的生产及销售过程中尽快地响应外界需求变化对产品供给的影响,如何构建一个能够快速响应外界需求变化的运营系统。

对于创新性产品的生产企业而言,能否有效降低生产成本已经不是一个从战略角度来考虑的重点问题,这是因为该类产品的利润率较高,成本的节约与企业最终获利大小的关系不大。而一旦由于不能快速响应外界需求变化造成库存积压或脱销现象,将对企业的利润产生非常大的影响,这是该类企业在制定战略时首先需要考虑的问题。

两类不同的运营系统

根据上述两类不同产品的需求特征,企业需要构建两类不同的运营系统来保证产品的供给。而构建运营系统,从企业外部来看,就是企业的外部供应链网络(组织架构)构建问题;从企业内部来看,就是企业的内部供应链网络(组织架构)构建问题。因此,我们必须从产品的需求特征入手来分析,进而构建一个合理的运营体系,也就是企业的供应链网络。

这里,可以将这两类不同的运营系统分别称为有效型运营系统(有效型供应系统或有效型供应链)和反应型运营系统(反应型供应系统或反应型供应链)。构建有效型供应系统的目的是更好地实现产品的低成本生产,而构建反应型供应系统的目的是更好地及时响应客户对产品需求的变化。

供需的匹配协调模型

根据上述分析可以得出结论:提供功能性产品的企业应该构建有效型供应系统进行匹配,提供创新性产品的企业应该构建反应型供应系统进行匹配,这就是企业供需的匹配与协调机理。

将上述两类供应系统类型与两类不同的产品需求类型在一个图中进行定位和匹配,就得到了如图 11-6 所示的供需匹配协调模型。[1]

在图 11-6 中,企业的供需匹配类型处于哪两个象限是比较合适的?显然是左上角和右下角。处于左上角时,企业提供的是功能性产品,对应的是有效型供应系

---

[1] 供需匹配协调模型的思想是 Marshall L. Fisher 教授最早提出的。

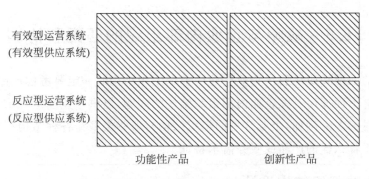

图 11-6　供需匹配协调模型

统,有效地帮助企业降低产品生产成本;处于右下角时,企业提供的是创新性产品,应该构建反应型供应系统进行匹配,从而有效地帮助企业快速响应市场需求的变化,尽快采取有针对性的经营管理措施。

例如,价格适中的成衣品牌优衣库和 ZARA 为消费者所熟知。优衣库是日本最大的成衣连锁店,而 ZARA 所属的 Inditex 集团则是世界最大的成衣企业。

优衣库给人的印象是性价比高,而 ZARA 则像百货商店里的品牌一样,设计感非常强。虽然它们看起来完全不同,但所采用的都是 SPA(服装制造零售业)模式,即服装企业自己策划、生产产品,并通过自己运营的门店销售的一体化经营模式。

这两个同是经营服装的 SPA 连锁品牌,在时装流通领域所采取的方法、各自的成长史、战略、人才培养、市场营销及门店运营的思考方面,可以说是完全相反的。例如,优衣库追求基本款商品的品质,ZARA 钻研如何提高开发最新流行服装的速度;优衣库在中国制造,在日本扩大销路,ZARA 主要在西班牙制造,在全世界销售;优衣库不惜时间,通过降低成本实现低价格,ZARA 重视速度,一般不降价;优衣库投放广告宣传吸引顾客,ZARA 则从来不做广告,而是投资于门店建设。

优衣库与 ZARA 的模式没有优劣之分,只有符合自己的品牌定位和战略方向的运营手段的区别。

再如,位于青岛的 C2M 时尚定制品牌红领服饰,被誉为"中国 C2M 服装智能定制第一股"。红领服饰通过互联网平台和先进的智能制造技术为企业赋能,开发了服装定制交易平台,从而实现以智能制造方式更好地为顾客提供个性化定制服务。通过定制平台,客户需求可以直达智能工厂。红领服饰以需求驱动生产,把先进的信息技术融入柔性化制造中,进而实现服饰生产的大规模定制。以 C2M 为核心,红领服饰实现了"一人一版,一衣一款,大牌面料,全球直采,AI 量体,7 个工作日成衣",更加强调对于消费者的个性化需求的满足及对消费者需求的快速响应。

11.5 战略与企业内部组织的匹配和协调

供需的匹配和协调要求企业构建内外部组织结构时一定要考虑产品或服务需求的类型。下面探讨有关企业内部组织结构的问题,以供企业在组织结构设计、构建及诊断时参考。例如,企业常见的组织结构有哪些类型?各种结构有什么特点?分别适用于什么样的产品或服务需求特征?

企业内部的组织结构设计

企业内部的组织结构设计无非要做好四件事:职位设计、部门划分、职权配置和人员安排。企业组建内部组织部门应该做的是将不同的职责分配给不同的部门和不同的员工,并为其配备必要的职权和资源。在进行企业组织结构设计时,可以重点考察是否针对特定任务的职责、职权及所需要的资源都被明确地分配到了每个特定的岗位上。此外,应尽可能提高组织的运行效率及效果、提高组织透明性,并促进不同职能之间的运作衔接。

企业内部的组织结构到底应该如何设计?每个部门的规模应该有多大?这些问题有时还取决于部门之间的衔接关系。如果部门之间衔接起来特别困难,需要尽量把组织结构的规模缩小。企业还应该在维持组织的秩序的同时,积极鼓励组织的创造性要求。

一般而言,企业也需要经历起步、成长、成熟及转型等阶段。企业到了成熟阶段后,各项规章制度相对比较完善和健全,条理化强。此时必然会限制岗位上员工创造能力的发挥。越是处于成熟阶段、规模越庞大的企业创新就越困难。起步和成长阶段的企业创新则较为容易。因此,在构建组织结构时,如在进行部门划分及岗位设计时,就需要考虑如何给员工留有创新的余地。例如,海底捞在起步阶段,赋予每个基层服务员一定的决策权,每个员工觉得自己是企业的主人,所以其工作的自主性和创新性也比较高;海尔为了激发员工的创新意识,将组织结构调整为平台模式,为创新创业小组(小微)提供必要的平台资源等。关键的一点是,企业管理者需要平衡制度的约束与创新性发挥之间的关系,这是一个值得深思的问题。创新性太强,对组织而言未必是好事。

此外,企业需要给每一个部门尽可能地分配其更为关注的活动。每个部门都需要动态了解自己的资源与能力状况。在分配任务之前,应考虑各部门的优劣势,分配其最为关注的业务,这样才能更好地调动各部门的积极性。

当然，企业在构建组织部门时还有很多需要注意的地方，可以在日常管理工作中摸索和总结。

典型的企业内部组织类型

如图 11-7 所示的几种组织结构（网状结构、等级结构、矩阵结构和星系结构）是企业常见的组织结构类别。各种组织结构都有自己的特征。例如，星系结构的灵活性最强、网状结构的信息传递速度最快、等级结构有利于分工的实现等。

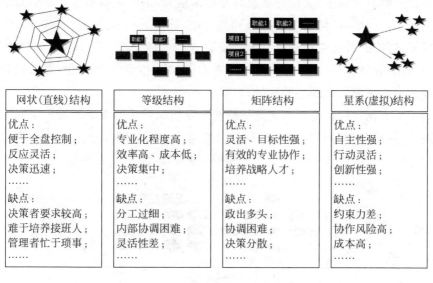

图 11-7　几种常见的组织结构及其特征

这些特点都是企业在构建组织结构时需要考虑的重要问题。如果企业生产的是功能性产品，想实现低成本战略，则可以参考如图 11-7 所示的等级结构进行构建。为什么等级结构可以降低生产成本？因为其特点是分工明确，每个人在各自的岗位上各司其职、各尽其责，完全按照岗位的规章制度完成分配的任务。由于各岗位上的规章制度比较健全，所以员工具有良好的工作指导，经验效益容易发挥出来，有利于降低成本。但这种组织结构具有明显的缺点，就像我们在前述章节丰田案例中看到的，纵向层级太多，信息传递缓慢，灵活性差。

了解不同组织结构的特点对于正确选择和设计企业内部的组织结构具有重要的意义。即便我们不知道目前有哪些组织结构，仍然可以针对企业的具体情况加以分析并考虑组织结构的构建。

当然，上述几种典型的组织结构只是举例说明了不同组织功能和作用上的差异,并没有涵盖所有的组织结构类型。在企业的实际经营过程中,组织架构要复杂得多,并且受多种因素的影响。同时,企业还需要根据不同时间点上的内外部环境因素的变动动态调整组织结构。比如,在数字经济环境下,有了数字技术支撑以后,企业的组织结构应该如何进行调整等(这一问题将在本书第 13 章中分析)。

组织和人员文化的匹配

企业在构建组织结构时,除了需要考虑供需的匹配协调以外,还需要考虑其他重要方面的影响。其中,文化的匹配问题非常重要,正如在本书第 2 章中介绍的松下案例所示。因此,任何企业在战略调整之前,除了进行机会、威胁、优势、劣势的分析以外,还需要考虑企业的文化是否适合这样的战略变动。如果企业的所有员工(包括各级领导者)所崇尚的都是因循守旧、不思变化的文化理念,那么战略调整可能并不会给企业带来预期的好处。

员工的文化特征也是影响企业战略实施及组织设计的重要因素。不同的文化特征应该对应不同的组织结构,不同的组织结构又影响着企业经营效率的高低与效果的好坏。人员文化特征与组织结构的匹配关系如图 11-8 所示。

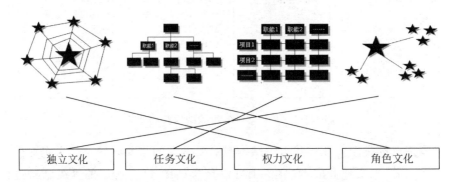

图 11-8　人员文化特征与组织结构的匹配关系

例如,如果企业构建的是等级结构,最好招募角色型(按部就班地工作、按照规章制度的约束完成规定任务)文化特征的员工。这样才能构建低成本的企业内部运营系统。而这些又属于企业人力资源管理需要探讨的范畴。

11.6　战略与领导方式的匹配和协调

战略与组织的领导方式密切相关。领导方式与企业战略是否匹配会在一定程度上影响战略实施的效果。因此,企业在实施战略时除了要考虑组织结构的合理设计,还要考虑领导方式的匹配问题。

这里,我们将领导方式简要划分为集权式领导和分权式领导为例来进行探讨。

集权式的领导方式通常能使政令更具有一致性,能更加容易地实现企业的标准化管理,发挥规模效益的优势;由于集中管理,能有效地减少各单位、各部门的重复性工作,提高效率;借助企业整体的资源能力,有利于发挥各种杠杆作用。

分权式领导方式则可以较为灵活地了解不同单位和部门面临的各种问题与需求;通过分权,提升各单位、各部门的决策自主权和自由度;还能有效地规避产生官僚主义的倾向等。

显然,如果企业提供的是功能性产品,采用的是低成本战略,在某种程度上运用集权化的领导方式进行匹配较为合适;相反,如果企业提供的是创新性的产品,采取的是差异化战略,则分权化的领导方式可能更为合适。

11.7 战略与控制的匹配和协调

如本书第 1 章所述,做好控制工作需要从三个方面入手:首先,拟定控制的标准;其次,找出与标准有偏差的对象;最后,采取适宜的措施,纠正偏差。

企业中的控制活动应该体现在企业经营管理中各个层面的各个方面,如战略控制、生产控制、财务控制、销售控制、质量控制、成本控制等。

典型的控制方式

在具体的管理实践中,控制的方式主要有回避型控制方式、具体活动控制方式、成果控制方式和人员控制方式等类型。

(1)回避型控制方式。企业出于某种原因不愿意进行某活动的控制,或者没有能力对某个不熟悉领域的活动进行控制,可以采取回避型控制方式。例如,将具体的活动外包给其他主体进行控制,采用自动化手段来避免控制,与外界主体共担控制风险等。

例如,某企业一度面临流水线上员工心理问题频发的问题,甚至出现了严重的后果。由于工人的心理健康是个难以控制的问题,而聘用心理医生的成本又过高,效果也很难保证,于是选择用机器人代替工人,从而彻底回避了对该问题的控制。

在日常生产经营中,企业的很多具体措施实际上就是采取了回避控制的策略。例如,找保险公司,实现外部组织风险共担;与第三方物流企业合作,转移或放弃某种经营活动的控制风险等。

（2）具体活动控制方式。企业对需要控制的具体活动非常了解，能够通过某种有效的控制手段实现对该活动的控制。

具体活动控制的例子在现实中很常见。例如，某建筑施工企业为了避免工人高空作业行走的危险，在施工区域安装防护网；某化工企业担心工人作业时产生危险，在工人们的活动平台上安装护栏等。在具体活动控制中，企业需要凭借对具体活动本身及控制方法的了解，采取一定的措施来解决控制问题。

（3）成果控制方式。基于对上一次活动控制效果的判断，考察该对应的控制方法是否有效。如果控制效果理想，则将该方法沿用到下一个活动；如果控制效果不理想，则改进方法后再进行控制。成果控制方式本质上是一种反馈型控制方式。

（4）人员控制方式。在管理者不知道应该如何对某项具体活动进行控制时，也可以将控制的权力下放给下属人员，由下属人员自己想办法进行控制。人员控制方式虽然较为灵活，但有时候可能伴随较大的试错风险，授权时应谨慎行事。

控制方式的选择

上述各种控制方式均有自己的优缺点和适用场合。企业在选择控制方式时可以基于两个维度来分析和判断：对具体活动的认识和把握能力；对活动控制成果的认识和把握能力。将这两个维度划分为能力强和能力弱两个档次进行分析，可以得出一个四个象限的控制方式选择矩阵，如图11-9所示。

图11-9 几种典型的控制方式

针对某项需要控制的活动，如果对该活动的认识和把握能力强，同时对该活动控制成果的总结、认识和把握能力也较强，则可以考虑选择具体活动控制方式或成果控制方式。

如果对该活动的认识和把握能力弱,而且对该活动控制成果的认识和把握能力也较弱,则可以考虑选择回避型控制方式或人员控制方式。

其他两种情况则介于这两者之间。

战略与控制方式的匹配

当企业的某业务选择不同战略的时候,该业务对应的活动在选择控制方式上也会有所差异。

一般来讲,采用低成本战略的业务大多处于成熟期阶段,企业对该业务的相关活动可能较为熟悉和了解。因此,采用具体活动控制方式或者成果控制方式可能较为适宜。

采用差异化战略的业务可能处于起步或者成长阶段,企业对该业务的相关活动可能不够熟悉和了解,也难以预知控制实施的结果,所以往往会采用人员控制方式或者回避型控制方式进行控制。

案例研讨11-1

苹果的"简洁管理"[①]

提起苹果的成功,你可能会想到它引领潮流的产品外观、流畅的使用体验及开放的生态系统。

但是如果要探讨苹果的管理特征,你会想到什么?可能是乔布斯的强势专制。江湖上传说整个苹果高层只有一条标准:"乔布斯喜不喜欢"。苹果的管理似乎并不是它崛起的重要因素。

但是,曾与乔布斯密切合作过12年的前苹果公司创意总监肯·西格尔(Ken Segall)却不这么认为。在他看来,苹果最大的武器是对"简洁"管理的痴迷。"简洁"让苹果与戴尔、英特尔等巨无霸企业形成强烈反差,带来了另辟蹊径的产品和层出不穷的创意方案。

简洁不仅是产品设计思路或零售店的风格,而且扎根于公司的每一个环节,是苹果公司有别于其他科技公司的根本,是它得以发展的灵魂。

你每年要参加多少次"人员过剩"的会议?你有没有想过,如果与会人数减半,有多少会议能避免偏离主题?西格尔曾与英特尔、戴尔和IBM合作,领导市场营

---

① 资料来源:http://www.sohu.com/a/229115518_100043340。

销工作。他认为,这些企业中,在苹果开会最简单。

苹果公司的例会通常没有正式的议程,与会者更是寥寥无几——乔布斯、产品营销高级副总裁菲尔·席勒(Phil Schiller)、负责设计的高级副总裁乔纳森·伊夫(Jonathan Ive)……共8人,有时会邀请与议题有关的特邀嘉宾。

西格尔回忆说,乔布斯通常会这样开场:"在会议开始之前,我先向大家介绍一些新消息。首先,我们来谈谈iMac……"有一天他忽然停下,指向坐在座位中的一位女性问:"你是谁?"这位高管介绍说自己叫洛丽,之所以受邀参会,是因为她参与了此次要讨论的营销项目。乔布斯沉吟片刻后果断地说:"我们不需要你参加会议。"接着,他面对他想见的8个人继续发言,洛丽只好收拾东西,起身穿过长长的过道离开会议室。让"洛丽"们继续坐在会议桌旁,本不是什么难事。但苹果公司希望开会或做报告的时候,屋里每个人都是至关重要的参与者,不欢迎任何观众,也不设置所谓的"面子邀请",这样才能提高决策效率,并避免过多无关的人在开会上浪费时间和精力。

与此不同的是,戴尔曾为假期的产品营销方案在美国中西部做了几次焦点小组测试,再从全国各地召集32人召开简报会议。最终做出的决定不过是给旧广告加点假日元素然后重新播出。有的公司甚至在内部流传着一本《企业管理指南》,其中列举了"会议开始时应该首先陈述会议议程""鼓励与会者积极参与"和"就下一步工作达成一致后结束会议"等必须留意的事项。

许多管理者本能地认为,项目越重要,参与人数就应该越多,因为"头脑越多,点子越多"。看似有效且正式的大规模"头脑风暴"随处可见。但乔布斯是这种"大公司思维"的坚决反对者,他认为人数的增加势必导致流程的复杂性,需要更多手把手的指导,并要在审查和提出反馈上花费更多时间。

"如果你认为在一个项目上安排更多人手能提高效率,则说明你从一开始就对团队成员缺乏信心。"他说,"我不明白为什么公司在规模壮大后就得做出改变。"他坚信"聪明人、小团队"。

为此,苹果公司制定了一个规则,规定Mac团队不得超过100人。如果要往里加人,就必须有人退出。乔布斯说,"我最多只能记住100个名字,并且我只希望跟我了解的人一起工作。要是团队超过100人,就会迫使我们改变组织架构。那样的话我将没法工作,我必须了解团队里发生的每件事。"

西格尔表示,多年来,他领导的苹果市场营销团队经过不断调整,始终保持小规模,让有才华的人被委以重任。这是驱使员工们疯狂工作、提出奇思妙想的动力。因为只要努力就能被赏识,他们渴望接受更多的任务,为每个项目贡献力量,于是在每个星期,甚至是每天都产出重要成果。

坊间传言乔布斯是精益求精、吹毛求疵的完美主义者,但西格尔说,乔布斯对于某些问题看得很开,甚至"得过且过"。

2000 年,苹果公司为 Mac 和 Power Mac G3 推出的原装鼠标 hockey puck 被视为苹果产品史上最著名的败笔,因为用户弄不清它究竟指向哪里。连铁杆果粉们都批评苹果"痴迷外观,忽略功能"。

hockey puck 上市几个月后,西格尔找到乔布斯说,这款鼠标让苹果的品牌形象备受冲击。他本以为自己正在执行乔布斯历来欣赏的"残酷的坦诚"。但是,乔布斯说"让他们见鬼去吧",接着兴奋地给西格尔介绍了新鼠标。即使还没有公开宣布解决方案,苹果已经开始弥补过错了。

"简洁管理"让苹果不喜欢在老问题上纠缠不清,而是偏爱向前看。新鼠标上市后,hockey puck 迅速成为苹果久远的回忆。

而在形式上与之相反的"流程管理"则要求,任何一项业务推出之后,整个公司都要自下而上地进行总结和反思,虽然试图充分地吸取教训、避免风险,但这种方式往往会让企业无法聚焦前行过程中的新挑战。

西格尔在和英特尔合作的时候,"事后诸葛亮"的分析随处可见,同时还有大量的文件往来,让他和英特尔的员工们都无法专注于手头的事。

每个季度,英特尔都会给合作伙伴们递上"报告卡",要求他们填写,指出过去双方关系的亮点和薄弱之处,详细说明哪些地方要加以改进。而乔布斯宁愿随时随地开诚布公。如果有了问题,就马上指出。这就是苹果的"报告卡"。

为了与英特尔的团队对接,合作方往往会组织一支大型团队,双方的工作氛围相当正式,常常在大礼堂内召开正式会议。广告公司会按照传统套路发言和提案,会后按照意见修改方案。每熬过一次会议,意味着下次开会可以把新方案展示给高一级的人看。而且,高层领导很可能从未参与过讨论。基层管理者还要求合作方拿出大量方案,避免自己独自拍板的风险,让老板在众多创意中发现感兴趣的东西,从而给自己点赞。

但在与苹果的合作中,由于苹果的管理层级扁平化,也从不设置任何正式会议,因此双方参会人员互相碰个头,就可以在短时间内把事情厘清。苹果的包装设计团队曾为一款产品设计了两个版本的包装方案,请求乔布斯定夺,但是乔布斯却给他们当头一棒——"我只要一个版本",让他们将其整改为一个之后再过目,因为苹果的管理观念认为,这种流程思维在快速迭代的科技公司中完全是在浪费时间。

"颇具讽刺意味的是,英特尔一直以苹果为榜样,试图将简洁之道收归己用。它乐观地相信，只要效仿苹果的做法，哪怕只是冰山一角，也足够解决自己的问题。"

西格尔表示，这注定是无法实现的。"简洁"是个"要么全盘接受，要么彻底拒绝"的命题。但是英特尔公司的工程师文化使它具有"根据确凿的科学依据做决策"的深层基因。"如果只抓住了'简洁'的部分精髓就希望东施效颦，那无论怎么努力都无法达到预期的效果，还有可能伤到自己。"

如今，简洁产业成为商业新趋势，无论是宜家还是无印良品，抑或是小米，都在试图以简洁和纯净来调节消费者疲劳的神经。但是，在众多竞争对手的围剿下，仅仅依靠产品创新显然是无法制胜的。

那么，如何用"简洁"来复制第二个"苹果"呢？

用乔布斯自己的话或许可以回答你："我们的组织架构就像初创公司一样，但我们是这个星球上最大的初创公司。"只有公司上下都痴迷"简洁"，让它贯穿管理、文化、层级的各个环节，它才能发挥真正的颠覆力量。

研讨问题：

（1）简洁管理源自苹果的企业文化还是企业战略？

（2）"简洁"为什么不能只体现在产品设计思路或零售店的风格上？

（3）探讨简洁管理与流程管理的差异，以及它们的适用环境。

（4）如果企业想要推行简洁管理模式，需要注意哪些方面的问题？

案例研讨 11-2

华为的超级流动性组织[①]

竞争性市场的显著特点之一就是对各类刺激的反应极其灵活——价格、供应数量、产品规格、技术应用、营销渠道，甚至商业模式都以惊人的速度进行调整。与此形成鲜明对比的是，组织内部的调整往往慢似蜗牛。这也是为什么许多曾位居全球领导者地位的公司在面临市场混乱时陷入了困境甚至消失。随着商业环境变化加快，迅速调整已事关生存，让内部架构和流程适应外部环境中的关键因素至关重要。在中国，有一家公司在提升内部灵活性、积极适应市场变化方面做得非常出色，这就是华为公司。借助超级流动性，华为已成为全球最大的电信设备供应商，以及全球第三大智能手机供应商。华为是如何实现超级流动性的？

1. 围绕客户需求设计组织

华为认为，要满足市场上不断变化的需求，最佳方法就是根据客户需求设计并

[①] 资料来源：https://mp.weixin.qq.com/s/9S_cm7n915fuKDBTstC4Zg。

不断调整企业。为此，华为发展出一套让自己区别于竞争对手的管理实践——只要客户需求改变，就相应调整内部组织。

（1）成立三大业务集团与服务集团。华为采取被称为"拧麻花"的混合结构，即将事业部组织的某些特点与职能平台及区域销售支持结合起来。组织架构不是围绕特定产品设计，而是创建了三个综合业务集团：电信运营商业务集团、企业集团、消费者集团。每个集团针对特定的竞争对手争夺市场。

在三大业务集团背后，又有三个服务集团提供支持，主要目标是提升应变速度、敏捷性和灵活性。第一个服务集团由数个共享功能平台组成，包括财务、人力资源、采购、物流和质量控制，为三大业务集团提供必要的支持服务。第二个服务集团是区域销售组织，协助三大业务集团与世界各地的客户建立联系。第三个服务集团名为"产品和客户解决方案"，其功能是整合内部研发资源，为三大业务集团的客户提供产品和整合信息与通信技术（ICT）解决方案。

（2）随着客户需求变化调整组织结构。2002年及以前，华为的组织结构是集中控制、功能驱动，基于产品线运作，而且层级分明。2003年，随着业务扩展到越来越多的国家和地区，华为转型为一个更加基于国家的组织结构。总部负责管理华为在各个国家的"代表处"（各国分公司），代表处再控制销售办事处。4年后，华为发现客户的新需求是定制网络解决方案，但要想抓住机会就得整合不同产品线、职能部门甚至不同区域的资源和能力。华为毫不犹豫地拆散了原有结构，设立了7个地区办事处，覆盖全球市场。后来华为认识到，市场覆盖范围过大会影响办事处的响应速度，地区办事处于是又迅速调整为16个更为灵活的分区办事处。为了支持定期重组，华为还经常创建新的子公司，为客户提供更优质的服务。

（3）华为以客户为中心的组织创新和设计还有另一个重要基础，就是打造所谓的"资源池"。具体来说，华为将麾下高级人才纳入一个虚拟的人力资源库。此举将顶尖人才与职能部门分离，可以随时在全球调配，从而使经验最丰富的人才得以完全自由流动，这也是建立超级流动性组织的关键。

（4）组建"铁三角"，即以全球代表处为核心的独特团队结构。该想法诞生于2004年，当时华为在国外的业务团队意识到，最有效地服务客户需求的方式是将重要领域（如客户管理、产品解决方案和项目实施）的专家团队聚在一起，从一开始就与客户开展合作，开发新项目。如今，每个新项目启动时都由项目经理组建"铁三角"团队，项目经理有权从人才库里征用具备专业能力的人员。虽然项目负责人的职级通常较低，但动用资源时拥有巨大的决策权，远远超出了职级限制。这种机制下，决策权下放到一线"战斗"部门，负责人可以根据不断变化的市场状况立即做出关键决策；必要时可以凭借自己的判断"呼叫"总部充分发挥整个组织的火力优势。用任正非的话说："让能听到炮火的人（如项目经理）指挥炮火。"

通过应用以上各项创新举措，华为做到了以客户为中心，成为几乎完全围绕客户项目而构建的企业。为确保以客户为中心，评估个人业绩时，标准是其所在团队服务客户时的贡献比例。个人薪酬和晋升都要根据团队表现而定，奖金只颁发给获奖团队。

2. 通过灵活的职能平台提供支持服务

华为开发了10个支持功能平台，内部称为"资源平台"，目的是帮助一线项目团队迅速获得所需的能力和资源。这些平台围绕不同能力构建，包括研发和技术、测试、制造、全球采购、市场和销售、人力资源、财务和资本、行政服务、知识管理和数据共享等。

由于以客户为中心的项目团队可以自由使用平台而不用单独设立职能部门，从而在行动时能够做到快速、灵活且流动，华为才能发展成为流动性极强的企业。不过，随着华为拓展新客户群及新地区，平台中的流程数量呈现爆炸式增长，操作变得过度复杂。目前，华为已开始大规模简化流程。

3. 中高层管理人员的持续轮岗

在华为，中高层管理人员（甚至包括首席执行官）会在不同的工作岗位之间轮换。高管轮岗有其缺点和取舍，不过华为认为，该制度在打造超级流动性组织方面，推动作用远超其负面影响。

（1）中高层管理人员的轮岗，可以消除建设企业帝国时常见的组织僵化问题。高管在内部建立小地盘的难度大大加强，在某个部门或子公司积攒资源和权力的动力会降低。同时，所有高管都经历过不同领域和职责，这也意味着他们更加了解不同部门可能提供的更大价值、面临的压力和取舍，因而会在整个组织内实现更强的团队合作。

（2）避免讨好老板。对华为的项目负责人来说，拍老板的马屁毫无意义，因为你很清楚再过一两年他就会离开目前的职位，转岗到下一处。薪酬和晋升前景并不取决于老板喜不喜欢，只看项目有没有帮助客户盈利。

（3）培养管理者，让他们比较轻松地获得高管资历中需要的"多种职责"。升至高层后，华为的管理者不再是干了一辈子的"研发""财务"或"营销"人员，而是多面手。

（4）有助于促进创新。随着中高层管理人员轮岗，每项工作都可以从新的角度审视。这是华为组织灵活流动的另一个关键因素。

(5) 激励管理者提高新想法的实施速度。身处华为面临的快速变化的商业环境中,速度是关键。同时,在工作的可延续性方面,也鼓励新任管理者在前任工作的基础上创造性地发挥优势和能力,而不是推倒重来。

4. 超级流动的企业文化

上述举措正是在华为以变革为核心的企业文化指导下展开的,进而打造了华为超级流动的企业文化。

这种极其注重变革的企业文化的形成可追溯到1996年,当时华为成立不到10年。那一年,公司要求最强大也最有影响力的营销和销售部门全体辞职,然后根据实际条件和业绩评估重新聘用。这一举动打破了已经扎根并开始影响组织活力的公司政治和权力争斗,并让华为发出明确信息,即个人和企业的成功源于根据不断变化的市场及时在资源和个人能力之间形成动态契合。

但这样的文化很难如愿维持。因此,任正非启动第二次大规模辞职。这一次,7 000名员工需要根据个人条件和业绩重新申请工作岗位,而不能靠资历。另外,旧的员工编号作废,每个人的资历无法再通过工号显示出来。为了强化这一变革举措,任正非呼吁员工忘记公司历史,着眼于未来努力前进,即便这样做有可能影响短期的利润。

华为打造超级流动性组织的秘诀,就是保持激进。华为定期拆解和重组自身,每一轮"自毁"更新之后,华为都变得更强大。从这个意义上说,华为体现了"创造性破坏"的概念。通过不断创新,促进人才、知识和资源的快速流动,华为的模式远远超过"学习型组织"或"敏捷型公司"。

然而,华为追求超级流动性也并非没有潜在问题。华为在一定程度上低估了边界的重要性,因为边界可以帮助不同部门培养身份认同感,并提升忠诚度。超级流动性还可能会妨碍企业"留存记忆",即妨碍通过不断学习形成常规,而这些常规往往可以为决策者提供个人行为的参考框架。如果缺乏这些基本要素,组织可能变得低效,特别是在许多公司面临当今混乱复杂和高度竞争的环境时。事实上,面对不确定性的增加,这些帮助个人应对各种复杂情况的组织参考系统可能比以往更为重要。

研讨问题:

(1) 归纳和概括华为实现超级流动性的逻辑框架。
(2) 华为的超级流动性组织适合什么样的公司?
(3) 如何应对"低估了边界的重要性"的问题?
(4) 针对自己熟悉的企业,研讨企业的流动性问题。

第6篇 如何做好战略变革
——数字创新、引领未来

第 12 章

数字经济环境下的战略变革

本书第 2 章指出,21 世纪以来,国际环境发生了复杂而深刻的变化,一场始于数字化信息科技革命的时代变革正在从技术领域拓展到经济、社会、文化等领域,成为重塑经济模式、社会治理模式甚至国际竞争格局的重要结构性力量。这一力量引导着世界进入以数字信息技术为主导的经济发展时期,数字经济逐渐成为全球经济发展中必不可少的助推力和新引擎。

作为继农业经济、工业经济等传统经济之后的新经济形态,数字经济以使用数字化的知识和信息作为关键生产要素,以现代信息网络作为重要载体,以通信技术、人工智能技术等的有效运用作为效率提升和经济结构优化的关键动力,已经成为驱动全球经济社会发展和技术变革的主导力量,正在推动全球新一轮的科技革命和产业变革。

随着我国经济和技术的发展,数字经济已经深刻融入国民经济各个领域,其在优化经济结构、实现资源合理配置、促进产业转型升级等方面的作用日益凸显。目前,我国的数字经济发展水平持续快速攀升,数字经济与经济社会各领域融合的广度和深度不断拓展,进入渐入实操、开花结果的新阶段,数字经济正在成为引领各地区(区域)培育现代化经济体系新动能和推动企业转型升级的重要的新兴力量。

数字经济的蓬勃发展离不开国家政策的引导与扶持。党中央、国务院高度重视数字经济的发展,多次做出重要指示,强调要大力推进互联网、大数据、人工智能等新兴技术和实体经济的深度融合,发展数字经济、共享经济,培育新的经济增长点,形成新动能,先后出台了网络强国、宽带中国、互联网+、智能制造、促进大数据发展、人工智能、软件等重大战略、规划和举措,并提出明确要求。在《中华人民共和国国民经济和社会发展第十四个五年规划和 2035 年远景目标纲要》(简称《"十四五"规划和 2035 年远景目标纲要》)中明确提出要"加快数字化发展、建设数字中国",并明确指出了数字经济发展的几大领域,即经济的数字化、社会的数字化、政府的数字化及数字生态的建设。由于企业是经济活动中的基本单元,因此,如何做好企业的数字化转型和战略变革对于实现上述目标具有重要意义。

12.1 数字经济及其本质

什么是数字经济

要想理解数字经济,我们需要将其拆开来看。"数字经济"是由"数字"和"经济"二者组成的。"数字"是数字技术的简称,"数字技术"是电子技术专业中的一个物理概念,是区别于"模拟技术"的。"经济"是经济活动的简称,经济活动是"创造价值"的活动。

因此,我们可以这样来简单界定,**数字经济是用数字技术支撑的创造价值的活动**。当前,数字技术的"支撑"也常被阐述为数字技术的"赋能",以便使创造价值的过程更加形象与意义深刻。

基于上述数字经济的概念界定,简单地讲,**"企业数字化转型"就是用数字技术支撑(赋能)企业的全方位经营管理活动,进而更好地创造价值的转型活动**。

如何理解数字技术

由于数字经济是用数字技术支撑(赋能)的经济活动,因此数字技术是开展数字经济活动的必要前提和基础性保障。当前,人们在谈到数字技术的时候,往往会想到大数据、人工智能、云计算、物联网、区块链等众所周知的技术,如有的将数字技术归纳为"大(大数据)、人(人工智能)、物(物联网)、云(云计算)",有的将其归纳为"ABCD"(A——人工智能、B——区块链、C——云计算、D——大数据),等等。

但是,如果只是这样理解数字技术就过于浅显了。因为一个重要的问题是,我们在数字技术支撑(赋能)下开展不同的经济活动时,需要用到的数字技术显然是不同的。是否上述技术都需要?需要的程度如何?需要的时间如何?比如,什么样的活动应该用区块链技术?什么样的活动应该用云计算?上云是上公有云还是私有云?这一系列的问题必须弄清楚,否则技术一旦运用错误,不仅很难发挥应有的作用,我们开展的活动也很难创造出价值。

例如,在某些技术还不够成熟的领域完全用技术替代人工(如当前技术水平的无人驾驶汽车),不仅得不到应有的效果与效率,还会带来安全风险,而且会导致社会资源配置和利用的不均衡性。

因此,如果抛开数字技术的物理概念范畴,我们需要明确数字技术到底应该包含哪几类技术,这几类技术的作用是什么。

一般来讲,无论用来支撑(赋能)何种经济活动,"数字技术"主要应该包括三大类技术,即与数据有关的技术、与网络有关的技术及与计算有关的技术(简记为数据技术、网络技术和计算技术)。

"与数据有关的技术(数据技术)"主要负责的是数据如何获取的问题;"与网络有关的技术(网络技术)"主要负责的是数据如何传输的问题;"与计算有关的技术(计算技术)"主要负责的是数据如何分析计算进而驱动决策的问题。

例如,年纪较大的独居老年人会因为身边无人照料而遇到危险,如摔倒后无法自己起来,得不到及时救治等。我们在构建智慧城市和智慧社区时都希望通过运用数字技术解决独居老年人监控的问题。针对这一问题,很多地方进行了尝试,如上海市尝试通过监测老年人家里的水表和电表的用量,来判断老年人是否出现了健康问题。这样做虽然方便,但是明显不够精准。也有的地方通过在老年人家里安装摄像头、让老年人佩戴传感器(如腕表、随身心率监测仪)等手段来解决这一问题。

可以看出,无论采取什么样的技术手段,针对独居老年人监控问题的技术必须能够实现如下三个基本功能:首先,不论是监测水表电表、安装摄像头还是传感器,都是为了获取老年人的即时状态数据(如是否摔倒了没有起来等),这就属于"数据技术"的范畴;其次,获取了数据之后,必须能够传输出去,否则救助人员就不可能知道,这就需要"网络技术";最后,我们必须能够基于获取的数据判断下一步应该如何去救助老年人,这就要依靠对数据的分析和计算,这就属于"计算技术"。

显然,我们常说的"数据获取(传感器等)、数据挖掘、数据清洗、数据加工、数据存储、数据治理等"都属于数据技术的范畴;"互联网、物联网、移动互联网等,2G、3G、4G、5G等"都属于网络技术的范畴;"人工智能(AI)、分布式计算、并行计算、去中心化计算、图计算、优化算法等"都属于计算技术的范畴。

由于相关技术繁多复杂,既有硬件技术又有软件技术,因此针对不同的活动使用什么样的技术,需要回归到本书第1章探讨的做活动的根本目的上,即"干什么?"和"怎么干?",也就是如何用合适的数字技术赋能活动来实现"正确地做正确的事",才能更好地创造价值。

数字经济的本质

如前所述,数字经济是用数字技术支撑的创造价值的活动。因此,**数字经济的本质是"创造价值"**。

我们在评判和衡量任何一个数字经济转型的活动是否方向正确时,关键在于判断其是否能够"创造价值"。

当然对于不同的经济活动主体,由于其文化视野和格局不同,所处的内外部环境不同,目标不同,决定了其对"价值"的认识也不相同。

我们以企业为例,有些企业的经营目的就是功利性的盈利,很少考虑社会价值的创造,因此其对数字经济的认识也必然局限在如何用数字技术赋能自己企业的经营活动,更好地赚取利润,甚至通过违法手段(如违规使用和倒卖消费者隐私数据等)牺牲他人的利益或者浪费社会的宝贵资源也在所不惜。

因此,数字经济的本质虽然简单,但对"价值"的理解却非常深奥。对"价值"的认识(也就是价值观)既是引导各主体行动的准绳,也是衡量数字经济活动的重要标准之一。针对这一问题的理解可以参考本书第3章关于企业文化的论述。

12.2 数字经济发展的重要性和紧迫性

如本书第2章所述,联合国《数字经济报告》指出,从全球范围来看,数字技术的发展影响着所有国家、部门和利益相关方。当今世界,数字化进程缓慢的国家与高度数字化的国家之间的差距越来越大。随着我国经济和社会的不断发展,我国在数字经济领域的发展态势良好。

中国互联网络信息中心(CNNIC)发布的第49次《中国互联网络发展状况统计报告》显示,截至2021年12月,在网民中,短视频用户使用率达90.5%,为9.34亿人次。除了短视频,即时通信、网络视频、在线办公、在线医疗、网上外卖和网约车也得到较快增长,用户规模分别达到10.07亿、9.75亿、4.69亿、2.98亿、5.44亿和4.53亿人次。此外,2021年我国网民总体规模持续增长,总量已达10.32亿,较2020年12月增长4 296万,互联网普及率增至73.0%。网民数量的持续增长主要来自两大方面:其一是农村地区互联网普及率持续提高,攀升至57.6%,较2020年12月提升了1.7个百分点,规模已达2.84亿;其二是老年群体加速融入网络社会,截至2021年12月,我国60岁及以上老年网民规模达1.19亿,互联网普及率达43.2%。而在上网方式上面,使用手机的比例高达99.7%,这也是短视频用户率增加的主要原因;而使用台式电脑、笔记本电脑、电视和平板上网的比例分别为35%、33%、28.1%和27.4%。①

---

① 资料来源:中国互联网络信息中心(cnnic.net.cn)。

中国信息通信研究院《中国数字经济发展白皮书（2020年）》显示，2019年我国数字经济增加值规模为35.8万亿元，占GDP比重为36.2%，同比提升1.4个百分点。按可比口径计算，2019年我国数字经济名义增长15.6%，高于同期GDP名义增速约7.85个百分点。《中国数字经济发展白皮书（2021年）》显示，2020年我国数字经济增加值规模为39.2万亿元，占GDP比重为38.6%，数字经济增速达GDP增速的3倍以上。

通过上述两组报告的统计数据可以看出，近年来我国数字经济发展较为迅速，发展态势也非常良好，预示着未来更大的数字经济发展潜力。同时，国家层面也对数字经济的发展规划了蓝图，如在2021年，《"十四五"规划和2035年远景目标纲要》中明确提出要"加快数字化发展、建设数字中国"，并明确指出了数字经济发展的几大领域，即经济的数字化、社会的数字化、政府的数字化及数字生态的建设，如图12-1所示。

图12-1 《"十四五"规划和2035年远景目标纲要》关于数字经济发展的内容概要

2022年3月5日，第十三届全国人民代表大会第五次会议上的《政府工作报告》对促进我国数字经济发展部分做了新的总结和阐述，明确提出要加强数字中国建设整体布局；建设数字信息基础设施，推进5G规模化应用，促进产业数字化转型，发展智慧城市、数字乡村；加快发展工业互联网，培育壮大集成电路、人工智能等数字产业，提升关键软硬件技术创新和供给能力；完善数字经济治理，释放数据要素潜力，更好地赋能经济发展、丰富人民生活。

《政府工作报告》将数字经济发展纳入2022年政府工作任务之中，并将其列入国家创新驱动发展战略，从系统的战略高度对我国数字经济的发展指明了方向，进一步阐明了我国发展数字经济的重要性和紧迫性。《政府工作报告》将数字经济发展与提升科技创新能力、加大企业创新激励力度、增强制造业核心竞争力等国家创新驱动发展战略中的几个核心问题共同提出,一方面阐释了发展数字经济在巩固和壮大实体经济、推进科技创新、促进产业优化升级、实现高质量发展等方面的重要驱动力量;另一方面进一步突出了数字经济发展在场景应用、技术引导、资源调配、模式创新和价值挖掘等若干方面对实现我国创新驱动战略的底座支撑作用。

同时,《政府工作报告》明确提出了发展数字经济的若干重要着力点。这些着力点涵盖了数字经济发展的四大重要领域,即数字经济的整体布局、基础设施建设和应用场景、促进实体经济发展和关键技术创新、数字要素价值挖掘和综合赋能。这四个领域全面、系统地涵盖了当前及今后一定时期我国数字经济发展的关键领域和重要的价值创新领域,而且都是与国家战略紧密关联的。

《政府工作报告》中提出的发展数字经济的若干重要着力点,对于促进我国关键领域的技术突破具有明确的指导作用。比如,在数字产业化发展方面,有所侧重地明确提出了加快发展工业互联网,培育壮大集成电路、人工智能等数字产业,提升关键软硬件技术创新和供给能力,这将进一步引导资源的脱虚向实,向着有利于国家战略的核心技术领域发力。此外,报告中提出的这些重要着力点虽然涵盖了四个不同层面的重要领域,但其系统性和关联性强,相互促进,不可或缺,而且进一步突出了赋能经济和社会全面发展的若干重要方面,而这些方面不仅是对国家战略中某些具体内容(如乡村振兴战略、新基建战略等)的有力支撑,其本身也是这些具体内容的重要组成部分。

随着近些年我国数字经济发展的稳步推进、数字经济创新实践和成果的不断总结,对数字经济的发展也逐渐由浅及深、点面结合,在稳步推进中把握关键、攻坚克难,实现我国数字经济持续高质量发展的同时,有效助力国家经济和社会的全面发展已经成为一个明显的趋势。

12.3 数字经济环境下的战略变革

战略变革

数字经济发展要从理念突破和战略变革做起。

战略变革(strategy change)是用新的理念、途径和方法将变革对象转变成新的状况的过程。战略变革一般分为渐进式变革和革命性变革。前者是不断变化的动态调整过程,连续变化的幅度较小;后者往往是次数较少的突发性和彻底性的变动,幅度较大。

由于在数字经济环境下,有数字技术的广泛支撑与赋能,往往能够使赋能对象发生较大的改变,因此数字经济环境下的战略变革是渐进式变革与革命性变革的融合体,既要有理念上的突破性变化,又要有技术支撑路线上的连续跟进,才能更好地稳步推进数字经济转型。

数字经济发展的战略路径

这里,我们从国家"十四五"发展的核心内容入手,探讨数字经济发展的战略路径。[①]

在"十四五"发展的核心逻辑中,高质量发展是未来的发展目标,高质量发展的核心是要保证发展的均衡、公平与持续,而实现发展的持续性则必须依靠良好的科技创新。在科技创新中,关键技术的自主可控是未来发展的重要保障和支撑。然而一个重要的问题是,科技创新及经济的持续发展是需要有动力来源的,而随着数字技术的不断进步,数字经济的蓬勃发展为整个社会的经济发展和科技创新带来了新的动力。

《"十四五"规划和2035年远景目标纲要》的发布,将数字经济发展独立成篇,从经济、社会、政府、生态四个方面(参见图12-1),为我国数字经济的发展指明了方向。这是首次全方位、立体化、系统性地对数字经济的发展进行的全面部署。

从《"十四五"规划和2035年远景目标纲要》中有关数字经济发展四个方面的具体内容可以看出,未来数字经济的发展无处不在,必将深入我们生产生活的方方面面。因此,无论从什么角度看,数字经济都是未来重要的发展方向。

因此,包括各级政府机构及其所辖区域和企业事业单位、产业园区等在内的各种主体的数字化转型对于推动整个国家的数字经济发展起着重要的支撑作用,是顺势而为的必然选择。

数字经济发展的战略路径如图12-2所示。可以看出,数字经济环境下的战略路径已经非常清晰,一是强调高质量发展和科技创新,二是全方位的数字化转型。这一路径为企业的战略变革提供了基础性引领。

---

① 姚建明.数字经济推动科技创新、赋能高质量发展[EB/OL].光明网,https://share.gmw.cn/interview/2021-10/18/content_35272042.htm.

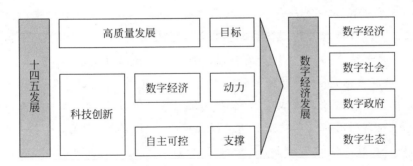

图 12-2　数字经济发展的战略路径

案例研讨 12-1

美的的数字化战略变革①

美的集团成立于 1968 年,从计划经济体制时代起步,不断探索创新打破家电产业边界,冲出中国市场迈向全球运营,如今已发展成一家覆盖消费电器、暖通空调、机器人与自动化系统、机电事业群、智能供应链五大板块业务的全球科技集团。

2011 年,成立已逾 40 年的美的集团达到了一个新的高点,全年营收超过 1 341 亿元,净利润达到 66 亿元。也就是在此时,崇尚创新的美的管理层认为,大规模、低成本的制造业传统模式已经失效,需要寻找新的赚钱模式,其选择是——数字化。

2012 年,美的集团营收从前一年的超过 1 341 亿元大幅下滑至 1 026 亿元,减少近 1/4,净利润也从 66 亿元下降至 61 亿元。这是方洪波从创始人何享健手中接任美的集团董事长的第一年。

但这是美的主动转型的结果。美的在 2011 年 6 月确立了"产品领先、效率驱动、全球经营"的转型三大主轴,这一策略一直贯彻至今。

直到 2015 年,美的营收才恢复到 2011 年的水平,为 1 384 亿元。4 年过去,其营收虽然仅增长了 3%,但净利润从 2011 年的 66 亿元增长到 2015 年的 136 亿元,增长了一倍多。美的此后一直延续了这一增长趋势,2018 年其营收增长至 2 618 亿元,净利润达 217 亿元。

在此期间,美的的数字化转型与经营战略转型密不可分。方洪波在 2019 年

---

① 资料来源:韩舒淋.美的:八年百亿投资,数字化如何重塑家电巨头[EB/OL].财经,https://tech.sina.com.cn/it/2019-06-04/doc-ihvhiews6770180.shtml,有删改。

1月的一次公开演讲中表示,增长红利已经成为过去,要寻求存量裂变,对开发、生产、销售三个环节进行重构,摸索的路径就是智能化、自动化、数字化,重构怎样开发产品、怎样制造产品、怎样把产品卖给用户这三个基础环节。

在方洪波看来,数字化转型的基本路径就是首先做到精益生产,在此基础上做自动化,在自动化基础上做信息化,在信息化基础上做数字化。数字化是指企业价值链的数字化,利用新技术对企业所有数据进行分析、计算、重构,来透视经营管理的全过程。在数字化的基础上,再做到智能化,乃至发展工业互联网,这是一个漫长的过程。

美的2012年之前的IT系统是按子集团、子平台运作,流程基本上都是以各部门管理为主,没有集团级的流程管理组织与管理体系,不同平台流程定义与标准差异很大,甚至同一流程在同一平台不同事业部都无法贯通,集团各层级的流程都是割裂的,整体运营效率难以评价,也就无从着手整体优化。

2012年9月,美的集团对IT系统的重构启动了"632"战略,即在集团层面打造6大运营系统、3大管理平台、2大门户网站和集成技术平台。彼时,美的希望通过打造"632",构建集团级的业务流程、集团级的主数据管理及集团级的IT系统,其目标可以用"三个一"来概括:一个美的,一个体系,一个标准。

如何找到最优的"一"?美的表示,先从业务端着手,在每个业务、流程上寻找集团内部最优的标准,然后判断其是否适合作为整个集团的标准,如果不行就再去找最优解,直到确定最优的流程和标准后,再确定数据标准和系统功能建设,让业务流程根据确定的最优流程来变革。这是难度非常大、复杂度非常高的变革,美的投入了大量人力、物力去实现。

在此期间,美的总投入将近20亿元,其IT人员团队从100人左右扩张到超过1 000人。在主要的IT系统上,除了ERP和PLM分别主要采购Oracle和PTC的软件产品外,其余软件美的都实现了自主化,这也为其之后对外赋能奠定了基础。

美的集团CIO张小懿介绍说,美的的数字化转型从2013年起分几个阶段逐步深化。2013—2015年,是数字化1.0,通过632项目实现一个美的、一个体系、一个标准的落地,统一流程数据系统,形成美的统一的管理体系,这也是深化数字化转型的基础。2016—2017年,美的推进了数字化2.0,在洗衣机事业部进行布点,一方面通过大数据平台,实现数据预警与数据驱动;另一方面通过柔性定制的搭建,推进数字化营销、智慧客服、标准化模块化及数字化柔性制造等深度的业务变革和系统升级。

引入数据对业务带来的改变是多方面的,"T+3"模式就是典型。所谓T+3,是指自订单申报开始(T周期),经过采购备料(T+1周期)、生产制造(T+2周期)、发货销售(T+3周期),整个过程实现以销定产。美的希望通过T+3订单主轴,将产品企划、营销管理、采购备料、生产制造和物流发运等环节牵引至统一运作主线,驱动内部各环节的协同,其运作的直接效果就是库存大幅下降,订单交付周期缩短,而且能快速满足市场的多变性和差异性。

张小懿告诉《财经》记者,T+3改造后,都是先有订单才组织生产,渠道的库存积压就此消除。更进一步,消费者开始出现越来越多的个性化定制需求,除了外观之外,产品功能的定制化也越来越多。张小懿表示,要做到一台就能够起订,这对后端柔性制造的要求非常高。

深入数字化2.0,生产数据驱动经营管理也在创造价值。以空调南沙工业互联网示范基地为例,美的监控了T+3过程中的20个节点,建立了2 156个预警规则。张小懿称,在南沙工厂,每天大家都会围着看板布置任务和做回顾检讨,看板数据会带来非常直观的感受,看效率是否提升、人员是否减少,数据已经变成闭环驱动的引擎。除了人员减少,库存的减少、品质的提升、生产的稳定性等因素都是数字化投入带来的回报。张小懿表示,数字化项目的回报往往比自动化改造来得更快,很多工厂在一两年内投入就能获得回报。

在内部数字化转型积累了充分的经验之后,将其能力产品化、对外赋能看起来就成了顺理成章的事。在国内,其他制造企业如三一、徐工都孵化了对外赋能的工业互联网公司,美的也在2016年11月成立了美云智数,作为其对外赋能的平台公司。

在美云智数的总经理谷云松看来,一方面大型传统企业在数字化过程中创建IT公司是必然趋势,另一方面,中国的实践不同于西方。中国制造企业往往既有OEM代工,也有品牌制造;既有电商,也有渠道、生产,个性化程度高,顶级的专业软件公司很少也很难涉足此类业务,但这正是美云智数进行软件开发的优势。在智能制造套件方面,美云智数既做硬件也做软件,硬件产品已经开发至第三代,加上库卡机器人,已拥有完整的工业互联网的能力。

在美云智数的支持下,2018年11月,美的宣布其工业互联网平台M.IOT正式成型,开始对外提供服务。张小懿将M.IOT的核心能力总结为:源自美的的管理、制造经验,源自美的自主开发的软件及数字化能力,源自美的收购及自主发展的机器人、硬件及自动化能力。

研讨问题：

(1) 探讨美的为什么要进行战略变革。

(2) 从战略的角度分析，数字化转型给美的带来了哪些收益。

(3) 为什么很多企业内部数字化转型之后，都想着对外输出？请分析和评判。

(4) 为了实现产品的顾客满意，美的需要做好哪些方面的管理工作？

(5) 美云智数为什么要进行软件开发，而不采用外包方式？

第 13 章

如何做好企业数字化转型

13.1 企业数字化转型中的主要问题

如第 12 章所述,"数字经济"是用数字技术支撑的创造价值的活动。"企业数字化转型"是用数字技术支撑(赋能)企业的全方位经营管理活动,进而更好地创造价值的转型活动。随着我国数字经济的发展,进行企业数字化转型实践和探索的企业也越来越多,涵盖各行各业、各种性质的企业。

总结企业数字化转型的实践可以发现,当前企业数字化转型中面临的典型问题主要有如下几个方面,如图 13-1 所示。①

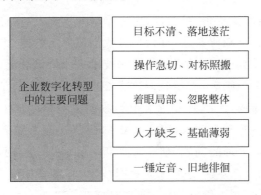

图 13-1 企业数字化中存在的主要问题

第一,目标不清、落地迷茫。一些企业在做数字化转型时的目标不是特别清晰,因此在数字化转型和落地过程中往往较为迷茫。比如,当前数字化转型大多是企业的信息部门在推动,其入手点多数在改造原来的信息系统和平台上,改造的逻

---

① 姚建明. 很多企业的数字化转型存在误区[EB/OL].《财经》新媒体,2022-03-25,https://finance.sina.com.cn/chanjing/gsnews/2022-03-25/doc-imcwipii0579873.shtml.

辑没有什么新的变化。但当改进工作落到企业各个部门时会遇到一系列问题。例如，对于各部门的具体问题到底如何解决？原来的系统是否需要替换成新的系统？替换成谁（供应商）的系统？如果不替换，原来的系统到底怎么衔接？系统中什么样的数据应该保留（保留数据是要消耗成本的）？什么样的数据不应该保留？很多企业由于并没有思考清楚这些问题，在推进数字化转型时并不知道数字化转型到底要做什么、怎么做，以及做到什么程度。

第二，操作急切、对标照搬。当前，很多不同性质的企业都在推进数字化转型工作，当然各方面推动的原因很多。为了尽快实现数字化转型，企业都想找到一个标杆企业进行转型方案的对标和照搬。但现实是，在数字化转型推进的这些年来，并没有一家企业的数字化转型可以被称为完美的标杆，仍处于不断的探索和前进中。如果不加思考地照搬其他企业的做法不仅不一定能解决本企业的问题，反而可能导致投入较高却得不到应有的产出。

第三，着眼局部、忽略整体。例如，某些本身属于数字化产业领域的互联网公司，虽然其数字技术的使用率较高，但多数企业都是围绕业务领域展开的，如大数据营销、大数据杀熟等，其数字化往往做得并不全面。特别是在企业的管理决策领域，如在战略层面的战略和文化决策上，往往没有用数字化的思维和技术进行支撑，导致企业出现了很多问题，这方面的例子已不鲜见。因此，企业做数字化转型不能盲目照搬，而是需要从企业运行的整体系统角度出发，进行合理规划与落地。

第四，人才匮乏、基础薄弱。当前，尽管我们在人工智能、大数据、云计算、区块链等技术上取得了较大进展，但相关的资深技术人才仍然匮乏，特别是数字化转型需要的复合型人才更为匮乏，需要长时间去培养。而在技术方面，原始创新技术、核心技术基础较为薄弱，这在数字技术中的数据技术和计算技术方面表现得尤为突出。以企业的档案管理为例，市面上成熟的档案管理系统解决的是档案中的信息传到系统之后如何处理的问题，但企业的诉求点往往是纸质档案如何与系统对接的问题。显然，这一问题需要通过物联网技术、开发新的硬件技术产品来解决。因此，要把数字化转型真正做好，基本前提是实现万物互联，通过硬件、软件、算法等技术的不断创新来支撑。

第五，一锤定音、旧地徘徊。企业做什么样的数字化转型才算是成功？实际上，成功永远是在路上，因为企业的问题层出不穷，企业的数字化转型也要不断地推进，不断地解决企业面临的新问题，不可能一锤定音。

通过上述分析可以看出，为了更好地应对企业数字化转型中普遍存在的问题，需要从全面、系统的角度思考如何实现企业数字化转型。其中，首先要全面理解企业数字化转型的本质，避免陷入误区。

13.2 全面理解企业数字化转型的本质

企业数字化转型的本质问题

由于数字经济的本质是"创造价值",因此企业数字化转型关注的本质问题也是如何创造"价值"。

我们在评判与衡量企业数字化转型的方向和途径是否正确时,关键是看其能否从"创造价值"这一本质出发。由于不同企业的文化视野和格局不同,所处的内外部环境不同,目标不同,决定了其对"价值"的认识也不相同。

企业经营管理活动的划分

众所周知,对任何企业而言,企业的经营管理活动大致可以分为三个方面,即企业的业务活动、管理活动和社会活动,如图 13-2 所示。其中,企业的管理活动主要需要探讨三个层面的活动,即本书第 1 章表 1-1 中的战略层、组织层和运作层。运作层的管理活动与企业的业务活动是统一的。

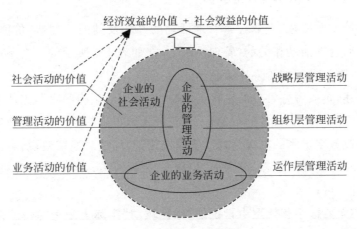

图 13-2　企业活动与价值创造的关系示意

全面理解"价值"

一般来讲,如果仅从经济活动的角度探讨"价值",那么只需要关注供需双方(交易双方)的价值即可,即我们常说的"经济效益"方面的价值。**如果从全面的角度来看,企业价值的创造不仅体现在供需双方所关注的经济效益价值的创造上,还体现在"社会效益"价值的创造上。**

作为社会的基本经济单元,任何企业创造的价值都可以归结到三个领域和途径上,即通过企业的业务活动创造的价值(如产品/服务的供给、新技术的研发、新产品的开发、利润的创造、税收的贡献等)、通过企业的管理活动创造的价值(如就业的解决、员工得到的满足感和获得感、资源的合理利用与节约、节能减排目标的实现等)以及通过企业的社会活动创造的价值(如捐赠、助学、参与救援、紧急资源的提供等)。显然,这三类活动创造的价值既有可能体现在经济效益的价值上,也可能体现在社会效益的价值上,如图 13-2 所示。

可以看出,对任何企业而言,数字化转型的目的可以简单地归结为两个方面:**一是通过数字化转型提升企业的管理水平(包括对社会活动的管理);二是通过数字化转型提升企业的业务水平**。这两方面的水平提升后才能在经济效益和社会效益方面更好地创造价值,实现"正确地做正确的事"的最终目的。

13.3 企业数字化转型的整体框架

企业数字化转型中的决策逻辑

如本书第 1 章所述,企业经营管理活动的好坏及其能否创造"价值"的关键在于与企业经营管理活动相关的"管理决策"。在如表 1-1 所示的三个不同层面的不同管理方面,需要进行的管理决策是不同的。

如前所述,企业做好管理的直接目的是"正确地做正确的事",因此企业做好各个层面各个方面"管理决策"的目的也是"正确地做正确的事"。**企业数字化转型的内涵就是通过数字技术的支撑,做好"管理决策"的问题**。通俗地说,就是希望把以前用"拍脑袋"做决策的过程,改为由"拍数据"来做决策,进而使"管理决策"过程更加精准、合理和可行。

因此,在企业数字化转型中常说的"数据驱动"实际上是用"数据"来驱动企业的"管理决策"。但实现"数据驱动"仅靠"数据技术"是不够的,还必须依靠用于数据传输的"网络技术"及用于对数据进行分析和决策的"计算技术"共同作为支撑。

显然,做好企业的数字化转型需要围绕企业管理的各个层面各个方面(参见表 1-1)的"管理决策"活动进行系统考量和体系重构。根据图 1-8 所阐述的逻辑,概括地讲,这些管理决策活动集中体现在战略管理的决策以及供应链管理中的建网、管网和用网(物流管理)等一系列决策活动中。因此,在数字经济环境(有数字技术支撑的环境)下,如何全面、系统地做好这些决策是决定数字化转型的效果和效率的关键。

企业数字化转型整体框架

如本书第 3 章所述，企业文化在引导企业"做正确的事"方面具有重要的核心指导作用。企业文化不论是在对企业战略的核心指导、引导和制约全体员工的行为等方面，还是在弘扬企业的核心价值观、贯彻和传承企业的核心理念等方面都必须得到企业的高度重视，可以看出，企业能否很好地创造"社会价值"，也主要是由企业的文化决定的。引入企业文化决策之后的企业数字化转型整体框架如图 13-3 所示。

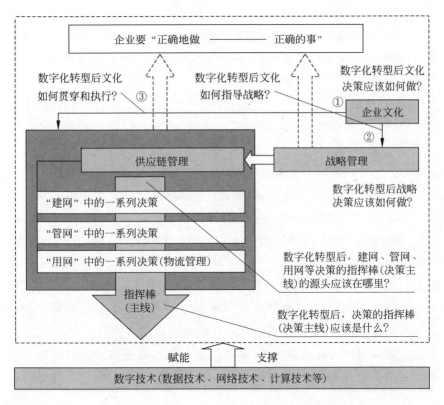

图 13-3　引入企业文化后的企业数字化转型总体框架示意

现实中，尽管很多企业在技术手段支撑、新型商业模式开拓、精准运营和营销、现代数字化设备的运用等方面都走在了时代的前列（如某些以互联网技术为业务支撑的企业），但其企业文化的作用并未得到充分发挥，进而导致企业在战略决策方面出现了很多失误，如做了一些不考虑"社会价值"的事情（如垄断、消费者信息的侵犯、数据的泄露、社会资源的破坏和浪费等)。因此,对任何企业而言,如何通过合理的文化决策做好文化的建设与繁荣对于企业的长远发展具有重要的意义,这也是企业数字化转型中必须关注的重要问题。

13.4 做好企业数字化转型的关键问题

如前所述,做好企业的数字化转型需要重点解决下列关键问题:

第一,在数字经济环境下,如何通过数字技术对企业文化决策进行支撑和赋能。主要应考虑:①在数字经济环境下,企业的文化决策如何做? ② 数字化转型后,企业文化如何指导企业战略? ③ 数字化转型后,企业文化如何贯彻和执行?

第二,在数字经济环境下,如何做好企业的战略决策,实现做"正确的事"。

第三,在数字经济环境下,如何做好企业的供应链(运营)管理决策,实现"正确地做"。

显然,在供应链(运营)管理的建网、管网和用网的一系列决策过程中,要想让每一个方面的决策都精准、科学和合理,必须有一个统一的"指挥棒"贯穿其中,如图 13-3 所示。该"指挥棒"也可以被称为决策的"主线"和依据。

第四,对于该"指挥棒"(决策主线)而言,我们需要明确的问题是:

(1) 该"指挥棒"(决策主线)的逻辑起点应该在哪里?

(2) 该"指挥棒"(决策主线)应该由什么来担当?

(3) "数据驱动"中的数据如何界定和获取?其运行机理是什么?其与"指挥棒"(决策主线)的关系是怎样的?

第五,企业数字化转型的目的除了提升管理水平之外还包括提升业务水平。了解在数字经济环境下,企业在提升业务水平方面有哪些新的价值创造模式可供拓展与创新,可以更好地在经济效益和社会效益方面创造价值。

上述关键问题的内在逻辑如图 13-3 所示。这些也是数字经济环境下企业战略管理及其他管理课程需要探讨的核心问题,需要我们在学习每门课程时深入思考。

13.5 三维驱动-五位赋能(3D5E)模型

为了更好地指导企业数字化转型工作的推进,本书作者构建了企业数字化转型的"三维驱动-五位赋能"(3D5E)基本模型,如图 13-4 所示。

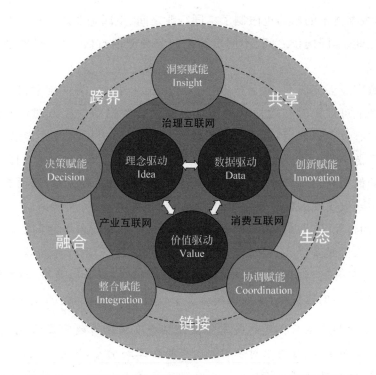

图 13-4 三维驱动-五位赋能（3D5E）——企业数字化转型模型①

三维驱动

"三维驱动"是企业在思想观念和理念创新上适应数字化转型的必然要求，其中包括"理念驱动、数据驱动和价值驱动"。"三维驱动"是企业数字化转型的"灵魂"指引，也是区别于传统环境下企业经营管理逻辑的核心要点。

（1）理念驱动。如 13.2 节所述，对任何企业而言，数字化转型的目的主要有两个，一是通过数字化转型提升企业的管理水平（包括对社会活动的管理），二是通过数字化转型提升企业的业务水平，并通过这两个水平的提升创造更大的经济效益和社会效益。

在传统环境下，由于网络和数据技术等的制约，企业获取大量、精准的客户需求数据和环境数据较为困难，供需关系往往较为简单，无论在何种商业模式和运营模式中，客户一般都很难提前参与产品/服务的开发设计、生产和营销等过程。同

---

① 姚建明.数字化转型的理念框架，2020 数字经济大会专访［N/OL］.2020-09-20，http://cen.ce.cn/more/202009/27/t20200927_35827701.shtml.

时,网络和数据技术的制约也限制了不同行业之间、不同企业之间、不同部门之间、不同设备之间、不同岗位之间、不同资源之间等界限的打破,"跨界"的经营管理模式较难形成。

而在数字经济环境下,数字技术(主要包括数据技术、网络技术、计算技术等)的发展使企业可以实时有效地获取需求方的消费数据和供给方的资源动态等数据,研判与预测消费行为和资源变动趋势,为精准运营提供有力的支撑,还可以有效去除供应链中的中间环节,拉近不同行业、不同企业以及企业内不同部门、岗位、设备等之间的距离,方便不同活动与资源主体之间形成链接关系,进而有利于实现传统环境下难以实现的精准定位(如精准供应、精准生产、精准营销、精准服务等)、跨界(如不同行业、不同企业、不同部门、不同环节、不同设备等之间的跨界)、融合[如文化融合、模式融合、流程融合、资源融合、信息(数据)融合等]、客户参与[客户参与产品/服务开发、设计、生产、销售(社群推广)过程等],以及资源的共享、价值的共创、生态关系的搭建等,从而构建起多个供需主体综合运行的供应链体系。

例如,以盒马鲜生为代表的新零售模式拓展了传统商超零售的单一模式。消费者既可到店购物,也可要求对食材进行当场加工和堂食,还可以实现门店附近3千米范围内30分钟送货上门,支付可以现场完成或在App、自助设备下单结算。显然,不论到门店线下消费,还是在App下单的客户,必然有着不同的个性化服务需求组合(如一次购物中,部分带走、部分加工堂食、部分外送到家等),而盒马鲜生要实现不同客户的精准的个性化服务需求组合,必须依赖各种跨界供应链资源(如快递资源)。这种集线上线下购物结算、商品零售、食材加工、餐饮服务、外送服务及其他惠民服务等于一体的跨界、融合、精准定制模式已经成为零售商超转型的一个方向。

再以海尔为例。在数字经济环境下,海尔的定制模式拓展了传统的预先设计(模块化+个性化)的客户选择模式,使客户能够更加深入地参与产品的定制开发过程。比如,某客户为了保证小孩睡眠需要一台完全静音的且带有在线健康监测服务及空气调节功能的智能空调,也非常愿意参与新型空调的开发及服务体验过程。而以往的传统空调是靠电机驱动的送风系统,不可能做到完全静音,也不可能提供在线健康监测及实时空气调节这一跨界服务。针对客户这一深度参与的跨界定制需求,海尔需要整合和调用若干企业内外部相关的供应链跨界资源(包括消费者在内)组成价值共创单元,共同参与这一跨界产品/服务的研发、设计、生产、服务及推广等全流程,给消费者提供精准的跨界定制产品/服务组合。

可以看出,数字经济环境下这些新的特点不仅对客户的需求模式产生了变革影响,也给企业的经营管理模式带来了新的挑战。

如何将数字经济环境下这些新的特点(精准、跨界、融合、参与、共享、共创、链接、生态等)融入企业的全方位经营管理活动的决策过程(见图 13-3),进而实现"正确地做正确的事",以便创造更大的经济效益和社会效益价值是值得企业思考的新的核心问题。

因此,在数字经济环境下,企业的经营管理必须用新的理念进行指导(理念驱动)。企业做数字化转型要先在思想理念上进行转变,思维的转变是第一位的,固守原有的思维就不可能有效推进转型工作。在数字经济时代,企业要通过转型将上述新的特点全面融入企业的经营管理活动,进而打造数字化的生态系统。这个数字化生态系统就是一个共生、共创、共荣的环境。企业要先通过"思维转变",从思想上率先进行突破。而"理念转变"的核心就是先将传统经营理念转变到以"互联网+""智能+"等为基础的理念上来。

关于"互联网+""智能+"等的具体内涵,将在本章 13.6 节中阐述。

(2) 数据驱动。在企业数字化转型中需要突破的是"数据驱动"的理念。"数据驱动"其实是很多企业都尝试在做或想去做的事情,但是"数据驱动"如何做好、如何让数据驱动伴随企业更好地成长是重点。需要从"数据驱动"的起点、定位、主体、逻辑、量级等诸多方面进行探讨,建立"数据驱动"的普遍价值和运行机理。

实际上,从如图 13-3 所示的企业数字化转型整体框架来看,简单地讲,其中的文化决策需要与其有关的企业内外部环境数据来驱动;战略决策需要与其有关的企业内外部环境数据及文化数据来驱动;而"正确地做"中建网、管网、用网等一系列决策则需要有一个指挥棒(决策主线)的相关数据来驱动,同时,也要受到文化数据的影响和制约。显然,通过本书前文分析可知,用"价值"作为这条主线是非常合适的,而与之相关的数据也就是"三大法宝"所涵盖的相关数据。

(3) 价值驱动。在"三维驱动"中,价值驱动是企业数字化思维转型中需要考虑的另一个核心问题,在理念驱动和数据驱动的基础上,最终的目的还是实现价值驱动,即通过数字化转型给需求方(客户)、供给方(企业)及社会创造"价值",这将回归到企业作为商业单元和社会单元的本质上来。

五位赋能

除了在理念转变上需要做好"三维驱动"外,企业进行数字化转型的时候,还需要注意五个方面能力的打造,即"五位赋能":第一个是洞察赋能,第二个是决策赋能,第三个是整合赋能,第四个是协调赋能,第五个是创新赋能。

(1) 洞察赋能。"洞察赋能"主要是通过数字技术提升企业对内外部环境因素的把握和预测能力,进而为进行合理的决策奠定基础,如使企业能够洞察数字经济发展规律与本质,探究新科技发展趋势与应用场景,把握企业转型成功的关键因素等。

(2) 决策赋能。"决策赋能"主要围绕企业战略层面的决策活动进行赋能,使企业能够更好地进行面向数字经济环境的企业文化变革、"产业+消费+治理"互联网融合模式的战略创新、面向"智能/智慧化"商业模式的重构与精准定位,以及面向数字经济的商业模式转型与重塑等。

这里,我们需要解释"智能"与"智慧"的关系。本质上讲,智能与智慧是同一个内涵,其区别在于,"智慧"一般是用来描述"生物"(如人、动物等)的,而"智能"一般是用来描述"非生物"(如机器、设备等)的。

理解"智能"和"智慧"需要与"自动化"进行比较。简单地讲,自动化是"活动主体"(如机器、设备等)按照操作者的要求和意愿自动完成活动的过程,如我们常见的全自动洗衣机。"智能化"与"智慧化"是操作者还没有将想要实现的活动指令传递到"活动主体"(如机器、设备等),或者操作者还没有想好或形成活动指令等的前提下,"活动主体"(如机器、设备等)已经能够主动地完成活动,并在一定程度上让操作者满意的过程。

比如,我们可以设想,未来的智能养老机构可以真正实现养老的智能化与智慧化,每天根据老年人的不同身体状况特征、不同心情、不同喜好等动态特征智能地提供令老年人满意的医疗、餐饮、娱乐、康体、情感等多项服务。

(3) 整合赋能。"整合赋能"主要围绕企业组织层面的活动进行赋能,如通过数字化转型使企业打造出超柔性的资源跨界、融合、链接、共享、共创的生态组织模式,实现面向数字经济环境的组织重构,打造智慧供应链(包括物流)系统,构建超智慧组织体系等。本质上,整合赋能对应本书提出的供应链管理(运营管理)框架中的"建网"层面。关于数字经济环境下的组织重构问题详见本章 13.7 节。

(4) 协调赋能。"协调赋能"考虑的主要是数字经济环境下如何对企业内外部资源进行领导与控制的问题,包括对企业内外部资源(业务资源、资金资源与数据资源等)关系的协调,重塑网络化的数据价值流,进行企业内外部全域价值链的协调与管控、智能/智慧化的商业领导力与人力资源赋能、智能/智慧化的绩效与激励模式创新等。本质上,协调赋能对应本书提出的供应链管理(运营管理)框架中的"管网"层面。

（5）创新赋能。"创新赋能"主要围绕企业管理运作层面的活动展开，如通过数字化转型实现个性化价值的挖掘与创造，运营模式的创新与科技赋能，企业内外部跨行业、跨阶段的全流程——全链路运作创新，科技金融的基础性赋能，以及数字技术的原始性创新和应用等。本质上，创新赋能对应本书提出的供应链管理（运营管理）框架中的"用网"层面（物流管理层面）。

需要特别指出的是，目前很多领域的数字技术不论在硬件还是软件方面都不够成熟，有的技术还需要进行重点突破。

例如，从全球范围来看，当前很多企业（包括普华永道、德勤、毕马威、安永等四大会计师事务所在内）开发的智能财务、审计等系统的功能局限于"系统中的数据管理和方案优化"这一范畴，并没有解决数据的原始载体（如各种票据等）与系统之间衔接的智能/智慧化，这对任何企业而言都是一个难点工程。要解决这一问题，显然需要在硬件、软件及其他资源的支撑上进行综合创新。

可以看出，在数字技术（包括数据技术、网络技术、计算技术等）领域的原始性创新和应用是数字经济发展的基础，具有重要的作用。

同时，真正想要实现上述例子所探讨的智能或智慧，其前提是必须实现"在数字技术支撑下，基于数据的精准预测"。而要想实现基于数据的精准预测，其前提必然是"万物互联"。这一前提不论是在智能制造还是智慧服务的过程中都是普遍适用的，因为如果做不到对活动资源的"万物互联"，就不可能及时、准确地获取资源对象的数据，而没有资源对象的实时数据，有关其活动的"预测"就很难准确展开。"预测"如果做不好，则大多数信息化系统还将停留在记录、存储、分析和决策等"自动化"的功能上，而无法上升到能够真正对未来活动进行决策的"智能/智慧"系统的层面。

以制造企业为例，尽管当前已经有较多的 ERP 系统和智能管理系统（如 SAP 等），但距离真正意义上的基于"万物互联"的智能系统还有较大的距离。比如，在采购、库存、加工、装配等过程中，每一个零部件到底该如何联网？如果每一个零部件因为体积小或者形状受限而无法联网，那么多少个零部件统一联网比较合适？尽管在零部件的加工过程中通过目前可视化的监控手段可以对其进行检查，及时发现问题，但在仓储、运输、装配等环节，如果不能联网就不能进行全程的精准监控和动态跟踪，就无法真正实现全程无人化的智能/智慧生产。这些问题的解决，也需要在数字技术的创新和应用方面加大力度，从硬件、软件及其他资源支撑上探索新的解决方案。

13.6 "互联网＋"和"智能＋"思维

13.5 节指出,"三维驱动"中"理念驱动"的核心就是将传统经营理念转变到以"互联网＋""智能＋"等为基础的理念上来。本节将对"互联网＋"和"智能＋"等思维进行解释和阐述。

21 世纪以来,互联网(包括移动互联网)作为一种先进的技术手段已经深入人们生产生活的各个方面。例如,越来越多的传统行业向互联网化转型,而越来越多的互联网公司也逐渐渗入传统行业,推动 O2O(线上线下协同)模式的不断发展。在本书归纳的数字技术中,互联网是网络技术的基础。可以说,数字化转型在某种程度上探讨的是其他行业(如传统行业和新兴行业)与互联网行业的双向渗透。其他行业转型升级的重要特征就是"互联网化",这是在数字经济环境下运行的基础。因此,认识"互联网"对企业转型升级的重要性对于我们做好企业数字化转型至关重要。

在认识互联网对企业的作用时,有两种常见的模式,即"互联网＋"和"＋互联网"。要理解"互联网＋",必须先将其与"＋互联网"进行比较,因为二者具有明显的本质性差异,但常常会造成认识上的混淆。

"互联网＋"的本质

"＋互联网"是指某行业"＋互联网"、某企业"＋互联网"、企业中的某部门"＋互联网"、设备人员等"＋互联网"等,而"互联网＋"是指"互联网＋"行业、"互联网＋"企业、"互联网＋"企业中的某部门、"互联网＋"设备人员等。

显然,二者的区别是,前者把互联网作为信息处理工具,后者则将互联网作为运行的平台。这里以"互联网＋行业"为例,其平台模式如图 13-5 所示。

图 13-5 "互联网＋行业"示意

显然，需要探讨的是，"互联网＋"模式能给企业带来什么价值？

我们以"互联网＋行业"为例进行说明。将若干行业聚集在互联网平台上，其主要目的是发挥各行业之间的协同效应（1＋1＞2），进而给客户带来跨越行业边界（跨界）的价值。而该价值的出现，必须借助基于大数据的预测技术来驱动和实现。

例如，某客户在周五下班时用出行软件呼叫了一辆网约专车，路线是从单位到家。当他上车后，根据以往该客户的出行数据记录分析，预测出他可能在到家休息片刻后，与家人一起去某类型的餐厅聚餐。这时，专车上的广告屏或他的智能手机上便会提前推送他偏好的餐厅信息（如特色菜品、排队信息、打折信息等）。如果他确认要到推送的餐厅就餐，专车可以给他提供优惠券，或者提供免费用车等服务。

如果专车提供免费用车服务，专车的钱从哪里赚呢？显然是从相关联的这家餐厅。这就是我们常说的"羊毛"出在"猪"身上。这里的"羊"和"猪"，就是两个不同的行业（一个是交通出行行业，另一个是餐饮娱乐行业）。由于有了互联网这个平台，这两个行业通过数据的关联产生了协同效应，给客户创造了"出行"之外的附加价值。这个例子虽然简单，却体现了"互联网＋"的五个本质特征，即基础支撑、跨界融合、理念变革、模式重构和资源优化。

表 13-1 从若干方面对"互联网＋"和"＋互联网"两种模式进行了详细比较（以传统行业为例）。

表 13-1 "互联网＋"与"＋互联网"模式的比较（以传统行业为例）

类　型	传统行业＋互联网	互联网＋传统行业
本质	互联网作为信息手段	互联网作为基础支撑平台
目的	传统行业的改造（单一改造）	传统行业的跨界融合
范畴	行业自身	跨界系统
技术支撑	信息传输	数字技术（数据技术、网络技术、计算技术）
关键点	优化资源、提升效率	理念变革、模式重构
创新创业	企业、团队创新	企业、团队、个人融合平台创新

"互联网＋"思维的关注点和原则

在"互联网＋"的背景下，各个行业可以方便地跨界融合在一起，从消费数据中获取各类客户的特征（客户画像），并将其转化为客户需求，进而带动相关行业的发展，实现跨界融合及资源的合理优化。例如，在法律法规及客户允许的前提下，某网购企业可以通过智能冰箱、智能厨房设备、智能餐桌等设备间接获取客户的饮食习惯数据。在某时点上，通过智能冰箱检测到某种食品的存量低于该客户未来某时间段内正常的餐饮习惯需求后，该网购企业可以主动将需要补货的商品送上门，为客户带来极大的方便，提升体验价值。

在这个过程中，关键在于基于互联网的数字技术（数据技术、网络技术、计算技术等）在背后作为支撑。而（大）数据技术的关键又在于基于（大）数据的"预测"技术。因此，基于（大）数据的预测技术是实现"互联网＋"的根本和核心。

表 13-2 总结了企业运用"互联网＋"模式时需要重点关注的事项。

表 13-2　"互联网＋"模式的关注点

关注点	特征
行业和市场的划分原则	根据市场和数据特点进行综合划分
成功前提	突破行业界限、突破供需界限、突破企业边界
成功的关键	给客户带来便利（"懒人模式"）
供应链	从传统关注产品和服务供应链转向关注信息的供应链
技术支撑	（大）数据技术、互联（互联网、移动互联网、物联网等）设施技术、基于大数据的计算和预测技术、关联技术等
服务提供	个性化服务（精准、跨界、融合、参与、共享、共创、生态等）、多行业融合定制、O2O（线上线下融合）、懒人模式……
商业模式	交互盈利、跨界盈利……

例如，中信百信银行股份有限公司（简称百信银行）就是秉承"互联网＋"思维建立的。该银行是首家获批的独立法人形式的直销银行，由中信银行与百度公司联合发起成立，市场定位是"为百姓理财，为大众融资"，旨在依托中信银行强大的产品研发及创新能力、客户经营及风险管控体系，以及百度公司的互联网技术和用户流量资源，满足客户个性化金融需求，打造差异化、有独特市场竞争力的直销银行。百信银行的三大核心业务是消费金融、小微金融和财富管理。

百信银行是国内首家由互联网公司与传统银行深度合作、强强联合组建的直销银行，标志着百度公司在金融服务这个容量最大、最具增长潜力的垂直服务领域迈出了里程碑式的一大步。百信银行的成立在中国银行业发展过程中也具有标志性意义，开启了"互联网＋金融"的全新模式。[1]

通过上述分析，我们可以将"互联网＋"理念的原则概括为：客户价值至上；边

---

[1]　资料来源：百度百科：百信银行。

界的模糊化(包括供需边界的模糊化、行业边界的模糊化及企业边界的模糊化);资源回归社会(充分共享与生态打造)。

"智能+"思维

"智能+"和"互联网+"最大的不同在于,"互联网+"是建立在互联网基因的逻辑基础之上的,而"智能+"则是建立在数字技术(涵盖数据技术、网络技术及计算技术等)基因的逻辑基础之上的,不仅包括前面探讨的"互联网+"的内涵,更强调了如何通过"万物互联"真正实现智能化和智慧化。

如前所述,企业数字化转型不仅是对自身经营管理系统效率与水平的改造和提升,更需要考虑如何通过数字技术的支撑更好地发展和拓展自身业务,不断提升经济效益和社会效益。对企业数字化转型而言,"智能+"是要通过打造基于数字技术的立体化智能基座,将企业经营管理战略层、组织层(资源层)、运作层(业务层)等不同层面的活动有效链接,实现不同活动之间的跨界、融合、共享、链接并搭建生态关系,进而更好地为经济社会创造应有的价值。

在"智能+"这一基座平台的运行中,需要"人"的决策与基于技术的"智能决策"深度融合。随着未来数据预测技术的发展,预测的精准度进一步提升,企业的决策效率和效果也会随之改善。将来企业在组织层面和运作层面的决策活动(如组织层面的组织架构搭建和调整、治理结构的优化、人员的选配、绩效的评估等;运作层面的采购、生产、销售、研发、服务等)能够更加有效地解放人力,向智能化、无人化方向过渡。企业只需由"人"来总体把握"智能+"如何运转即可。而在企业战略层的决策则更多地需要由"人"来主导,但也需要从数字技术(如对企业文化、战略等有重要影响的舆情数据)赋能中获取应有的价值。

可以设想,对于企业管理而言,未来"人"的工作可能需要更多地在战略层面进行思考,把握方向和定位大局,确定企业需要如何发展及经营哪些业务,把这件事情做好以后,剩下的全部交给"智能+"的基座平台来完成,进而实现全面、系统的无人化经营。

13.7 企业数字化转型中的商业模式创新

如前所述,"决策赋能"主要围绕企业战略层面的决策活动进行赋能,使企业能够更好地进行面向数字经济环境的企业文化变革、战略创新,面向"智能化/智慧化"商业模式的重构与精准定位,以及面向数字经济的商业模式转型与重塑等。从战略决策层面来看，企业在确定了文化和战略之后，在数字经济环境下如何进行商业模式的创新与设计就成了一个非常重要的问题。

由前述分析可知，由于有数字技术的支撑与赋能，数字经济环境下企业的经营管理活动显示出一系列新的特征（如精准、跨界、融合、链接、共享、共创、生态等）。从需求方来看，在数字经济环境下，由于有互联网的广泛连接与精准的企业内外部环境以及客户需求/参与（大）数据及其计算分析技术的有力支撑，企业可以方便地实现精准、跨界、融合、客户深度参与的产品与服务开发和供给模式，进而给客户带来个性化的体验价值，但同时也给供给方带来了新的挑战。

从供给方来看，上述挑战主要来自"资源"。因为根据本书第1章分析可知，任何活动的开展都需要"资源"支撑。在数字经济环境下，要想给客户提供具有不同新特征的价值（如图13-6右侧所示），离不开相关资源的支撑。例如，"精准"的活动需要有包括动态客户画像在内的大数据资源、及时传输和存储的网络资源以及智能优化和推荐算法等资源的支撑；"跨界"特征的实现除了需要数字技术资源的支撑以外，最重要的是需要"跨界资源"的支撑，如何获取并合理利用跨界的资源也就是"融合"的过程。可以看出，对"资源"的获取、配置与利用所带来的挑战，是企业在数字经济环境下创造"具有新特征的价值"时需要考虑的关键问题。

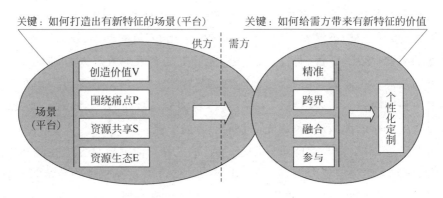

图 13-6　数字经济环境下商业模式创新的关键

为了解决上述问题，企业在进行数字化转型时必须考虑通过何种方式和途径才能更好地获取、配置与利用各种"资源"，其中也包括跨界的资源。如前所述，在"互联网＋"思维下，企业的经营管理活动很容易打破行业的界限、企业的边界及供需的界限（如表13-2所示），资源的"跨界"利用不仅体现在对跨行业、跨业务的资源利用上，也涵盖对客户的资源利用。"客户深度参与"（客户可以深度参与企业提供产品/服务全过程的各个环节）本身就是一种纵向跨界和融合的表现。

因此，要想理顺跨行业、跨地域、跨业务、跨供需的各种资源之间的关系，充分地共享和利用这些资源，发挥"1＋1＞2"的协同效应，就必须构建一个可以"有利于链接和聚集（这里的聚集是广义概念，并不是指在一个具体和固定空间中的聚集）各种资源，有利于协调和理顺资源之间关系，有利于实现资源相互充分共享和利用"的"场景"（scene），如图13-6所示。

可以看出，"场景"也就是平台，其对数字经济环境下企业的商业模式创新具有重要意义。

本书针对企业在进行数字化转型商业模式创新时对场景的打造提出了四点建议：一是打造场景的直接目的是为供需双方及社会创造价值；二是场景的打造需要围绕供需双方的"痛点"（甚至包括社会的痛点）来考虑，否则很难创造价值；三是场景的打造要能最大限度地实现各种资源的充分共享；四是场景的打造要有利于资源生态的构建，这样才能最终实现资源的共生、共荣与共创（参见第9章关于生态战略的内容）。

上述"价值（Value）、痛点（Pain point）、共享（Sharing）、生态（Ecology）"是本书提出的"场景"打造的四大核心要点，简称 VPSE。

13.8　企业数字化转型中的组织架构变革与设计

如前所述，"五位赋能"中的"整合赋能"本质上对应本书提出的供应链管理（运营管理）框架中的"建网"层面，主要围绕企业组织层面的活动进行赋能，如通过数字化转型使企业打造出超柔性的资源跨界、融合、链接、共享、共创的生态组织模式，实现面向数字经济环境的组织重构，打造智慧供应链（包括物流）系统，构建超智慧组织体系等。简单地讲，"整合赋能"也就是企业通过数字化转型搭建企业内外部组织架构（供应链网络/运营系统）的问题。数字经济环境下，企业在搭建组织架构时，到底应该如何思考呢？

数字经济环境下影响组织架构的因素

以下我们用最简单的例子来研讨，在数字经济环境下，影响企业组织架构设计的主要因素到底是什么。

在数字技术支撑下，很多传统的线下教育培训课堂可以方便地在网络平台上进行（如通过腾讯会议、ZOOM等平台上课等），如果从本书所提出的"三大法宝"的角度衡量，这种线上授课方式在授课的便利性、传播的广度、授课内容的多样性和丰富性、良好的记录性,以及较低的成本(时间、空间、交通、机会成本等)、较好的时间交付性等方面都给供给方(培训方,如教师、专业机构等)和需求方(学习方,如学生、学员、职工等)双方带来了较好的价值,同时也在一定程度上给社会创造了价值,如在特定的环境下,当线下授课受到一定制约的时候,这种授课方式解决了教育间断性的社会问题、节约了线下社会资源等。

接下来,我们来看一下这种线上教育模式下的组织架构问题。

如图 13-7 所示,我们比较了两种线上授课模式下的组织架构:一种是如图 13-7(a)所示的单纯听课和互动交流模式;另一种是如图 13-7(b)所示的听课、互动交流及分组研讨后汇报的模式。

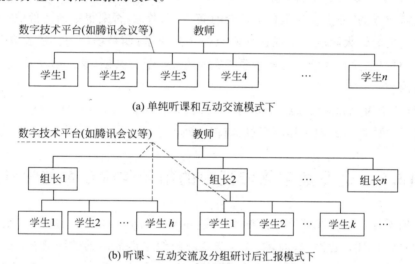

图 13-7　数字经济环境下不同功能的组织架构比较

显然,在如图 13-7(a)所示的单纯听课和互动交流模式下,只要数字技术(数据技术、网络技术、计算技术等)能力允许,同时听课的学生的数量就可以不断地扩大,这时组织是扁平的,在教师和学生之间不需要中间层级。

但在如图 13-7(b)所示的听课、互动交流及分组研讨后汇报模式下,必须在教师与学生之间再增加一个层次,也就是组长层次。

这个组长层次能否用数字技术替代,进而进一步让组织架构扁平化?目前来看是非常困难的,除非我们能够开发出与"组长"在组织研讨和汇报活动中能力相同的智能设备(如人工智能机器人等)来充当组长的角色,但依靠目前的技术水平还无法做到。

通过上例可以看出,在数字经济环境下,企业的组织架构是否都进行了完全的革命性重构(如所有组织都向完全扁平化方向发展,或者全部采用"阿米巴"的组织架构模式等)并不能一概而论。

由此可见,影响组织架构的因素主要有两个方面:一是技术水平(包括相关设备、设施的科技创新水平和数字技术水平等);二是组织架构要实现的功能。显然,对于组织架构要实现的功能,是由其目标(干什么)决定的,而目标是由企业的战略决定的。

企业数字化转型中组织的设计和构建方法

根据上述分析可知,影响组织架构的因素主要是由技术水平和组织架构要实现的功能决定的,而功能又是由企业战略所确定的目标决定的。因此,可以得出企业数字化转型中组织设计和构建的基本方法,具体分为如下8个步骤。

(1) 根据文化指导战略、战略指导组织的逻辑,通过战略目标的分解,明确组织的目标。简言之,就是要"明确目标"。

(2) 按照组织目标设计组织的层级,同时设计各层级中各职位(岗位)的功能(包括责、权、利等)。简言之,就是要"划分职位"。

(3) 考察数字技术及其关联技术的功能能否替代某职位的功能。简言之,就是要"考察功能"。

(4) 对能够替代的职位,用数字技术及其关联技术进行替代,同时对技术进行优化。简言之,就是要"替代职位"。

(5) 对不能用数字技术及其关联技术替代的岗位,仍需要用人工,但应考虑组织方案的优化(其中也包括采用技术手段进行支撑的问题)。简言之,就是要"优化方案"。

(6) 根据上述分析结果,综合考量后设计组织架构。简言之,就是要"设计组织"。

(7) 在综合考量企业整体组织架构设计(包括对外部组织功能的衔接)的基础上,架构数字化系统(包括对数字技术及其关联技术的衔接)。简言之,就是要"架构系统"。

(8) 将上述组织架构方案进行落地实施,并不断进行反馈和持续改进。简言之,就是要"持续改进"。

本书将上述8个步骤的方法命名为"企业数字化转型组织设计8步法"(8S-OD)(8-Step Organizational Design for Enterprise Digital Transformation),即"明确目标、划分职位、考察功能、替代职位、优化方案、设计组织、架构系统、持续改进",如图 13-8 所示。

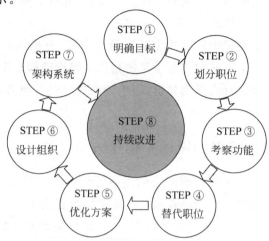

图 13-8　企业数字化转型组织设计 8 步法(8S-OD)

该方法的英文首字母缩写为"CDSIODAC"(Clear goals, Divide positions, Substitute position, Investigation function, Optimization scheme, Design organization, Architecture system, Continuous improvement)。

超柔性组织的构建

上述企业数字化转型的组织设计方法主要是针对企业的**"人力资源组织架构"**来探讨的。从整体范畴来看,企业的资源种类众多、数量庞大,特别在数字经济环境下,数据也会作为一种重要的资源出现(一般来讲,企业积累起来的有价值的数据往往又被称为"数据资产")。在数字经济环境下,针对企业众多的资源,如何进行合理组织与利用,实现"正确地做正确的事",是企业数字化转型"组织"构建时需要考虑的重要问题,因为"组织"的对象就是企业中的各种资源。

众所周知,不论是在传统环境下还是在数字经济环境下,企业中的资源从功能角度划分主要有业务资源(如人员、物资、土地、物业、设施、设备等)、资金资源和信息资源。在数字经济环境下,信息更大程度上以数据的形式表现,因此**企业关注的资源主要有"业务资源、资金资源和数据资源"**。

如前所述,与传统环境下企业经营管理不同的是,数字经济环境下企业的经营管理显示出一些新的特征(如精准、跨界、融合、链接、共享、共创、生态等),这些特征表现在不同的供需关系上,必然以个性化的形式呈现(如个性化的需求和个性化的供给)。因此,企业在资源整体的组织和利用上必须考虑的一个核心问题是如何提升资源配置和利用的"柔性"(灵活性)(Flexibility),进而实现供需双方"个性化诉求"的问题。因此,对于企业而言,如何通过数字化转型构建一个非常柔性化的组织对企业而言至关重要,**本书称之为"超柔性组织"**(Super Flexible Organization)。

数字经济环境下企业的"超柔性组织"的架构关系如图 13-9 所示。在该组织中,各类资源动态地存储在资源层的资源池中,价值活动单元是资源的动态组织单元,不同价值活动单元的活动形成了不同产品/服务的组合类别,进而为客户和企业创造不同的价值。

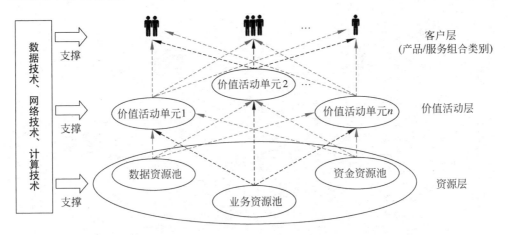

图 13-9 数字经济环境下的企业内部组织架构示意

例如,在数字经济环境下,阿里巴巴旗下的盒马鲜生模式对传统大型超市的经营模式产生了较大冲击。该模式充分拓展了传统商超商品零售的单一模式,消费者既可以到店购物,也可以要求对食材进行当场加工和堂食,还可以实现门店附近3 千米范围内 30 分钟送货上门。所有这些服务都可以当场在线下或在盒马 App、自助设备下单结算。可以说,这种集线上线下购物结算、商品零售、食材加工、餐饮服务、外送服务及其他惠民服务等于一身的跨界融合定制模式已经是当前商超转型的一个方向。

同时,在数字经济环境下,由于有互联网的广泛连接、精准的企业内外部环境及客户需求/参与大数据的有力支撑,企业可以方便地实现跨界、融合、客户深度参与的个性化定制模式,而不再局限于传统单一行业内产品/服务的定制。这种新型的跨界、融合、客户深度参与的个性化定制模式(**本书称之为"跨界-融合-参与"定制模式**)(Transboundary-Integration-Participation Customization,TIPC),也对企业组织架构的"柔性"提出了新的挑战,企业必须构建"超柔性组织架构"才能实现有效的支撑。

例如,对于某养老院而言,基于互联网和大数据的分析很容易实现给不同老年人(或不同群体)提供精准的个性化养老组合服务。每个养老服务组合中都可能包括服务层中的医疗、餐饮、娱乐、康体、情感等多项服务。服务的提供,可能需要调用资源层中若干不同种类和数量的跨界资源。比如,某老年人想到院外用餐,必须调用资源层中的外部饮食资源和出行资源才能实现,等等。其所构建的"超柔性组织"如图 13-10 所示。

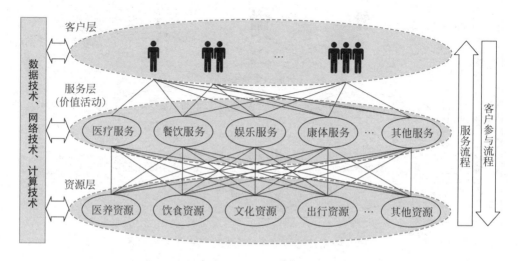

图 13-10 数字经济环境下的养老企业组织架构示意

13.9 企业数字化转型的全域驱动力理论(GDFT)

通过上述分析可以看出,为了更好地应对企业数字化转型中普遍存在的问题(参见图 13-1),从全方位、系统性、立体化的角度做好企业的数字化转型,实现经济和社会的高质量发展,在相关数字化转型理论与方法的支撑下,需要从五个层面的全域视角进行全面、系统的考察和推进。这五个方面的视角即理念视角、战略视角、组织视角、运作视角和技术视角,如图 13-11 所示。

例如,在理念视角上,企业应该认识到数字化转型绝不是简单的信息化改造,更不是用一种技术资源简单地替换另一种社会资源,如机器换人,而是要用数字技术支撑起来,让所有的社会资源更好地创造价值。

在新思维引领下进行数字化转型的战略决策时,一定要做到政治站位高、目标

图 13-11　企业数字化转型的全域视角

和方向明确,充分发挥各类别、各种形式的数据在企业决策中的重要作用。有时候我们不是没有数据,而是对数据的认识有所偏差,因而很多数据变成了无用信息。同样一个数据,在不同的场景下可能发挥的价值并不一样。比如,在影视行业中,很多拍过的电影成为历史数据,如果放到硬盘上,存到库房里永远不用,肯定没有价值,但如果能方便地调用其中的某些场景数据则可以产生很大的价值。我们对于数据的认识还远远无法像其他资产那样容易评估、量化甚至交易,这些都需要进行前沿性的探索和研究。

从资源的角度来看,数字化转型的关键是实现资源共享、交融共生,打造综合生态,实现持续发展。而在运作视角方面则主要考虑如何实现跨界融合、价值共创、绿色环保和协同创新。此外,在技术层面,前述提到的有关软硬件技术创新、万物互联、智能决策与安全高效等都是需要关注的重点。

为了更好地助力我国企业从全方位、系统性、立体化的角度做好数字化转型,围绕上述五个方面的视角,本书提出了**企业数字化转型的全域驱动力理论(Global Driving Force Theory,GDFT)**。具体包括两个方法:一个是企业数字化转型的"全域成熟度评价模型(Global Maturity Evaluation Model,GMEM)";另一个是企业数字化转型的"全域驱动力模型"(Global Driving Force Model,GDFM),用来指导企业的数字化转型实践。

企业数字化转型的"全域成熟度评价模型(GMEM)"的核心理念是建立在前述企业数字化转型指导框架"三维驱动、五位赋能(3D5E)"模型基础上的,从理念视角、战略视角、组织视角、运作视角和技术视角的 20 个重要评价方面对企业的数字化转型状况和程度进行综合评价的系统方法。

企业数字化转型的全域成熟度评价模型(GMEM)由图 13-11 中的 5 个视角 20 个单元作为主体评价内涵,同时引入双维关联评价逻辑。双维关联评价(Two

Dimensional Correlation Evaluation，TDCE)逻辑是将企业运行状况评价与数字技术赋能评价有机结合，充分展示数字化变革理念与内涵的新型评价方法，通过双维关联评价，可以得出企业各层面视角下数字化转型的成熟度，并评估企业数字化转型的全域成熟度，如图 13-12 所示。

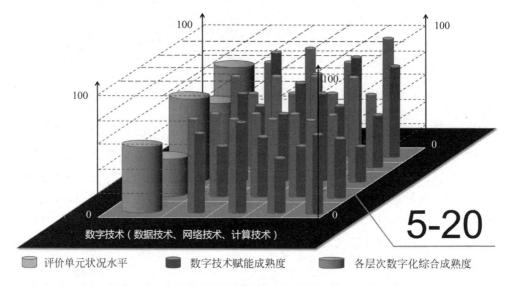

图 13-12　企业数字化转型全域成熟度评价模型（GMEM）

该模型可以全方位、立体化、系统性地评价企业数字化转型的综合成熟度水平，同时精准分析企业数字化转型中存在的问题和改进的方向。

在对企业数字化转型进行全域成熟度评价的基础上，可以有针对性地、全面地找出企业数字化转型中的薄弱环节，同时分析改进的方向。在此基础上，运用企业数字化转型的"全域驱动力模型"（GDFM）对企业的数字化转型工作方案进行整体部署和有序推进。

与此同时，我们也清楚地看到，尽管企业的数字化转型应该从多个层面，全方位、立体化、系统性地进行整体规划、蓝图设计和落地推进，但难点肯定是存在的。

有时候，单一的企业并不一定有能力实现很多社会资源的有效对接与充分共享。此时往往需要社会上的各个资源主体（如地方政府、产业园区等）在推进地区的数字经济转型时与企业通力合作，从营商环境、政策扶持等多个方面引导和帮扶企业开展数字化转型；而企业一方也应该充分利用自身的技术、资源和模式优势，为地区的数字经济发展及经济社会的高质量发展做出贡献。

13.10　打造数字经济产业生态

本章前述小节从几个核心方面简要分析了企业数字化转型的若干问题。但实际上，从大范畴来讲，单独一个企业做数字化往往是有局限性的。因为任何一个企业的经营管理活动必然要与其他企业及社会治理资源（如政府、社团、民间组织、媒体等）相互关联。因此，在企业数字化转型的过程中，需要从跨界（包括参与）、融合、链接、共享、共创、共荣等角度重新梳理各个业务所在行业（产业）之间的关系，通过若干企业及其他参与方的共同努力，打造数字经济产业生态体系，逐渐培育和完善数字经济发展的土壤。

打造数字经济产业生态体系时需要考虑诸多问题。比如，这些关联产业之间能否及如何产生跨界协同？需要什么样的逻辑、机制、数据和技术等作为背后的运行支撑？会给整个产业生态甚至社会带来什么样的价值？在理念方面带来什么样的新突破？这些都是企业数字化转型中值得探讨的重要问题。

例如，2020年3月，我国疫情防控向好态势进一步巩固，各地复工复产正在逐步接近或达到正常水平，在常态化疫情防控中经济社会运行逐步趋于正常。作为经济体系中的"毛细血管"，中国的产业带中小企业积极复工复产，乘着数字经济的新风，投入稳定经济发展的大潮，也为自身的可持续经营找到了机会。

第一财经商业数据中心发布的《2020中国产业带数字化发展报告》（以下简称《报告》），根据来自淘宝特价版、1688、淘宝天天特卖等多个平台的数据，全国已经形成145个数字化产业带，其中13个产业带在淘宝上的年销售额过10亿元。全国十大数字化产业带分属广东、浙江、福建等省，分别有5个、4个和1个，这些产业带也都是淘宝C2M（customer to manufacture）改造的重点区域。广东的3C数码，浙江金华的日用品、服饰等数字化程度较高的产业带，灵活按需定产，在传统制造业数字升级的浪潮中已抢得先机。

淘宝C2M模式和淘宝特价版作为数字"新基建"的探索与尝试，正在帮助50万工厂和120万商家加速数字化转型，把握复产机会。东莞厂商乐地数码的工厂主要进行手机壳模具制造，年销售额达1.5亿元。据总经理吴嘉源介绍，受新冠肺炎疫情影响，目前外贸订单损失额达9成，压力巨大。不过，受益于与淘宝数字化工厂项目的合作，乐地数码及时通过C2M模式增加产品销售类目，并通过淘宝的销量表现做数据分析，指导生产线安排订单，订单量2月环比增加了25%，目前相较同期生产恢复了50%，并实现销量相比C2M数字化改造前5倍增长。

疫情加速了传统工厂"触网"的速度,越来越多的企业像乐地数码一样意识到,数字化是产业带商家复工复产并实现恢复增长的主要动力。《报告》指出,疫情发生以来,尤其是 2020 年 3 月 26 日淘宝特价版上线以来,产业带商家"线上突围"加速。3 月以来在淘宝特价版上新开店的产业带商家超过 10 万家,其中工厂店的数量达到 4.5 万家。

中国人民大学中国企业创新发展研究中心主任姚建明认为,淘宝 C2M 提供了三大行业的融合与社会价值的共创。一是把农业、工业和服务业有机结合在了一起,二是打破消费互联网与产业互联网之间的壁垒,三是带动相关的支撑产业与就业。"把传统意义上做产品的企业,转型为生产型服务企业"。

伴随着中国经济加速转型,传统产业更加积极地拥抱数字化,数字化的产业集群也正在加速形成。长远来看,数字化是产业带商家从简单的加工制造向更高阶段延伸的新引擎,像淘宝 C2M 这样的成熟的数字化解决方案已经成为产业带商家争相把握的增长机会。①

从整个社会角度讲,在打造数字经济产业生态的过程中,一定要把数字经济活动的治理纳入数字经济产业生态建设中。未来真正融合到一起的数字经济生态,将由产业互联网、消费互联网和治理互联网三大互联网构成,这样才能把数字经济真正做好,这也是未来成功打造"超智慧社会"的核心思想。

案例研讨 13-1

酷特智能(红领)的"互联网+"模式变革②

每天,有 2 000 件完全不同的定制服装在红领的工厂加工完成。"量产"和"定制"原本水火不容,但经过十余年的探索,红领终于在业内率先实现了"大规模定制"。其间经历了无数次数据模型的推倒重来,工厂也被不断改造以适应新的技术。

转型背景:10 年投入 3 亿多元,开启工业化与定制化并举的先河

1995 年,红领在山东省即墨市成立,在占地 21 000 平方米的土地上,千余台生产设备同时启动,工人们开始了年产 3 万套的服装生产。同年 11 月 1 日,第一批

---

① 资料来源:中国十大数字化产业带公布,产业带数字化程度越高恢复增长越快[EB/OL]. https://xw.qq.com/cmsid/20200428A0O6X200.

② 资料来源:https://tieba.baidu.com/p/4864949817?red_tag=2317710256,有删改。

红领西服上市,这一切预示着一家服装企业的初长成。当时,谁都无法预料这样一家依靠传统服装制造起步的企业将会选择一条与众不同的道路,开启工业化与定制化并举的先河。

2003年,几乎与红领选择个性化定制之路转型的同期,阿里巴巴投资创立了淘宝网。淘宝等第三方电商平台的快速崛起放大了互联网功能,传统商业秩序被瓦解,实体经济似乎一下乱了方寸。而红领——曾经的传统服装制造企业早已察觉到互联网思维可以为我所用,并开始利用大数据、信息化令企业突破传统制造模式,实现高效生产。

直至2013年,红领的转型宣告成功。红领集团董事长张代理感慨说:"我们用了10年的时间,依靠3000人的庞大队伍建立了一个数据化、信息化的实验室,打造出一台'大数据驱动下的3D打印机',为个性化定制设计了C2M在线平台。这种模式打破了工业化与定制化不可调和的桎梏,极有可能对服装制造行业产生重要影响,并为中国的制造业升级与转型带来重要的启示。"

10年转型之路,红领经历了由内而外的破壳与新生,在大多数传统制造业还没有察觉的时候,红领的先知先觉逐渐显露成效。2012年,红领高级定制模式日渐成熟,订货量、产值、利润大增,面向个性定制的从订单到采购、技术、生产物流通关等的各个业务环节被全面打通。

红领集团总裁张蕴蓝回忆起父亲张代理当初认定"定制将是红领的未来"的想法时,如是说:"那时候,父亲已经开始推进红领的变革,只是过程非常艰辛,充满了矛盾。因为当时红领的选择没有前车之鉴,只能摸索前行。"

红领对企业的转型升级前前后后投入近3亿元,其中绝大多数是对信息化改造的投入。

海尔集团董事局主席张瑞敏在考察红领集团后曾写了这样一段话:参观红领时,看到来自纽约的个人订单,在信息化流程中能迅速完成发货,感慨颇深。这正是互联网时代传统企业必须跨过的坎,从大规模制造转为大规模定制,以满足用户个性化的最佳体验。红领做到了,是其心无旁骛,十年磨一剑的结果。

转型战略:打造"互联网+工业"的生态闭环

C2M商业生态的含义,就是消费者在终端提出个性化的服装需求,跨过传统中间渠道,直接对接工厂(M),工厂快速完成服装定制。

听起来简单,但事实上探索这一商业模式也经历了一个漫长的过程。直到2009年,红领仍在摸索个性化定制的智能和柔性制造生产线。

2013年,公司又组织了一次战略定位讨论。有人认为红领应该专注于服装个性化定制,卖一件衣服挣一件衣服的钱。但也有人认为,红领应该做一家科技型公司,为传统企业提供解决方案,挣改造费。

哪条路才能走得通,并且走得好呢? 最终,张蕴蓝带领团队提出了"互联网+工业"的定位。

在她看来,如果只专注于西服定制,那么在其他品类上就无法满足消费者的需求。但如果只对工厂进行改造,改造完以后没有订单,工厂也无法生存下去。所以,用当前最时髦的术语来说,张蕴蓝希望打造一个"生态"闭环,不仅红领自身实现定制化,还要帮助其他工厂进行改造,让它们用工业化的手段和效率制造个性化产品,从而为消费者提供更丰富的产品体验。

确定这一战略思路后,红领将其开发成了一个叫 SDE(源点论数据工程)的产品,为传统的制造企业提供"互联网+工业"的解决方案,帮助它们进行柔性化和个性化定制的改造。

同时,红领在 C 端打造了一个汇集订单的直销平台,让消费者直接与工厂对接。经过改造的工厂数量越多,就越能满足消费者的多样化需求;而订单越多,工厂就越能有效运转,持续盈利。

比起单纯做一家传统的服装企业,张蕴蓝看得更远:"红领要做一家类似天猫和京东的平台型企业,做个性化定制的入口。"

转型策略:实现低成本、高效率,坚守消费者原点

红领始终追求用规模工业生产满足个性化需求,通过实践,红领研发了一套由不同体型身材尺寸集合而成的大数据处理系统——男士正装定制领域的大型供应商平台 RCMTM(Red Collar Made to Measure,红领模式)。

走进红领工厂,你会感叹这里俨然是一个大数据工厂。实现服装定制的流程相当简单:量体采集数据下订单。量体过程只需要 5 分钟,采集 19 个部位的数据。顾客可以自主定义服装的面料、花型、刺绣等几十项设计细节,或者直接选择由系统根据大数据分析自动匹配;订单传输到数据平台后,系统会自动完成板型匹配,并传输到生产部门。每一位工人都有一台电脑识别终端,所有的流程信息传递都在这上面进行。工人会核对所有细节,然后将其录入一张电子标签中,工人只需要在操作前扫描该款服装的"身份证",就能快速地进行生产加工。红领通过提高生产制造过程中间环节的效率,依托数据化、信息化的资源降低了制造成本。

红领通过一个庞大的数据库,摆脱了对人工的依赖。仅在制版环节,企业就能节省高昂的薪酬和时间成本。通过建立好的数据库选择合适的人体板型,企业可以进行个性化的生产定制,从而提高效率,降低成本。

这种高效制造还体现在红领的量体方式上。红领对人体数据进行采集和整理,把量体标准化,创造了一种"三点一线"的量体方法,快速有效地解决了量体问题。一个零基础的人经过 5 个工作日的培训,即可熟练采集 19 个部位的 24 个数据。

相对于传统成衣制造商,红领开创的"酷特智能 C2M"平台有哪些优势?

第一大优势是低成本。传统的西服定制大约要 1 万元。但在红领,一般消费者只需花费 3 000 元左右,就可以拥有一套定制西装。既然是个性化需求,为何成本能够降到如此低?

最大的原因在于没有库存。传统服装业都需要高库存,大部分资金会压在库存上。而红领流水线上的每一件衣服都已经销售出去,"先付款,再生产"解决了现金流的问题。同时,C2M 模式的好处是直接对接消费者和工厂,避免了传统渠道的层层加价。而且用工业化的效率和手段来生产定制化服装,其成本仅比传统模式高出 10%。

第二大优势是个性化定制客户的黏性极高。一个 21 岁的德国小伙子通过红领的平台做个性化定制,一年时间就变成了德国同类企业的第一名。这个小伙子跟随红领多年,其间,国际市场上经历了几次经济危机,但他的客户几乎没有流失,其案例甚至被剑桥商学院收录。而市场上,无论是买手制还是设计师模式,都无法做到真正的大规模定制。

红领在确定定制化转型方向的初期,选择海外市场作为实验样本,服务的客群 90% 以海外为主,如英国国家橄榄球队、纽约的高级白领等。随着国内消费水平与需求的不断提升,红领逐渐将重心转移到亚洲市场,并在酝酿多年后,于 2015 年 8 月推出了基于 C2M 与 O2O 模式的魔幻工厂 App。

打开这款 App,选择想要定制的服装(如西装、衬衫),一个 3D 的衣服模型就出现在眼前了。用户可依次选择扣子、面料、胸袋、驳头等物料,在这个过程中还可以细致地观察到颜色、布料材质及其他多处细节。

如果想为特别的人设计一款独一无二的西装,那么一款只属于服装所有者的"专属名牌"也可以实现,比如有人曾在衣服上绣这样的文字:想要成为和巴菲特共进晚餐的人。同时,在整个设计过程中,还可邀约朋友同屏设计。

设计完成后,便可预约量体。手机自动定位,帮助用户寻找附近的量体师,并预约上门服务。据张蕴蓝介绍,在不久的将来,用户不需要与量体师接触,即可通过 3D 的方式把身材数据传输出去。

魔幻工厂卖出去的所有衣服都没有标准标识。在张蕴蓝看来,消费者是没有忠诚度的,他们只对自己的品位和需求有忠诚度。因此在红领,所有标识都是消费者自己设计的。而在她看来,个性化定制的核心是让消费者体验到"造物"的乐趣,让人人都可以成为设计师。

在服装行业同质化严重的今天,红领找到了一条风景独好的小径。

转型未来:打造 C2M 生态系统,提供传统制造业发展的解决方案

对于未来传统制造业的发展,财经评论家吴晓波曾经判断说:"第一,企业将重新构建与消费者的关系。第二,企业会利用互联网工具改造企业内部的流程。如果这两个改造不完成的话,传统的制造业和传统的服务业都会被消灭。"这让人感到传统制造企业的升级发展迫在眉睫。

"我们调研过 100 个企业,调研的结果显示:90%的企业不知道自己在干什么,也不知道路在哪,更不知道路口在哪,基本上是在瞎干。所谓知道的,你问他两句又不知道了。"张代理认为,大多数传统制造企业都面临升级乏力的困惑。

在他看来,"互联网+工业"带给传统制造企业更多启发,未来红领更大的目标在于帮助更多的传统工厂改造升级。互联网时代,红领的另一个转型已经开启——从传统的服装生产制造商变身传统制造问题的解决者。

工业 4.0 时代,软件技术、物联网技术、云计算及大数据技术的综合应用加速了产业互联网与消费互联网的深度融合。生产端的智能制造与柔性化生产能够创造更多的价值。此外,随着移动互联网的普及,按需定制的方式更能满足消费者的购物习惯,红领所倡导的个性化定制模式更加适合中国市场。

"实际上,红领已经不仅仅是卖服装的公司,通过多年致力于男装的改造,红领掌握和积累了一套方法论。这套方法论不仅可以改造企业自身的男装,还可以延伸到其他的品类。"张蕴蓝说。

红领将这套经验整理开发成了一种被称为 SDE(源点论数据工程)的产品,其核心能力就是为传统的制造企业提供"互联网+工业"的解决方案。"SDE 包含了帮助传统工厂进行柔性化和个性化定制的改造。"张蕴蓝介绍说。目前,红领已经在与一些传统企业展开合作,通过红领生产模式的"复制",让更多企业实现工厂的快速改造与发展。

"我们已经开始尝试跨品类生产了,正在改造鞋品、箱包等。"张蕴蓝说。

不难发现,红领角色的转换得益于其规模化与平台化的运作模式。首先,红领经过十多年的转型发展已经具备了信息化、数据化的平台,形成了满足个性化定制与大规模生产的能力;其次,红领强调的 C2M 模式减少了中间环节的压力,将位于"微笑曲线"底端的传统制造翻转到顶端,挖掘了生产的红利;最重要的是,通过魔幻工厂O2O平台的开发，红领能够直接与消费者产生联系，创造了对接终端的销售平台。红领的SDE为改造传统工业创造了价值，也为红领再一次的转型打下了基础。

转型心得：制造业为商业业态创造价值，整个商业才能健康发展

在人们看来，"个性化"与"工业化"是相互冲突的，而且传统的服装企业并没有先例。红领也经历了发展的艰辛，但最终还是成功地将定制融入工业化发展中。红领利用工业化的成本和效率制造个性化的产品，真正让每个消费者都能享受到从前只有少数人才能享受的高端的个性化定制服务。

红领通过信息化、大数据、物联网等现代化的技术手段，真正将个性化的定制融入工业化中，使个性化成为标准化，最终形成大规模的生产。

在红领的信息化改造过程中包括对企业内部人才、管理系统等软硬件的改造，如红领的一个信息化团队的人数远远超过一个小型科技公司。一个由红领控股的企业就有500多名软件工程师，目前在公司全职工作的也有近百人。

传统服装企业信息化改造需要一个前期的基础投入，建立好这个基础之后，企业才能更好地运作发展，不断完善。传统企业在改造前期需要越过发展的门槛，一旦踏入，企业未来的利润、效益将有非常明显的提升。红领用了近十年的时间来越过信息化改造的门槛，逐渐成长起来。

互联网时代，在外人看来制造企业出身的红领似乎有着许多劣势，事实上，正是有制造业的基础，才让红领更具优势。中国是制造业大国，中国的制造业何去何从是每个传统制造企业都需要思考的问题。仅仅像以前那样提高效率、降低成本，制造企业很难生存，传统制造企业需要重塑自身的价值链条。红领的这套方法正是现阶段制造企业非常需要且适宜的方式。

互联网化是一个趋势，不可抵挡。但是商业社会必须回到价值的源头——制造。制造业为商业业态创造价值，整个商业才能健康发展。

研讨问题：

（1）红领对企业转型升级的投入为什么绝大多数投入了信息化改造中？

（2）为什么互联网时代传统企业必须跨过的坎，是从大规模制造转为大规模定制？

（3）红领为什么不是专注于服装定制，而是要打造一个"生态"闭环？

（4）探讨红领为其他传统制造企业提供"互联网+工业"解决方案时，可能面临何种较难解决的关键问题。

（5）探讨传统制造企业如何进行数字化转型。

案例研讨 13-2

海尔的数字化转型①

中国正在向世界制造强国的目标迈进,"智能制造"是从制造大国走向制造强国的唯一路径。当前,美国、德国、日本等国正以数字化、智能化为核心布局,抢占国际竞争制高点。而有着世界工厂之称的中国也正站在制造业转型升级的风口。如果把智能工厂整体看作一个智能机器人的话,智能制造需要做的就是想办法打通它的任督二脉,最大限度地实现各环节的互联互通。在青岛,海尔的一家互联工厂撬动的是整个生产体系。

初春天气乍暖还寒,家里刚停了暖气,孩子们很容易感冒。想要屋里恒温,就需要一直开着空调。空调一般都是机械风,直吹的话对孩子的健康不利,并且其电机的运行声还经常会吵醒熟睡的孩子。因此,许多年轻的父母都在寻找一款更适合母婴的空调,但他们搜遍了各大家电网站也没有找到。

在海尔的家电定制平台上,用户发现可以根据需求自行设计商品,就算是T形的冰箱或是圆形的洗衣机,只要创意发起人能号召足够数量有相同需求的买家,用户就能平价享受专属定制产品。

在海尔家电定制平台上定制一款无噪声的自然风空调,即使夜深人静,运行的空调也不会打扰孩子的休息。发起的订单在定制平台上通过后,工厂便会快速回应。

为了更快地回应消费者的定制需求,海尔将空调拆分成送风、电器、冷媒等五大模块。通过在供应链平台上发布需求,每一项新功能的需求,外部技术团队和供应商都可以与企业内部各部门公平竞标。

例如,海尔空调的离子送风模块便借鉴了火箭点火推进器技术,是与外部的军工研究所共同开发的。空调的噪声主要是电机带动风扇高速旋转引起的机械声,海尔空调的离子送风方案颠覆了传统送风模块的送风原理:技术人员通过模块上的针尖高压放电,产生电离子,带电离子从针尖向铁丝网方向垂直运动,在针尖附近形成负压区,空气从高压往负压运动,从而形成了离子风。由于空调送风不再采用电机风扇,解决了噪声的问题,因此这个设计从数十个方案中脱颖而出。

海尔的模块商资源平台上互联着近3万家模块供应商,汇集了4万个资源方

---

① 资料来源:央视财经频道《中国财经报道》,有删改。

案。正是有了对模块的控制能力,他们才能快速响应客户的定制需求。正是因为有了开放的模块供应商平台,才能更好地与供应商合作,把军工技术转换成民用技术进而应用在空调上。正因为有了如此多的资源,通过不断的合作、交互,海尔才研发出了更多的新技术和新产品。

送风、电器等模块的外包,为个性定制的创新产品引入了全市场的技术资源。而空调的核心部件生产则由海尔新建的互联工厂完成,他们正在尝试让整个生产变得更加智能。

以空调的冷凝器生产为例,质量部长和技术团队一早就赶到冷凝器生产车间,他们要对这个新引进的串管自动化智能设备进行冲压效果的检测。冷凝器相当于空调外机的散热片,由 595 个铝箔片和 22 个换热管组成。铜管里的制冷剂氟利昂压缩后释放的热量则要通过这 595 个铝箔片增加散热面积。铝箔片的薄厚、间隔和串管的贴合度会直接影响空调散热和制冷效果。每个铝箔仅有 0.1 毫米厚,薄如刀片,想要把 22 个换热管完全紧密地插到 590 多片铝箔中并非易事。通过采用自动化的设备进行操作,确保了每个换热管和铝箔的紧密结合,保证了空调的使用效果。

如果仅用单一的自动化设备,则可让冷凝器制造的不合格率从百分之一下降到千分之一。但互联工厂要实现的还不只是机器换人这么简单的事情,工厂里生产的全部是个性定制的空调,需求和功能不同,冷凝器的内部结构、铜管的角度和方向也不一样。

在智能互联工厂中,机器人配合默契地对焊接好的冷凝器部件进行折弯加工。数字化机器全流程的设备互联,让机器人可以自动识别加工信息。冷凝器的折弯机器人可以相互传递信息,直接获取产品的相关型号信息,而传统的生产过程则是要靠人去观察。设备自动互联之后,大大提升了冷凝器的生产效率。通过机器人的自动折弯,每天每条生产线可以多产出 1 200 台左右。

焊接好的冷凝器被送入氦检箱,氦气的微孔渗透性强,对冷凝器泄漏的检出率比传统方法提高近百倍。每台氦检箱的检测数据均被完整保留下来,整个流程形成全数据跟踪。在工厂的大数据中心,经过全样本分析,互联的设备在统一标准下会形成一条完整的生产监控曲线。生产过程中,一旦某个环节偏离了这条最理想生产曲线,系统就会自动报警,避免了跨环节间的误差叠加。在这个平台上,通过定义数据的规范,能够达到一个全价值链的数据流通。工厂端通过工厂的 IT 系统与机器的自动化控制系统进行融合,提高了整个生产的柔性程度。

一旦车间里的报警器响了,维修人员就会接到设备自动推送的维修预警。传统做法是,设备出了故障,操作工需要打电话通知维修人员来维修,但到那时设备可能已经完全坏了。在当前的预警模式下,在设备还没有完全坏但在往坏的方面恶化时,通过自动发送信息给设备维修人员,实现了对设备进行及时维修的效果。

海尔的大数据中心互联了工厂里的每一台设备,让工厂里的机器与人逐渐形成了最完美的默契和配合。然而,海尔的互联工厂并不满足于制造体系内部的联通,它还给每台空调里加装了智能模块,实现了空调与用户的互联。传统的用户交互和信息挖掘主要是通过用户回访、电话回访、调研问卷等方式完成的,但是它的真实度和效率都非常低。通过智能互联空调,可以在总部研发中心实时地、低成本地、快速准确地收集用户信息,对于产品研发十分有价值。

例如,2015年,根据好空气数据中心的信息反馈,互联工厂发现很多用户家中的空气质量差,空调很脏,影响了空调的正常使用效果,因此有针对性地研发了一款自清洁空调。该产品成为市场上的爆款。再比如,空调技术人员表示,用户在清洗空调时,只知道清洗过滤网,其实空调藏污纳垢最严重的地方是蒸发器。因此,海尔开发的自清洁空调可以通过快速结霜化霜将深藏在蒸发器里的污垢和细菌快速冲走,并通过空调的排水管道送到室外,实现自清洁。

通过大数据分析,海尔互联工厂不断抓住用户的各种痛点和需求,而这些还远远不够。与空调的机械风相比,大自然的风没有规律,变化的风速会给皮肤表面形成不同的刺激,而在试验中心模拟出来的自然风速是否最令人体舒适,要在智能仿生人身上找答案。通过在实验室布置980个温度传感器,测试出房间的三维温度场,通过智能仿生人感应并将采集的数据传输到热环境舒适评价系统,可以将不同的风速和温度对人体产生的变化通过色块展现出来。哪种风速和温度下,人体才感觉最舒适,智能仿生人会把所有数据传输到热舒适研究中心,舒适度合格的数据参数就会被系统保存下来。目前,工程师们已经积累了15万组有效参数,而要实现完整的自然风功能,则需要20万组参数。只要工程师们采集到所有的有效参数,用户足不出户便能享受到最舒适的自然风。

在海尔的设计中心,自然风空调的外观设计团队也在同步进行着头脑风暴。通过与意大利设计师进行远程交流,针对自然风空调外观的设计,这个国际化团队提出了自己的创意。在海尔的定制平台上,连接着来自日本、欧美等不同国家的30多位设计师,谁的方案最受欢迎,谁就会最后胜出。为什么这些国际顶级设计师会愿意参与个性定制的项目?原来,设计师们的创意收益是与最终的销量挂钩的。无论是设计师还是技术方案的提供者,只要共同开发的产品在市场上热销,每一个参与者都会按比例收取回报,卖得越好回报率越高。每款定制产品对于设计师而言就相当于用专业技术投资的小微项目。设计师们作为创意的提供者或追随者,全程参与这个产品,在不断修正的过程中,产品从无到有。尽管中间会经历反复的波折,但这就是整个大规模定制对于用户的魅力所在,同时,把冷冰冰的工业化产品赋予更人性化的东西,也是消费者所追求的。

研讨问题:

(1)海尔的数字化转型主要做了哪些举措?

(2)海尔的定制模式与红领(酷特)的定制模式有何不同?哪一种模式更具有优势?

(3)为了实现产品的顾客满意,海尔需要做好哪些方面的管理工作?

(4)为了实现跨界的技术融合,海尔做了哪些系统性的管理工作?

(5)海尔为什么要搭建一个开放的平台?

(6)海尔为什么要将产品拆解后进行竞标?

参考文献

1. W. 钱·金,勒妮·莫博涅. 蓝海战略[M]. 北京:商务印书馆,2005.
2. 刘丽文. 生产与运作管理:第三版[M]. 北京:清华大学出版社,2006.
3. 马士华,林勇. 供应链管理[M]. 北京:高等教育出版社,2003.
4. 迈克尔·波特. 竞争战略[M]. 陈丽芳,译. 北京:中信出版社,2014.
5. 杨文士,焦叔斌,等. 管理学原理:第三版[M]. 北京:中国人民大学出版社,2009.
6. 杨锡怀,冷克平,王江. 企业战略管理——理论与案例:第二版[M]. 北京:高等教育出版社,2004.
7. 姚建明. 大规模定制模式下的供应链调度理论与方法[M]. 北京:中国物资出版社,2009.
8. 姚建明. 第四方物流整合供应链资源[M]. 北京:中国人民大学出版社,2013.
9. 姚建明. 面向服务大规模定制的供应链运作[M]. 北京:光明日报出版社,2019.
10. 姚建明. 数字经济规划指南[M]. 北京:经济日报出版社,2020.
11. 姚建明. 运营与供应链管理:第二版[M]. 北京:中国人民大学出版社,2020.
12. 姚建明. 战略供应链管理[M]. 北京:中国人民大学出版社,2014.
13. 姚建明. 很多企业的数字化转型存在误区[EB/OL].《财经》新媒体,2022-03-25, https://finance.sina.com.cn/chanjing/gsnews/2022-03-25/doc-imcwipii0579873.shtml.
14. 姚建明. 数字经济推动科技创新、赋能高质量发展[EB/OL]. 光明网,https://share.gmw.cn/interview/2021-10/18/content_35272042.htm.
15. 姚建明. 企业如何做好数字化转型[J]. 国企管理,2021(17).
16. 姚建明. 数字化转型的理念框架,2020 数字经济大会专访[N/OL]. 2020-09-20,http://cen.ce.cn/more/202009/27/t20200927_35827701.shtml.
17. 姚建明. 数字化转型,企业未来对话世界的基础[EB/OL]. 搜狐网,2019-08-06,https://www.sohu.com/a/331564265_100001551.
18. 姚建明. 发挥首都核心优势,打造全球数字经济标杆城市[N/OL]. 新京报,2021-08-02, https://baijiahao.baidu.com/s?id=1706941403978440433&wfr=spider&for=pc.
19. 《2020 中国产业带数字化发展报告》:数字化成增长新引擎[EB/OL]. 中国网,2020-04-28,http://zjnews.china.com.cn/yuanchuan/2020-04-28/224753.html.
20. 姚建明. 解读《政府工作报告》——2022 年新任务、新领域、新关键,稳步推进我国数字经济发展[EB/OL]. 光明网,2022-03-08,https://news.ruc.edu.cn/archives/369963.
21. 《21 世纪经济报道》。

22. 《经济观察报》。

23. 百度百科:"阿米巴"模式。

24. 百度百科:宝洁-沃尔玛模式。

25. 央视财经频道《经济半小时》节目。

26. 央视财经频道《商道》节目。

27. 央视财经频道《中国财经报道》节目。

28. http://blog.sina.com.cn/s/blog_56cb67ef0101flmp.html.

29. http://finance.sina.com.cn/leadership/msypl/20131015/161916998630.shtml.

30. http://news.youth.cn/sh/201712/t20171218_11163451.htm.

31. http://www.eascs.com/.

32. http://www.sohu.com/a/203954479_303910.

33. http://www.sohu.com/a/229115518_100043340.

34. http://www.woshipm.com/it/3722470.html.

35. http://www.woshipm.com/it/5264088.html.

36. https://3g.163.com/tech/article_cambrian/DHM2LG3B0511DLBU.html#qd=cambrian.

37. https://baijiahao.baidu.com/s?id=1727516720736963485&wfr=spider&for=pc.

38. https://ishare.ifeng.com/c/s/7xGW3AXsA88.

39. https://mp.weixin.qq.com/s/9S_cm7n915fuKDBTstC4Zg.

40. https://tech.meituan.com/2018/03/29/herenqing-ai-con.html.

41. https://tech.sina.com.cn/it/2019-06-04/doc-ihvhiews6770180.shtml.

42. https://tieba.baidu.com/p/4864949817?red_tag=2317710256.

43. https://wenku.baidu.com/view/80c397d480eb6294dd886cdc.html.

44. https://www.163.com/dy/article/F8Q9LBMJ0511805E.html.

45. https://www.cnbeta.com/articles/tech/614631.htm.

46. https://www.sohu.com/a/272563252_100121887.

47. https://www.sohu.com/a/300889063_115503.

48. https://www.sohu.com/a/434416893_754286.

49. Orit Gadiesh and James L. Gilbert. Profit Pools:A Fresh Look at Strategy[J]. Harvard Business Review,1998,76(3):139-147.